프로그래밍 **루비**
PROGRAMMING RUBY

Programming Ruby 1.9 & 2.0: The Pragmatic Programmers' Guide
By Dave Thomas, Chad fowler, Andy Hunt

프로그래밍 루비 (개정판)

초판 1쇄 발행 2007년 2월 4일 **개정판 1쇄 발행** 2015년 11월 9일 **개정판 2쇄 발행** 2023년 2월 27일 **지은이** 데이브 토머스, 채드 파울러, 앤디 헌트 **옮긴이** 김대권 **펴낸이** 한기성 **펴낸곳** (주)도서출판인사이트 **편집** 송우일 **본문 디자인** 윤영준 **제작·관리** 이유현, 박미경 **용지** 월드페이퍼 **인쇄·제본** 에스제이피앤비 **후가공** 이지앤비 **등록번호** 제2002-000049호 **등록일자** 2002년 2월 19일 **주소** 서울시 마포구 연남로5길 19-5 **전화** 02-322-5143 **팩스** 02-3143-5579 **이메일** insight@insightbook.co.kr **ISBN** 978-89-6626-167-3 책값은 뒤표지에 있습니다. 잘못 만들어진 책은 바꾸어 드립니다. 이 책의 정오표는 https://blog.insightbook.co.kr/에서 확인하실 수 있습니다.

프로그래밍
루비

개정판

별책

데이브 토머스 · 채드 파울러 · 앤디 헌트 지음 | 김대권 옮김

인사이트

차례

별책

28장 표준 라이브러리 ——————————————————— 835

4부

루비 라이브러리 레퍼런스

27장

내장 클래스와 모듈

이번 장은 표준 루비 내장 클래스와 모듈의 레퍼런스 문서다. 여기에 있는 클래스는 모두 루비 프로그램에서 바로 사용할 수 있으며 따라서 require할 필요가 없다. 이 레퍼런스에서는 미리 정의되어 있는 변수와 상수에 대해서는 다루지 않는다. 이는 '미리 정의된 변수'(384쪽)에서 다룬다.

이어지는 설명에서는 메서드 호출 예제 코드를 보여주고 있다.

---

new $\qquad\qquad\qquad\qquad\qquad\qquad\qquad\qquad\qquad$ String.new (*val*) → *str*

앞선 예제에서는 String.new로 호출되는 클래스 메서드의 설명이 들어간다. 이 탤릭체로 쓴 매개 변수를 통해 하나의 문자열을 받는 메서드라는 것을 나타내고, 화살표는 이 메서드를 통해 다른 문자열이 반환됨을 의미한다. 이 반환값은 매개 변수와는 다른 이름을 갖고 있으므로 반환값이 매개 변수와 다른 객체임을 알 수 있다.

인스턴스 메서드를 나타낼 때는 수신자 자리에 이탤릭체로 가짜 객체를 사용해서 예제 코드를 만들었다.

---

lines $\qquad\qquad\qquad\qquad\qquad$ *str*.lines (*sep*=$/) { | line | ⋯ } → *str*

String#lines의 매개 변수는 기본값을 의미한다. 즉 아무런 매개 변수 없이 String#lines 메서드를 호출하면 기본 인자로 $/ 값이 사용된다. 이 메서드는 반복자이며 호출에 이어서 블록이 올 수 있다. String#lines는 수신자를 반환하며, 따라서 수신자의 이름(여기서는 str)이 화살표 다음에 오는 것을 볼 수 있다.

메서드들에 따라서는 선택적인 매개 변수를 가진다. 이러한 매개 변수는 꺾쇠

⟨xxx⟩로 둘러싸여 있다. 또한 ⟨xxx⟩*는 xxx가 나타나지 않거나 여러 번 나타날 수 있다는 의미이며 ⟨xxx⟩⁺는 xxx가 한 번 이상 나타남을 의미한다.

index	*str*.index(*string* ⟨, *offset*⟩) → *int* or nil

마지막으로 여러 가지 방법으로 호출될 수 있는 메서드는 모든 호출 형식에 대해 여러 줄에 걸쳐 나열했다.

27.1 알파벳순

표준 클래스를 알파벳순으로 나열했고 그다음에 표준 모듈이 따라온다. 각각에 대한 클래스(또는 모듈) 메서드를 먼저 나열하고 인스턴스 메서드를 나열했다.

Array(521쪽): Class [], new, try_convert Instance &, *, +, -, <<, <=>, ==, [], []=, |, assoc, at, bsearch, combination, collect!, compact, compact!, concat, count, cycle, delete, delete_at, delete_if, each, each_index, empty?, eql?, fetch, fill, find_index, flatten, flatten!, frozen?, index, insert, join, keep_if, last, length, map!, pack, permutation, pop, product, push, rassoc, reject!, repeated_combination, repeated_permutation, replace, reverse, reverse!, reverse_each, rindex, rotate, rotate!, sample, select!, shift, shuffle, shuffle!, size, slice, slice!, sort!, sort_by!, to_a, to_ary, to_s, transpose, uniq, uniq!, unshift, values_at

BasicObject(539쪽): Instance !, ==, !=, __id__, equal?, instance_eval, instance_exec, __send__ Private method_missing, singleton_method_added, singleton_method_removed, singleton_method_undefined

Bignum(543쪽): Instance Arithmeticoperations, Bitoperations, <=>, ==, [], abs, div, divmod, eql?, fdiv, magnitude, modulo, remainder, size, to_f, to_s

Binding(546쪽): Instance eval

Class(547쪽): Class new Instance allocate, new, superclass Private inherited

Complex(550쪽): Class polar, rect, rectangular Instance Arithmeticoperations, ==, abs, abs2, angle, arg, conj, conjugate, denominator, eql?, fdiv, imag, imaginary, magnitude, numerator, phase, polar, quo, rationalize, rect, rectangular, real, real?, to_f, to_i, to_r

Dir(555쪽): Class [], chdir, chroot, delete, entries, exist?, exists?, foreach, getwd, glob, home, mkdir, new, open, pwd, rmdir, unlink Instance close, each, path, pos, pos=, read, rewind, seek, tell, to_path

Encoding(561쪽): Class aliases, compatible?, default_external, default_external=, default_internal, default_internal=, find, list, locale_charmap, name_list Instance ascii_compatible?, dummy?, name, names, replicate

Enumerator(577쪽): Class new Instance each, each_with_index, each_with_object, feed, next, next_values, peek, peek_values, rewind, size, with_index, with_object

Exception(583쪽): Class exception, new Instance ==, backtrace, exception, message, set_backtrace, status, success?, to_s

FalseClass(586쪽): Instance &, ^, |

Fiber(587쪽): Class new, yield Instance resume

File::Stat(604쪽): Instance <=>, atime, blksize, blockdev?, blocks, chardev?, ctime, dev, dev_major, dev_minor, directory?, executable?, executable_real?, file?, ftype, gid, grpowned?, ino, mode, mtime, nlink, owned?, pipe?, rdev, rdev_major, rdev_minor, readable?, readable_real?, setgid?, setuid?, size, size?, socket?, sticky?, symlink?, uid, world_readable?, world_writable?, writable?, writable_real?, zero?

Fixnum(611쪽): Instance Arithmeticoperations, Bitoperations, Comparisons, <=>, [], abs, div, even?, divmod, fdiv, magnitude, modulo, odd?, size, succ, to_f, to_s, zero?

Float(614쪽): Instance Arithmeticoperations, Comparisons, <=>, ==, abs, ceil, divmod, eql?, fdiv, finite?, floor, infinite?, magnitude, modulo, nan?, quo, rationalize, round, to_f, to_i, to_int, to_r, to_s, truncate, zero?

Hash(622쪽): Class [], new, try_convert Instance ==, [], []=, assoc, clear, compare_by_identity, compare_by_identity?, default, default=, default_proc, default_proc=, delete, delete_if, each, each_key, each_pair, each_value, empty?, fetch, flatten, has_key?, has_value?, include?, index, invert, keep_if, key, key?, keys, length, member?, merge, merge!, rassoc, rehash, reject, reject!, replace, select, select!, shift, size, sort, store, to_a, to_h, to_hash, to_s, update, value?, values, values_at

Integer(633쪽): Instance ceil, chr, denominator, downto, even?, floor, gcd, gcdlcm, integer?, lcm, next, numerator, odd?, ord, pred, rationalize, round, succ, times, to_i, to_int, to_r, truncate, upto

IO(637쪽): Class binread, binwrite, copy_stream, for_fd, foreach, new, open, pipe, popen, read, readlines, select, sysopen, try_convert, write Instance <<, advise, autoclose=, autoclose?, binmode, binmode?, bytes, chars, close, close_on_exec?, close_on_exec=, close_read, close_write, closed?, codepoints, each, each_byte, each_char, each_codepoint, each_line, eof, eof?, external_encoding, fcntl, fdatasync, fileno, flush, fsync, getbyte, getc, gets, internal_encoding, ioctl, isatty, lineno, lineno=, lines, pid, pos, pos=, print, printf, putc, puts, read, readbyte, readchar, readline, readlines, readpartial, read_nonblock, reopen, rewind, seek, set_encoding, stat, sync, sync=, sysread, sysseek, syswrite, tell, to_i, to_io, tty?, ungetbyte, ungetc, write, write_nonblock

MatchData(661쪽): Instance [], begin, captures, end, length, names, offset, post_match, pre_match, regexp, size, string, to_a, to_s, values_at

Method(667쪽): Instance [], ==, arity, call, eql?, name, owner, parameters, receiver, source_location, to_proc, unbind

Module(670쪽): Class constants, nesting, new Instance <,<=,==,>,>=, <=>, ===, ancestors, autoload, autoload?, class_eval, class_exec, class_variable_defined?, class_variable_get, class_variable_set, class_variables, const_defined?, const_get, const_missing, const_set, constants, include?, included_modules, instance_method, instance_methods, method_defined?, module_eval, module_exec, name, private_class_method, private_constant, private_instance_methods, private_method_defined?, protected_instance_methods, protected_method_defined?, public_class_method, public_constant, public_instance_method, public_instance_methods, public_method_defined?, remove_class_variable Private alias_method, append_features, attr, attr_accessor, attr_reader, attr_writer, define_method, extend_object, extended, include, included, method_added, method_removed, method_undefined, module_function, prepend, private, protected, public, refine, remove_const, remove_method, undef_method

Mutex(688쪽): Instance lock, locked?, owned?, sleep, synchronize, try_lock, unlock

NilClass(690쪽): Instance &, ^, |, nil?, rationalize, to_a, to_c, to_f, to_h, to_i, to_r, to_s

Numeric(692쪽): Instance +@, -@, <=>, %, abs, abs2, angle, arg, ceil, coerce, conj, conjugate, denominator, div, divmod, eql?, fdiv, floor, i, imag, imaginary, integer?, magnitude, modulo, nonzero?, numerator, phase, polar, quo, real, real?, rect, rectangular, remainder, round, step, to_c, to_int, truncate, zero?

Object(701쪽): Instance ===, <=>, =~, !~, class, clone, define_singleton_method, display, dup, enum_for, eql?, extend, freeze, frozen?, hash, initialize_clone, initialize_copy, initialize_dup, inspect, instance_of?, instance_variable_defined?, instance_variable_get, instance_variable_set, instance_variables, is_a?, kind_of?, method, methods, nil?, object_id, private_methods, protected_methods, public_method, public_methods, public_send, respond_to?, respond_to_missing?, send, singleton_class, singleton_methods, taint, tainted?, tap, to_enum, to_s, trust, untaint, untrust, untrusted? Private __callee__, __dir__, __method__, `(backquote), Array, Complex, Float, Hash, Integer, Rational, String, abort, at_exit, autoload, autoload?, binding, block_given?, caller, caller_locations, catch, chomp, chop, define_method, eval, exec, exit, exit!, fail, fork, format, gem, gem_original_require, gets, global_variables, gsub, initialize, iterator?, lambda, load, local_variables, loop, open, p, print, printf, proc, putc, puts, raise, rand, readline, readlines, remove_instance_variable, require, require_relative, select, set_trace_func, sleep, spawn, sprintf, srand, sub, syscall, system, test, throw, trace_var, trap, untrace_var, using, warn

Proc(737쪽): Class new Instance [], ==, ===, arity, binding, call, curry, lambda?, parameters, source_location, to_proc, to_s, yield

Process::Status(749쪽): Instance ==, &, >>, coredump?, exited?, exitstatus, pid, signaled?, stopped?, success?, stopsig, termsig, to_i, to_s

Random(761쪽): Class new, new_seed, rand, srand Instance bytes, rand, seed

Range(756쪽): Class new Instance ==, ===, begin, bsearch, cover?, each, end, eql?, exclude_end?, first, include?, last, max, member?, min, size, step

Rational(762쪽): Instance Arithmeticoperations, Comparisons, <=>, ==, ceil, denominator, fdiv, floor, numerator, quo, rationalize, round, to_f, to_i, to_r, truncate

Regexp(765쪽): Class compile, escape, last_match, new, quote, try_convert, union Instance ==, ===, =~, ~, casefold?, encoding, fixed_encoding?, match, named_captures, names, options, source, to_s

String(772쪽): Class new, try_convert Instance %, *, +, <<, <=>, ==, =~, [], []=, ascii_only?, b, bytes, bytesize, byteslice, capitalize, capitalize!, casecmp, center, chars, chr, clear, chomp, chomp!, chop, chop!, codepoints, concat, count, crypt, delete, delete!, downcase, downcase!, dump, each_byte, each_char, each_codepoint, each_line, empty?, encode, encode!, encoding, end_with?, eql?, force_encoding, getbyte, gsub, gsub!, hex, include?, index, insert, intern, length, lines, ljust, lstrip, lstrip!, match, next, next!, oct, ord, partition, prepend, replace, reverse, reverse!, rindex, rjust, rpartition, rstrip, rstrip!, scan, setbyte, size, slice, slice!, split, squeeze, squeeze!, start_with?, strip, strip!, sub, sub!, succ, succ!, sum, swapcase, swapcase!, to_c, to_f, to_i, to_r, to_s, to_str, to_sym, tr, tr!, tr_s, tr_s!, unpack, upcase, upcase!, upto, valid_encoding?

Struct(799쪽): Class new, new, [], members Instance ==, [], []=, each, each_pair, length, members, size, to_a, to_h, values, values_at

Struct::Tms(803쪽)

Symbol(804쪽): Class all_symbols Instance <=>, ==, =~, [], capitalize, casecmp, downcase, empty?, encoding, id2name, inspect, intern, length, match, next, size, slice, succ, swapcase, to_proc, to_s, to_sym, upcase

Thread(808쪽): Class abort_on_exception, abort_on_exception=, current, exclusive, exit, fork, kill, list, main, new, pass, start, stop Instance [], []=, abort_on_exception, abort_on_exception=, add_trace_func, alive?, backtrace, backtrace_locations, exit, group, join, keys, key?, kill, priority, priority=, raise, run, safe_level, set_trace_func, status, stop?, terminate, thread_variable?, thread_variables, thread_variable_get, thread_variable_set, value, wakeup

ThreadGroup(816쪽): Class new Instance add, enclose, enclosed?, list

Time(818쪽): Class at, gm, local, mktime, new, now, utc Instance +, -, <=>, day-name?, asctime, ctime, day, dst?, getgm, getlocal, getutc, gmt?, gmtime, gmt_offset, gmtoff, hour, isdst, localtime, mday, min, mon, month, nsec, round, sec, strftime, subsec, succ, to_a, to_f, to_i, to_r, to_s, tv_nsec, tv_sec, tv_usec, usec, utc, utc?, utc_offset, wday, yday, year, zone

TracePoint(829쪽): Class new, trace Instance binding, defined_class, disable, enable, enabled?, event, lineno, method_id, path, raised_exception, return_value, self

TrueClass(832쪽): Instance &, ^, |

UnboundMethod(833쪽): Instance arity, bind, name, owner, parameters, source_location

내장 모듈

Comparable(549쪽): Instance Comparisons, between?

Enumerable(565쪽): Instance all?, any?, chunk, collect, collect_concat, count, cycle, detect, drop, drop_while, each_cons, each_entry, each_slice, each_with_index, each_with_object, entries, find, find_all, find_index, first, flat_map, grep, group_by, include?, inject, lazy, map, max, max_by, member?, min, min_by, minmax, minmax_by, none?, one?, partition, reduce, reject, reverse_each, select, slice_before, sort, sort_by, take, take_while, to_a, zip

Errno(582쪽):

FileTest(610쪽):

GC(618쪽): Class count, disable, enable, start, stat, stress, stress= Instance garbage_collect

GC::Profiler(620쪽): Class clear, disable, enable, enabled?, raw_data, report, result, total_time

Kernel(658쪽)

Marshal(659쪽): Class dump, load, restore

Math(664쪽): Class acos, acosh, asin, asinh, atan, atanh, atan2, cbrt, cos, cosh, erf, erfc, exp, frexp, gamma, hypot, ldexp, lgamma, log, log10, log2, sin, sinh, sqrt, tan, tanh

ObjectSpace(735쪽): Class _id2ref, count_objects, define_finalizer, each_object, garbage_collect, undefine_finalizer

Process(741쪽): Class abort, daemon, detach, egid, egid=, euid, euid=, exec, exit, exit!, fork, getpgid, getpgrp, getpriority, getrlimit, getsid, gid, gid=, groups, groups=, initgroups, kill, maxgroups, maxgroups=, pid, ppid, setpgid, setpgrp, setpriority, setrlimit, setsid, spawn, times, uid, uid=, wait, waitall, wait2, waitpid, waitpid2

Process::GID(748쪽): Class change_privilege, eid, eid=, grant_privilege, re_exchange, re_exchangeable?, rid, sid_available?, switch

Process::Sys(752쪽): Class getegid, geteuid, getgid, getuid, issetugid, setegid, seteuid, setgid, setregid, setresgid, setresuid, setreuid, setrgid, setruid, setuid

Process::UID(754쪽): Class change_privilege, eid, eid=, grant_privilege, re_exchange, re_exchangeable?, rid, sid_available?, switch

Signal(770쪽): Class list, signame, trap

클래스 **Array** 다음 메서드에 의존한다: each, <=>

배열은 숫자로 된 인덱스를 가지고 있는 순서 있는 객체들의 컬렉션이다. C나 자바와 마찬가지로 색인값은 0부터 시작한다. 음수 색인값은 배열의 맨 뒤에서 부터 계산한 위치를 의미한다. 예를 들어 -1은 배열의 맨 뒤의 마지막 요소를 나타내고 -2는 맨 뒤에서 바로 앞 요소를 의미한다.

믹스인

Enumerable: all?, any?, chunk, collect, collect_concat, count, cycle, detect, drop, drop_while, each_cons, each_entry, each_slice, each_with_index, each_with_object, entries, find, find_all, find_index, first, flat_map, grep, group_by, include?, inject, lazy, map, max, max_by, member?, min, min_by, minmax, minmax_by, none?, one?, partition, reduce, reject, reverse_each, select, slice_before, sort, sort_by, take, take_while, to_a, zip

클래스 메서드

[] Array[(*obj*)*] → *an_array*

주어진 객체들을 이용해서 새로운 배열을 만들어 반환한다. 연산자 호출 형식 Array.[](…)와 동일하다.

```
Array.[]( 1, 'a', /^A/ ) # => [1, "a", /^A/]
Array[ 1, 'a', /^A/ ]    # => [1, "a", /^A/]
[ 1, 'a', /^A/ ]         # => [1, "a", /^A/]
```

new Array.new → *an_array*
Array.new(*size*=0, *obj*=nil) → *an_array*
Array.new(*array*) → *an_array*
Array.new(*size*) { |i| … } → *an_array*

새로운 배열을 반환한다. 첫 번째 형식을 사용하면 빈 배열을 반환한다. 두 번째 형식을 사용하면 obj를 size개 가지는 배열을 반환한다(실제로는 같은 객체를 가리키는 size개의 참조로 이루어진다). 세 번째 형식은 매개 변수로 주어진 배열의 복사본을 만든다(배열 매개 변수에 to_ary 메서드를 호출해서 생성된다). 마지막 형식은 지정된 길이의 배열을 만든다. 각 요소의 인덱스를 블록에 넘겨 평가하고 그 반환값을 요소로 사용한다.

```
Array.new        # => []
Array.new(2)     # => [nil, nil]
Array.new(5, "A") # => ["A", "A", "A", "A", "A"]

# 기본 객체의 인스턴스는 하나만 만들어진다.
a = Array.new(2, Hash.new)
a[0]['cat'] = 'feline'
a        # => [{"cat"=>"feline"}, {"cat"=>"feline"}]
a[1]['cat'] = 'Felix'
a        # => [{"cat"=>"Felix"}, {"cat"=>"Felix"}]

a = Array.new(2) { Hash.new } # 여러 개의 인스턴스
a[0]['cat'] = 'feline'
a        # => [{"cat"=>"feline"}, {}]
```

```
squares = Array.new(5) {|i| i*i}
squares   # => [0, 1, 4, 9, 16]
copy = Array.new(squares) # squares를 복사해 초기화
squares[5] = 25
squares   # => [0, 1, 4, 9, 16, 25]
copy      # => [0, 1, 4, 9, 16]
```

---

try_convert   Array.try_convert(*obj*) → *an_array* or *nil*

obj가 배열이 아니라면 to_ary 메서드를 호출해 배열로 변환한다. 배열로 변환
할 수 없다면 nil을 반환한다.

```
class Stooges
  def to_ary
    [ "Larry", "Curly", "Moe" ]
  end
end
Array.try_convert(Stooges.new) # => ["Larry", "Curly", "Moe"]
Array.try_convert("Shemp")     # => nil
```

인스턴스 메서드

&   *arr* & *other_array* → *an_array*

교집합 연산자. 두 개의 배열에서 공통으로 존재하는 요소들을 찾아 새로운 배
열을 만들어 반환한다. 중복되는 요소는 포함하지 않는다. 요소를 비교하는 규
칙은 해시 키 비교와 같다. 집합처럼 작동하기를 원한다면 Set 클래스(917쪽)를
참조하라.

```
[ 1, 1, 3, 5 ] & [ 1, 2, 3 ] # => [1, 3]
```

---

*   *arr* * *int* → *an_array*
                                                                 arr * *str* → *a_string*

반복 연산자. to_str에 메서드를 가진 인자가 주어지면 arr.join(str)과 동일하게
작동한다. 그렇지 않으면 arr의 복사본을 int개 붙여서 새로운 배열을 만든다.

```
[ 1, 2, 3 ] * 3   # => [1, 2, 3, 1, 2, 3, 1, 2, 3]
[ 1, 2, 3 ] * "--" # => "1--2--3"
```

+   *arr* + *other_array* → *an_array*

연결 연산자. 두 배열을 연결한 새로운 배열을 반환한다.

```
[ 1, 2, 3 ] + [ 4, 5 ] # => [1, 2, 3, 4, 5]
```

-   *arr* - *other_array* → *an_array*

차집합 연산자. 원래의 배열을 복사해서 원래의 배열과 other_array에 동시에
존재하는 요소를 제거한 다음 반환한다. 집합처럼 작동하기를 원하면 Set 클
래스를 참조하라.

```
[ 1, 1, 2, 2, 3, 3, 4, 5 ] - [ 1, 2, 4 ] # => [3, 3, 5]
```

<<   *arr ⟨⟨ obj → arr*

덧붙이기 연산자. 주어진 객체를 배열의 맨 뒤에 밀어 넣는다. 이 표현식은 배열
자신을 반환하며 여러 번 연쇄적으로 사용할 수도 있다. Array#push 참조.

```
[ 1, 2 ] << "c" << "d" << [ 3, 4 ] # => [1, 2, "c", "d", [3, 4]]
```

<=>   *arr ⟨=⟩ other_array → -1, 0, +1, or nil*

비교 연산자. arr과 other_array를 비교해서 작거나, 같거나, 큰 경우 각각 -1, 0
+1을 반환한다. 각 배열의 객체를 ⟨=⟩ 연산자로 비교한다. 하나라도 다른 요소
가 있다면 비교 결과를 반환한다. 모든 요소가 같다면 배열의 길이가 긴 쪽이 더
크다고 판단된다. 즉, Array#⟨=⟩로 두 배열이 같다고 판단되는 경우는 길이가
같고 모든 요소가 같다고 판단되는 경우다. 주어진 대상이 arr과 비교 불가능하
면 nil을 반환한다.

```
[ "a", "a", "c" ]    <=> [ "a", "b", "c" ]  # => -1
[ 1, 2, 3, 4, 5, 6 ] <=> [ 1, 2 ]           # => 1
[ 1, 2, 3, 4, 5, 6 ] <=> "wombat"           # => nil
```

==   *arr == obj → true or false*

동일성 판별 연산자. 두 배열의 크기가 같고, 각 요소가 Object#===로 평가했을
때 같다면 두 배열을 같다고 판별한다. obj가 배열이 아니면 to_ary 메서드로 변
환을 시도하고, 그다음 obj == arr 비교를 수행한다.

```
[ "a", "c" ]    == [ "a", "c", 7 ]  # => false
[ "a", "c", 7 ] == [ "a", "c", 7 ]  # => true
[ "a", "c", 7 ] == [ "a", "d", "f" ] # => false
```

[ ]   *arr[int] → obj or nil*
                                            arr[start, length] → an_array or nil
                                                  arr[range] → an_array or nil

요소 참조 연산자. int 위치에 있는 요소를 반환하거나, start에서 시작해 length
개의 요소를 부분적으로 반환한다. 또는 range에 의해 명시된 부분 배열을 반환
한다. 음수 색인값이 사용되면 배열의 맨 뒤에서부터 세어나간다(이때 -1이 제
일 마지막 요소가 된다). 첫 번째 요소의 인덱스가 배열의 길이보다 크면 nil을
반환한다. 시작 인덱스가 배열 길이와 같거나 length나 range 매개 변수를 받으
면 빈 배열이 반환된다. Array#slice와 같다.

```
a = [ "a", "b", "c", "d", "e" ]
a[2] + a[0] + a[1] # => "cab"
a[6]               # => nil
a[1, 2]            # => ["b", "c"]
a[1..3]            # => ["b", "c", "d"]
a[4..7]            # => ["e"]
a[6..10]           # => nil
```

```
a[-3, 3]              # => ["c", "d", "e"]
# 특별한 경우
a[5]                  # => nil
a[5, 1]               # => []
a[5..10]              # => []
```

[ ]=

arr[*int*] = *obj* → *obj*
arr[*start*, *length*] = *obj* → *obj*
arr[*range*] = *obj* → *obj*

요소 대입 연산자. int 위치에 있는 요소를 대입하거나, start에서 시작해 length 개의 요소로 이루어진 부분 배열을 변경하거나, range에 의해 명시된 부분 배열을 변경한다. int가 배열의 길이보다 큰 경우 array는 자동으로 늘어난다. int가 음수라면 배열의 맨 뒤에서부터 세어나간다. 길이가 0이면 요소들을 삽입한다. obj가 배열이라면 단일 인덱스에 대입하는 첫 번째 형식에서는 그 배열을 arr에 삽입하고, length나 range를 받을 때는 arr의 요소들이 obj 배열의 내용으로 변경된다. 음수 색인이 배열의 시작 부분을 초과하면 IndexError가 발생한다(루비 1.9 이전 버전에서는 두 번째나 세 번째 형식으로 사용할 때 nil을 대입하면 해당하는 요소가 삭제되었다. 1.9부터는 nil이 대입되도록 변경되었다). Array#push 와 Array#unshift를 참조하라.

```
a = Array.new             # => []
a[4] = "4"; a             # => [nil, nil, nil, nil, "4"]
a[0] = [ 1, 2, 3 ];   a # => [[1, 2, 3], nil, nil, nil, "4"]
a[0, 3] = [ 'a', 'b', 'c' ]; a # => ["a", "b", "c", nil, "4"]
a[1..2] = [ 1, 2 ];       a # => ["a", 1, 2, nil, "4"]
a[0, 2] = "?";            a # => ["?", 2, nil, "4"]
a[0..2] = "A", "B", "C";  a # => ["A", "B", "C", "4"]
a[-1] = "Z";              a # => ["A", "B", "C", "Z"]
a[1..-1] = nil;           a # => ["A", nil]
```

|

arr | *other_array* → *an_array*

합집합 연산자. 두 배열 중 어느 쪽에라도 속하는 요소 전체를 중복 없는 새로운 배열로 반환한다. 요소를 비교하는 규칙은 해시 키 비교와 같다. 집합처럼 작동하기를 원한다면 Set 클래스(917쪽)를 참조하라.

```
[ "a", "b", "c" ] | [ "c", "d", "a" ] # => ["a", "b", "c", "d"]
```

---

assoc

arr.assoc(*obj*) → *an_array* or *nil*

배열을 요소로 담고 있는 배열을 탐색한다. arr 배열에 포함된 각 배열의 첫 번째 요소와 obj를 obj.== 메서드를 사용해 비교한다. 매칭되는 첫 번째 요소를 반환하며 매치가 되지 않으면 nil을 반환한다. Array#rassoc 참조.

```
s1 = [ "colors", "red", "blue", "green" ]
s2 = [ "letters", "a", "b", "c" ]
s3 = "foo"
a = [ s1, s2, s3 ]
```

```
a.assoc("letters") # => ["letters", "a", "b", "c"]
a.assoc("foo")     # => nil
```

---

at   *arr*.at(*int*) → *obj* or nil

int 번째 요소를 반환한다. 음수 색인값이라면 배열의 맨 뒤에서부터 세어나간
다. index가 배열의 범위를 벗어난다면 nil을 반환한다. Array#[]를 참조하라.

```
a = [ "a", "b", "c", "d", "e" ]
a.at(0)  # => "a"
a.at(-1) # => "e"
```

---

bsearch   *arr*.bsearch { |val| ⋯ } → *obj* or nil

arr이 오름차순으로 정렬되어 있다면 O(log n) 시간에 이진 탐색을 수행한다. 이
메서드는 블록이 반환하는 값에 따라서 두 가지 모드로 실행된다.

요구 조건과 같거나 큰 최솟값을 찾는 모드에서는, 블록에서 블록의 매개 변수
가 찾고자 하는 것보다 작으면 false를 반환하고, 그 외에는 true를 반환하도록
작성해야 한다.

```
arr = %w{ ant bee cat dog elk fox gnu }
arr.bsearch {|val| val >= "c" }   # => "cat"
arr.bsearch {|val| val >= "cod" } # => "dog"
arr.bsearch {|val| val >= "kea" } # => nil
```

두 경계 사이에 있는 값을 찾는 모드에서는 블록에서 블록의 매개 변수가 하한
값보다 작으면 양수를 반환하고, 상한값보다 크면 음수를, 그리고 두 경계 사이
에 있으면 0을 반환해야 한다.

```
arr = [ 1, 1, 2, 3, 5, 8, 13, 21, 34 ]
res = arr.bsearch do |val|
  case
  when val < 19 then +1
  when val > 23 then -1
  else 0
  end
end
res # => 21
```

---

combination   *arr*.combination(*size*) → *enumerator*
                                 arr.combination(*size*) { |array| ⋯ } → *arr*

arr의 요소들로 만들 수 있는 size 크기의 모든 조합을 배열로 반환한다. 블록
이 주어지면 조합을 블록에 블록 인자로 넘겨준다. 블록이 지정되지 않으면
enumerator 객체를 반환한다. 지정한 size의 조합을 만들 수 없으면 빈 배열을
반환한다. Array#permutation 참조.

```
a = [ "a", "b", "c" ]
a.combination(1).to_a # => [["a"], ["b"], ["c"]]
a.combination(2).to_a # => [["a", "b"], ["a", "c"], ["b", "c"]]
a.combination(3).to_a # => [["a", "b", "c"]]
a.combination(4).to_a # => []
```

collect!

arr.collect! { | obj | ··· } → arr

arr의 모든 요소에 대해 블록을 한 번씩 실행하고 각 요소를 이 블록에서 평가된 값으로 대체한다. Enumerable#collect 참조.

```
a = [ "a", "b", "c", "d" ]
a.collect! {|x| x + "!" } # => ["a!", "b!", "c!", "d!"]
a                         # => ["a!", "b!", "c!", "d!"]
```

compact

arr.compact → an_array

nil 요소들이 모두 제거된 arr의 복사본을 반환한다.

```
[ "a", nil, "b", nil, "c", nil ].compact # => ["a", "b", "c"]
```

compact!

arr.compact! → arr or nil

arr에서 nil 요소를 모두 제거한다. 변화가 없다면 nil을 반환한다.

```
[ "a", nil, "b", nil, "c" ].compact! # => ["a", "b", "c"]
[ "a", "b", "c" ].compact!           # => nil
```

concat

arr.concat(other_array) → arr

arr에 other_array의 요소들을 연결한다.

```
[ "a", "b" ].concat( ["c", "d"] ) # => ["a", "b", "c", "d"]
```

count

arr.count(obj) → int
arr.count { | obj | ··· } → int

배열 arr에서 obj와 같은 요소의 개수를 반환한다. 블록이 주어지면 블록에 각 요소를 넘겨줘서 블록을 평가했을 때 true가 되는 요소의 수를 반환한다. Enumerable의 대응하는 메서드와 동일하다.

```
[1, 2, 3, 4].count(3)          # => 1
[1, 2, 3, 4].count {|obj| obj > 2 } # => 2
```

cycle

arr.cycle { | obj | ··· } → nil or enumerator
arr.cycle(times) { | obj | ··· } → nil or enumerator

배열 arr이 비어 있으면 nil을 반환한다. 요소가 존재하면 각 요소를 순서대로 블록에 넘긴다. 마지막 요소가 넘겨지면 다시 처음 요소로 되돌아간다. times 횟수만큼 반복한다. times 매개 변수가 지정되지 않으면 영원히 반복된다. 블록이 주어지지 않으면 Enumerator 객체를 반환한다.

```
[1,2,3].cycle(3)      # => #<Enumerator: [1, 2, 3]:cycle(3)>
[1,2,3].cycle(3).to_a # => [1, 2, 3, 1, 2, 3, 1, 2, 3]

columns = [ 1, 2, 3 ]
data = %w{ a b c d e f g h }

columns.cycle do |column_number|
  print column_number, ":", data.shift, "\t"
```

```
    puts if column_number == columns.last
  break if data.empty?
end
```

실행 결과:

```
1:a    2:b    3:c
1:d    2:e    3:f
1:g    2:h
```

---

delete   *arr*.delete(*obj*) → *obj* or nil
                                    arr.delete(*obj*) { ··· } → *obj* or nil

arr에서 obj와 동일한 요소를 모두 삭제한다. 동일한 요소가 발견되지 않으면 nil
을 반환한다. 블록이 주어질 경우, obj와 동일한 요소가 발견되지 않으면 이 블
록의 평가 결과를 반환한다.

```
a = [ "a", "b", "b", "b", "c" ]
a.delete("b")                  # => "b"
a                              # => ["a", "c"]
a.delete("z")                  # => nil
a.delete("z") { "not found" } # => "not found"
```

---

delete_at   *arr*.delete_at(*index*) → *obj* or nil

특정 색인값의 요소를 삭제하고 그 요소를 반환한다. 색인값이 범위 밖이면 nil
을 반환한다. Array#slice!를 참조하라.

```
a = %w( ant bat cat dog )
a.delete_at(2) # => "cat"
a              # => ["ant", "bat", "dog"]
a.delete_at(99) # => nil
```

---

delete_if   *arr*.delete_if { |item| ··· } → *arr*

arr의 요소를 블록에 넘겨 평가하고 그 결과가 true인 요소를 삭제한다.

```
a = [ "a", "b", "c" ]
a.delete_if {|x| x >= "b" } # => ["a"]
```

---

each   *arr*.each { |item| ··· } → *arr*

arr의 각 요소를 블록 매개 변수로 넘겨 블록을 한 번씩 호출한다.

```
a = [ "a", "b", "c" ]
a.each {|x| print x, " -- " }
```

실행 결과:

```
a -- b -- c --
```

---

each_index   *arr*.each_index { |index| ··· } → *arr*

블록에 배열의 요소가 아니라 요소의 인덱스를 넘기는 것을 제외하면 Array#each
와 같다.

Array

```
a = [ "a", "b", "c" ]
a.each_index {|x| print x, " -- " }
```

실행 결과:

```
0 -- 1 -- 2 --
```

---

empty?   *arr*.empty? → *true* or *false*

arr에 요소가 하나도 없다면 true를 반환한다.

```
[].empty?            # => true
[ 1, 2, 3 ].empty? # => false
```

---

eql?   *arr*.eql?(*other*) → *true* or *false*

arr과 other가 같은 객체이거나 other가 Array 클래스의 객체이고 arr과 같은 크
기이며 내용도 같다면 true를 반환한다. 이때 배열의 요소들은 Object#eql? 메서
드를 이용해서 비교한다. Array#⟨=⟩를 참조하라.

```
[ "a", "b", "c" ].eql?(["a", "b", "c"]) # => true
[ "a", "b", "c" ].eql?(["a", "b"])      # => false
[ "a", "b", "c" ].eql?(["b", "c", "d"]) # => false
```

---

fetch   *arr*.fetch(*index*) → *obj*
                                                    arr.fetch(*index, default*) → *obj*
                                               arr.fetch(*index*) { |i| ··· } → *obj*

index 위치의 요소를 반환하고자 시도한다. index가 배열의 범위 밖이라면, 첫
번째 형태는 IndexError를 발생시키고, 두 번째 형태는 default를 반환하고, 세
번째 형태는 index를 넘겨서 블록을 평가한 결과를 반환한다. index가 음수라
면 배열의 뒤에서부터 세어나간다.

```
a = [ 11, 22, 33, 44 ]
a.fetch(1)          # => 22
a.fetch(-1)         # => 44
a.fetch(-1, 'cat')  # => 44
a.fetch(4, 'cat')   # => "cat"
a.fetch(4) {|i| i*i } # => 16
```

---

fill   *arr*.fill(*obj*) → *arr*
                                          arr.fill(*obj, start* ⟨*, length*⟩) → *arr*
                                                   arr.fill(*obj, range*) → *arr*
                                                  arr.fill { |i| ··· } → *arr*
                                   arr.fill(*start* ⟨*, length*⟩) { |i| ··· } → *arr*
                                          arr.fill(*range*) { |i| ··· } → *arr*

앞의 세 가지 형태는 arr 중 선택된 요소들(배열 전체일 수도 있다)을 obj로 설정
한다. start가 nil이라면 0과 같다. 그리고 length가 nil이라면 이는 arr.length와
같다. 마지막 세 가지 형태는 배열을 블록의 값으로 채운다. 블록에는 채워질 요
소의 절대 위치값(인덱스)이 넘겨진다.

```
a = [ "a", "b", "c", "d" ]
a.fill("x")            # => ["x", "x", "x", "x"]
```

```
a.fill("z", 2, 2)    # => ["x", "x", "z", "z"]
a.fill("y", 0..1)    # => ["y", "y", "z", "z"]
a.fill {|i| i*i}     # => [0, 1, 4, 9]
a.fill(-3) {|i| i+100} # => [0, 101, 102, 103]
```

find_index

arr.find_index (*obj*) → *int* or nil

arr.find_index { |item| ⋯ } → *int* or nil

arr.find_index → *enumerator*

arr의 요소들 중에 == 연산자를 사용해 obj와 같거나 블록이 true를 반환하는 객체의 위치를 반환한다. 해당하는 경우가 없으면 nil을 반환한다. Enumerable#select와 Array#rindex를 참조하라.

```
a = [ "a", "b", "c", "b" ]
a.find_index("b")              # => 1
a.find_index("z")              # => nil
a.find_index {|item| item > "a"} # => 1
```

flatten

arr.flatten (*level* = -1) → *an_array*

배열을 (재귀적으로) 1차원 배열로 평평하게 만들어서 반환한다. 즉, 배열에 포함된 요소가 배열이면 각 요소를 끄집어내서 새로운 배열에 집어넣는다. level은 평평하게 만드는 깊이를 지정하는 매개 변수다. 0보다 작은 값이 지정되면 모든 배열 요소가 전개된다. 0이면 flatten은 일어나지 않는다. 0보다 크면 해당하는 깊이만큼만 배열 속의 배열이 전개된다.

```
s = [ 1, 2, 3 ]      # => [1, 2, 3]
t = [ 4, 5, 6, [7, 8] ] # => [4, 5, 6, [7, 8]]
a = [ s, t, 9, 10 ]  # => [[1, 2, 3], [4, 5, 6, [7, 8]], 9, 10]
a.flatten(0)         # => [[1, 2, 3], [4, 5, 6, [7, 8]], 9, 10]
a.flatten            # => [1, 2, 3, 4, 5, 6, 7, 8, 9, 10]
a.flatten(1)         # => [1, 2, 3, 4, 5, 6, [7, 8], 9, 10]
a.flatten(2)         # => [1, 2, 3, 4, 5, 6, 7, 8, 9, 10]
```

flatten!

arr.flatten! (*level* = -1) → *arr* or nil

수신자 자체를 변경한다는 점을 제외하면 Array#flatten과 같다. 아무런 변경이 없다면(바꿔 말해 arr에 배열로 된 요소가 없다면) nil을 반환한다.

```
a = [ 1, 2, [3, [4, 5] ] ]
a.flatten! # => [1, 2, 3, 4, 5]
a.flatten! # => nil
a          # => [1, 2, 3, 4, 5]
```

frozen?

arr.frozen? → *true* or *false*

arr이 얼려져 있거나 정렬되는 중이면 true를 반환한다.

index

arr.index (*obj*) → *int* or nil

arr.index { |item| ⋯ } → *int* or nil

Array#find_index의 별칭

insert   *arr*.insert (*index*, ⟨*obj*⟩⁺]) → *arr*

index가 음수가 아니라면 주어진 값을 index 위치의 요소 앞에 삽입한다. 인덱스가 음수라면 (배열의 뒤에서부터 계산한) index 번째 요소 바로 뒤에 삽입한다.

```
a = %w{ a b c d }
a.insert(2, 99)         # => ["a", "b", 99, "c", "d"]
a.insert(-2, 1, 2, 3) # => ["a", "b", 99, "c", 1, 2, 3, "d"]
a.insert(-1, "e")       # => ["a", "b", 99, "c", 1, 2, 3, "d", "e"]
```

join   *arr*.join (*separator*=$,) → *str*

배열의 각 요소를 연결해서 새로운 문자열을 만들어 반환한다. 이때 separator를 구분자로 사용한다.

```
[ "a", "b", "c" ].join      # => "abc"
[ "a", "b", "c" ].join("-") # => "a-b-c"
```

keep_if   *arr*.keep_if { |*obj*| ⋯ } → *array* or *enumerator*

블록의 평가 결과가 false를 반환하는 모든 요소를 삭제한다(Enumerable#select와 Array.select! 참조). 블록을 넘겨받지 않으면 Enumerator 객체를 반환한다.

```
a = [ 1, 2, 3, 4, 5, 6, 7, 8, 9 ]
a.keep_if {|element| element < 6 } # => [1, 2, 3, 4, 5]
a                                   # => [1, 2, 3, 4, 5]
a.keep_if(&:odd?)                   # => [1, 3, 5]
a                                   # => [1, 3, 5]
```

last   *arr*.last → *obj* or nil
                                                       arr.last (*count*) → *an_array*

arr의 마지막 요소를 반환하거나 뒤에서부터 count개를 반환한다. 배열이 비어있다면 첫 번째 형태는 nil을 반환하고, 두 번째 형태는 비어 있는 배열을 반환한다(first는 Enumerable에 정의되어 있다).

```
[ "w", "x", "y", "z" ].last    # => "z"
[ "w", "x", "y", "z" ].last(1) # => ["z"]
[ "w", "x", "y", "z" ].last(3) # => ["x", "y", "z"]
```

length   *arr*.length → *int*

arr의 요소 개수를 반환한다.

```
[ 1, nil, 3, nil, 5 ].length # => 5
```

map!   *arr*.map! { |*obj*| ⋯ } → *arr*

Array#collect! 메서드와 같다.

pack   *arr*.pack (*template*) → *binary_string*

arr의 내용을 템플릿 지시어(표 14)에 따라 바이너리로 묶은(pack) 결과를 반환한다. 지시어 A, a, Z 다음에 따라오는 숫자는 결과 필드의 폭을 나타낸다. 다른 템플릿 지시자 뒤에 따라오는 숫자는 변환되는 배열의 요소 수를 의미한다. count가 *이라면 배열의 남은 모든 요소가 변환된다. "sSiIlL" 템플릿 문자 다음에 밑줄(_)이나 느낌표(!)가 이어진다면, 이때는 주어진 타입의 플랫폼별 고유의 크기를 사용한다. 그렇지 않으면 플랫폼에 독립적인 크기를 사용한다. "sSiIlL" 템플릿 문자에 <이 이어지지면, 리틀 엔디언이거나 빅 엔디언보다 크다는 의미다. 공백 문자는 템플릿 문자열에서 무시된다. 주석 문자열은 #으로 시작하며 다음 줄 바꿈이나 문자열의 끝까지 무시한다. String#unpack(796쪽)을 참조하라.

```
a = [ "a", "b", "c" ]
n = [ 65, 66, 67 ]
a.pack("A3A3A3") # => "a␣␣b␣␣c␣␣"
a.pack("a3a3a3") # => "a\x00\x00b\x00\x00c\x00\x00"
n.pack("ccc")    # => "ABC"
```

지시자	의미
@	절대 위치로 이동
A	아스키 문자열(공백은 채워짐, count는 폭)
a	아스키 문자열(널은 채워짐, count는 폭)
B	비트 문자열(비트 순서로 내림차순)
b	비트 문자열(비트 순서로 오름차순)
C	부호 없는 문자
c	문자
D, d	배정밀도 부동소수점, 네이티브 형식
E	배정밀도 부동소수점, 바이트 순서는 리틀 엔디언
e	단정밀도 부동소수점, 바이트 순서는 리틀 엔디언
F, f	단정밀도 부동소수점, 네이티브 형식
G	배정밀도 부동소수점, 바이트 순서는 네트워크 형식(빅 엔디언)
g	단정밀도 부동소수점, 바이트 순서는 네트워크 형식(빅 엔디언)
H	16진수 문자열(높은 nibble 먼저)
h	16진수 문자열(낮은 nibble 먼저)
I	부호 없는 정수
i	정수
L	부호 없는 Long
l	Long
M	출력 가능한 형태로 인용(Quoted printable), MIME 인코딩(RFC 2045 참조)
m	Base 64로 인코딩된 문자열. 기본적으로 60문자마다 LF(linefeed)가 추가되며 'm0'으로 LF를 억제할 수 있다.

Array

N	Long, 바이트 순서는 네트워크 형식(빅 엔디언)
n	Short, 바이트 순서는 네트워크 형식(빅 엔디언)
P	포인터를 구조체로(고정 길이 문자열)
p	포인터를 널로 끝나는 문자열으로
Q, q	64비트 숫자
S	부호 없는 Short
s	Short
U	UTF-8
u	UU 인코딩된 문자열
V	Long, 바이트 순서는 리틀 엔디언
v	Short, 바이트 순서는 리틀 엔디언
w	BER 압축 정수°
X	백업 바이트(1바이트 뒤로)
x	널 바이트
Z	'a'와 같음. 단 *가 사용되었을 때 널 바이트가 더해진다는 점이 다르다.

° *BER* 압축된 정수의 바이트들(*octets*)은 베이스 *128*에서 부호 없는 정수를 나타내며, 최상위 비트 *first(most significant digit first)*로 가능한 적은 자릿수로 표현된다. 제8비트(최상위 비트)는 마지막 바이트를 제외한 모든 바이트를 설정한다(*Self-Describing Binary Data Representation, MacLeod*).

표 14. Array.pack의 템플릿 문자

---

permutation　　　　　　　　　*arr*.permutation (*size=arr.size*) → *enumerator*
　　　　　　　　　　　　　　　arr.permutation (*size=arr.size*) { | array | ··· } → *arr*

arr에서 size개의 요소를 선택해 만들 수 있는 모든 순열을 배열로 생성한다. 블록이 주어지면 각 순열을 블록에 넘겨 평가한다. 블록이 없으면 enumerator 객체를 반환한다. 지정된 길이의 순열을 만들 수 없다면 빈 배열을 생성한다. Array#combination 참조.

```
words = {}
File.readlines("/usr/share/dict/words").map(&:chomp).each do |word|
  words[word.downcase] = 1
end

%w{ c a m e l }.permutation do |letters|
  anagram = letters.join
  puts anagram if words[anagram]
end
```

실행 결과:
```
camel
clame
cleam
macle
```

pop   *arr*.pop (⟨n⟩*) → *obj* or nil

arr의 마지막 요소나 마지막 n개 요소를 반환하고 삭제한다. 배열이 비어 있으면
nil을 반환한다.

```
a = %w{ f r a b j o u s }
a.pop    # => "s"
a        # => ["f", "r", "a", "b", "j", "o", "u"]
a.pop(3) # => ["j", "o", "u"]
a        # => ["f", "r", "a", "b"]
```

---

product   *arr*.product (⟨*arrays*⟩*) → *result_array*
                                               arr.product (⟨*arrays*⟩*) ⟨{|combination|...}⟩ → *arr*

arr과 인자로 주어진 배열(들)의 요소를 하나씩 가져와 만들 수 있는 배열들을
생성하고, 이 모든 배열을 요소로 하는 배열을 생성해 반환한다. 결과가 되는 배
열의 길이는 주어진 배열의 길이와 넘겨받은 매개 변수로 넘겨받은 배열들의 길
이의 곱이 된다(따라서 이 배열 중 하나라도 비어 있다면 빈 배열이 반환된다).
결과 배열의 각 요소는 n(매개 변수의 개수)+1개의 요소를 가지는 배열이 된다.
블록이 주어지면 숫자들을 조합한 각 요소를 블록에 넘겨주며, 원래의 배열 arr
을 반환한다.

```
suits = %w{ C D H S }
ranks = [ *2..10, *%w{ J Q K A } ]
card_deck = suits.product(ranks).shuffle
card_deck.first(13) # => [["D", "A"], ["S", 2], ["C", 9], ["H", 8], ["C", "K"],
                    # .. ["C", 7], ["C", 8], ["D", 6], ["H", 3], ["S", "J"],
                    # .. ["H", 2], ["S", "Q"], ["H", "J"]]
```

---

push   *arr*.push (⟨*obj*⟩*) → *arr*

arr에 주어진 인자를 이어 붙인다.

```
a = [ "a", "b", "c" ]
a.push("d", "e", "f") # => ["a", "b", "c", "d", "e", "f"]
```

---

rassoc   *arr*.rassoc (*key*) → *an_array* or nil

배열의 배열을 검색한다. key를 == 연산자를 이용해 배열의 두 번째 요소와 비
교한다. 매칭된 첫 번째 요소를 반환한다. Array#assoc을 참조하라.

```
a = [ [ 1, "one"], [2, "two"], [3, "three"], ["ii", "two"] ]
a.rassoc("two")  # => [2, "two"]
a.rassoc("four") # => nil
```

---

reject!   *arr*.reject! { |item| ··· } → *arr* or nil

arr이 변경되지 않으면 nil을 반환한다는 점을 제외하면 Array#delete_if와 같다.
Enumerable#reject 참조.

repeated_combination

arr.repeated_combination (*length*) { |comb| ··· } → *arr*
arr.repeated_combination (*length*) → *enum*

length 길이를 가지는 중복 조합을 배열로 생성해 반환한다. length가 arr.size보
다 크면 요소들은 반복될 수 있다. 블록이 주어지면 각 조합이 블록에 넘겨진다.
블록이 없으면 enumerator 객체를 반환한다.

```
a = [1, 2, 3]
a.repeated_combination(2).to_a # => [[1, 1], [1, 2], [1, 3], [2, 2], [2, 3], [3,
                               # .. 3]]
a.repeated_combination(3).to_a # => [[1, 1, 1], [1, 1, 2], [1, 1, 3], [1, 2, 2],
                               # .. [1, 2, 3], [1, 3, 3], [2, 2, 2], [2, 2, 3],
                               # .. [2, 3, 3], [3, 3, 3]]
```

repeated_permutation

arr.repeated_permutation (*length*) { |comb| ··· } → *arr*
arr.repeated_permutation (*length*) → *enum*

길이 length를 가지는 중복 순열을 배열로 생성해 반환한다. length가 arr.size보
다 크면 요소들은 반복될 수 있다. 블록이 주어지면 각 순열이 블록에 넘겨진다.
블록이 없으면 enumerator 객체를 반환한다.

```
a = [:a, :b]
a.repeated_permutation(2).to_a # => [[:a, :a], [:a, :b], [:b, :a], [:b, :b]]
a.repeated_permutation(3).to_a # => [[:a, :a, :a], [:a, :a, :b], [:a, :b, :a],
                               # .. [:a, :b, :b], [:b, :a, :a], [:b, :a, :b],
                               # .. [:b, :b, :a], [:b, :b, :b]]
```

replace

arr.replace (*other_array*) → *arr*

arr의 내용을 other_array의 내용으로 바꾼다. 이때 필요에 따라 배열을 줄이거
나 늘린다.

```
a = [ "a", "b", "c", "d", "e" ]
a.replace([ "x", "y", "z" ]) # => ["x", "y", "z"]
a                            # => ["x", "y", "z"]
```

reverse

arr.reverse → an_array

arr의 요소들을 역순으로 나열한 새로운 배열을 반환한다.

```
[ "a", "b", "c" ].reverse # => ["c", "b", "a"]
[ 1 ].reverse             # => [1]
```

reverse!

arr.reverse! → *arr*

arr 자체를 거꾸로 뒤집는다.

```
a = [ "a", "b", "c" ]
a.reverse!    # => ["c", "b", "a"]
a             # => ["c", "b", "a"]
[ 1 ].reverse! # => [1]
```

reverse_each

arr.reverse_each {(|item| ...)} } → *arr*

요소를 역순으로 반복한다는 점을 제외하면 Array#each와 같다.

```
a = [ "a", "b", "c" ]
a.reverse_each {|x| print x, " " }
```

실행 결과:

```
c b a
```

---

rindex   *arr*.rindex (*obj*) → *int* or nil
                                                  arr.rindex { |item| ··· } → *int* or nil

arr에서 '요소 == obj'를 만족하는 마지막 객체를 반환하거나 블록을 평가하고 true가 되는 마지막 위치를 반환한다. 해당하는 경우가 없으면 nil을 반환한다. Enumerable#select와 Array#index 참조.

```
a = [ "a", "b", "e", "b", "d" ]
a.rindex("b")                 # => 3
a.rindex("z")                 # => nil
a.rindex {|item| item =~ /[aeiou]/} # => 2
```

---

rotate   *arr*.rotate (*places*=1) → *new_array*

arr이 places만큼 회전된 새로운 배열을 반환한다. 따라서 원래의 배열에서 arr[places]에 있던 요소가 배열 맨 앞으로 온다. places는 음수가 될 수도 있다.

```
a = [1, 2, 3, 4, 5]
a.rotate(2)  # => [3, 4, 5, 1, 2]
a.rotate(-2) # => [4, 5, 1, 2, 3]
```

---

rotate!   *arr*.rotate (*places*=1) → *arr*

arr을 직접 places만큼 회전시킨다.

---

sample   *arr*.sample (*n*=1) → *an_array* or nil

arr의 min(n, arr.size)개의 요소를 무작위로 선택해 반환한다. arr이 비어 있거나 매개 변수가 없으면 nil을 반환한다.

```
a = [ "a", "b", "c", "d" ]
a.sample     # => "b"
a.sample(3) # => ["d", "c", "b"]
a.sample(6) # => ["a", "b", "c", "d"]
b = []
b.sample     # => nil
```

---

select!   *arr*.select! { |obj| ··· } → *array*, nil, or *enumerator*

블록을 평가한 결과가 false가 되는 값들을 배열에서 삭제한다(Enumerable #select와 Array#keep_if 참조). 아무런 변화가 없으면 nil을 반환한다. 블록이 주어지지 않으면 Enumerator 객체를 반환하고 그 외에는 배열 arr을 반환한다.

```
a = [ 1, 2, 3, 4, 5, 6, 7, 8, 9 ]
a.select! {|element| element < 6 } # => [1, 2, 3, 4, 5]
a # => [1, 2, 3, 4, 5]
a.select! {|element| element < 8 } # => nil
a # => [1, 2, 3, 4, 5]
```

Array

shift

arr.shift(_n_ = 1) → _obj_ or nil

arr에서 맨 앞의 요소나 앞의 n개를 반환하고, 해당하는 요소를 원래 배열에서 제거한다(다른 모든 요소들이 그만큼 이동한다). 배열이 비어 있다면 nil을 반환한다.

```
args = [ "-m", "-q", "-v", "filename" ]
args.shift    # => "-m"
args.shift(2) # => ["-q", "-v"]
args          # => ["filename"]
```

shuffle

arr.shuffle → _an_array_
arr.shuffle(random: _rng_) → _an_array_

arr의 요소를 섞어서 그 결과를 새로운 배열로 반환한다. random: 키워드 인자를 통해 무작위 숫자 생성기를 넘겨줄 수 있다. 넘겨진 rngs에 같은 seed를 사용하면 항상 같은 결과를 얻도록(deterministic) shuffle을 사용할 수 있다.

```
[ 1, 2, 3, 4, 5 ].shuffle                       # => [1, 3, 5, 2, 4]
[ 1, 2, 3, 4, 5 ].shuffle                       # => [2, 3, 4, 1, 5]
[ 1, 2, 3, 4, 5 ].shuffle(random: Random.new(123)) # => [2, 4, 5, 1, 3]
[ 1, 2, 3, 4, 5 ].shuffle(random: Random.new(123)) # => [2, 4, 5, 1, 3]
```

shuffle!

arr.shuffle! → _an_array_
arr.shuffle!(random: _rng_) → _an_array_

arr을 직접 섞는다.

size

arr.size → _int_

Array#length와 같다.

slice

arr.slice(_int_) → _obj_
arr.slice(_start, length_) → _an_array_
arr.slice(_range_) → _an_array_

Array#[ ]와 같다.

```
a = [ "a", "b", "c", "d", "e" ]
a.slice(2) + a.slice(0) + a.slice(1) # => "cab"
a.slice(6)                # => nil
a.slice(1, 2)             # => ["b", "c"]
a.slice(1..3)             # => ["b", "c", "d"]
a.slice(4..7)             # => ["e"]
a.slice(6..10)            # => nil
a.slice(-3, 3)            # => ["c", "d", "e"]

# 특별한 경우
a.slice(5)     # => nil
a.slice(5, 1)  # => []
a.slice(5..10) # => []
```

slice!

arr.slice!(int) → obj or nil
arr.slice!(start, length) → an_array or nil
arr.slice!(range) → an_array or nil

주어진 색인값(선택적으로 length도 함께)이나 범위로 요소를 삭제한다. 그리고 지워진 객체나 부분 배열을 반환한다. 색인값이 배열 범위 밖이라면 nil을 반환한다.

```
a = [ "a", "b", "c" ]
a.slice!(1)    # => "b"
a              # => ["a", "c"]
a.slice!(-1)   # => "c"
a              # => ["a"]
a.slice!(100)  # => nil
a              # => ["a"]
```

sort!

arr.sort! → arr
arr.sort! { |a,b| ··· } → arr

arr을 직접 정렬한다(Enumerable#sort 참조). arr 정렬이 진행되는 동안에 arr은 동결된다.

```
a = [ "d", "a", "e", "c", "b" ]
a.sort! # => ["a", "b", "c", "d", "e"]
a       # => ["a", "b", "c", "d", "e"]
```

sort_by!

arr.sort_by! { |a| ··· } → arr
arr.sort_by! → enum

arr을 직접 정렬한다(Enumerable#sort_by 참조). arr 정렬이 진행되는 동안에 arr은 동결된다.

```
a = [ 5, 2, 7, 4, 8, 9 ]
# 짝수를 홀수 앞에 정렬하고, 그다음에 순서대로 정렬한다.
a.sort_by! {|e| [ e & 1, e ] } # => [2, 4, 8, 5, 7, 9]
a                              # => [2, 4, 8, 5, 7, 9]
```

to_a

arr.to_a → arr
array_subclass.to_a → array

arr이 배열이면 arr을 반환한다. arr이 Array의 하위 클래스라면 to_ary를 실행하고 결과를 이용해 새로운 배열 객체를 만들어 반환한다.

to_ary

arr.to_ary → arr

arr을 반환한다.

to_s

arr.to_s → str

arr의 문자열 표현을 반환한다(루비 1.9부터 배열 리터럴을 문자열로 반환한다).

```
[ 1, 3, 5, 7, 9 ].to_s # => "[1, 3, 5, 7, 9]"
```

Array

transpose   *arr*.transpose → *an_array*

arr을 배열의 배열이라고 가정하고 행과 열을 바꾼다.

```
a = [[1,2], [3,4], [5,6]]
a.transpose # => [[1, 3, 5], [2, 4, 6]]
```

uniq   *arr*.uniq 〈{| element |...}〉 → *an_array*

arr에서 중복된 요소를 제외한 새로운 배열을 반환한다. 중복된 요소는 eql?과
hash 메서드를 사용해 찾는다. 블록이 주어지면 같은 요소인지 비교는 주어진
블록을 평가한 반환값으로 이루어진다.

```
a = %w{ C a a b b A c a }
a.uniq                               # => ["C", "a", "b", "A", "c"]
a.uniq {|element| element.downcase } # => ["C", "a", "b"]
a.uniq(&:upcase)                     # => ["C", "a", "b"]
```

uniq!   *arr*.uniq! 〈{| element |...}〉 → *arr* or nil

수신자를 직접 변경한다는 점을 제외하면 Array#uniq와 같다. 변경 사항이 없으
면(달리 말해 중복이 없으면) nil을 반환한다.

```
a = [ "a", "a", "b", "b", "c" ]
a.uniq!   # => ["a", "b", "c"]
b = [ "a", "b", "c" ]
b.uniq!   # => nil
```

unshift   *arr*.unshift(〈*obj*〉*]) → *arr*

하나의 객체나 객체들을 arr 앞에 삽입한다.

```
a = [ "b", "c", "d" ]
a.unshift("a")  # => ["a", "b", "c", "d"]
a.unshift(1, 2) # => [1, 2, "a", "b", "c", "d"]
```

values_at   *arr*.values_at(〈*selector*〉*) → *an_array*

arr에서 주어진 선택자(selector)에 해당하는 요소들을 포함하는 배열을 반환한
다. 선택지에는 정수 색인값이나 범위가 올 수 있다. selector가 배열의 범위를
넘어서면 nil을 반환한다.

```
a = %w{ a b c d e f }
a.values_at(1, 3, 5)        # => ["b", "d", "f"]
a.values_at(1, 3, 5, 7)     # => ["b", "d", "f", nil]
a.values_at(-1, -3, -5, -7) # => ["f", "d", "b", nil]
a.values_at(1..3, 2...5)    # => ["b", "c", "d", "c", "d", "e"]
a.values_at(5..7, 1..2)     # => ["f", nil, nil, "b", "c"]
```

_{클래스} BasicObject

BasicObject는 루비 클래스 계층 구조의 최상위 클래스다. 오직 몇 개의 메서드만이 정의되어 있으며, 다양한 메타 프로그래밍 기법을 사용하는 데 편리하도록 만들어져 있다.

BasicObject를 상속하는 클래스를 작성할 때는 Kernel 내의 메서드를 클래스를 명시하지 않고 사용할 수 없다. 이는 Kernel 모듈이 Object에서 믹스인되기 때문이다. 다음 예제는 Kernel의 메서드를 명시적으로 호출하고 있다

```
class SimpleBuilder < BasicObject
  def __puts_at_indent__(string)
    ::Kernel.puts " " * @indent + string
  end
  def method_missing(name, *args, &block)
    @indent ||= 0
    __puts_at_indent__("<#{name}>")
    @indent += 2
    __puts_at_indent__(args.join) unless args.empty?
    yield if ::Kernel.block_given?
    @indent -= 2
    __puts_at_indent__("</#{name}>")
  end
end

r = SimpleBuilder.new
r.person do
  r.name "Dave"
  r.address do
    r.street "123 Main"
    r.city "Pleasantville"
  end
end
```

실행 결과:

```
<person>
  <name>
    Dave
  </name>
  <address>
    <street>
      123 Main
    </street>
    <city>
      Pleasantville
    </city>
  </address>
</person>
```

인스턴스 메서드

!   *! obj → true* or *false*

obj가 거짓이 아니면 false를 반환한다. !는 BasicObject 내에서 정의되어 있기 때문에 루비 내의 모든 객체에서 사용할 수 있다.

== $\hspace{6cm}$ *obj == other_obj* → *true* or *false*

동일성 비교 연산자. BasicObject 수준에서 ==는 obj와 other_obj가 같은 객체
일 때만 true를 반환한다. 이 메서드는 일반적으로 상속 클래스에서 해당 클래스
고유의 방식으로 재정의된다.

!= $\hspace{6cm}$ *obj != other* → *true* or *false*

BasicObject#===와 반대 논릿값을 반환한다.

__id__ $\hspace{6cm}$ *obj.__id__* → *fixnum*

Object#object_id와 같다. 루비 1.9.3 이전에는 Object 클래스의 인스턴스 메서
드였다.

---

equal? $\hspace{5cm}$ *obj*.equal?(*other_obj*) → *true* or *false*

BasicObject#===의 별칭

---

instance_eval $\hspace{2cm}$ *obj*.instance_eval(*string* ⟨, *file*⟨, *line*⟩⟩) → *other_obj*
$\hspace{5.5cm}$ *obj*.instance_eval { |obj| ··· } → *other_obj*

루비 소스 코드가 포함된 문자열이나 주어진 블록을 수신자(obj) 맥락에서 평가
한다. 맥락을 설정하기 위해 코드 실행 중에 변수 self에 obj를 설정하고 그 코드
가 obj의 인스턴스 변수를 참조 가능하도록 한다. 매개 변수로 문자열을 받는 형
식에서는 예외가 발생했을 때 선택적인 두 번째와 세 번째 매개 변수를 파일 이
름과 시작 행 번호로 사용한다.

```ruby
class Klass
  def initialize
    @secret = 99
  end
end
k = Klass.new
k.instance_eval { @secret } # => 99
```

메타 프로그래밍에서는 메서드를 호출하는 쪽의 문맥에서 블록으로 메서드를
실행하기 위해 instance_eval을 자주 사용한다.

```ruby
class Recorder < BasicObject
  attr_reader :__calls__
  def method_missing(name, *args, &block)
    @__calls__ ||= []
    @__calls__ << [ name, args ]
  end
  def record(&block)
    instance_eval(&block)
  end
end
r = Recorder.new
r.record do
  disable "safety"
  pull "control rod", dir: "out"
```

```
  run
end

p r.__calls__
```

실행 결과:

```
[[:disable, ["safety"]], [:pull, ["control rod", {:dir=>"out"}]], [:run, []]]
```

---

instance_exec   *obj*.instance_exec(⟨ args⟩*) { |args| ⋯ } → *other_obj*

self를 obj로 설정하고 블록을 실행한다. 블록에는 매개 변수로 args가 넘겨진다.

```
class Dummy < BasicObject
  def initialize
    @iv = 33
  end
  def double_and_call(value, &block)
    instance_exec(value*2, &block)
  end
end

d = Dummy.new
d.double_and_call(22) do |param|
  ::Kernel::puts "Parameter = #{param}"
  ::Kernel::puts "@iv = #{@iv}"
end
```

실행 결과:
```
Parameter = 44
@iv = 33
```

__send__   *obj*.__send__(*symbol* ⟨, *args*⟩* ⟨, *&block*⟩) → *other_obj*

symbol에 의해 식별되는 메서드를 호출한다. 인자와 블록이 지정되어 있으면 그대로 넘겨준다.

```
class Klass < BasicObject
  def hello(*args)
    "Hello " + args.join(' ')
  end
end
k = Klass.new
k.__send__ :hello, "gentle", "readers"   # => "Hello gentle readers"
```

private 인스턴스 메서드

---

method_missing   method_missing(*symbol* ⟨, **args*⟩) → *other_obj*

주어진 메시지를 처리할 수 없을 때 호출된다. symbol은 호출된 메서드가 되며 args는 넘겨받은 매개 변수들이 된다. method_missing을 통해 proxy, delegator, forwarder를 구현할 수 있다. 또한 앞선 예제에서 다뤘듯이 수신자에 존재하지 않는 메서드가 존재하는 것처럼 반응할 수도 있다.

---

singleton_method_added   singleton_method_added(*symbol*)

수신자에 싱글턴 메서드가 추가되었을 때 호출된다.

```
module Chatty
  def Chatty.singleton_method_added(id)
    puts "Adding #{id} to #{self.name}"
```

```
    end
  def self.one()      end
  def two()           end
end
def Chatty.three() end
```

실행 결과:

```
Adding singleton_method_added to Chatty
Adding one to Chatty
Adding three to Chatty
```

어떠한 객체에라도 훅을 걸 수 있다.

```
obj = "cat"

def obj.singleton_method_added(id)
  puts "Adding #{id} to #{self}"
end

def obj.speak
  puts "meow"
end
```

실행 결과:

```
Adding singleton_method_added to cat
Adding speak to cat
```

---

singleton_method_removed singleton_method_removed(*symbol*)

수신자에서 싱글턴 메서드가 삭제되었을 때 호출된다.

```
module Chatty
  def Chatty.singleton_method_removed(id)
    puts "Removing #{id}"
  end
  def self.one()      end
  def two()           end
  def Chatty.three() end
  class <<self
    remove_method :three
    remove_method :one
  end
end
```

실행 결과:

```
Removing three
Removing one
```

---

singleton_method_undefined singleton_method_undefined(*symbol*)

수신자에서 싱글턴 메서드의 정의가 해제될 때 호출된다.

```
module Chatty
  def Chatty.singleton_method_undefined(id)
    puts "Undefining #{id}"
  end
  def Chatty.one() end
  class << self
    undef_method(:one)
  end
end
```

실행 결과:

```
Undefining one
```

클래스 **Bignum** < Integer

Bignum 객체는 Fixnum 범위를 벗어나는 정수를 담는다. 정수 계산이 Fixnum 범위를 넘어서면 자동으로 Bignum 객체가 만들어진다. Bignum 객체가 사용된 계산이라도 결과가 Fixnum 범위에 들어가면 자동으로 변환이 일어난다.

비트 연산자 [ ]를 지원하기 위해, Bignum은 마치 2의 보수로 표현된 길이가 무한인 비트 스트링처럼 다뤄진다.

Fixnum 값은 즉시값인 반면에, Bignum 객체는 그렇지 않다. 따라서 대입과 매개 변수를 넘겨줄 때 객체 자신이 아니라 객체에 대한 참조를 전달한다.

인스턴스 메서드

산술 연산

big에 대한 다양한 산술 연산을 수행한다.

big	+	number	더하기
big	–	number	빼기
big	*	number	곱하기
big	/	number	나누기
big	%	number	나머지
big	**	number	거듭제곱
big	-@		단항 마이너스

비트 연산

Bignum의 이진 표현에 대해 다양한 연산을 행한다.

~ big		비트를 뒤집는다.	더하기
big	|	number	비트 연산 논리합
big	&	number	비트 연산 논리곱
big	^	number	비트 연산 배타적 논리합
big	<<	number	비트만큼 왼쪽으로 시프트
big	>>	number	비트만큼 오른쪽으로 시프트(부호 확장과 함께)
big	-@		단항 마이너스

Bignum

<=>   *big* ⟨=⟩ *number* → -1, 0, +1, or nil

비교 연산자. big과 number를 비교해서 작거나, 같거나, 큰 경우 각각 -1, 0, +1
을 반환한다. 이는 Comparable 비교 연산의 베이스가 된다.

==   *big* == *obj* → *true* or *false*

obj와 big의 값이 같으면 참을 반환한다. Bignum#eql?와는 달리 obj가 Bignum
이 아니라도 값만 같으면 true를 반환한다.

```
68719476736 == 68719476736.0 # => true
```

[ ]   *big*[*n*] → 0, 1

비트 참조 연산자. big의 (최하위 비트는 big[0]인) 이진 표현에서 n 번째 비트를
(가늠하여) 반환한다.

```
a = 9**15 # 9의 15승
50.downto(0) do |n|
  print a[n]
end
```

실행 결과:

```
0001011101101000001110000111100101001111100010111001
```

---

abs   *big*.abs → *bignum*

big의 절댓값을 반환한다.

```
1234567890987654321.abs  # => 1234567890987654321
-1234567890987654321.abs # => 1234567890987654321
```

---

div   *big*.div (*number*) → *other_number*

Bignum#/ 연산자와 같다.

```
-1234567890987654321.div(13731)     # => -89910996357706
-1234567890987654321.div(13731.0)   # => -89910996357706
-1234567890987654321.div(-987654321) # => 1249999989
```

---

divmod   *big*.divmod (*number*) → *array*

Numeric#divmod(696쪽) 참조

---

eql?   *big*.eql?(*obj*) → *true* or *false*

obj의 값이 big과 같아야만 true를 반환한다. Bignum#===와 달리 obj가 반드시
bignum이어야만 true를 반환한다.

```
68719476736.eql? 68719476736   # => true
68719476736 == 68719476736     # => true
68719476736.eql? 68719476736.0 # => false
68719476736 == 68719476736.0   # => true
```

fdiv *big*.fdiv(*number*) → *float*

big을 number로 나눈 값을 부동소수점으로 반환한다. Bignum#quo와 같다.

```
-1234567890987654321.fdiv(13731)     # => -89910996357705.52
-1234567890987654321.fdiv(13731.0)   # => -89910996357705.52
-1234567890987654321.fdiv(-987654321) # => 1249999989.609375
```

magnitude *big*.magnitude → *bignum*

big의 크기(number line의 원점에서부터 계산한 big의 거리)를 반환한다.
Bignum#abs와 같다. Complex#magnitude 참조.

modulo *big*.modulo(*number*) → *number*

Bignum#%와 같다.

remainder *big*.remainder(*number*) → *other_number*

big을 number로 나눈 나머지를 반환한다.

```
-1234567890987654321.remainder(13731)    # => -6966
-1234567890987654321.remainder(13731.24) # => -9906.22531493148
```

size *big*.size → *integer*

big의 내부 표현법에서 바이트 수를 반환한다.

```
(256**10 - 1).size # => 12
(256**20 - 1).size # => 20
(256**40 - 1).size # => 40
```

to_f *big*.to_f → *float*

big을 Float으로 변환한다. Float에 맞지 않다면 값은 무한대가 된다.

to_s *big*.to_s(*base*=10) → *str*

big을 base 진법(2~36)으로 표현한 문자열로 반환한다.

```
12345654321.to_s         # => "12345654321"
12345654321.to_s(2)      # => "1011011111110110111011110000110001"
12345654321.to_s(8)      # => "133766736061"
12345654321.to_s(16)     # => "2dfdbbc31"
12345654321.to_s(26)     # => "1dp1pc6d"
78546939656932.to_s(36)  # => "rubyrules"
```

Binding

클래스 **Binding** < Object

Binding 클래스의 객체는 코드의 특정 위치에서 실행 문맥을 캡슐화해서 나중에 이 문맥을 다시 사용할 수 있도록 유지한다. 변수, 메서드, self 값, 반복자 블록 등 이 문맥에서 접근할 수 있는 것을 모두 유지한다. Binding 객체는 Object#binding을 호출하거나 Object#set_trace_func의 콜백을 사용하거나 블록을 TracePoint.new에 넘겨줘서 만들 수 있다.

이렇게 만들어진 바인딩 객체는 Object#eval의 두 번째 매개 변수로 사용해서 실행하는 환경을 지정할 수 있다.

```ruby
class Demo
  def initialize(n)
    @secret = n
  end
  def get_binding
    return binding()
  end
end

k1 = Demo.new(99)
b1 = k1.get_binding
k2 = Demo.new(-3)
b2 = k2.get_binding

# eval에 넘겨준다...
eval("@secret", b1) # => 99
# binding을 통해 eval 실행
b2.eval("@secret")  # => -3

eval("@secret")     # => nil
```

인스턴스 메서드

eval   *bind.eval(string ⟨, file ⟨, line⟩⟩) → obj*

bind 문맥을 사용해서 string의 루비 코드를 평가한다. Object#eval의 두 번째 인자에 bind를 넘겨서 호출하는 것과 같다. 앞의 사용 예제를 참조하라.

클래스 **Class** < Module

루비의 클래스는 일차 객체(first-class objects), 즉 Class 클래스의 인스턴스다.

클래스를 정의하면(일반적으로 class Name … end 문법을 이용해서), Class 유형의 객체를 만들고 상수에 대입한다. Name.new를 호출하면 새로운 객체를 만드는데 Class의 인스턴스 메서드인 new를 호출해서 먼저 객체에서 사용할 메모리를 할당한다. 그다음 새로운 객체의 initialize 메서드를 호출한다.

클래스 메서드

new   Class.new (*super_class*=Object) ⟨{ … }⟩ → *cls*

지정된 매개 변수를 상위 클래스로 하는(매개 변수가 생략되면 Object) 새로운 익명 클래스를 생성한다. 블록을 넘겨받으면 블록이 클래스의 본문으로 사용된다. 블록에서는 self에 클래스 인스턴스가 대입된다.

```ruby
name = "Dave"
FriendlyClass = Class.new do
  define_method :hello do
    "Hello, #{name}"
  end
end
f = FriendlyClass.new
f.hello # => "Hello, Dave"
```

인스턴스 메서드

allocate   *cls*.allocate → *obj*

cls 클래스의 새로운 객체를 위한 공간을 할당한다. 반환하는 객체는 cls의 인스턴스여야 한다. new를 호출한다는 것은 기본적으로 객체를 만들기 위해 allocate 클래스 메서드를 호출하고 그다음에 해당 객체의 initialize 메서드를 호출하는 것과 같다. 일반적인 프로그램에서는 allocate를 재정의할 수 없다. 루비가 이 메서드를 호출할 때는 관례적인 메서드 디스패치를 따르지 않기 때문이다.

```ruby
class MyClass
  def self.another_new(*args)
    o = allocate
    o.send(:initialize, *args)
    o
  end
  def initialize(a, b, c)
    @a, @b, @c = a, b, c
  end
end

mc = MyClass.another_new(4, 5, 6)
mc.inspect # => "#<MyClass:0x007fdce9100360 @a=4, @b=5, @c=6>"
```

new   *cls*.new (⟨*args*⟩*) → *obj*

cls 클래스의 새로운 객체를 만들기 위해 allocate를 호출하고 그다음 새로 만들어진 객체에 args를 넘겨 initialize 메서드를 호출한다.

---

superclass   *cls*.superclass → *super_class* or nil

cls의 상위 클래스나 nil을 반환한다.

```
Class.superclass        # => Module
Object.superclass       # => BasicObject
BasicObject.superclass  # => nil
```

private 인스턴스 메서드

inherited   *cls*.inherited (*sub_class*)

cls의 하위 클래스가 만들어졌을 때 호출된다. 새로운 하위 클래스가 인자로 넘겨진다.

```
class Top
  def self.inherited(sub)
    puts "New subclass: #{sub}"
  end
end

class Middle < Top
end

class Bottom < Middle
end
```

실행 결과:

```
New subclass: Middle
New subclass: Bottom
```

모듈 **Comparable** 다음 메서드에 의존한다: <=>

Comparable 믹스인은 객체들이 순서를 가지는 클래스에서 사용된다. 이 클래스는 수신자와 다른 객체를 비교해서 작거나, 같거나, 큰 경우 각각 -1, 0, 1을 반환하는 〈=〉 메서드를 반드시 정의하고 있어야 한다. Comparable은 관례적인 비교 연산자(〈, 〈=, ==, 〉=, 〉)와 between? 메서드를 구현할 때 〈=〉 메서드를 사용한다.

```ruby
class CompareOnSize
  include Comparable
  attr :str
  def <=>(other)
    str.length <=> other.str.length
  end
  def initialize(str)
    @str = str
  end
end

s1 = CompareOnSize.new("Z")
s2 = CompareOnSize.new([1,2])
s3 = CompareOnSize.new("XXX")

s1 < s2           # => true
s2.between?(s1, s3) # => true
s3.between?(s1, s2) # => false
[ s3, s2, s1 ].sort # => ["Z", [1, 2], "XXX"]
```

인스턴스 메서드

비교 연산자	
	obj 〈 $other\_object \rightarrow true$ or $false$
	obj 〈= $other\_object \rightarrow true$ or $false$
	obj == $other\_object \rightarrow true$ or $false$
	obj 〉= $other\_object \rightarrow true$ or $false$
	obj 〉 $other\_object \rightarrow true$ or $false$

수신자의 〈=〉 메서드를 사용해 두 객체를 비교한다.

between?	obj.between?(min, max) $\rightarrow true$ or $false$

obj 〈=〉 min이 0보다 작거나 obj 〈=〉 max가 0보다 큰 경우에는 false를 반환하고, 이외의 경우에는 true를 반환한다.

```ruby
3.between?(1, 5)          # => true
6.between?(1, 5)          # => false
'cat'.between?('ant', 'dog') # => true
'gnu'.between?('ant', 'dog') # => false
```

Complex

클래스 **Complex** < Numeric

복소수를 나타낸다. 내부적으로 실수와 허수를 가지는 숫자로 표현된다. 실수와
허수부 모두 스칼라 값이다. 스칼라 비교 연산자(<=)나 < 등)들은 복소수에는
정의되어 있지 않다(이러한 이유로 Complex가 Numeric의 하위 클래스인지에
대해 논쟁이 있을 수 있지만, 현재는 클래스 계층은 Numeric 아래에 Complex
가 있다). 복소수에 대한 표준 수학 함수 지원에 대해서는 complex(846쪽)라는
이름을 가진 표준 라이브러리를 참조하기 바란다. 또한 복소수를 기본적인 산술
연산과 통합하고자 한다면 mathn(877쪽) 라이브러리를 참조하기 바란다(이를
통해 -1의 제곱근은 Complex::I가 된다).

```
v1 = Complex(2,3)     # => (2+3i)
v2 = Complex("0+2i")  # => (0+2i)
v1 + v2               # => (2+5i)
v1 * v2               # => (-6+4i)
v2**2                 # => (-4+0i)
v2**2 == -4           # => true

# 오일러의 정리
include Math
E**(PI*Complex::I)    # => (-1.0+1.2246467991473532e-16i)
```

클래스 상수

Complex::I   허수 단위

클래스 메서드

polar   Complex.polar(*magnitude, angle*) → *complex*

지정된 극좌표계에 따라 이를 표현하는 복소수를 반환한다.

```
Complex.polar(1.23, 0.5)    # => 1.0794265511251584+0.5896934124831696i
Complex.polar(1, Math::PI/2) # => 6.123233995736766e-17+1.0i
```

rect   Complex.rect(*read, imag*) → *complex*

지정된 실수와 허수가 나타내는 복소수를 반환한다.

```
Complex.rect(1.23, 0.5) # => 1.23+0.5i
```

rectangular   Complex.rectangular(*read, imag*) → *complex*

Complex.rect와 같다.

인스턴스 메서드

산술 연산자

복소수에 대한 다양한 산술 연산을 수행한다.

complex	+	numeric	더하기
complex	–	numeric	빼기
complex	*	numeric	곱하기
complex	/	numeric	나누기
complex	**	numeric	거듭제곱
complex	-@		단항 마이너스
complex	-+		단항 플러스

== *complex == other → true or false*

complex가 other와 같으면 true를 반환한다. 필요한 경우 other를 복소수로 변환해서 비교한다.

```
Complex::I == Complex(0,1) # => true
Complex::I == Complex(1,0) # => false
Complex(1,0) == 1          # => true
Complex(1,0) == "1"        # => false
```

---

abs *complex.abs → number*

Complex#magnitude와 같다.

---

abs2 *complex.abs2 → number*

Complex의 절댓값(magnitude)의 제곱을 반환한다.

```
Complex::I.abs2   # => 1
Complex(1,1).abs2 # => 2
```

---

angle *complex.angle → number*

x축과, 원점과 complex를 연결하는 직선에 대한 각도를 반환한다. 관례적으로 Complex(0,0).angle은 0이다.

```
Complex(1, 0).angle # => 0.0
Complex(1, 1).angle # => 0.7853981633974483
Complex(0, 1).angle # => 1.5707963267948966
```

---

arg *complex.arg → number*

Complex#angle과 같다.

conj

complex.conj → *a_complex*

Complex#conjugate와 같다.

conjugate

complex.conjugate → *a_complex*

complex의 켤레 복소수를 반환한다.

```
Complex::I.conjugate   # => (0-1i)
Complex(1,1).conjugate # => (1-1i)
```

denominator

complex.denominator → *number*

complex의 실수부와 허수부 분모의 최소공배수를 반환한다.

```
Complex("1/3+1/4i").denominator # => 12
Complex(-2, 4).denominator      # => 1
```

eql?

complex.eql(other) → *true* or *false*

other의 실수부와 허수부가 complex와 같을 때(각각 eql?로 비교) true를 반환한다.

```
Complex(1, 0).eql?(Complex(1,0))   # => true
Complex(1, 0).eql?(Complex(1.0, 0)) # => false
Complex(1, 0).eql?(1)              # => false
Complex(1, 0) == Complex(1,0)      # => true
Complex(1, 0) == Complex(1.0, 0)   # => true
Complex(1, 0) == 1                 # => true
```

fdiv

complex.fdiv(other) → *a_complex*

complex의 실수부와 허수부를 부동소수점으로 변환하고 complex / other 연산의 결과를 반환한다(Complex#quo와 비교해서 볼 것).

```
c1 = Complex(1, 2)
c2 = Complex(2, 2)
c1 /c2    # => ((3/4)+(1/4)*i)
c1.fdiv(c2) # => (0.75+0.25i)
```

imag

complex.imag → *number*

complex의 허수부를 반환한다.

```
Complex(2, -3).imag # => -3
```

imaginary

complex.imaginary → *number*

Complex#imag와 같다.

magnitude

complex.magnitude → *int* or *float*

complex의 크기를 반환한다(원점에서 complex까지의 거리). $real^2 + imag^2$의 제곱근이 된다.

```
Complex(1, 1).magnitude # => 1.4142135623730951
Complex(3, 4).magnitude # => 5.0
Complex::I.magnitude    # => 1
```

---

numerator   *complex*.numerator → *a_complex*

분자를 반환한다. 다음과 같이 실수부와 허수부 분모의 최소공배수를 분모로 분
자를 계산한다.

```
c = Complex('2/3+3/4i')
c.numerator   # => (8+9i)
c.denominator # => 12
```

---

phase   *complex*.phase → [*magnitude, angle*]

complex의 편각을 라디안 단위로 반환한다(x축과 원점에서 (real, imag)를 이
은 선 간의 각도).

```
Complex(3, 4).phase  # => 0.9272952180016122
Complex(-3, 4).phase # => 2.214297435588181
```

---

polar   *complex*.polar → [*magnitude, angle*]

complex의 극좌표값을 반환한다.

```
Complex(1,1).polar   # => [1.4142135623730951, 0.7853981633974483]
Complex(-2,-3).polar # => [3.605551275463989, -2.158798930342464]
```

---

quo   *complex*.quo(*other*) → *a_complex*

complex의 실수부와 허수부를 유리수로 변환한 다음 complex / other 연산한
결과를 반환한다(Complex#div 참조).

```
c1 = Complex(1, 2)
c2 = Complex(2, 2)
c1 /c2     # => ((3/4)+(1/4)*i)
c1.quo(c2) # => ((3/4)+(1/4)*i)
```

---

rationalize   *complex*.rationalize(*eps*=nil) → *rational*

유리수로 실수부를 반환한다. 허수부가 0이 아니면 예외를 발생시킨다. 인자는
무시된다. Complex.to_r과 같다.

```
Complex(2.5, 0).rationalize # => (5/2)
```

---

rect   *complex*.rect → [*complex*.real, *complex*.imag]

complex의 실수부와 허수부를 배열로 반환한다.

```
Complex::I.rect # => [0, 1]
```

rectangular	*complex*.rectangular → [*complex*.real, *complex*.imag]

Complex#rect와 같다.

real	*complex*.real → *number*

complex의 실수부를 반환한다.

```
Complex(2, 3).real # => 2
```

real?	*complex*.real? → *false*

허수부가 0이라도 복소수는 실수가 아니므로 항상 false를 반환한다.

```
Complex(1, 1).real? # => false
Complex(1, 0).real? # => false
```

to_f	*complex*.to_f → *float*

complex의 실수부를 부동소수점으로 반환한다. 허수부가 0이 아니면 예외를 발생시킨다.

```
Complex(2, 0).to_f # => 2.0
```

to_i	*complex*.to_i → *integer*

complex의 실수부를 정수로 반환한다. 허수부가 0이 아니면 예외를 발생시킨다.

```
Complex(2.2, 0).to_i # => 2
```

to_r	*complex*.to_r → *rational*

유리수로 실수부를 반환한다. 허수부가 0이 아니면 예외를 발생시킨다.

```
Complex(2.5, 0).to_r # => (5/2)
```

Dir

클래스 **Dir** < Object

Dir 클래스의 객체는 하위 파일 시스템에서 디렉터리들을 나타내는 디렉터리 스트림이다. 이 클래스는 디렉터리 목록과 그 내용물을 나열할 수 있는 다양한 방법을 제공한다. File도 참조(588쪽)하기 바란다.

이 예제의 디렉터리에는 일반 파일이 두 개 있고(config.h, main.rb), 상위 디렉터리(..)와 디렉터리 자신(.)이 있다.

믹스인

Enumerable: all?, any?, chunk, collect, collect_concat, count, cycle, detect, drop, drop_while, each_cons, each_entry, each_slice, each_with_index, each_with_object, entries, find, find_all, find_index, first, flat_map, grep, group_by, include?, inject, lazy, map, max, max_by, member?, min, min_by, minmax, minmax_by, none?, one?, partition, reduce, reject, reverse_each, select, slice_before, sort, sort_by, take, take_while, to_a, zip

클래스 메서드

[ ]	Dir[*glob_pattern*] → *array*

Dir.glob(glob_pattern,0)을 호출하는 것과 동일하다.

chdir	Dir.chdir(⟨ *dir* ⟩) → 0
	Dir.chdir(⟨ *dir* ⟩) { |*path*| ··· } → *obj*

프로세스의 현재 디렉터리를 주어진 문자열로 바꾼다. 매개 변수 없이 실행하면 디렉터리를 환경 변수 HOME이나 LOGDIR의 값으로 바꾼다. 이동하고자 하는 디렉터리가 존재하지 않는다면 SystemCallError(아마 Errno::ENOENT) 예외가 발생한다.

블록이 주어지면 여기에 새로 설정한 현재 디렉터리를 넘기고 블록은 그 디렉터리를 현재 디렉터리로 실행된다. 그리고 블록을 마치면 원래의 디렉터리가 현재 디렉터리로 복원된다. 이때 chdir의 반환값은 블록의 반환값이 된다. chdir 블록은 중첩될 수 있지만, 다중 스레드 프로그램에서 다른 스레드가 이미 열고 있는 chdir 블록을 또 다른 스레드에서 열려고 할 때는 에러가 발생할 것이다. 이는 작업 중인 운영 체제가 한 번에 하나의 현재 작업 디렉터리를 갖도록 짜여 있기 때문이다.

```ruby
Dir.chdir("/private/var/log") # => 0
Dir.pwd                       # => "/private/var/log"
Dir.chdir("/private/tmp") do
  Dir.pwd                     # => "/private/tmp"
  Dir.chdir("/usr") do
    Dir.pwd                   # => "/usr"
  end
  Dir.pwd                     # => "/private/tmp"
end
Dir.pwd                       # => "/private/var/log"
```

Dir

chroot

Dir.chroot(*dirname*) → 0

프로세스 입장에서 파일 시스템 루트 디렉터리를 바꾼다. 권한이 있는 프로세스만 이 호출을 사용할 수 있다. 모든 플랫폼에서 사용 가능하지는 않다. 유닉스 시스템이라면 chroot(2)에서 자세한 정보를 얻을 수 있다.

```
Dir.chdir("/production/secure/root")
Dir.chroot("/production/secure/root") #=> 0
Dir.pwd                               #=> "/"
```

delete

Dir.delete(*dirname*) → 0

주어진 이름의 디렉터리를 삭제한다. 디렉터리가 비어 있지 않으면 SystemCallError를 발생시킨다.

entries

Dir.entries(*dirname*) → *array*

주어진 디렉터리의 모든 파일 이름을 포함하는 배열을 반환한다. 주어진 디렉터리가 존재하지 않으면 SystemCallError 예외를 발생시킨다.

```
Dir.entries("testdir") # => [".", "..", "config.h", "main.rb"]
```

exist?

Dir.exist?(*path*) → *true* or *false*

path가 존재하고 디렉터리이면 true를 반환한다. File.directory?와 같다.

```
Dir.exist?("/tmp")  # => true
Dir.exist?("/temp") # => false
```

exists?

Dir.exists?(*path*) → *true* or *false*

Dir.exist?와 같다.

foreach

Dir.foreach(*dirname*) { |filename| ⋯ } → nil

주어진 디렉터리의 각 엔트리를 블록의 매개 변수로 넘기면서 블록을 호출한다.

```
Dir.foreach("testdir") {|x| puts "Got #{x}" }
```

실행 결과:
```
Got .
Got ..
Got config.h
Got main.rb
```

getwd

Dir.getwd → *dirname*

이 프로세스의 현재 작업 디렉터리를 정규 경로(canonical path)를 포함하는 문자열로 반환한다. 일부 운영 체제에서는 이 이름이 사용자가 Dir.chdir로 지정한 이름이 아닐 수도 있다. 예를 들어 OS X에서 /tmp는 심벌릭 링크다.

```
Dir.chdir("/tmp") # => 0
Dir.getwd         # => "/private/tmp"
```

---

glob   Dir.glob(*glob_pattern*, ⟨flags⟩) → *array*
                                     Dir.glob(*glob_pattern*, ⟨*flags*⟩) { |filename| ⋯ } → false

---

glob_pattern으로 주어진 패턴을 확장해서 파일 이름을 찾고 그 결과를 요소로 담은 배열로 반환하거나 블록에 매개 변수로 전달한다. 여기서 패턴은 정규 표현식이 아님에 유의하자(셸 글로브(shell glob) 표현에 가깝다). flags 매개 변수의 의미에 대해서는 File.fnmatch를 참조(591쪽)하기 바란다. 대소문자 구분은 시스템에 따라 다르다(따라서 File:::FNM_CASEFOLD는 무시한다). 패턴에서 사용하는 메타 문자는 다음과 같다.

*	파일 이름의 모든 문자열 시퀀스. 즉, '*'는 모든 파일에 매칭하고, 'c*'는 c로 시작하는 모든 파일을 매칭하며, '*c'는 'c'로 끝내는 모든 파일에 매칭한다. 그리고 '*c*'는 c가 들어간 모든 파일에 매칭한다.
**	파일 이름에서 0개나 그 이상의 개수의 디렉터리에 매칭한다. 따라서 '**/fred'는 현재 디렉터리에 있거나 모든 하위 디렉터리에서 이름이 fred인 파일에 매칭한다.
?	파일 이름에서 모든 한 글자에 매칭한다.
[chars]	chars 중 하나의 글자에 매칭한다. 괄호 안에 제일 앞에 ^가 온다면 chars에 포함하지 않는 글자에 매칭한다.
{patt,...}	중괄호 사이에서 주어진 패턴 중 하나를 매칭한다. 패턴은 다른 메타 문자를 포함할 수 있다.
\	다음에 오는 문자에서 특별한 의미를 제거한다.

```
Dir.chdir("testdir")                # => 0
Dir["config.?"]                     # => ["config.h"]
Dir.glob("config.?")                # => ["config.h"]
Dir.glob("*.[a-z][a-z]")            # => ["main.rb"]
Dir.glob("*.[^r]*")                 # => ["config.h"]
Dir.glob("*.{rb,h}")                # => ["main.rb", "config.h"]
Dir.glob("*")                       # => ["config.h", "main.rb"]
Dir.glob("*", File::FNM_DOTMATCH)   # => [".", "..", "config.h", "main.rb"]

Dir.chdir("..")                     # => 0
Dir.glob("code/**/fib*.rb")         # => ["code/irb/fibonacci_sequence.rb",
                                    # .. "code/rdoc/fib_example.rb"]

Dir.glob("**/rdoc/fib*.rb")         # => ["code/rdoc/fib_example.rb"]
```

---

home   Dir.home(⟨user_name⟩) → *string*

---

user_name 사용자의 home 디렉터리를 반환한다. 인자가 주어지지 않으면 현재 사용자의 home 디렉터리를 반환한다.

```
Dir.home        # => "/Users/dave"
Dir.home("nobody") # => "/var/empty"
```

Dir

mkdir   Dir.mkdir(*dirname* ⟨, *permissions*⟩) → 0

dirname이란 이름의 디렉터리를 생성한다. 선택적으로 permission 매개 변수를 넘기면 생성할 때 사용할 권한을 명시할 수 있다. 권한은 File.umask 메서드를 이용해 수정할 수 있으며 윈도에서는 무시한다. 디렉터리를 만들지 못하면 SystemCallError 예외를 발생시킨다. '디렉터리 권한'을 참조(588쪽)하라.

new   Dir.new(*dirname* ⟨, :encoding =⟩ *enc*⟩) → *dir*

주어진 디렉터리에 대한 새로운 디렉터리 객체를 반환한다. 선택적인 해시 매개 변수에 의해 파일 이름으로 사용하는 인코딩을 지정할 수 있다. 이 매개 변수가 주어지지 않으면, 현재 시스템의 파일 시스템 인코딩이 기본값으로 사용된다.

open   Dir.open(*dirname* ⟨, :encoding =⟩ *enc*⟩) → *dir*
                                       Dir.open(*dirname* ⟨, :encoding =⟩ *enc*⟩) { |*dir*| ⋯ } → *obj*

블록이 없으면 Dir.new 메서드와 같다. 볼록이 주어지면 dir을 블록의 매개 변수로 넘긴다. 그리고 블록의 끝에서 디렉터리를 닫고 Dir.open은 블록의 값을 반환한다.

pwd   Dir.pwd → *dirname*

Dir.getwd와 같다.

rmdir   Dir.rmdir(*dirname*) → 0

Dir.delete와 같다.

unlink   Dir.unlink(*dirname*) → 0

Dir.delete와 같다.

인스턴스 메서드

close   *dir*.close → nil

디렉터리 스트림을 닫는다. 이 이후에 dir에 접근하려고 하면 IOError 예외를 발생시킨다.

```
d = Dir.new("testdir")
d.close # => nil
```

each   *dir*.each { |filename| ⋯ } → *dir*

디렉터리의 각 엔트리에 대해 블록을 호출한다. 이때 엔트리의 파일 이름을 블록의 매개 변수로 전달한다.

```
d = Dir.new("testdir")
d.each {|name| puts "Got #{name}" }
```

실행 결과:
```
Got .
Got ..
Got config.h
Got main.rb
```

---

path   *dir*.path → dirname

dir의 생성자에 매개 변수로 전달된 경로를 반환한다.

```
d = Dir.new("..")
d.path # => ".."
```

---

pos   *dir*.pos → *int*

Dir#tell과 같다.

---

pos=   *dir*.pos(int) → *int*

Dir#seek와 같지만 위치 매개 변수를 반환한다.

```
d = Dir.new("testdir") # => #<Dir:testdir>
d.read                 # => "."
i = d.pos              # => 1
d.read                 # => ".."
d.pos = i              # => 1
d.read                 # => ".."
```

---

read   *dir*.read → *filename* or nil

dir에서 다음 엔트리를 읽어서 문자열로 반환한다. 스트림의 끝이라면 nil을 반환한다.

```
d = Dir.new("testdir")
d.read # => "."
d.read # => ".."
d.read # => "config.h"
```

---

rewind   *dir*.rewind → *dir*

첫 번째 엔트리로 위치를 옮긴다.

```
d = Dir.new("testdir")
d.read   # => "."
d.rewind # => #<Dir:testdir>
d.read   # => "."
```

---

seek   *dir*.seek(int) → *dir*

dir에서 특정 위치를 찾는다. int는 Dir#tell에서 반환된 값이어야 한다(엔트리에 대한 간단한 인덱스일 필요는 없다.).

```
d = Dir.new("testdir") # => #<Dir:testdir>
d.read                 # => "."
```

```
i = d.tell          # => 1
d.read              # => ".."
d.seek(i)           # => #<Dir:testdir>
d.read              # => ".."
```

---

tell   *dir*.tell → *int*

dir의 현재 위치를 반환한다. Dir#seek 참조.

```
d = Dir.new("testdir")
d.tell    # => 0
d.read    # => "."
d.tell    # => 1
```

---

to_path   *dir*.to_path → dirname

Dir.path와 같다.

클래스 **Encoding** < Object

인코딩은 문자열의 내부 표현 바이너리 데이터를 글자에 대응시키는 방법이다. 루비는 많은 인코딩을 기본적으로 지원하고 있다. 내장으로 지원되지 않는 인코딩도 실행 중에 동적으로 불러올 수 있다.

인코딩은 이름으로 인식된다(예를 들어 UTF-8, ISO-8859-1 등). 이러한 인코딩은 인코딩 객체로 표현된다. Encoding 클래스에는 이러한 인코딩 객체가 미리 정의된 상수가 포함되어 있다. 같은 인코딩에 대해 여러 개의 객체가 존재하기도 한다. 예를 들어 상수 Encoding::IBM860과 Encoding::CP860은 둘 다 IBM860이라는 이름을 가진 인코딩을 나타낸다. 표 15는 인코딩 이름과 대응하는 Encoding 클래스의 상수를 나타내고 있다. 첫 번째 열은 인코딩의 이름을 나타내고 두 번째 열은 이 인코딩에 대응하는 Encoding 클래스의 상수들을 나타낸다. ISO-8869-1 -- 11과 같은 이름은 (명백한 이름을 가지는) 열한 개의 인코딩이 있다는 의미다.

인코딩은 파일을 열거나 문자열을 만드는 데 사용된다. 인코딩을 매개 변수로 받는 메서드는 인코딩 이름이나 인코딩 객체를 받는다. 인코딩 객체를 사용하는 편이 훨씬 빠르다.

17장에서는 한 장에 걸쳐 인코딩에 대해 설명한다.

인코딩	클래스 이름	인코딩	클래스 이름
ASCII-8BIT	ASCII_8BIT, BINARY	Big5	Big5, BIG5
Big5-HKSCS	Big5_HKSCS, BIG5_HKSCS, Big5_HKSCS_2008, BIG5_HKSCS_2008	Big5-UAO	Big5_UAO, BIG5_UAO
CP50220	CP50220	CP50221	CP50221
CP51932	CP51932	CP850	CP850, IBM850
CP852	CP852	CP855	CP855
CP949	CP949	CP950	CP950
CP951	CP951	Emacs-Mule	Emacs_Mule, EMACS_MULE
EUC-JP	EUC_JP, EucJP, EUCJP	EUC-JP-2004	EUC_JP_2004, EUC_JISX0213
EUC-KR	EUC_KR, EucKR, EUCKR	EUC-TW	EUC_TW, EucTW, EUCTW
eucJP-ms	EucJP_ms, EUCJP_MS, EUC_JP_MS	GB12345	GB12345
GB18030	GB18030	GB1988	GB1988
GB2312	EUC_CN, EucCN, EUCCN	GBK	GBK, CP936
IBM437	IBM437, CP437	IBM737	IBM737, CP737
IBM775	IBM775, CP775	IBM852	IBM852

IBM855	IBM855	IBM857	IBM857, CP857
IBM860 -- 6	IBM860 -- 6, CP8600 -- 6	IBM869	IBM869, CP869
ISO-2022-JP	ISO_2022_JP, ISO2022_JP	ISO-2022-JP-2	ISO_2022_JP_2, ISO2022_JP2
ISO-2022-JP-KDDI	ISO_2022_JP_KDDI	ISO-8859-1 -- 11	ISO8859_1 -- 11
ISO-8859-13 -- 16	ISO8859_13 -- 16	KOI8-R	KOI8_R, CP878
KOI8-U	KOI8_U	macCentEuro	MacCentEuro, MACCENTEURO
macCroatian	MacCroatian, MACCROA-TIAN	macCyrillic	MacCyrillic, MACCYRILLIC
macGreek	MacGreek, MACGREEK	macIceland	MacIceland, MACICELAND
MacJapanese	MacJapanese, MACJAPANESE, MacJapan, MACJAPAN	macRoman	MacRoman, MACROMAN
macRomania	MacRomania, MACROMANIA	macThai	MacThai, MACTHAI
macTurkish	MacTurkish, MACTURKISH	macUkraine	MacUkraine, MAC-UKRAINE
Shift_JIS	Shift_JIS, SHIFT_JIS	SJIS-DoCoMo	SJIS_DoCoMo, SJIS_DOCOMO
SJIS-KDDI	SJIS_KDDI	SJIS-SoftBank	SJIS_SoftBank, SJIS_SOFTBANK
stateless-ISO-2022-JP	Stateless_ISO_2022_JP, STATE-LESS_ISO_2022_JP	stateless-ISO-2022-JP-KDDI	Stateless_ISO_2022_JP_KDDI, STATELESS_ISO_2022_JP_KDDI
TIS-620	TIS_620	US-ASCII	US_ASCII, ASCII, ANSI_X3_4_1968
UTF-16	UTF_16	UTF-16BE	UTF_16BE, UCS_2BE
UTF-16LE	UTF_16LE	UTF-32	UTF_32
UTF-32BE	UTF_32BE, UCS_4BE	UTF-32LE	UTF_32LE, UCS_4LE
UTF-7	UTF_7, CP65000	UTF-8	UTF_8, CP65001
UTF8-DoCoMo	UTF8_DoCoMo, UTF8_DO-COMO	UTF8-KDDI	UTF8_KDDI
UTF8-MAC	UTF8_MAC, UTF_8_MAC, UTF_8_HFS	UTF8-SoftBank	UTF8_SoftBank, UTF8_SOFTBANK
Windows-1250 -- 1258	Windows_1250 -- 1258, WINDOWS_1250 -- 1258, CP1250 -- 1258	Windows-31J	Windows_31J, WINDOWS 31J, CP932, CsWindows31J, CSWIN-DOWS31J, SJIS, PCK
Windows-874	Windows_874, WIN-DOWS_874, CP874		

표 15. 인코딩 이름과 클래스 이름

클래스 메서드

aliases   Encoding.aliases → *hash*

키에는 인코딩의 별칭, 값에는 이에 대응하는 기본 인코딩 이름이 들어 있는 해
시를 반환한다.

```
Encoding.aliases["BINARY"] # => "ASCII-8BIT"
```

compatible?

Encoding.compatible?(*str1*, *str2*) → *enc* or nil

str1과 str2 이름을 가진 인코딩들의 호환성 여부를 확인한다. 두 문자열을 연결했을 때 사용하게 될 인코딩을 반환한다. 호환성이 없으면 false를 반환한다.

```
# encoding: utf-8
ascii1 = "ant"
ascii2 = "bee"
iso    = "\xee"
iso.force_encoding(Encoding::ISO_8859_1)
utf    = "∂og"

Encoding.compatible?(ascii1, ascii2) # => #<Encoding:UTF-8>
Encoding.compatible?(ascii1, iso)    # => #<Encoding:ISO-8859-1>
Encoding.compatible?(ascii1, utf)    # => #<Encoding:UTF-8>
Encoding.compatible?(iso, utf)       # => nil
```

default_external

Encoding.default_external → *enc*

외부 인코딩의 기본값을 반환한다. 외부 인코딩 기본값은 외부 I/O 스트림에서 데이터를 읽고 쓸 때 사용한다.

```
Encoding.default_external # => #<Encoding:UTF-8>
```

default_external=

Encoding.default_external = *enc*

기본 외부 인코딩을 지정한다.

default_internal

Encoding.default_internal → *enc* or nil

내부 인코딩 기본값을 반환한다. 내부 인코딩 기본값은 읽기나 쓰기 작업 시 데이터 인코딩을 변환할 때 사용된다. 기본 인코딩 값이 설정되어 있지 않으면 nil을 반환한다.

default_internal=

Encoding.default_internal = *enc*

기본 내부 인코딩을 지정한다.

```
Encoding.default_internal = 'utf-8'
Encoding.default_internal # => #<Encoding:UTF-8>
```

find

Encoding.find(*name*) → *enc*

지정한 인코딩 이름을 가지는 인코딩 객체를 반환한다. 해당하는 인코딩 객체가 없으면 ArgumentError 예외를 발생시킨다.

```
Encoding.find("Shift_JIS") # => #<Encoding:Shift_JIS>
```

list

Encoding.list → *array*

현재 인터프리터에 로드되어 있는 인코딩 객체 목록을 반환한다.

locale_charmap Encoding.locale_charmap → *name*

현재 로캘 문자표(charmap) 이름을 반환한다. 이 값은 일반적으로 환경 변수나 다른 운영 체제 맥락에 따라서 외부적으로 설정된다.

```
ENV["LANG"]                 # => "en_US.UTF-8"
Encoding.locale_charmap # => "UTF-8"
```

name_list Encoding.name_list → *array*

로드된 인코딩 이름 목록을 반환한다.

```
Encoding.name_list.sort.first(5) # => ["646", "ANSI_X3.4-1968", "ASCII",
                                 # .. "ASCII-8BIT", "BINARY"]
```

인스턴스 메서드

ascii_compatible? *enc*.ascii_compatible? → *true* or *false*

최하위 127 코드 포인트가 아스키 문자셋과 같으면 true를 반환한다.

```
Encoding::UTF_8.ascii_compatible? # => true
Encoding::SJIS.ascii_compatible?  # => true
Encoding::UTF_7.ascii_compatible? # => false
```

dummy? *enc*.dummy? → *true* or *false*

더미 인코딩이란 루비의 현재 다언어 지원 방식에서 적절하게 지원되지 않는 인코딩(상태를 가지는 인코딩 등)을 나타내는 이름(placeholder)이다.

```
Encoding::UTF_7.dummy? # => true
Encoding::UTF_8.dummy? # => false
```

name *enc*.name → *string*

enc의 이름을 반환한다.

```
Encoding::UTF_8.name    # => "UTF-8"
Encoding::CP65001.name # => "UTF-8"
```

names *enc*.names → [⟨*string*⟩⁺]

enc의 이름과 enc의 별칭들을 같이 반환한다.

```
Encoding::ISO8859_1.names # => ["ISO-8859-1", "ISO8859-1"]
Encoding::ASCII.names     # => ["US-ASCII", "ASCII", "ANSI_X3.4-1968", "646"]
```

replicate *enc*.replicate(*name*) → *new_encoding*

주어진 name으로 enc 인코딩의 복사본을 만든다. 이때 name은 고유한 값이어야 한다.

^{모듈} Enumerable

다음 메서드에 의존한다: each, <=>

Enumerable 믹스인은 컬렉션 클래스에 특정 작업을 수행하고, 검색하고, 정렬하는 기능들을 제공한다. 클래스에는 컬렉션 요소를 차례로 yield하는 each 메서드를 구현하고 있어야 한다. Enumerable#max, #min, #sort, #sort_by를 사용하기 위해서는 컬렉션의 요소들에 대해 의미 있는 비교가 가능하도록 <=> 연산자도 구현해야 한다. 이 연산자를 통해 요소들 간의 순서를 결정한다.

루비 1.9에서는 이 모듈에 다양한 메서드가 추가되었다. 또한 구문의 의미가 일부 변경되었다. 따라서 오랜 기간 루비를 사용해온 프로그래머라도 이 부분은 주의 깊게 읽어야 한다.

인스턴스 메서드

---

all? *enum*.all? ⟨ |obj|···⟩ → *true* or *false*

컬렉션의 각 요소를 주어진 블록에 넘겨준다. 그리고 이 블록이 모든 요소에 대해 false나 nil을 반환하지 않으면 true를 반환한다. 블록이 주어지지 않으면 루비는 암묵적으로 {|obj| obj} 블록을 넘겨준다(즉, all?의 반환값은 컬렉션의 모든 멤버가 false나 nil이 아닌 경우에만 true가 된다).

```
[ nil, true, 99 ].all? # => false
```

---

any? *enum*.any? ⟨ |obj|···⟩ → *true* or *false*

컬렉션의 각 요소를 주어진 블록에 넘긴다. 그리고 이 블록이 false나 nil이 아닌 값을 한 번이라도 반환하면 블록 호출을 멈추고 true를 반환한다. 블록이 주어지지 않으면 루비가 암묵적으로 {|obj| obj}라는 블록을 넘겨준다(즉, 컬렉션 멤버에 false나 nil 이외의 값이 하나라도 있다면 any?는 true를 반환한다). Enumerable#none?과 Enumerable#one?을 참조하라.

```
[ nil, true, 99 ].any? # => true
```

---

chunk *enum*.chunk { |element| ··· } → *enumerator*
enum.chunk(*state*) { |element, state| ··· } → *enumerator*

각 요소를 블록에 넘겨준다. 블록을 평가할 결과를 키로 사용해서 키가 같은 값들을 묶는다. chunk의 결과로 반환된 Enumerator 객체는 평가한 결과가 되는 키와 키가 같은 값들을 모은 배열을 yield한다. 다음은 길이가 같은 단어들을 모아서 반환하는 간단한 예제다.

```
enum = %w{ ant bee coyote dophin elk }.chunk(&:size)
enum.next # => [3, ["ant", "bee"]]
enum.next # => [6, ["coyote", "dophin"]]
enum.next # => [3, ["elk"]]
```

블록이 nil이나 :_separator를 반환하면, 이 값에 해당하는 경우는 결과 열거자에 포함되지 않고, 다음 그룹을 나누는 역할만 하게 된다.

```
enum = [ 1, 2, 3, 4, 5 ].chunk {|element| element.odd? ? :odd : :_separator}
enum.to_a # => [[:odd, [1]], [:odd, [3]], [:odd, [5]]]
```

다음 예제는 자신의 코드를 읽고 각 주석 블록을 반환한다. 패턴 매치에 실패하면 nil이 반환된다는 사실을 활용한다.

```
# 이 코드는 자신의 소스 코드를 읽어 각 주석 블록을 반환한다.
File.foreach(__FILE__).chunk do |line|
  # 주석 그룹은 '#'으로 시작되는 연속된
  # 줄들로 구성된다.
  line =~ /^\s*#/
end.each do |_, lines|
  p lines
end
```

실행 결과:

```
["# 이 코드는 자신의 소스 코드를 읽어 각 주석 블록을 반환한다.\n"]
[" # 주석 그룹은 '#'으로 시작되는 연속된\n", " # 줄들로 구성된다."]
```

블록이 :alone을 반환한다면 이 블록만을 하나의 그룹으로 한다. :_alone을 사용하면, 이전에 블록을 평가해서 :_alone을 반환하는 요소가 있더라도 같은 그룹으로 묶이지 않는다.

```
enum = [ 1, 2, 3 ].chunk { :_alone }
enum.to_a # => [[:_alone, [1]], [:_alone, [2]], [:_alone, [3]]]
```

state 매개 변수가 주어지면, 이 값을 블록을 평가할 때 두 번째 매개 변수로 넘겨준다. 이를 통해 블록을 반복하면서 특정 값을 공유할 수 있다.

Enumerable.slice_before를 참조하라.

---

collect   *enum*.collect { |obj| ⋯ } → *array* or *enumerator*

enum의 각 요소로 블록을 한 번씩 실행해 그 평가 결과로 새로운 배열을 만들어 반환한다. 블록이 주어지지 않으면 Enumerator 객체를 반환한다.

```
(1..4).collect {|i| i*i } # => [1, 4, 9, 16]
(1..4).collect { "cat" }  # => ["cat", "cat", "cat", "cat"]
(1..4).collect(&:even?)   # => [false, true, false, true]
```

---

collect_concat   *enum*.collect_concat { |obj| ⋯ } → *array*
                                            enum.collect_concat → *enumerator*

Enumerable.flat_map과 같다.

---

count   *enum*.count(*obj*) → *int*
                                                enum.count { |obj| ⋯ } → *int*

enum에서 obj와 같거나 블록을 참으로 평가하는 요소의 개수를 반환한다. 블록과 인자를 둘 다 생략하면 enum 내의 모든 요소 개수를 반환한다.

```
(1..4).count               # => 4
(1..4).count(3)            # => 1
(1..4).count {|obj| obj > 2 } # => 2
```

cycle	*enum*.cycle { |obj| ··· } → nil or *enumerator*
	enum.cycle(*times*) { |obj| ··· } → nil or *enumerator*

enum이 비어 있으면 nil을 반환하고, 그렇지 않으면 각 요소를 하나씩 블록에 넘겨 평가한다. 마지막 요소에 다다르면 다시 처음부터 반복한다. 반복 횟수는 매개 변수로 지정한다. 이 매개 변수를 지정하지 않으면 영원히 반복한다. enum.to_a.cycle과 같다. Array#cycle을 참조하라. 블록을 넘겨받지 않으면 Enumerator 객체를 반환한다.

```
('a'..'c').cycle(2)      # => #<Enumerator: "a".."c":cycle(2)>
('a'..'c').cycle(2).to_a # => ["a", "b", "c", "a", "b", "c"]
```

detect	*enum*.detect(*ifnone* = nil) { |obj| ··· } → *obj* or nil or *enumerator*

enum의 각 엔트리를 블록에 전달한다. 그리고 블록의 결과가 false가 아닌 첫 번째 요소를 반환한다. 어떤 객체도 매칭되지 않고 ifnone proc도 주어지지 않았다면 nil을 반환한다. ifnone이 주어졌다면 이를 호출한 결과를 반환한다. 블록이 주어지지 않으면 Enumerator 객체를 반환한다.

```
(1..10).detect {|i| i % 5 == 0 and i % 7 == 0 }  # => nil
(1..100).detect {|i| i % 5 == 0 and i % 7 == 0 } # => 35
sorry = lambda { "not found" }
(1..10).detect(sorry) {|i| i > 50}               # => "not found"
```

drop	*enum*.drop(*n*) → *an_array*

enum에서 앞의 n개를 버리고 나머지 요소를 배열로 반환한다.

```
[ 1, 1, 2, 3, 5, 8, 13 ].drop(4)  # => [5, 8, 13]
[ 1, 1, 2, 3, 5, 8, 13 ].drop(99) # => []
```

drop_while	*enum*.drop_while { |item| ··· } → *an_array* or *enumerator*

enum의 각 요소를 차례대로 블록에 넘겨 평가하고 그 결과가 false가 되는 요소를 찾는다. 그 요소까지 앞부분을 버리고 나머지 부분을 새로운 배열로 반환한다. 블록을 넘겨받지 않으면 Enumerator 객체를 반환한다.

```
[ 1, 1, 2, 3, 5, 8, 13 ].drop_while {|item| item < 6 } # => [8, 13]
```

each_cons	*enum*.each_cons(*length*) { |array| ··· } → nil or *enumerator*

enum에서 length개씩 중복되도록 겹쳐서 부분 배열을 만들고 이를 차례로 블록에 넘겨준다. 블록을 넘겨받지 않으면 Enumerator 객체를 반환한다.

```
(1..4).each_cons(2) {|array| p array }
```

Enumerable

```
[1, 2]
[2, 3]
[3, 4]
```

---

each_entry   *enum*.each_entry { |element| ··· } → *enum*
                                          enum.each_entry → *enumerator*

반복적으로 enum.each를 호출하고 그 결과를 블록에 넘겨준다. each가 하나의
값을 반환한다면 그대로 블록에 넘겨진다. each가 여러 개의 값을 반환한다면
배열로 변환되어 블록에 넘겨진다.

```
class Generator
  include Enumerable
  def each
    yield 1
    yield 2, 3
    yield 4
  end
end
g = Generator.new
g.each       {|entry| print entry, " : "}
puts
g.each_entry {|entry| print entry, " : "}
```

실행 결과:

```
1 : 2 : 4 :
1 : [2, 3] : 4 :
```

---

each_slice   *enum*.each_slice (*length*) { |array| ··· } → nil or *enumerator*

enum을 length 길이씩 중복되지 않도록 자르고 이를 각각 블록에 넘겨준다. 블
록을 넘겨받지 않으면 Enumerator 객체를 반환한다.

```
(1..10).each_slice(4) {|array| p array }
```

실행 결과:

```
[1, 2, 3, 4]
[5, 6, 7, 8]
[9, 10]
```

---

each_with_index   *enum*.each_with_index (⟨args⟩*) { |obj, index| ··· } → *enum* or *enumerator*

enum의 각 요소에 대해 요소와 인덱스 둘 다 블록의 매개 변수로 넘겨 블록을
평가한다. agrs를 지정하면 반복 과정에서 each에 전달된다. 블록을 넘겨받지
않으면 Enumerator 객체를 반환한다.

```
%w(cat dog wombat).each_with_index do |item, index|
  puts "#{item} is at position #{index}"
end
```

실행 결과:

```
cat is at position 0
dog is at position 1
wombat is at position 2
```

each_with_object   *enum*.each_with_object(*memo*) → *memo* or *enumerator*

enum의 각 요소에 대해 요소와 memo 객체를 블록에 넘긴다. 블록을 넘겨받지 않으면 Enumerator 객체를 반환한다.

```
hash = %w(cat dog wombat).each_with_object({}) do |item, memo|
  memo[item] = item.upcase.reverse
end
hash # => {"cat"=>"TAC", "dog"=>"GOD", "wombat"=>"TABMOW"}
```

entries   *enum*.entries → *array*

Enumerable#to_a와 같다.

find   *enum*.find(*ifnone* = nil) { |obj| … } → *obj* or nil

Enumerable#detect와 같다.

find_all   *enum*.find_all { |obj| … } → *array* or *enumerator*

블록을 평가한 결과가 false가 아닌 모든 요소를 배열로 반환한다(Enumerable #reject 참조). 블록을 넘겨받지 않으면 Enumerator 객체를 반환한다.

```
(1..10).find_all {|i| i % 3 == 0 } # => [3, 6, 9]
```

find_index   *enum*.find_index(*obj*) → *int* or nil
                              enum.find_index { |obj| … } → *int* or nil or *enumerator*

arr의 요소들 중에 == 연산자를 사용해 obj와 같거나 블록이 참을 반환하는 객체의 위치를 반환한다. 그렇지 않으면 nil을 반환한다. Enumerable#reject 참조. 블록을 넘겨받지 않으면 Enumerator 객체를 반환한다.

```
%w{ant bat cat dog}.find_index {|item| item =~ /g/ } # => 3
%w{ant bat cat dog}.find_index {|item| item =~ /h/ } # => nil
```

first   *enum*.first → *an_object* or nil
                                                     enum.first(*n*) → *an_array*

매개 변수가 없으면 enum의 첫 번째 요소나 nil을 반환한다. 매개 변수가 있으면 enum에서 처음 n개 요소를 반환한다.

```
%w{ant bat cat dog}.first    # => "ant"
%w{ant bat cat dog}.first(2) # => ["ant", "bat"]
```

flat_map   *enum*.flat_map { |obj| … } → *array*
                                                    enum.flat_map → *enumerator*

각 요소를 블록에 넘겨준다. 반환된 값이 배열이라면(또는 배열과 호환 가능한 객체라면) 배열의 각 요소를 결과에 더한다. 배열이 아니라면 블록이 반환한 값을 배열에 더한다. 이는 반환된 값에 대해 한 단계 깊이로만 배열을 평평하게 만든다. 블록이 주어지지 않으면 열거자 객체를 반환한다.

```
[ 1, 2, 3 ].flat_map {|e| [ e, 100-e ]} # => [1, 99, 2, 98, 3, 97]
```

grep

enum.grep(*pattern*) → *array*
enum.grep(*pattern*) { |obj| ⋯ } → *array*

enum에서 pattern === element를 만족하는 모든 요소를 배열로 반환한다. 선택 사항인 블록이 주어지면 매칭된 요소 각각을 블록에 넘기고, 이 블록의 수행 결과를 최종 결과 배열에 저장한다.

```
(1..100).grep 38..44              # => [38, 39, 40, 41, 42, 43, 44]
c = IO.constants
c.grep(/SEEK/)                    # => [:SEEK_SET, :SEEK_CUR, :SEEK_END]
res = c.grep(/SEEK/) {|v| IO.const_get(v) }
res                               # => [0, 1, 2]
[ 123, 9**11, 12.34 ].grep(Integer) # => [123, 31381059609]
```

group_by

enum.group_by { |item| ⋯ } → *hash* or *enumerator*

enum의 각 요소에 대해 블록을 평가하고 평가 결과를 통해 그룹을 나눈다. 블록의 평가 결과를 키로 그리고 요소를 값으로 하는 해시를 반환한다. 블록을 넘겨받지 않으면 Enumerator 객체를 반환한다.

```
p (1..5).group_by {|item| item.even? ? "even" : "odd" }
```

실행 결과:
```
{"odd"=>[1, 3, 5], "even"=>[2, 4]}
```

include?

enum.include?(*obj*) → *true* or *false*

enum의 요소 중 하나라도 obj와 같다면 true를 반환한다. 동일성은 == 연산자로 판단한다.

```
IO.constants.include? :SEEK_SET        # => true
IO.constants.include? :SEEK_NO_FURTHER # => false
```

inject

enum.inject(*initial*) { |memo, obj| ⋯ } → *obj*
enum.inject(*initial*, *sym*) → *obj*
enum.inject { |memo, obj| ⋯ } → *obj*
enum.inject(*sym*) → *obj*

enum의 요소들 각각에 차례로 블록을 평가한 결과를 memo에 누적해서 결합한다. 모든 요소들은 누적값(여기서는 memo)과 함께 블록에 넘겨지거나 memo.send(sym, obj)와 같이 호출된다. 각 단계에서 memo에는 이전 블록을 평가한 결과가 저장된다. inject 메서드의 최종 결괏값은 마지막 블록을 평가한 결과다. 앞의 두 형태에서는 memo의 초깃값을 명시적으로 지정할 수 있다. 뒤의 두 형태에서는 컬렉션의 첫 번째 요소를 초깃값으로 사용한다(두 번째 요소부터 반복을 시작한다). 같은 기능을 foldl이나 reduce라고 정의하는 언어도 있다. 루비에서는 reduce와 inject가 같은 메서드다.

```
# 숫자 더하기. 다음 네 가지 예제는 모두 같다.
(5..10).inject(0) {|sum, n| sum + n }       # => 45
(5..10).inject {|sum, n| sum + n }          # => 45
(5..10).inject(0, :+)                       # => 45
(5..10).inject(:+)                          # => 45
# 곱하기
(5..10).inject(1) {|product, n| product * n } # => 151200
(5..10).inject(&:*)                         # => 151200

# 가장 긴 단어
longest_word = %w{ cat sheep bear }.inject do |memo, word|
  memo.length > word.length ? memo : word
end
longest_word                                # => "sheep"
# 가장 긴 단어의 길이
longest_length = %w{ cat sheep bear }.inject(0) do |memo, word|
  memo >= word.length ? memo : word.length
end
longest_length                             # => 5
```

---

lazy *enum*.lazy → *lazy_enum*

이 enumerable 객체에 대한 게으른 enumerator를 반환한다. 자세한 사항은 게으른 열거자에 대한 설명(75쪽)을 참조하라.

---

map *enum*.map { |obj| ⋯ } → *array*

Enumerable#collect의 별칭

---

max *enum*.max → *obj*
enum.max { |a,b| ⋯ } → *obj*

enum에서 최댓값을 가진 객체를 반환한다. 첫 번째 형태는 모든 객체가 〈=〉를 구현하고 있다고 가정한다. 두 번째 형태는 a 〈=〉 b의 결과를 반환하는 블록을 지정한다.

```
a = %w(albatross dog horse)
a.max                          # => "horse"
a.max {|a,b| a.length <=> b.length } # => "albatross"
```

---

max_by *enum*.max_by { |item| ⋯ } → *obj* or *enumerator*

컬렉션 내의 각 요소를 블록에 넘겨준다. 그 결과를 비교해서 결괏값이 최대가 되는 요소를 반환한다. 블록을 넘겨받지 않으면 Enumerator 객체를 반환한다.

```
a = %w(albatross dog horse fox)
a.max_by {|item| item.length }  # => "albatross"
a.max_by {|item| item.reverse } # => "fox"
```

---

member? *enum*.member?(*obj*) → *true* or *false*

Enumerable#include?와 같다.

min

enum.min → *obj*

enum.min { |a,b| ⋯ } → *obj*

enum에서 가장 작은 요소를 반환한다. 첫 번째 형식에서는 모든 객체가
Comparable을 구현하고 있다고 가정한다. 두 번째 형태에서는 블록의 평가 결
과(a ⟨=⟩ b)로 각 요소를 비교한다.

```
a = %w(albatross dog horse)
a.min                          # => "albatross"
a.min {|a,b| a.length <=> b.length } # => "dog"
```

min_by

enum.min_by { |item| ⋯ } → *obj* or *enumerator*

컬렉션 내의 각 요소를 블록에 넘겨준다. 그 결과를 비교해서 결괏값이 최소가
되는 요소를 반환한다. 블록을 넘겨받지 않으면 Enumerator 객체를 반환한다.

```
a = %w(albatross dog horse fox)
a.min_by {|item| item.length }  # => "dog"
a.min_by {|item| item.reverse } # => "horse"
```

minmax

enum.minmax → [*min*, *max*]

enum.minmax { |a,b| ⋯ } → [*min*, *max*]

enum의 요소를 ⟨=⟩를 사용해 비교하고 최솟값과 최댓값을 반환한다.

```
a = %w(albatross dog horse)
a.minmax                          # => ["albatross", "horse"]
a.minmax {|a,b| a.length <=> b.length } # => ["dog", "albatross"]
```

minmax_by

enum.minmax_by { |item| ⋯ } → [*min*, *max*] or *enumerator*

각 요소를 블록에 넘겨준다. 그 결과를 비교해서 결괏값이 최소가 되는 요소와
최대가 되는 요소를 반환한다. 블록을 넘겨받지 않으면 Enumerator 객체를 반
환한다.

```
a = %w(albatross dog horse fox)
a.minmax_by {|item| item.length }  # => ["dog", "albatross"]
a.minmax_by {|item| item.reverse } # => ["horse", "fox"]
```

none?

enum.none? ⟨ { |obj| ⋯ } ⟩ → *true* or *false*

컬렉션의 각 요소를 블록에 넘겨준다. 블록의 평가 결과가 false나 nil 이외
의 값을 한 번도 반환하지 않았다면 true가 된다. 블록이 주어지지 않으면 루
비가 암묵적으로 {|obj| obj}라는 블록을 넘겨준다(따라서 단 하나라도 nil
이나 false가 아니라면 none?의 결과는 false가 된다). Enumerable#any?와
Enumerable#one?을 참조하라.

```
[ nil, true, 99 ].none? # => false
```

one?   *enum*.one? ⟨ { |obj| ··· } ⟩ → *true* or *false*

컬렉션의 각 요소를 블록에 넘겨준다. 블록의 평가 결과가 단 한 번만 true를 반환했다면 true를 반환한다. 블록이 주어지지 않으면 루비가 암묵적으로 { |obj| obj }라는 블록을 넘겨준다. Enumerable#any?와 Enumerable#none?을 참조하라.

```
[ nil, nil, 99 ].one? # => true
```

partition   *enum*.partition { |obj| ··· } → [*true_array*, *false_array*] or *enumerator*

두 개의 배열을 반환하는데, 첫 번째는 enum의 요소 중 블록의 결과가 true인 요소를 담은 배열을, 두 번째는 나머지를 담은 배열이다. 블록을 넘겨받지 않으면 Enumerator 객체를 반환한다.

```
(1..6).partition {|i| (i&1).zero?} # => [[2, 4, 6], [1, 3, 5]]
```

reduce   *enum*.reduce(*initial*) { |memo, obj| ··· } → *obj*
                                         enum.reduce(*initial*, *sym*) → *obj*
                                         enum.reduce { |memo, obj| ··· } → *obj*
                                         enum.reduce(*sym*) → *obj*

Enumerable#inject와 같다.

reject   *enum*.reject { |obj| ··· } → *array* or *enumerator*

enum의 요소 중에서 블록의 결과가 거짓인 요소를 포함하는 배열을 반환한다 (Enumerable#find_all 참조). 블록을 넘겨받지 않으면 Enumerator 객체를 반환한다.

```
(1..10).reject {|i| i % 3 == 0 } # => [1, 2, 4, 5, 7, 8, 10]
```

reverse_each   *enum*.reverse_each { |obj| ··· } → *enum*

enum을 역순으로 블록에 넘겨 평가한다. 내부적으로 중간 배열을 만들기 때문에 배열이 매우 큰 경우 처리가 무거워진다. 블록을 넘겨받지 않으면 Enumerator 객체를 반환한다.

```
(1..5).reverse_each {|i| print i, " " }
```

실행 결과:
```
5 4 3 2 1
```

select   *enum*.select { |obj| ··· } → *array*

Enumerable#find_all과 같다.

---

slice_before

enum.slice_before(*pattern*) → *enumerator*
enum.slice_before(⟨*state*⟩) { |element, ⟨state⟩| ··· } → *enumerator*

enum을 적절히 분할된 배열들로 묶어서 배열들로 된 Enumerator를 반환한다. 배열을 분할하는 기준은 각각의 값을 블록에 넘겨줄 때 다음 요소가 pattern에 매치될 때다(블록을 평가한 값을 ===을 사용해 비교한다). String#split의 일반화된 메서드라고 생각할 수 있다.

```
p DATA.map(&:chomp).slice_before(/\w:/).to_a
__END__
colors
  red
  yellow
pitches
  high
  low
  middle
```

실행 결과:

```
[["colors", " red", " yellow", "pitches", " high", " low", " middle"]]
```

다음은 주어진 시퀀스에서 특정 요소를 시작으로 세 번 이상 연속된 숫자들을 묶는 예제다.

```
input = [ 1, 2, 3, 4, 5, 8, 9, 11, 12, 13, 15 ]

def returning(value) # 헬퍼는 블록을 호출한 다음 자신의 매개 변수를 반환한다.
  yield
  value
end

State = Struct.new(:last_value) # 값을 변경 가능하도록 하기 위해 감쌀 필요가 있다.

# 주어진 입력을 연속된 숫자들로 나눈다.
slices = input.slice_before(State.new(input.first)) do |value, state|
  returning(value != state.last_value.succ) do
    state.last_value = value
  end
end

p(slices.map do |runs| # 연속되는 숫자가 세 개 미만이면 그냥 출력하고
                       # 세 개 이상이면 first-last로 표현한다.
  runs.size < 3 ? runs : "#{ runs.first }-#{ runs.last }"
end.join(', '))
```

실행 결과:

```
"1-5, 8, 9, 11-13, 15"
```

---

sort

enum.sort → *array*
enum.sort { |a, b| ··· } → *array*

enum의 모든 요소를 정렬한 배열을 반환한다. 비교는 요소의 ⟨=⟩ 연산자나 주어진 블록을 평가한 결과를 사용한다. 블록에서는 비교 결과에 따라서 적절히 -1, 0, +1을 반환해야 한다. Enumerable#sort_by를 참조하라.

```
(1..10).sort {|a,b| b <=> a} # => [10, 9, 8, 7, 6, 5, 4, 3, 2, 1]
```

sort_by   *enum*.sort_by { |obj| ··· } → *array*

enum의 각 요소를 블록에 넘겨 평가하고 그 평가 결과를 비교해서 enum의 각 요소를 정렬한다.

```
%w{ apple pear fig }.sort_by {|word| word.length} # => ["fig", "pear", "apple"]
```

sort_by는 내부적으로 원래의 컬렉션 요소와 매핑된 값의 조합 배열을 생성한다. 따라서 키셋이 간단한 경우에는 상당히 무거운 연산이 된다.

```
require 'benchmark'
a = (1..100000).map {rand(100000)}
Benchmark.bm(10) do |b|
  b.report("Sort") { a.sort }
  b.report("Sort by") { a.sort_by {|val| val } }
end
```

실행 결과:

```
            user     system    total       real
Sort     0.020000 0.000000 0.020000 ( 0.016336)
Sort by 0.080000 0.000000 0.080000 ( 0.081205)
```

하지만 키를 비교하는 게 복잡하다면 sort_by를 사용하는 알고리즘이 훨씬 더 빠르다.

　sort_by는 다중 정렬에서도 유용하다. 한 가지 이점은 블록을 사용해(다중 정렬) 각 비교 키로부터 배열을 반환한다는 점이다. 예를 들어 단어 리스트를 먼저 단어의 길이로 정렬하고 길이가 같은 요소들에 대해서는 알파벳순으로 다시 정렬해야 한다면 다음과 같이 사용할 수 있다.

```
words = %w{ puma cat bass ant aardvark gnu fish }
sorted = words.sort_by {|w| [w.length, w] }
sorted   # => ["ant", "cat", "gnu", "bass", "fish", "puma", "aardvark"]
```

블록을 넘겨받지 않으면 Enumerator 객체를 반환한다.

take   *enum*.take(*n*) → *array*

enum의 앞에서부터 n개의 요소를 배열로 반환한다.

```
(1..7).take(3)                    # => [1, 2, 3]
{ 'a'=>1, 'b'=>2, 'c'=>3 }.take(2) # => [["a", 1], ["b", 2]]
```

take_while   *enum*.take_while { |item| ··· } → *array* or *enumerator*

각 요소를 블록에 넘겨 평가하고 블록의 평가 결과가 false나 nil이 될 때까지 결과 배열에 추가한다. 블록을 넘겨받지 않으면 Enumerator 객체를 반환한다.

```
(1..7).take_while {|item| item < 3 }    # => [1, 2]
[ 2, 4, 6, 9, 11, 16 ].take_while(&:even?) # => [2, 4, 6]
```

to_a   *enum*.to_a (*args) → *array*

enum에 각 요소를 가지는 배열을 반환한다. each 메서드를 사용해 실행된다.
to_a에 넘겨진 인자는 모두 each에 넘겨진다.

```
(1..7).to_a                      # => [1, 2, 3, 4, 5, 6, 7]
{ 'a'=>1, 'b'=>2, 'c'=>3 }.to_a # => [["a", 1], ["b", 2], ["c", 3]]
```

---

zip   *enum*.zip (⟨arg⟩⁺) → *array*
                                         enum.zip (⟨arg⟩⁺) { |*arr*| … } → nil

각 매개 변수를 배열로 변환한 다음, 각 매개 변수에서 대응되는 요소들을 찾아
결합한다. 결과는 enum의 요소와 같은 수의 요소를 가진 배열이 된다. 여기서
n은 매개 변수 개수보다 1개 많은 수다. 특정 매개 변수의 크기가 enum의 요소
수보다 작다면 nil 값으로 채워질 것이다. 블록이 주어지면 각 결과 배열에 대해
블록이 수행될 것이다. 그렇지 않으면 배열의 배열을 반환한다.

```
a = [ 4, 5, 6 ]
b = [ 7, 8, 9 ]

(1..3).zip(a, b) # => [[1, 4, 7], [2, 5, 8], [3, 6, 9]]
[1, 2].zip([3])  # => [[1, 3], [2, nil]]
(1..3).zip       # => [[1], [2], [3]]
```

클래스 **Enumerator** < Object　　　　　　다음 메서드에 의존한다: each, <=>

Enumerator를 사용하면 열거(enumeration)라는 개념을 객체로 사용할 수 있다. 이를 통해 열거를 객체에 저장하거나 매개 변수로 넘겨줄 수 있다.

또한 Object#to_enum 메서드를 통해 열거자를 생성할 수도 있다. 기본적으로 이 메서드는 열거하고자 하는 객체의 each 메서드를 찾는다. 하지만 이 동작은 메서드 이름을 넘겨서(필요한 경우 메서드의 매개 변수도 넘길 수 있다) 열거하는 방법을 변경할 수 있다.

```
str = "quick brown fox"
case what_to_process       # :by_word가 설정되어 있을 때
when :by_bytes
  enum = str.to_enum(:each_byte)
when :by_word
  enum = str.to_enum(:scan, /\w+/)
end
enum.each {|item| p item}
```

실행 결과:

```
"quick"
"brown"
"fox"
Mixes in
```

믹스인

Enumerable: all?, any?, chunk, collect, collect_concat, count, cycle, detect, drop, drop_while, each_cons, each_entry, each_slice, each_with_index, each_with_object, entries, find, find_all, find_index, first, flat_map, grep, group_by, include?, inject, lazy, map, max, max_by, member?, min, min_by, minmax, minmax_by, none?, one?, partition, reduce, reject, reverse_each, select, slice_before, sort, sort_by, take, take_while, to_a, zip

클래스 메서드

new　　　　　　　　　　　　　　Enumerator.new (⟨ *size*=nil ⟩) { |yielder| ⋯ } → *enum*

블록을 사용해 열거자 객체를 생성한다. 이 블록은 Enumerator::Yielder 클래스의 객체에 넘겨진다. 이 객체의 << 연산자나 yield 메서드를 사용해 열거자 객체에 의해 반환되는 값을 설정할 수 있다. 이 과정은 게으르게 실행된다(파이버를 통해 수열을 생성하는 것과 같다).

```
def multiples_of(n)
  Enumerator.new do |yielder|
    number = 0
    loop do
      yielder.yield number
      number += n
    end
  end
end

twos = multiples_of(2)
threes = multiples_of(3)
```

```
5.times do
  puts "#{twos.next} #{threes.next}"
end
```

실행 결과:

```
0 0
2 3
4 6
6 9
8 12
```

선택적인 매개 변수는 생성된 열거자의 size 메서드가 반환해야 할 값을 지정할
수 있다. 여기에는 nil(크기가 정해지지 않음을 의미), 숫자나 숫자를 반환하는
proc 객체가 올 수 있다.

인스턴스 메서드

each   *enum*.each { |item, ...| ··· } → *obj*

enum의 각 요소에 대해 블록을 평가한다. 이 메서드는 중간 배열을 생성하지
않는다. 대신에 원래의 (열거자를 생성할 때 사용했던) 반복자 메서드를 호출하
고 자신이 넘겨받은 블록을 넘겨준다. 블록은 원래 메서드에 넘겨준 것과 같은
개수의 매개 변수를 넘겨받는다.

```
enum = (1..10).enum_for(:each_slice, 3)
enum.each { |item| p item }
```

실행 결과:

```
[1, 2, 3]
[4, 5, 6]
[7, 8, 9]
[10]
```

Enumerator에는 each가 정의되어 있으며 Enumerable이 인클루드되기 때문에
모든 열거 메서드가 사용 가능하다.

```
enum = "quick brown fox".enum_for(:scan, /\w+/)
enum.minmax # => ["brown", "quick"]
```

each_with_index   *enum*.each_with_index { |item, ..., index| ··· } → *obj*

블록 인자 마지막에 현재 요소의 위치 index를 추가하는 것을 제외하면 each와
같다. 블록을 넘겨받지 않으면 새로운 Enumerator 객체를 반환한다.

```
enum = (1..10).enum_for(:each_slice, 3)
enum.each_with_index do |subarray, index|
  puts "#{index}: #{subarray}"
end
```

실행 결과:

```
0: [1, 2, 3]
1: [4, 5, 6]
2: [7, 8, 9]
3: [10]
```

each_with_object *enum*.each_with_object(*memo*) { |item, memo| ··· } → *memo or enumerator*

enum의 각 요소에 대해 블록을 평가한다. 이때 each_with_object 메서드에 넘겨진 항목과 매개 변수를 그대로 넘겨준다. 블록을 넘겨받지 않으면 Enumerator 객체를 반환한다.

```
animals = %w(cat dog wombat).to_enum
hash = animals.each_with_object({}) do |item, memo|
  memo[item] = item.upcase.reverse
end
hash        # => {"cat"=>"TAC", "dog"=>"GOD", "wombat"=>"TABMOW"}
```

feed *enum*.feed(*obj*) → nil

일반적인 반복 구문에서 next 키워드가 선택적인 매개 변수를 받을 수 있다. 이 값은 반복 구문을 실행한 yield에 반환되는 값으로 사용된다. enum.feed는 열거자에서 이러한 역할을 한다. 이를 통해 yield를 호출하는 곳에서 반환할 값을 설정할 수 있다.

next *enum*.next → *obj*

열거 객체에서 다음 요소를 반환한다. 마지막 요소 다음에는 StopIteration 예외를 발생시킨다. 내부적으로 파이버를 통해 구현되어 있기 때문에 다수의 스레드에서 사용하는 것은 불가능하다. Enumerator.next_values를 참조하라.

```
array = [ 1, 2, 3, 4 ]
e1 = array.to_enum
e2 = array.to_enum
e1.next   # => 1
e1.next   # => 2
e2.next   # => 1
```

열거 객체에 의해 호출되는 메서드가 부작용(파일 읽기 중에 위치를 변경하는 등)을 가지고 있으며 그 영향을 받는다. 따라서 next는 Enumerator에 의해 구현된 추상화를 파괴하게 된다.

```
f = File.open("testfile")
enum1 = f.to_enum(:each_byte)
enum2 = f.to_enum
enum1.next # => 84
enum1.next # => 104
enum2.next # => "is is line one\n"
f.gets     # => "This is line two\n"
enum2.next # => "This is line three\n"
```

next_values *enum*.next_values → *array*

Enumerator.next는 enum이 생성하는(yield) 다음 값을 반환한다. 하지만 약간의 문제가 있다. next를 사용할 때는 블록에서 yield로 반환할 때 명시적으로 yield nil을 지정하는 것과 yield에 아무것도 넘기지 않는 것 사이의 차이를 구분하지 못한다. 마찬가지로 yield 1, 2와 yield [1,2]를 구분하지 못한다. 두 경우 모두 [1,2]로 받아들인다. next_values는 이러한 문제를 해결해 준다. next_values가 반환하는 배열에는 정확히 yield에 넘겨진 값이 포함된다.

```
def each
  yield 1
  yield nil
  yield 2, 3
  yield [4,5]
end
enum = to_enum
enum.next        # => 1
enum.next        # => nil
enum.next        # => [2, 3]
enum.next        # => [4, 5]

enum = to_enum
enum.next_values # => [1]
enum.next_values # => [nil]
enum.next_values # => [2, 3]
enum.next_values # => [[4, 5]]
```

---

peek   *enum*.peek → *obj*

next 메서드와 마찬가지로 열거자의 다음 요소를 반환하지만, 다음 요소로 넘어가지 않는다. 마지막 요소를 넘어가면 StopIteration 예외가 발생한다.

```
enum = %w{ ant bee cat }.to_enum
enum.peek # => "ant"
enum.peek # => "ant"
enum.next # => "ant"
enum.peek # => "bee"
```

---

peek_values   *enum*.peek_values → *array*

next_values가 반환할 값을 반환한다.

---

rewind   *enum*.rewind → *enum*

next에 의해 이동된 위치를 맨 처음으로 되돌린다.

```
array = [ 1, 2, 3, 4 ]
e1 = array.to_enum
e2 = array.to_enum
e1.next    # => 1
e1.next    # => 2
e2.next    # => 1
e1.rewind
e1.next    # => 1
e2.next    # => 2
```

열거 객체에 의해 호출되는 메서드에 부작용이 있어서 되돌리는 게 불가능하면 무시된다.

---

size   *enum*.size → *int* or nil

컬렉션의 길이를 반환한다. 게으른 열거자와 같이 길이를 계산할 수 없는 경우
nil을 반환한다.

```
File.open("/etc/passwd").to_enum.size # => nil
(1..Float::INFINITY).size             # => Infinity
loop.size                             # => Infinity
(1..10).find.size                     # => nil
```

---

with_index   *enum*.with_index { |item, ..., index| ··· } → *obj*

---

each_with_index와 같다.

---

with_object   *enum*.with_object (*memo*) { |item, memo| ··· } → *memo* or *enumerator*

---

each_with_object와 같다.

Errno

^{모듈} **Errno**

루비 예외 객체는 Exception의 하위 클래스다. 하지만 운영 체제는 일반적으로 단순한 정수를 이용해 에러를 보고한다. Errno 모듈은 동적으로 만들어져서 이런 운영 체제 에러를 루비 클래스에 매핑한다. 이때 각각의 에러 숫자는 자신만의 SystemCallError의 하위 클래스를 만든다. 이 하위 클래스는 Errno 모듈 안에 만들어지므로 이름은 Errno::로 시작한다.

```
Exception
    StandardError
        SystemCallError
            Errno::XXX
```

Errno:: 클래스의 이름은 루비가 실행 중인 환경에 따라 달라진다. 일반적인 유닉스나 윈도 플랫폼에서는 루비가 Errno::EACCES, Errno::EAGIN, Errno::EINTR 등의 Errno 클래스를 지원한다.

특정 에러에 대응하는 정수로 표현되는 운영 체제 에러 숫자는 Errno::error:: Errno 클래스 상수를 통해 얻을 수 있다.

```
Errno::EACCES::Errno # => 13
Errno::EAGAIN::Errno # => 35
Errno::EINTR::Errno  # => 4
```

특정 플랫폼의 시스템 에러에 대한 전체 목록은 Errno의 상수 목록을 통해 얻을 수 있다. 이 모듈에 포함된 사용자 정의 예외(이미 존재하는 예외의 하위 클래스를 포함해서) 또한 Errno 상수를 정의해야만 한다.

```
Errno.constants[0..4] # => [:NOERROR, :EPERM, :ENOENT, :ESRCH, :EINTR]
```

루비 1.8부터는 예외를 rescue 절에서 매칭할 때 Module#===을 사용한다. 그리고 SystemCallError의 === 메서드는 Errno 값에 따라 비교하도록 재정의되어 있다. 따라서 만약 서로 다른 두 개의 Errno 클래스가 같은 하위 Errno 값을 가지고 있다면 이는 rescue 절에서 같은 예외로 여겨질 것이다.

클래스 **Exception** < Object

Exception을 상속한 클래스는 raise 메서드와 begin/end 블록의 rescue 문 사이에서 통신을 위해 쓰인다. Exception 객체는 예외에 대한 정보를 전달한다. 정보는 예외 타입(예외의 클래스 이름), 선택적인 설명 문자열, 선택적인 역추적 정보 등을 담고 있다.

표준 라이브러리에는 그림 1(180쪽)의 예외들이 정의되어 있다. 루비 1.9에서 이 계층도가 조금 변했다는 사실에 주의가 필요하다. 특히 SecurityError는 더 이상 StandardError의 하위 클래스가 아니며 따라서 암묵적으로 발생하지 않는다.

Errno를 참조하라.

클래스 메서드

exception   Exception.exception (⟨ *message* ⟩) → *exc*

새로운 예외 객체를 만들어서 반환한다. 선택적으로 message에 메시지를 설정한다.

---

new   Exception.new (⟨ *message* ⟩) → *exc*

새로운 예외 객체를 만들어서 반환한다. 선택적으로 message에 메시지를 설정한다.

인스턴스 메서드

==   *exc* == *other* → true or false

exc와 other가 같은 message와 backtrace를 공유하면 true를 반환한다.

---

backtrace   *exc*.backtrace → *array*

예외와 결합된 역추적 정보를 반환한다. backtrace는 문자열을 담은 배열로 각각은 filename:line: in 'method'나 filename:line을 담고 있다.

```
def a
  raise "boom"
end
def b
  a()
end
begin
  b()
rescue => detail
  print detail.backtrace.join("\n")
end
```

Exception

실행 결과:

```
prog.rb:2:in `a'
prog.rb:5:in `b'
prog.rb:8:in `<main>'
```

---

exception   *exc*.exception (⟨ *message* ⟩) → *exc* or *exception*

매개 변수가 없을 때는 수신자를 반환한다. 그 외에는 새로운 예외를 수신자와 같은 클래스로 만들고 메시지만 설정하여 반환한다.

---

message   *exc*.message → *msg*

이 예외에 결합된 메시지를 반환한다.

---

set_backtrace   *exc*.set_backtrace (*array*) → *array*

exc에 결합된 역추적 정보를 설정한다. 매개 변수는 반드시 Exception#backtrace 에서 설명한 형식의 문자열 객체를 담은 배열이어야 한다.

---

status   *exc*.status → status

(SystemExit에서만) SystemExit 예외에 결합된 종료 상태를 반환한다. 보통 이 값을 Object#exit에 보낸다.

```
begin
  exit(99)
rescue SystemExit => e
  puts "Exit status is: #{e.status}"
end
```

실행 결과:

```
Exit status is: 99
```

---

success?   *exc*.success? → true or false

(SystemExit에서만) 종료 상태가 nil이나 0인 경우 true를 반환한다.

```
begin
  exit(99)
rescue SystemExit => e
  print "This program "
  if e.success?
    print "did"
  else
    print "did not"
  end
  puts " succeed"
end
```

실행 결과:

```
This program did not succeed
```

to_s

이 예외에 결합된 메시지(메시지가 설정되어 있지 않으면 예외 이름)를 반환한다.

```
begin
  raise "The message"
rescue Exception => e
  puts e.to_s
  # 앞의 puts와 같다.
  puts e
end
```

실행 결과:

```
The message
The message
```

클래스 **FalseClass** < Object

전역값인 false는 FalseClass의 유일한 인스턴스다. 불리언(boolean) 표현식에서 논리적인 거짓을 나타낸다. 이 클래스는 거짓을 논리 표현식에서 올바르게 사용할 수 있도록 하는 연산자를 제공한다.

인스턴스 메서드

&	false & *obj* → false

논리 곱 연산자. 항상 false를 반환한다. obj는 메서드 호출의 매개 변수처럼 실행될 것이다. 즉, 단축 평가 실행(short-circuit evaluation)은 이 경우에 적용되지 않는다. 따라서 다음 코드에서 &&를 이용한 경우에는 lookup 메서드를 실행하지 않을 것이다.

```
def lookup(val)
  puts "Looking up #{val}"
  return true
end
false && lookup("cat")
```

하지만 여기서 &를 사용한다면 결과는 다음과 같다.

```
false & lookup("cat")
```

실행 결과:
```
Looking up cat
```

^	false ^ *obj* → *true* or *false*

배타적 논리합 연산자. obj가 nil 또는 false라면 false를 반환한다. 그렇지 않으면 true를 반환한다.

|	false | *obj* → *true* or *false*

논리합 연산자. obj가 nil이거나 false이면 false를 반환한다. 그렇지 않으면 true를 반환한다.

클래스 **Fiber** < Object

파이버는 경량 비대칭 코루틴이다. 파이버 내의 코드는 보류된(suspended) 상태로 만들어진다. resume을 통해 실행되며 자기 자신을 보류할 수도 있다(이후 resume한 코드에 값을 넘겨준다). 파이버에 대한 자세한 설명은 '12.1 파이버'를 참조하라.

```ruby
fibonaccis = Fiber.new do
  n1 = n2 = 1
  loop do
    Fiber.yield n1
    n1, n2 = n2, n1+n2
  end
end
10.times { print fibonaccis.resume, ' ' }
```

실행 결과:

1 1 2 3 5 8 13 21 34 55

클래스 메서드

new	Fiber.new { … } → *fiber*

블록을 사용해 새로운 보류 상태의 파이버를 생성한다.

yield	Fiber.yield(⟨val⟩*) → *obj*

현재 파이버의 실행을 보류한다. 매개 변수를 지정하면 resume 호출 시 값으로 반환된다. 마찬가지로 resume에 넘겨진 값들은 다음 yield의 반환값이 된다.

```ruby
f = Fiber.new do |first|
  print first
  letter = "A"
  loop do
    print Fiber.yield(letter)
    letter = letter.succ
  end
end
10.times { |number| print f.resume(number) }
```

실행 결과:

0A1B2C3D4E5F6G7H8I9J

인스턴스 메서드

resume	*fiber*.resume(⟨val⟩*) → *obj*

파이버를 재개한다. 매개 변수를 넘기는 부분에 관한 상세한 내용은 Fiber.yield를 참조하라. transfer를 호출했던 파이버를 재개하려고 하면 에러가 발생한다. Fiber를 참조(863쪽)하라.

클래스 **File** < IO

File은 프로그램에서 접근 가능한 모든 파일 객체를 추상화한 것으로 IO 클래스 (637쪽)와 밀접히 연관되어 있다. File은 FileTest 모듈의 메서드를 클래스 메서드로 포함하고 있어서 예를 들어 File.exists?("foo")와 같은 코드를 사용할 수 있다.

파일은 바이너리 모드(바이너리 인코딩을 가진 8비트 바이트 콘텐츠)나 텍스트 모드(특정한 인코딩에 의해 코드 포인트로 해석되는 콘텐츠)로 열 수 있다. 이러한 옵션은 파일을 열 때 넘겨진 모드 매개 변수에 의해 설정된다.

각 파일에는 세 가지 시간이 결합되어 있다. atime은 파일에 마지막으로 접근한 시각이다. ctime은 파일 상태(파일 내용과는 무관)를 마지막으로 변경한 시간이다. 마지막으로 mtime은 파일의 데이터를 마지막으로 수정한 시간이다. 루비에서는 이 세 가지 시간 모두 Time 객체로 반환한다.

이 절에서 설명하는 권한 비트는 파일의 권한을 나타내는 플랫폼 종속적인 비트 집합이다. 유닉스 기반 시스템이라면 권한은 세 개의 8진수로 볼 수 있는데, 각각 소유자, 그룹, 그 외를 위한 것이다. 각 엔트리 안에서의 권한이 파일에 대한 읽기, 쓰기, 실행 권한을 설정하고 있다.

소유자			그룹			그 외		
r	w	x	r	w	x	r	w	x
400	200	100	40	20	10	4	2	1

권한 비트가 0644(8진수)라면 소유자는 읽기/쓰기, 그룹은 읽기, 그 외도 읽기 권한을 가진 것으로 해석될 것이다. 상위 비트는 파일의 유형(일반 파일, 디렉터리, 파이프, 소켓) 등 그 외의 다양한 특징을 나타내기 위해 쓰인다. 디렉터리에 대한 권한이라면 실행 비트의 의미가 달라진다. 설정되어 있다면 그 디렉터리는 검색 가능하다.

POSIX 운영 체제가 아니라면, 파일을 읽기 전용 또는 읽기/쓰기로 바꾸는 기능만이 있을 것이다. 이 경우 다른 권한 비트들은 일반적인 값처럼 조작된다. 예를 들어 윈도에서 기본 권한은 0644인데, 이는 소유자에게 읽기/쓰기, 그 외에는 모두 읽기 전용을 의미한다. 여기에 가할 수 있는 유일한 변경은 이 파일을 읽기 전용으로 만드는 것인데, 이 경우 권한 비트는 0444가 된다.

상수 File::NULL은 시스템의 널 디바이스를 가리킨다. 이 상수를 읽으면 EOF를 반환하고, 이 상수를 쓰려고 하면 무시된다.

Pathname(897쪽)과 IO(637쪽)를 참조하라.

클래스 메서드

absolute_path   File.absolute_path (*filename* ‹, *dirstring* ›) → *filename*

주어진 경로를 절대 경로로 변환한다. 상대 경로는 현재 디렉터리를 기준으로 참조된다. 단, dirstring이 지정되어 있으면 이 디렉터리를 기준으로 한다. File#expand_path와 달리 ~로 시작하는 경로는 전개되지 않는다.

```
puts File.absolute_path("bin")
puts File.absolute_path("../../bin", "/tmp/x")
```

실행 결과:
```
/Users/dave/BS2/published/ruby4/Book/bin
/bin
```

---

atime   File.atime (*filename*) → *time*

주어진 파일에 대한 최근 접근 시간을 담은 Time 객체를 반환한다. 만일 파일에 접근한 적이 없다면 기준시를 반환한다.

```
File.atime("testfile") # => 2013-11-14 16:31:52 -0600
```

---

basename   File.basename (*filename* ‹, *suffix* ›) → *string*

주어진 파일 이름의 마지막 컴포넌트를 반환한다. suffix가 주어지고 파일 이름의 끝에 suffix가 있다면 이는 제거된다. 여기에 '.*'을 주면 모든 확장자를 제거할 것이다.

```
File.basename("/home/gumby/work/ruby.rb")          # => "ruby.rb"
File.basename("/home/gumby/work/ruby.rb", ".rb") # => "ruby"
File.basename("/home/gumby/work/ruby.rb", ".*")  # => "ruby"
```

---

blockdev?   File.blockdev? (*filename*) → *true* or *false*

주어진 파일이 블록 디바이스라면 true를, 그렇지 않으면 false를 반환한다. 운영 체제가 이 기능을 지원하지 않는다면 false를 반환한다.

```
File.blockdev?("testfile") # => false
```

---

chardev?   File.chardev? (*filename*) → *true* or *false*

주어진 파일이 문자 디바이스라면 true를, 그렇지 않으면 false를 반환한다. 운영 체제가 이 기능을 지원하지 않는다면 false를 반환한다.

```
File.chardev?("/dev/tty") # => true
```

---

chmod   File.chmod (*permission* ‹, *filename*›⁺) → *int*

주어진 파일들의 권한 비트를 permission에 의해 표현된 비트 패턴으로 변경한다. 실제 동작은 운영 체제에 따라 다르다(이 절의 시작 부분 참조). 유닉스 시스템이라면 자세한 정보는 chmod(2)에서 확인할 수 있다. 처리한 파일의 수를 반환한다.

```
File.chmod(0644, "testfile", "some_other_file") # => 2
```

---

chown   File.chown(*owner, group* ⟨*,filename*⟩*) → *int*

주어진 파일들의 소유자와 그룹을 주어진 owner와 group ID로 변경한다. 슈퍼 유저 권한이 있는 경우에만 파일의 소유자를 바꿀 수 있다. 파일의 현재 소유자는 그 파일의 그룹을 소유자가 속해 있는 다른 그룹으로 바꿀 수 있다. 소유자나 group ID에 nil이나 -1이 오면 무시된다. 처리한 파일의 수를 반환한다.

```
File.chown(nil, 100, "testfile")
```

---

ctime   File.ctime(*filename*) → *time*

주어진 파일의 상태가 변경된 시간을 담은 Time 객체를 반환한다.

```
File.ctime("testfile") # => 2013-11-14 16:31:53 -0600
```

---

delete   File.delete(⟨*filename*⟩*) → *int*

주어진 이름의 파일들을 삭제한다. 처리한 파일의 수를 반환한다. Dir.rmdir을 참조하라.

```
File.open("testrm", "w+") {}
File.delete("testrm") # => 1
```

---

directory?   File.directory?(*path*) → *true* or *false*

주어진 파일이 디렉터리라면 true를 반환하고, 아니면 false를 반환한다.

```
File.directory?(".") # => true
```

---

dirname   File.dirname(*filename*) → *filename*

주어진 파일 이름의 모든 컴포넌트 중 마지막 한 개를 제외하고 반환한다.

```
File.dirname("/home/gumby/work/ruby.rb") # => "/home/gumby/work"
File.dirname("ruby.rb")                  # => "."
```

---

executable?   File.executable?(*filename*) → *true* or *false*

주어진 파일이 실행 가능하면 true를 반환한다. 이 검사는 프로세스의 유효 소유자(effective owner)를 이용해 이루어진다.

```
File.executable?("testfile") # => false
```

executable_real?   File.executable_real?(*filename*) → *true* or *false*

프로세스의 실제 소유자(real owner)를 이용해 검사가 행해지는 점을 제외하면
File#executable?과 같다.

---

exist?   File.exist?(*filename*) → *true* or *false*

주어진 파일이나 디렉터리가 존재하면 true를 반환한다.

```
File.exist?("testfile") # => true
```

---

exists?   File.exists?(*filename*) → *true* or *false*

File.exist?와 같다.

---

expand_path   File.expand_path(*filename* ⟨, *dirstring*⟩) → *filename*

경로명을 절대 경로로 반환한다. 상대 경로는 현재 디렉터리를 기준으로 참조된
다. 단, dirstring이 지정되어 있으면 이 디렉터리를 기준으로 한다. 주어진 경로
명이 ~로 시작하면 이는 프로세스 소유자의 홈 디렉터리로 확장된다(환경 변수
HOME이 잘 설정되어 있어야 한다). ~user는 user의 홈 디렉터리로 확장된다.
File#absolute_path를 참조하라.

```
File.expand_path("~/bin")              # => "/Users/dave/bin"
File.expand_path("../../bin", "/tmp/x") # => "/bin"
```

---

extname   File.extname(*path*) → *string*

확장자를 반환한다(파일 이름에서 점 다음에 오는 부분).

```
File.extname("test.rb")       # => ".rb"
File.extname("a/b/d/test.rb") # => ".rb"
File.extname("test")          # => ""
```

---

file?   File.file?(*filename*) → *true* or *false*

주어진 파일이 일반 파일(디바이스 파일, 디렉터리, 파이프, 소켓 등이 아님)이
라면 true를 반환한다.

```
File.file?("testfile") # => true
File.file?(".")        # => false
```

---

fnmatch   File.fnmatch(*glob_pattern*, *path*, ⟨*flags*⟩) → *true* or *false*

path가 glob_pattern에 매칭되면 참을 반환한다. 여기서 패턴은 정규 표현식이
아니다. 그 대신 셸 파일 이름 글로브와 비슷한 규칙을 따른다. glob_pattern에
는 다음 메타 문자가 올 수 있다.

*	없거나 하나 이상의 문자를 매칭
**	없거나 하나 이상의 문자를 매칭하는데 이름 경계는 무시된다. 일반적으로 재귀적으로 하위 디렉터리를 매칭.
?	아무거나 한 글자에 매칭
[charset]	주어진 문자 세트 중 아무 글자나 매칭 문자의 범위는 from-to의 형태로 쓴다. 첫 문자가 캐 럿(^)이 오면 세트를 뒤집는다.
\	다음 글자의 특별한 의미를 이스케이핑한다.

플래그들은 FNM_xxx 상수들의 비트 OR 값이다.

FNM_EXTGLOB	패턴에서 중괄호를 확장한다(중괄호 안에 ,로 구분된 파일명들을 지정할 수 있다).
FNM_NOESCAPE	글로브에서 역슬래시를 특별한 문자로 이스케이프하지 않고, 역슬래시는 파일 이름 에서 역슬래시로 매칭된다.
FNM_PATHNAME	파일 이름에서 슬래시는 경로를 구분하는 부분으로 간주된다. 따라서 패턴에서는 명시적으로 매칭해야 한다.
FNM_DOTMATCH	옵션을 명시하지 않는다면, 마침표(.)로 시작하는 파일 이름은 패턴에서 명시적으로 점에 매칭된다. 처음 나오는 점은 파일 이름의 맨 앞에 있는 것이거나 (FNM_PATH-NAME이 주어졌다면) 슬래시 다음에 오는 것이다.
FNM_CASEFOLD	파일 이름 매칭을 할 때 대소문자를 가리지 않는다.

Dir.glob(557쪽)를 참조하라.

```
File.fnmatch('cat',     'cat')       # => true
File.fnmatch('cat',     'category') # => false
File.fnmatch('c?t',     'cat')       # => true
File.fnmatch('c\?t',    'cat')       # => false

File.fnmatch('c??t',   'cat')                         # => false
File.fnmatch('c*',     'cats')                        # => true
File.fnmatch('c/**/t', 'c/a/b/c/t')                   # => true
File.fnmatch('c**t',   'c/a/b/c/t')                   # => true
File.fnmatch('c**t',   'cat')                         # => true
File.fnmatch('**.txt', 'some/dir/tree/notes.txt')     # => true
File.fnmatch('c*t',    'cat')                         # => true
File.fnmatch('c\at',   'cat')                         # => true
File.fnmatch('c\at',   'cat', File::FNM_NOESCAPE)     # => false
File.fnmatch('a?b',    'a/b')                         # => true
File.fnmatch('a?b',    'a/b', File::FNM_PATHNAME)     # => false

File.fnmatch('*',   '.profile')                           # => false
File.fnmatch('*',   '.profile', File::FNM_DOTMATCH)       # => true
File.fnmatch('*',   'dave/.profile')                      # => true
File.fnmatch('*',   'dave/.profile', File::FNM_DOTMATCH) # => true
File.fnmatch('*',   'dave/.profile', File::FNM_PATHNAME) # => false
File.fnmatch('*/*', 'dave/.profile', File::FNM_PATHNAME) # => false
STRICT = File::FNM_PATHNAME | File::FNM_DOTMATCH
File.fnmatch('*/*', 'dave/.profile', STRICT)              # => true
```

---

fnmatch?   File.fnmatch?(*glob_pattern*, *path*, ⟨*flags*⟩) → (*true* or *false*)

File#fnmatch와 같다.

ftype   File.ftype(*filename*) → *filetype*

주어진 파일의 유형을 밝힌다. 반환되는 문자열은 file, directory, character
Special, blockSpecial, fifo, link, socket, unknown 중 하나다.

```
File.ftype("testfile")   # => "file"
File.ftype("/dev/tty")   # => "characterSpecial"
system("mkfifo wibble")  # => true
File.ftype("wibble")     # => "fifo"
```

grpowned?   File.grpowned?(*filename*) → *true* or *false*

프로세스의 유효 그룹(effective group) ID가 주어진 파일의 그룹 ID와 같은 경
우 true를 반환한다. 윈도에서는 false를 반환한다.

```
File.grpowned?("/etc/passwd") # => false
```

identical?   File.identical?(*name1*, *name2*) → *true* or *false*

name1과 name2가 같은 파일이면 true를 반환한다. 파일 내용이 같더라도 두
개의 파일이라면 다른 파일로 인식한다.

```
File.identical?("testfile", "./code/../testfile") # => true
File.symlink("testfile", "wibble")
File.identical?("testfile", "wibble")             # => true
File.link("testfile", "wobble")
File.identical?("testfile", "wobble")             # => true
File.identical?("wibble", "wobble")               # => true
```

join   File.join(⟨*string*⟩⁺) → *filename*

문자열들을 File::SEPARATOR를 이용해 조인해서 새로운 문자열을 만들어 반환
한다. 다양한 구분자들은 다음 표에 나열되어 있다.

ALT_SEPARATOR	대체 경로 구분자(윈도에서는 \이며, 그 이외의 운영 체제는 nil이다)
PATH_SEPARATOR	검색 경로에서 파일 이름을 구분(:이나 ;)
SEPARATOR	파일 이름에서 디렉터리 요소를 구분(\이나 /)
Separator	SEPARATOR의 별칭

```
File.join("usr", "mail", "gumby") # => "usr/mail/gumby"
```

lchmod   File.lchmod(*permission*, ⟨*filename*⟩⁺) → 0

File.chmod와 같다. 하지만 심벌릭 링크를 따라가지 않는다(따라서 링크가 참
조하는 파일이 아니라 링크 자체에 결합된 권한을 수정할 것이다). 대부분의 경
우 사용할 수 없다.

File

lchown

File.lchown(*owner, group,* ⟨*filename*⟩⁺) → 0

File.chown와 같다. 하지만 심벌릭 링크를 따라가지 않는다(따라서 링크가 참조하는 파일이 아니라 링크 자체에 결합된 권한을 수정할 것이다). 대부분의 경우 사용할 수 없다.

link

File.link(*oldname, newname*) → 0

이미 존재하는 파일에 대해 newname 이름을 가진 하드 링크를 만든다. 이미 있다면 newname에 덮어쓰지 않는다(이 경우 SystemCallError의 하위 클래스가 예외로 발생한다). 사용할 수 없는 플랫폼도 있다.

```
File.link("testfile", "testfile.2")  # => 0
f = File.open("testfile.2")
f.gets                               # => "This is line one\n"
File.delete("testfile.2")
```

lstat

File.lstat(*filename*) → *stat*

파일 상태 정보를 File::Stat 타입 객체로 반환한다. IO#stat(655쪽)와 동일하지만, 심벌릭 링크를 따라가지 않는다. 대신 링크 자체에 대한 정보를 반환한다.

```
File.symlink("testfile", "link2test")  # => 0
File.stat("testfile").size             # => 66
File.lstat("link2test").size           # => 8
File.stat("link2test").size            # => 66
```

mtime

File.mtime(*filename*) → *time*

주어진 파일의 수정 시간을 포함하는 Time 객체를 반환한다.

```
File.mtime("testfile")  # => 2013-11-14 13:02:27 -0600
File.mtime("/tmp")      # => 2013-11-14 16:02:38 -0600
```

new

File.new(*filename, mode="r"* ⟨*, permission*⟩ ⟨*options*⟩) → *file*
File.new(*integer_fd* ⟨*, mode* ⟨*, options*⟩⟩) → *file*

첫 번째 매개 변수가 숫자(또는 to_int 메서드로 숫자로 변경 가능하다면)라면 이는 파일 기술자거나 이미 열려 있는 파일이다. 이때는 처리를 위해 IO.new에 넘겨진다.

더 일반적으로는 filename에 지정한 파일을 mode 매개 변수(기본값은 "r")에 지정된 모드로 열고 새로운 File 객체를 반환한다. 모드에는 파일을 여는 방법과 선택적으로 연관된 파일 데이터를 해석하는 인코딩에 관한 정보를 포함할 수 있다. 모드는 일반적으로 문자열을 통해 나타내지만 정수로 이를 표현할 수도 있다. 모드 문자열은 file-mode[:external-encoding[:internal-encoding]] 형식을 사용해서 나타낸다. file-mode에 들어갈 수 있는 값은 이어지는 표 16에서 다룬다.

이어지는 외부 인코딩과 내부 인코딩에서 사용할 수 있는 값들은 인터프리터에 의존적이다. '17장 문자 인코딩'에서 좀 더 자세한 사항을 다룬다.

r	읽기 전용. 파일의 첫 부분에서 시작한다(기본 모드).
r+	읽기/쓰기 모드. 파일의 첫 부분에서 시작한다.
w	쓰기 모드. 이미 파일이 있다면 내용을 삭제하고, 존재하지 않으면 새로운 파일을 만든다.
w+	읽기/쓰기 모드. 이미 파일이 있다면 내용을 삭제하고 존재하지 않으면 새로운 파일을 만든다.
a	쓰기 모드. 파일이 있다면 파일의 맨 앞에서 시작하고, 그렇지 않으면 새로운 파일을 만든다.
a+	읽기/쓰기 모드. 파일이 있다면 파일의 맨 앞에서 시작하고, 그렇지 않으면 새로운 파일을 만든다.
b	바이너리 파일 모드(앞에서 열거한 키 문자 중에 하나와 같이 사용된다). 루비 1.9부터 이 변경자(modifier)는 바이너리 모드로 열려 있는 모든 포트에 적용된다. 파일을 바이너리 모드로 읽고 데이터를 바이트 스트림으로 받기 위해서는 모드 문자열로 rb:ascii-bit를 지정해야 한다.

표 16. 모드 값

이어지는 표에 나오는 값들을 논리합을 나타내는 정수로 표현할 수도 있다. 운영 체제에서 이러한 기능을 기원하지 않으면 해당하는 상수는 정의되어 있지 않을 것이다. 다음 설명은 해당하는 기능에 대한 힌트 정도에 불과하다. 자세한 내용은 open(2) 매뉴얼 페이지를 참조하기 바란다.

File::APPEND	파일을 추가 모드로 연다. 모든 쓰기는 파일의 끝에서 이루어진다.
File::ASYNC	입출력이 가능할 때 시그널을 생성한다.
File::BINARY	루비의 바이너리 모드를 사용한다.
File::CREAT	파일이 존재하지 않으면 생성한다.
File::DIRECT	캐시의 효과를 최소화한다.
File::DSYNC	파일을 동기 I/O 모드로 열고 버퍼 데이터(단 아이노드(inode) 정보는 필요하지 않다)를 쓰는 동안 정지시킨다.
File::EXCL	File::CREAT와 동시에 사용하면 이미 존재하는 파일을 열고자 할 때 실패한다.
File::NOATIME	파일의 atime을 갱신하지 않는다.
File::NOCTTY	터미널 디바이스를 열 때(IO#isatty(650쪽) 참조) 터미널을 제어할 수는 없도록 한다.
File::NOFOLLOW	파일이 심벌릭 링크이면 파일을 열지 않는다.
File::NONBLOCK	파일을 논블로킹 모드에서 연다.
File::RDONLY	파일을 읽기 전용으로 연다.
File::RDWR	파일을 읽기/쓰기 모드로 연다.
File::SYNC	파일을 동기 I/O 모드로 열고 버퍼 데이터를 쓰는 동안 정지시킨다.
File::TRUNC	파일이 존재하면 파일 내용을 삭제하고 연다.
File::WRONLY	쓰기 전용 모드로 연다.

permission에 주어진 값으로 권한 비트(permission bits)가 설정된다. 이 비트들은 운영 체제에 의존적이다. 유닉스 시스템에 대한 자세한 정보는 open(2) 매뉴얼 페이지를 참조하기 바란다.

마지막 매개 변수를 해시로 넘기면 다음 표에 있는 옵션들을 설정할 수 있다. 다음에서 설명하는 각 모드는 해시의 한 요소로 넘겨질 수 있다.

autoclose:	false라면 I/O 객체가 종료돼도 파일은 자동으로 닫히지 않는다.
binmode:	true라면 IO 객체를 바이너리 모드로 연다(mode: "b"와 같다).
encoding:	"external:internal" 형식으로 외부 인코딩과 내부 인코딩을 설정한다(mode의 형식과 같다).
external_encoding:	외부 인코딩을 지정한다.
internal_encoding:	내부 인코딩을 지정한다.
mode:	모드 매개 변수로 사용할 값을 지정한다. 따라서 File.open("xx", "r:utf-8")은 File.open("xx", mode: "r:utf-8")과 같다.
perm:	permission 매개 변수에 지정할 수 있는 값을 지정할 수 있다.
textmode:	파일을 텍스트 모드로 연다(기본값). 또한 options 매개 변수에는 String.encode를 호출할 때 options에 텍스트 데이터를 처리하기 위해 지정할 수 있는 key/value 값들도 지정할 수 있다. 표 22(781쪽)을 참조하라.

표 17. 파일, I/O 열기 옵션

File.new의 블록을 사용하는 형태에 대해서는 IO.open(640쪽)을 참조하라.

```
# 읽기 모드로 열며 기본 외부 인코딩을 사용한다.
f = File.new("testfile", "r")

# 읽기 모드로 열며 내용은 utf-8이라고 가정한다.
f = File.new("testfile", "r:utf-8")

# 옵션 해시를 사용하는 것과 같다
f = File.new("testfile", mode: "r", external_encoding: "utf-8")

# cr/lf는 lf로 해석된다(String#encode 옵션).
f = File.new("testfile", universal_newline: true)

# 읽기, 쓰기 모드로 연다. 읽을 때 외부 utf-8 데이터는 iso-8859-1로 변환된다.
# 쓸 때는 반대로 iso 8859-1에서 utf-8로 변환된다.
f = File.new("newfile", "w+:utf-8:iso-8859-1")

# "w+"를 지정했을 때와 같다.
f = File.new("newfile", File::CREAT|File::TRUNC|File::RDWR, 0644)
```

---

owned?   File.owned?(*filename*) → *true* or *false*

유효 사용자 ID와 프로세스의 소유자가 같다면 true를 반환한다.

```
File.owned?("/etc/passwd") # => false
```

---

path   File.path(*obj*) → *string*

obj 객체의 경로를 반환한다. obj가 to_path 메서드에 응답한다면 이 값이 반환된다. 그렇지 않으면 obj를 문자열로 변환해 보고 그 값을 반환한다.

```
File.path("testfile")          # => "testfile"
File.path("/tmp/../tmp/xxx")   # => "/tmp/../tmp/xxx"
f = File.open("/tmp/../tmp/xxx")
File.path(f)                   # => "/tmp/../tmp/xxx"
```

---

pipe?   File.pipe?(*filename*) → *true* or *false*

운영 체제에서 파이프를 지원하고, 주어진 파일이 파이프라면 true를 반환한다. 그렇지 않으면 false를 반환한다.

```
File.pipe?("testfile") # => false
```

---

readable?   File.readable?(*filename*) → *true* or *false*

주어진 파일을 이 프로세스의 유효 사용자 ID로 읽을 수 있다면 true를 반환한다.

```
File.readable?("testfile") # => true
```

---

readable_real?   File.readable_real?(*filename*) → *true* or *false*

주어진 파일을 이 프로세스의 실제 사용자 ID로 읽을 수 있다면 참을 반환한다.

```
File.readable_real?("testfile") # => true
```

---

readlink   File.readlink(*filename*) → *filename*

주어진 심벌릭 링크를 문자열로 반환한다. 사용할 수 없는 플랫폼도 있다.

```
File.symlink("testfile", "link2test") # => 0
File.readlink("link2test")            # => "testfile"
```

---

realdirpath   File.realdirpath(*path* ⟨, *relative_to*⟩) → *string*

경로를 전체 파일 경로로 변환한다. 전체 파일 경로란 심벌릭 링크와 상대 경로를 전개한 경로를 일컫는다. 두 번째 매개 변수를 받으면 상대 경로를 전개하는 기준으로 삼는다. 실제로 해당 경로에 파일이 존재할 필요는 없다.

```
puts File.realdirpath("/var/log/system.log")
puts File.realdirpath("../Common/xml")
puts File.realdirpath("Sites", "/Users/dave")
```

실행 결과:

```
/private/var/log/system.log
/Users/dave/BS2/published/ruby4/Common/xml
/Users/dave/Work/PP/TalksCoursesAndArticles/2013/OneDayAdvancedRuby/exercises
```

---

realpath   File.realpath(*path* ⟨, *relative_to*⟩) → *string*

경로를 전체 파일 경로로 변환한다. 전체 파일 경로란 심벌릭 링크와 상대 경로를 전개한 경로를 일컫는다. 두 번째 매개 변수를 받으면 상대 경로를 전개하는 기준으로 삼는다.

```
puts File.realpath("/var/log/system.log")
puts File.realpath("../PerBook/util/xml/ppbook.dtd")
puts File.realpath(".emacs.d/colors.el", "/Users/dave")
```

실행 결과:
```
/private/var/log/system.log
/Users/dave/BS2/published/ruby4/PerBook/util/xml/ppbook.dtd
/Users/dave/.emacs.d/colors.el
```

---

rename   File.rename(*oldname*, *newname*) → 0

주어진 파일이나 디렉터리를 새로운 이름으로 변경한다. 파일의 이름을 바꾸지
못한다면 SystemCallError를 반환한다.

```
File.rename("afile", "afile.bak") # => 0
```

---

setgid?   File.setgid?(*filename*) → *true* or *false*

주어진 파일의 set-group-id 권한 비트가 설정되어 있다면 true를 반환한다. 그
렇지 않거나 운영 체제에서 이 기능을 제공하지 않는다면 false를 반환한다.

```
File.setgid?("/usr/sbin/lpc") # => false
```

---

setuid?   File.setuid?(*filename*) → *true* or *false*

주어진 파일의 set-user-id 권한 비트가 설정되어 있다면 true를 반환한다. 그렇
지 않거나 운영 체제에서 이 기능을 제공하지 않는다면 false를 반환한다.

```
File.setuid?("/bin/su") # => false
```

---

size   File.size(*filename*) → *int*

파일 크기를 바이트 단위로 반환한다.

```
File.size("testfile") # => 66
```

---

size?   File.size?(*filename*) → *int* or nil

주어진 파일의 길이가 0이라면 nil을 반환하고 그렇지 않으면 크기를 반환한다.
이를 통해 파일 크기를 조건문에서 사용할 수 있다.

```
File.size?("testfile")  # => 66
File.size?("/dev/zero") # => nil
```

---

socket?   File.socket?(*filename*) → *true* or *false*

주어진 파일이 소켓이라면 true를 반환한다. 소켓이 아니거나 운영 체제에서 이
기능을 제공하지 않는다면 false를 반환한다.

split   File.split(*filename*) → *array*

주어진 문자열을 디렉터리와 파일 요소로 나누고 이를 요소 두 개짜리 배열로
반환한다. File.dirname과 File.basename을 참조하라.

```
File.split("/home/gumby/.profile") # => ["/home/gumby", ".profile"]
File.split("ruby.rb")              # => [".", "ruby.rb"]
```

stat   File.stat(*filename*) → *stat*

주어진 파일의 File::Stat 객체를 반환한다(File::Stat(604쪽) 참조).

```
stat = File.stat("testfile")
stat.mtime # => 2013-11-14 13:02:27 -0600
stat.ftype # => "file"
```

sticky?   File.sticky?(*filename*) → *true* or *false*

주어진 파일의 스티키(sticky) 비트가 설정되어 있다면 true를 반환한다. 그렇지
않거나 운영 체제에서 이 기능을 제공하지 않는다면 false를 반환한다.

symlink   File.symlink(*oldname*, *newname*) → 0 or nil

oldname 파일에 새로운 심벌릭 링크 newname을 만든다. 심벌릭 링크를 지원
하지 않는 플랫폼이라면 nil을 반환한다.

```
File.symlink("testfile", "link2test") # => 0
```

symlink?   File.symlink?(*filename*) → *true* or *false*

주어진 파일이 심벌릭 링크라면 true를 반환한다. 그렇지 않거나 운영 체제에서
이 기능을 제공하지 않는다면 false를 반환한다.

```
File.symlink("testfile", "link2test") # => 0
File.symlink?("link2test")            # => true
```

truncate   File.truncate(*filename*, *int*) → 0

filename 파일의 크기를 최대 int 바이트 길이로 자른다. 사용할 수 없는 플랫폼
도 있다.

```
f = File.new("out", "w")
f.write("1234567890")  # => 10
f.close                # => nil
File.truncate("out", 5) # => 0
File.size("out")        # => 5
```

umask   File.umask(⟨ *int* ⟩) → *int*

이 프로세스의 현재 umask 값을 반환한다. 선택적인 매개 변수가 주어지면
umask를 그 값으로 설정하고 이전 값을 반환한다. umask는 기본 권한에서 그

값을 제외한다. 따라서 umask가 0222라면 파일을 모든 사용자가 읽을 수만 있도록 만든다. 디렉터리 권한(588쪽)을 참조하라.

```
File.umask(0006) # => 18
File.umask       # => 6
```

---

unlink
File.unlink(⟨*filename*⟩⁺) → *int*

File.delete와 같다. Dir.rmdir을 참조하라.

```
File.open("testrm", "w+") {} # => nil
File.unlink("testrm")        # => 1
```

---

utime
File.utime(*accesstime, modtime* ⟨, *filename*⟩⁺) → *int*

여러 파일의 접근 시간과 수정 시간을 변경한다. 주어지는 시간은 Time 클래스의 인스턴스이거나 기준시 이후의 시간을 초 단위 정수로 나타낸 값이어야 한다. 처리한 파일의 수를 반환한다. 사용할 수 없는 플랫폼도 있다.

```
File.utime(0, 0, "testfile")          # => 1
File.mtime("testfile")                # => 1969-12-31 18:00:00 -0600
File.utime(0, Time.now, "testfile")   # => 1
File.mtime("testfile")                # => 2013-11-14 16:31:55 -0600
```

---

world_readable?
File.world_readable?(*filename*) → *perm_int* or nil

filename을 모든 사용자가 읽을 수 있으면 파일 권한 비트를 나타내는 숫자를 반환한다. 그 외에는 nil을 반환한다. 각 비트의 의미는 플랫폼에 의존적이며 유닉스 기반 시스템에서는 stat(2)를 참조하라.

```
File.world_readable?("/etc/passwd")          # => 420
File.world_readable?("/etc/passwd").to_s(8)  # => "644"
```

---

world_writable?
File.world_writable?(*filename*) → *perm_int* or nil

filename을 모든 사용자가 기록할 수 있으면 파일 권한 비트를 나타내는 숫자를 반환한다. 그 외에는 nil을 반환한다. 각 비트의 의미는 플랫폼에 의존적이며 유닉스 기반 시스템에서는 stat(2)를 참조하라.

```
File.world_writable?("/etc/passwd")  # => nil
File.world_writable?("/tmp")         # => 511
File.world_writable?("/tmp").to_s(8) # => "777"
```

---

writable?
File.writable?(*filename*) → *true* or *false*

주어진 파일에 이 프로세스의 유효 사용자 ID로 쓰기가 가능하다면 true를 반환한다.

```
File.writable?("/etc/passwd") # => false
File.writable?("testfile")    # => true
```

writable_real?   File.writable_real?(*filename*) → *true* or *false*

주어진 파일에 이 프로세스의 실제 사용자 ID로 쓰기가 가능하다면 true를 반환한다.

zero?   File.zero?(*filename*) → *true* or *false*

주어진 파일의 길이가 0이면 true를 반환하고 그렇지 않으면 false를 반환한다.

```
File.zero?("testfile") # => false
File.open("zerosize", "w") {}
File.zero?("zerosize") # => true
```

인스턴스 메서드

atime   *file*.atime → *time*

파일의 최근 접근 시간을 포함한 Time 객체를 반환한다. 파일에 접근한 적이 한 번도 없다면 기준시를 반환한다.

```
File.new("testfile").atime # => 1969-12-31 18:00:00 -0600
```

chmod   *file*.chmod(*permission*) → 0

권한 비트를 permission이 표현하는 비트 패턴으로 바꾼다. 실제 효과는 플랫폼에 따라 다르다. 유닉스 기반 시스템이라면 chmod(2)를 참조하라. 심벌릭 링크를 따른다. 자세한 내용은 권한에 대한 설명(588쪽)에서 찾을 수 있다. File#lchmod를 참조하라.

```
f = File.new("out", "w");
f.chmod(0644) # => 0
```

chown   *file*.chown(*owner*, *group*) → 0

주어진 파일의 소유자와 그룹을 주어진 owner와 group ID로 변경한다. 슈퍼 유저 권한이 있는 경우에만 파일 소유자를 바꿀 수 있다. 파일의 현재 소유자는 그 파일의 그룹을 소유자가 속해 있는 다른 그룹으로 바꿀 수 있다. 소유자나 group ID에 nil이나 -1이 오면 무시된다. 심벌릭 링크를 따라간다. File#lchown을 참조하라.

```
File.new("testfile").chown(502, 400)
```

ctime   *file*.ctime → *time*

파일과 결합된 파일 상태가 가장 최근에 변경된 시간을 담은 Time 객체를 반환한다.

```
File.new("testfile").ctime # => 2013-11-14 16:31:55 -0600
```

File

flock
file.flock (locking_constant) → 0 or false

locking_constant(다음 표의 값들)에 따라 파일을 잠그거나 잠금을 풀거나
한다.

LOCK_EX	배타적 잠금. 한 번에 한 개의 프로세스만이 주어진 파일에 대한 배타적인 잠금을 가질 수 있다.
LOCK_NB	잠금을 걸 때 블록하지 않는다. 다른 잠금 옵션과 논리합(or)으로 함께 사용된다.
LOCK_SH	잠금을 공유한다. 여러 개의 프로세스에서 임의의 파일에 대한 잠금을 공유해서 함께 가질 수 있다.
LOCK_UN	잠금을 해제한다.

표 18. 잠금 모드 상수

File::LOCK_NB가 주어지고 작업이 블록되어 있다면 false를 반환한다. 사용할
수 없는 플랫폼도 있다.

```
File.new("testfile").flock(File::LOCK_UN) # => 0
```

lstat
file.lstat → stat

심벌릭 링크를 따르지 않는다는 점을 제외하면 IO#stat과 같다. 대신 링크 자체
에 대한 정보를 반환한다.

```
File.symlink("testfile", "link2test") # => 0
File.stat("testfile").size            # => 66
f = File.new("link2test")
f.lstat.size                          # => 8
f.stat.size                           # => 66
```

mtime
file.mtime → time

파일의 수정 시간을 담은 Time 객체를 반환한다.

```
File.new("testfile").mtime # => 2013-11-14 16:31:55 -0600
```

path
file.path → filename

file을 만들 때 사용한 경로명을 문자열로 반환한다. 여기서는 이름을 정규화하
지 않는다.

```
File.new("testfile").path               # => "testfile"
File.new("/tmp/../tmp/xxx", "w").path # => "/tmp/../tmp/xxx"
```

size
file.size (filename) → int

파일 크기를 바이트 단위로 반환한다.

```
File.open("testfile").size # => 66
```

to_path

file.to_path → *filename*

File#path와 같다.

truncate

file.truncate(*int*) → 0

파일을 최대 int 바이트만큼 자른다. 이 파일은 반드시 쓰기 모드로 열려 있어야한다. 사용할 수 없는 플랫폼도 있다.

```
f = File.new("out", "w")
f.syswrite("1234567890") # => 10
f.truncate(5)            # => 0
f.close()                # => nil
File.size("out")         # => 5
```

File::Stat

클래스 **File::Stat** < Object

File::Stat 클래스의 객체는 파일 객체에 대한 상태 정보를 캡슐화한다. 이 정보는 File::Stat 객체가 만들어지는 시점에 저장된다. 따라서 이 시점 이후에 파일에 적용된 변경 사항은 반영되지 않는다. File::Stat 객체는 IO#stat, File.stat, File#lstat, File.lstat 메서드에 의해 반환된다. 여기서 반환되는 값 대부분은 플랫폼 종속적인 것이며 많은 값들이 모든 시스템에서 의미 있는 값은 아니다. Object#test(732쪽)를 참조하라.

믹스인

Comparable: <, <=, ==, >, >=, between?

인스턴스 메서드

<=>   *statfile* ⟨=⟩ *other_stat* → -1, 0, 1

수정 시간을 이용해 File::Stat 객체들을 비교한다.

```
f1 = File.new("f1", "w")
sleep 1
f2 = File.new("f2", "w")
f1.stat <=> f2.stat # => -1
# Comparable의 메서드도 역시 사용할 수 있다.
f1.stat > f2.stat   # => false
f1.stat < f2.stat   # => true
```

atime   *statfile*.atime → *time*

statfile에 대한 마지막 접근 시간을 담은 Time 객체를 반환한다. 한 번도 접근한 적이 없다면 기준시를 반환한다.

```
File.stat("testfile").atime      # => 1969-12-31 18:00:00 -0600
File.stat("testfile").atime.to_i # => 0
```

blksize   *statfile*.blksize → *int*

네이티브 파일 시스템의 블록 크기를 반환한다. 이 정보를 제공하지 않는 플랫폼에서는 nil을 반환한다.

```
File.stat("testfile").blksize # => 4096
```

blockdev?   *statfile*.blockdev? → *true* or *false*

파일이 블록 디바이스라면 true를 반환한다. 그렇지 않거나 운영 체제에서 이 기능을 지원하지 않는다면 false를 반환한다.

```
File.stat("testfile").blockdev?  # => false
File.stat("/dev/disk0").blockdev? # => true
```

blocks

statfile.blocks → int

이 파일에 할당된 네이티브 시스템 블록 수를 반환한다. 운영 체제에서 이 기능을 지원하지 않으면 nil을 반환한다.

```
File.stat("testfile").blocks # => 8
```

chardev?

statfile.chardev? → true or false

파일이 문자 디바이스라면 true를 반환한다. 그렇지 않거나 운영 체제에서 이 기능을 지원하지 않는다면 false를 반환한다.

```
File.stat("/dev/tty").chardev?  # => true
File.stat("testfile").chardev?  # => false
```

ctime

statfile.ctime → time

statfile에 결합된 파일 상태가 변경된 시간을 담은 Time 객체를 반환한다.

```
File.stat("testfile").ctime # => 2013-11-14 16:31:55 -0600
```

dev

statfile.dev → int

statfile이 있는 디바이스를 나타내는 정수를 반환한다. 이 정수에 있는 비트들은 해당 디바이스의 메이저, 마이너 번호 정보를 가지고 있다.

```
File.stat("testfile").dev        # => 16777218
"%x" % File.stat("testfile").dev # => "1000002"
```

dev_major

statfile.dev_major → int

File::Stat::dev의 메이저 부분을 반환한다. 운영 체제에서 이 기능을 지원하지 않으면 nil을 반환한다.

```
File.stat("testfile").dev_major # => 1
```

dev_minor

statfile.dev_minor → int

File::Stat::dev의 마이너 부분을 반환한다. 운영 체제에서 이 기능을 지원하지 않으면 nil을 반환한다.

```
File.stat("testfile").dev_minor # => 2
```

directory?

statfile.directory? → true or false

statfile이 디렉터리이면 true를 반환하고 아니면 false를 반환한다.

```
File.stat("testfile").directory? # => false
File.stat(".").directory?        # => true
```

executable?   *statfile*.executable? → *true* or *false*

statfile이 실행 파일이라면 true를 반환한다. 운영 체제에서 실행 파일과 그렇지 않은 파일을 구분하는 방법을 제공하지 않을 때도 true를 반환한다. 이 검사는 프로세스의 유효 소유자를 기준으로 행해진다.

```
File.stat("testfile").executable? # => false
```

executable_real?   *statfile*.executable_real? → *true* or *false*

실행 여부 확인 방법이 실제 소유자를 기준으로 행해지는 점을 제외하면 executable?과 같다.

file?   *statfile*.file? → *true* or *false*

statfile이 일반 파일(디바이스 파일, 디렉터리, 파이프, 소켓 등이 아님)이라면 true를 반환한다.

```
File.stat("testfile").file? # => true
```

ftype   *statfile*.ftype → *type_string*

statfile의 유형을 밝힌다. 반환되는 문자열은 file, directory, characterSpecial, blockSpecial, fifo, link, socket, unknown 중 하나다.

```
File.stat("/dev/tty").ftype # => "characterSpecial"
```

gid   *statfile*.gid → *int*

statfile 소유자의 그룹 ID 숫자를 반환한다.

```
File.stat("testfile").gid # => 20
```

grpowned?   *statfile*.grpowned? → *true* or *false*

프로세스의 유효 그룹 ID가 statfile의 그룹 ID와 같은 경우 true를 반환한다. 윈도에서는 false를 반환한다.

```
File.stat("testfile").grpowned?   # => true
File.stat("/etc/passwd").grpowned? # => false
```

ino   *statfile*.ino → *int*

statfile의 아이노드 수를 반환한다.

```
File.stat("testfile").ino # => 619885
```

mode   *statfile*.mode → *int*

statfile의 권한 비트를 정수 표현으로 반환한다. 각 비트의 의미는 플랫폼에 의존적이며 유닉스 기반 시스템에서는 stat(2)를 참조하라.

```
File.chmod(0644, "testfile")        # => 1
File.stat("testfile").mode.to_s(8)  # => "100644"
```

---

mtime   *statfile*.mtime → *time*

statfile의 수정 시간을 담은 Time 객체를 반환한다.

```
File.stat("testfile").mtime # => 2013-11-14 16:31:55 -0600
```

---

nlink   *statfile*.nlink → *int*

statfile의 하드 링크 수를 반환한다.

```
File.stat("testfile").nlink            # => 1
File.link("testfile", "testfile.bak")  # => 0
File.stat("testfile").nlink            # => 2
```

---

owned?   *statfile*.owned? → *true* or *false*

프로세스의 유효 사용자 ID가 statfile의 소유자와 같다면 true를 반환한다.

```
File.stat("testfile").owned?    # => true
File.stat("/etc/passwd").owned? # => false
```

---

pipe?   *statfile*.pipe? → *true* or *false*

운영 체제에서 파이프를 지원하고, statfile이 파이프라면 true를 반환한다.

---

rdev   *statfile*.rdev → *int*

statfile(특별한 파일이어야 한다)이 있는 디바이스를 나타내는 정수를 반환한다.
운영 체제에서 이 기능을 지원하지 않으면 nil을 반환한다.

```
File.stat("/dev/disk0s1").rdev # => 16777217
File.stat("/dev/tty").rdev     # => 33554432
```

---

rdev_major   *statfile*.rdev_major → *int*

File::Stat#dev의 메이저 부분을 반환한다. 운영 체제에서 이 기능을 지원하지 않
으면 nil을 반환한다.

```
File.stat("/dev/disk0s1").rdev_major # => 1
File.stat("/dev/tty").rdev_major     # => 2
```

---

rdev_minor   *statfile*.rdev_minor → *int*

File::Stat::dev의 마이너 부분을 반환한다. 운영 체제에서 이 기능을 지원하지 않
으면 nil을 반환한다.

```
File.stat("/dev/disk0s1").rdev_minor # => 1
File.stat("/dev/tty").rdev_minor     # => 0
```

File::Stat

readable? *statfile*.readable? → *true* or *false*

statfile을 이 프로세스의 유효 사용자 ID로 읽을 수 있다면 true를 반환한다.

```
File.stat("testfile").readable? # => true
```

readable_real? *statfile*.readable_real? → *true* or *false*

statfile을 이 프로세스의 실제 사용자 ID로 읽을 수 있다면 true를 반환한다.

```
File.stat("testfile").readable_real?   # => true
File.stat("/etc/passwd").readable_real? # => true
```

setgid? *statfile*.setgid? → *true* or *false*

statfile의 set-group-id 권한 비트가 설정되어 있다면 true를 반환한다. 그렇지 않거나 운영 체제에서 이 기능을 제공하지 않는다면 false를 반환한다.

```
File.stat("testfile").setgid?          # => false
File.stat("/usr/sbin/postdrop").setgid? # => true
```

setuid? *statfile*.setuid? → *true* or *false*

statfile의 set-user-id 권한 비트가 설정되어 있다면 true를 반환한다. 그렇지 않거나 운영 체제에서 이 기능을 제공하지 않는다면 false를 반환한다.

```
File.stat("testfile").setuid?    # => false
File.stat("/usr/bin/su").setuid? # => true
```

size *statfile*.size → *int*

statfile의 크기를 바이트 단위로 반환한다.

```
File.stat("/dev/zero").size # => 0
File.stat("testfile").size  # => 66
```

size? *statfile*.size? → *int* or nil

statfile의 길이가 0이라면 nil을 반환하고 그렇지 않으면 크기를 반환한다. 이를 통해 파일 크기를 조건문에서 사용할 수 있다.

```
File.stat("/dev/zero").size? # => nil
File.stat("testfile").size?  # => 66
```

socket? *statfile*.socket? → *true* or *false*

statfile이 소켓이라면 true를 반환한다. 소켓이 아니거나 운영 체제에서 이 기능을 제공하지 않는다면 false를 반환한다.

```
File.stat("testfile").socket? # => false
```

sticky?

statfile.sticky? → true or false

statfile의 스티키 비트가 설정되어 있다면 true를 반환한다. 그렇지 않거나 운영
체제에서 이 기능을 제공하지 않는다면 false를 반환한다.

```
File.stat("testfile").sticky? # => false
```

symlink?

statfile.symlink? → true or false

statfile이 심벌릭 링크라면 true를 반환한다. 심벌릭 링크가 아니거나 운영 체제
에서 이 기능을 제공하지 않는다면 false를 반환한다. File.stat은 심벌릭 링크를
자동으로 따르므로 File.stat에 의해 반환되는 객체에 대해 symlink?를 평가하면
항상 false가 된다.

```
File.symlink("testfile", "alink") # => 0
File.stat("alink").symlink?       # => false
File.lstat("alink").symlink?      # => true
```

uid

statfile.uid → int

statfile 소유자의 사용자 ID 숫자를 반환한다.

```
File.stat("testfile").uid # => 501
```

world_readable?

statfile.world_readable?(filename) → perm_int or nil

filename을 모든 사용자가 읽을 수 있으면 파일 권한 비트를 나타내는 숫자를
반환한다. 그 외에는 nil을 반환한다. 각 비트의 의미는 플랫폼에 의존적이며 유
닉스 기반 시스템에서는 stat(2)를 참조하라.

```
File.stat("/etc/passwd").world_readable?        # => 420
File.stat("/etc/passwd").world_readable?.to_s(8) # => "644"
```

world_writable?

statfile.world_writable?(filename) → perm_int or nil

filename을 모든 사용자가 기록할 수 있으면 파일 권한 비트를 나타내는 숫자를
반환한다. 그 외에는 nil을 반환한다. 각 비트의 의미는 플랫폼에 의존적이며 유
닉스 기반 시스템에서는 stat(2)를 참조하라.

```
File.stat("/etc/passwd").world_writable?  # => nil
File.stat("/tmp").world_writable?         # => 511
File.stat("/tmp").world_writable?.to_s(8) # => "777"
```

writable?

statfile.writable? → true or false

statfile을 이 프로세스의 유효 사용자 ID로 쓸 수 있다면 true를 반환한다.

```
File.stat("testfile").writable? # => true
```

FileTest

---

writable_real?   *statfile*.writable_real? → *true* or *false*

statfile을 이 프로세스의 실제 사용자 ID로 쓸 수 있다면 true를 반환한다.

```
File.stat("testfile").writable_real? # => true
```

---

zero?   *statfile*.zero? → *true* or *false*

파일의 크기가 0이라면 true를 반환하고, 아니면 false를 반환한다.

```
File.stat("testfile").zero? # => false
```

모듈 FileTest

FileTest는 File::Stat에서 사용했던 것과 비슷한 검사 연산을 구현한다. FileTest
의 메서드들은 File 클래스의 것과 중복된다. 따라서 여기에 문서를 반복하기보
다는 File 클래스(588쪽)의 문서를 참조할 수 있도록 메서드 이름만을 나열할 것
이다. FileTest는 이제 흔적만 남은 모듈이다.

FileTest 모듈의 메서드들은 다음과 같다: blockdev?, chardev?, directory?,
executable?, executable_real?, exist?, exists?, file?, grpowned?, identical?,
owned?, pipe?, readable?, readable_real?, setgid?, setuid?, size, size?,
socket?, sticky?, symlink?, world_readable?, world_writable?, writable?,
writable_real?, zero?

클래스 **Fixnum** < Integer

Fixnum은 네이티브 머신 워드(-1비트)로 표현되는 정숫값을 저장한다. Fixnum 연산이 이 범위를 넘어선다면 그 결과는 자동으로 Bignum으로 변환될 것이다. Fixnum 객체는 즉시값을 갖는다. 이 말은 Fixnum 객체를 대입하고 매개 변수로 넘길 때, 그 객체의 참조가 아닌 실제 객체를 사용한다는 의미다. 즉, 대입을 한다고 Fixnum 객체의 별칭을 만들지는 않는다. 실제로 특정 정숫값에 대한 Fixnum 객체 인스턴스는 하나만 존재하기 때문에, 예를 들어 Fixnum 싱글턴 메서드를 추가한다든가 하는 일을 할 수 없다.

인스턴스 메서드

산술 연산

fix에 대한 다양한 산술 연산을 수행한다.

비트 연산

fix	+	numeric	더하기
fix	−	numeric	빼기
fix	*	numeric	곱하기
fix	/	numeric	나누기
fix	%	numeric	나머지
fix	**	numeric	거듭제곱
fix	-@		단항 마이너스

Fixnum의 이진 표현에 대해 다양한 연산을 행한다.

~ fix			비트를 뒤집는다.
fix	|	numeric	비트 연산 논리합
fix	&	numeric	비트 연산 논리곱
fix	^	numeric	비트 연산 배타적 논리합
fix	<<	numeric	number 비트만큼 왼쪽으로 시프트
fix	>>	numeric	number 비트만큼 오른쪽으로 시프트(부호 확장과 함께)
fix	-@		단항 마이너스

비교 연산

다른 숫자와 fix를 비교한다. Fixnum. ⟨, ⟨=, ==, ⟩=, ⟩.

Fixnum

<=>   *fix* <=> *numeric* → -1, 0, +1, or nil

비교 연산자. fix와 numeric을 비교해서 작거나, 같거나, 큰 경우 각각 -1, 0, +1 을 반환한다. Fixnum의 부모의 부모에서 Comparable을 믹스인하지만 Fixnum 은 이 모듈을 사용하지 않고 직접 비교 연산자들을 구현한다.

```
42 <=> 13 # => 1
13 <=> 42 # => -1
-1 <=> -1 # => 0
```

[ ]   *fix*[*n*] → 0, 1

비트 참조 연산자. fix의 바이너리 표현에 대해 n 번째 비트를 반환한다.

```
a = 0b11001100101010
30.downto(0) {|n| print a[n] }
```

실행 결과:

```
0000000000000000011001100101010
```

abs   *fix*.abs → *int*

fix의 절댓값을 반환한다.

```
-12345.abs # => 12345
12345.abs  # => 12345
```

div   *fix*.div (*numeric*) → *integer*

정수 나눗셈은 항상 정수를 반환한다. Fixnum#/과 달리 mathn 라이브러리의 영향을 받지 않는다.

```
654321.div(13731)    # => 47
654321.div(13731.34) # => 47
```

even?   *fix*.even? → *true* or *false*

fix가 짝수면 true를 반환한다.

```
1.even? # => false
2.even? # => true
```

divmod   *fix*.divmod (*numeric*) → *array*

Numeric#divmod(696쪽)를 참조하라.

fdiv   *fix*.fdiv (*numeric*) → *float*

fix를 numeric으로 나눈 결과의 부동소수점 결과를 반환한다.

```
63.fdiv(9)            # => 7.0
654321.fdiv(13731)    # => 47.652829364212366
654321.fdiv(13731.24) # => 47.65199646936475
```

magnitude

fix.magnitude → *int*

fix의 크기(원점에서 fix까지의 거리)를 반환한다. Fixnum#abs와 같다. Complex#magnitude를 참조하라.

modulo

fix.modulo(*numeric*) → *numeric*

Fixnum#%과 같다.

```
654321.modulo(13731)    # => 8964
654321.modulo(13731.24) # => 8952.72000000001
```

odd?

fix.odd? → *true* or *false*

fix가 홀수이면 true를 반환한다.

```
1.odd? # => true
2.odd? # => false
```

size

fix.size → *int*

Fixnum의 기계식 표현의 바이트 수를 반환한다.

```
1.size          # => 8
-1.size         # => 8
2147483647.size # => 8
```

succ

fix.succ → *int*

fix + 1을 반환한다.

```
1.succ  # => 2
-1.succ # => 0
```

to_f

fix.to_f → *float*

fix를 Float 객체로 변환한다.

to_s

fix.to_s(*base*=10) → *string*

fix를 base(2~36)진수 표현값을 담은 문자열로 반환한다.

```
12345.to_s                            # => "12345"
12345.to_s(2)                         # => "11000000111001"
12345.to_s(8)                         # => "30071"
12345.to_s(10)                        # => "12345"
12345.to_s(16)                        # => "3039"
12345.to_s(36)                        # => "9ix"
848237232330358117454971171.to_s(36)  # => "anotherrubyhacker"
```

zero?

fix.zero? → *true* or *false*

fix가 0이면 true를 반환한다.

```
42.zero? # => false
0.zero?  # => true
```

Float

클래스 **Float** < Numeric

Float는 네이티브 아키텍처에서 배정밀도 부동소수점 표현을 사용하는 실수를 나타낸다.

클래스 상수

DIG	Float의 정확도(10진수에서)
EPSILON	가장 작은 Float. 예를 들어 1.0 + EPSILON != 1.0
INFINITY	양의 무한대
MANT_DIG	RADIX 진법으로 한 소수 부분의 자릿수
MAX	Float의 최댓값
MAX_10_EXP	10^x가 유한한 Float인 가장 큰 정수 x
MAX_EXP	FLT_RADIX^{x-1}이 유한한 Float가 가장 큰 정수
MIN	가장 작은 Float
MIN_10_EXP	10^x가 유한한 Float인 가장 작은 정수
MIN_EXP	FLT_RADIX^{x-1}이 유한한 Float인 가장 작은 정수
NAN	유효하지 않은 숫자
RADIX	부동소수점의 기수
ROUNDS	부동소수점 연산에서 올림 모드. 가능한 값은 다음과 같다. -1 모드를 결정할 수 없다. 0 올림이 0에 가깝다. 1 올림이 가장 가까운 표현 가능한 값(사사오입). 2 올림이 +무한대를 향한다. 3 올림이 -무한대를 향한다.

인스턴스 메서드

산술 연산자

flt에 대한 다양한 산술 연산을 행한다.

flt	+	numeric	더하기
flt	–	numeric	빼기
flt	*	numeric	곱하기
flt	/	numeric	나누기
flt	%	numeric	나머지
flt	**	numeric	거듭제곱
flt-@			단항 마이너스

비교 연산자

다른 숫자와 flt를 비교한다. 〈, 〈=, ==, 〉=, 〉.

<=>   *flt* 〈=〉 *numeric* → -1, 0, +1, or nil

비교 연산자. flt와 numeric을 비교해서 작거나, 같거나, 큰 경우 각각 -1, 0, +1
을 반환한다.

==   *flt* == *obj* → *true* or *false*

obj와 flt의 값이 같으면 true를 반환한다. Float#eql?과는 달리 obj가 Float이 아
니라도 값만 같으면 true를 반환한다.

```
1.0 == 1.0       # => true
(1.0).eql?(1.0)  # => true
1.0 == 1         # => true
(1.0).eql?(1)    # => false
```

---

abs   *flt*.abs → *numeric*

flt의 절댓값을 반환한다.

```
(-34.56).abs # => 34.56
-34.56.abs   # => 34.56
```

---

ceil   *flt*.ceil → *int*

flt와 같거나 크면서 가장 작은 정수를 반환한다.

```
1.2.ceil    # => 2
2.0.ceil    # => 2
(-1.2).ceil # => -1
(-2.0).ceil # => -2
```

---

divmod   *flt*.divmod(*numeric*) → *array*

Numeric#divmod(696쪽)를 참조하라.

---

eql?   *flt*.eql?(*obj*) → *true* or *false*

obj가 Float이고 flt와 같아야만 true를 반환한다. Float#===와 달리 obj가 반드시
Float이어야만 true를 반환한다.

```
1.0.eql?(1) # => false
1.0 == 1    # => true
```

---

fdiv   *flt*.fdiv(*number*) → *float*

flt를 number로 나눈 값을 부동소수점으로 반환한다. Float#quo와 같다.

```
63.0.fdiv(9)      # => 7.0
1234.56.fdiv(3.45) # => 357.8434782608695
```

finite?

flt.finite? → *true* or *false*

flt가 유효한 IEEE 부동소수점 숫자(무한대가 아니고 nan?이 거짓인)인 경우 true를 반환한다.

```
(42.0).finite?   # => true
(1.0/0.0).finite? # => false
```

floor

flt.floor → *int*

flt와 같거나 작은 정수 중 가장 큰 값을 반환한다.

```
1.2.floor    # => 1
2.0.floor    # => 2
(-1.2).floor # => -2
(-2.0).floor # => -2
```

infinite?

flt.infinite? → nil, -1, +1

flt가 유한한 값인지, -무한대, +무한대인지에 따라 nil, -1, +1을 반환한다.

```
(0.0).infinite?    # => nil
(-1.0/0.0).infinite? # => -1
(+1.0/0.0).infinite? # => 1
```

magnitude

flt.magnitude → *float*

flt의 크기(number line의 원점에서부터 계산한 flt의 거리)를 반환한다. Float#abs와 같다. Complex#magnitude를 참조하라.

modulo

flt.modulo(*numeric*) → *numeric*

Float#%와 같다.

```
6543.21.modulo(137)    # => 104.21000000000004
6543.21.modulo(137.24) # => 92.92999999999961
```

nan?

flt.nan? → *true* or *false*

flt가 IEEE 부동소수점 숫자가 아닌 경우 참을 반환한다.

```
(-1.0).nan?    # => false
(0.0/0.0).nan? # => true
```

quo

flt.quo(*number*) → *float*

flt를 number로 나눈 값을 부동소수점으로 반환한다.

```
63.0.quo(9)       # => 7.0
1234.56.quo(3.45) # => 357.8434782608695
```

rationalize

flt.rationalize(⟨ *epsilon* ⟩) → *rational*

flt를 epsilon에 지정한 정밀도를 가진 유리수(Rational)로 반환한다. epsilon 매개 변수가 주어지지 않으면 가능한 오차 범위가 작은 유리수를 반환한다.

```
1.3.rationalize                     # => (13/10)
1.333.rationalize                   # => (1333/1000)
1.33333333333333333.rationalize     # => (4/3)
1.3333.rationalize(0.001)           # => (4/3)
1.3333.rationalize(1)               # => (1/1)
Math::PI.rationalize(0.01)          # => (22/7)
```

---

round   *flt*.round(*digits*=0) → *numeric*

가장 가까운 정수로 반올림한다. 매개 변수를 지정하면 지정된 자릿수만큼 반올림한다.

```
1.5.round       # => 2
(-1.5).round    # => -2
3.14159.round   # => 3
3.14159.round(4) # => 3.1416
3.14159.round(2) # => 3.14
```

---

to_f   *flt*.to_f → *flt*

flt를 반환한다.

---

to_i   *flt*.to_i → *int*

flt의 소수점을 자르고 정수로 반환한다.

```
1.5.to_i    # => 1
(-1.5).to_i # => -1
```

---

to_int   *flt*.to_int → *int*

Float#to_i와 같다.

---

to_r   *flt*.to_r → *number*

flt를 유리수로 변환한다.

```
1.5.to_r    # => 3/2
(1.0/3).to_r # => 6004799503160661/18014398509481984
```

---

to_s   *flt*.to_s → *string*

flt를 나타내는 문자열을 반환한다. 고정 형식이건 지수 형식이건 이 호출의 결과로 Nan, Infinity, -Infinity 중 하나가 올 수 있다.

---

truncate   *flt*.truncate → *int*

Float#to_i와 같다.

---

zero?   *flt*.zero? → *true* or *false*

flt가 0.0이면 true를 반환한다.

GC

모듈 **GC**

GC 모듈은 마크 & 스위프(mark and sweep) 방식의 가비지 컬렉션 메커니즘에 대한 인터페이스를 제공한다. 하위 메서드 일부는 ObjectSpace(735쪽)를 통해 사용할 수 있다.

모듈 메서드

count   GC.count → *int*

현재 프로세스에서 GC가 실행된 횟수를 반환한다.

```
GC.count # => 3
res = ""
10_000.times { res += "wibble" }
GC.count # => 41
```

disable   GC.disable → *true* or *false*

가비지 컬렉션을 중단한다. 가비지 컬렉션이 이미 중단된 상태라면 true를 반환한다.

```
GC.disable # => false
GC.disable # => true
```

enable   GC.enable → *true* or *false*

가비지 컬렉션 기능을 활성화한다. 지금까지 중단되어 있었다면 true를 반환한다.

```
GC.disable # => false
GC.enable  # => true
GC.enable  # => false
```

start   GC.start → nil

수동으로 중단된 상태가 아니라면 가비지 컬렉션을 시작한다.

```
GC.start # => nil
```

stat   GC.stat → *stats_hash*

GC 통계를 담은 hash를 반환한다. hash의 내용은 구현체에 의존한다. 이 메서드는 모든 루비 구현체에서 사용 가능하진 않다.

```
GC.stat # => {:count=>3, :heap_used=>78, :heap_length=>138,
      # .. :heap_increment=>60, :heap_live_num=>21372, :heap_free_num=>3670,
      # .. :heap_final_num=>7, :total_allocated_object=>35544,
      # .. :total_freed_object=>14172}
```

---

stress GC.stress → *true* or *false*

---

stress 플래그의 현재 값을 반환한다(GC.stress= 참조).

---

stress= GC.stress = *true* or *false* → *true* or *false*

루비는 일반적으로 가비지 컬렉션을 정기적으로 실행한다. stress 플래그를 true
로 설정하면 새로운 객체가 생성될 때마다 가비지 컬렉션이 자동으로 실행된다.
이는 일반적으로 확장 라이브러리와 루비 자체를 테스트할 때에만 사용된다.

```
GC.stress = true
```

인스턴스 메서드

garbage_collect garbage_collect → nil

GC.start와 같다.

```
include GC
garbage_collect # => nil
```

모듈 GC::Profiler

가비지 컬렉션의 저수준 정보를 제공한다.

```
GC::Profiler.enable
animal = "cat"
22.times { animal *= 2 }
printf "Took %0.4fs in GC\n", GC::Profiler.total_time
GC::Profiler.report
GC::Profiler.disable
```

실행 결과:

```
Took 0.0029s in GC
GC 7 invokes.
Index Invoke     Use Size Total       Total  GC Time(ms)
      Time(sec) (byte)   Size(byte) Object
    1   0.022    307840   1269840    31746  1.129000
    2   0.024    302400   1269840    31746  0.783000
    3   0.027    302400   1269840    31746  0.997000
    4   0.031    302480   1269840    31746  0.794000
```

모듈 메서드

---

clear   GC::Profiler.clear → nil

현재 프로파일 데이터를 삭제한다.

---

disable   GC::Profiler.disable → nil

프로파일 데이터들을 비활성화한다.

---

enable   GC::Profiler.enable → nil

프로파일 데이터들을 활성화한다.

---

enabled?   GC::Profiler.enabled? → true or false

프로파일 컬렉션이 활성화되어 있다면 true를 반환한다.

---

raw_data   GC::Profiler.raw_data → array of hashes

---

raw 프로파일 데이터를 반환한다. 각 데이터는 시간순으로 성립된 해시의 배열
이며, 해시들은 data 샘플을 가지고 있다.

```
GC::Profiler.enable

animal = "cat"
22.times { animal *= 2 }

p GC::Profiler.raw_data.size
p GC::Profiler.raw_data[0, 2]
```

실행 결과:

```
4
[{:GC_TIME=>0.0011789999999999995, :GC_INVOKE_TIME=>0.02222,
:HEAP_USE_SIZE=>302960, :HEAP_TOTAL_SIZE=>1269840, :HEAP_TOTAL_OBJECTS=>31746,
:GC_IS_MARKED=>0}, {:GC_TIME=>0.0007530000000000002, :GC_INVOKE_TIME=>0.024769,
```

```
:HEAP_USE_SIZE=>297560, :HEAP_TOTAL_SIZE=>1269840, :HEAP_TOTAL_OBJECTS=>31746,
:GC_IS_MARKED=>0}]
```

---

report   GC::Profiler.report (*to* = STDOUT) → nil

주어진 스트림에 프로파일 결과를 기록한다.

---

result   GC::Profiler.result → string

프로파일 데이터의 요약을 담은 문자열을 반환한다.

---

total_time   GC::Profiler.total_time → float

이 프로파일을 실행하는 동안 가비지 컬렉션에서 소요된 시간을 반환한다.

Hash

클래스 **Hash** < Object

다음 메서드에 의존한다: each, <=>

Hash는 키/값 쌍 컬렉션이다. 해시는 Array와 비슷하지만 색인을 정수 인덱스가 아니라 어떤 객체라도 키로 이용할 수 있다는 점이 다르다. 해시에서 제공하는 여러 반복자를 사용할 때 각 키와 값을 넘기는 순서는 일반적으로 해시에 데이터가 입력된 순서다.

해시는 기본값 기능을 지원한다. 해시에 존재하지 않는 키에 접근을 시도했을 때 기본값을 반환한다. 초깃값은 nil이다.

믹스인

Enumerable: all?, any?, chunk, collect, collect_concat, count, cycle, detect, drop, drop_while, each_cons, each_entry, each_slice, each_with_index, each_with_object, entries, find, find_all, find_index, first, flat_map, grep, group_by, include?, inject, lazy, map, max, max_by, member?, min, min_by, minmax, minmax_by, none?, one?, partition, reduce, reject, reverse_each, select, slice_before, sort, sort_by, take, take_while, to_a, zip

클래스 메서드

[ ]	Hash[⟨ *key =*⟩ *value*⟩*] → *hsh*
	Hash[*obj*] → *hsh*

주어진 객체들로 새로운 해시를 만든다. 해시 리터럴 {key =⟩ value, ...}를 이용해 해시를 만드는 것과 동일하다. 키와 값의 쌍이 와야 하므로 매개 변수의 수는 항상 짝수 개여야 한다. 두 번째 형식에서는 obj가 반드시 to_hash 메서드를 가지고 있어야 한다.

```
Hash["a", 100, "b", 200]    # => {"a"=>100, "b"=>200}
Hash["a" => 100, "b" => 200] # => {"a"=>100, "b"=>200}
{ "a" => 100, "b" => 200 }  # => {"a"=>100, "b"=>200}
```

new	Hash.new → *hsh*
	Hash.new (*obj*) → *hsh*
	Hash.new { |hash, key| ··· } → *hsh*

비어 있는 새로운 해시를 반환한다. 존재하지 않는 해시 엔트리에 접근했을 때 반환하는 값은 새로운 해시를 만들 때 사용한 스타일에 따라 달라진다. 첫 번째 형식에서는 nil을 반환한다. obj를 넘겨받았을 때는 이 값을 기본값으로 사용한다. 블록을 넘겨주면 해시 객체와 key를 이용해 블록을 호출해서 그 결괏값을 기본값으로 사용한다. 필요하다면 값을 해시에 저장하는 것은 블록의 책임이다.

```
h = Hash.new("Go Fish")
h["a"] = 100
h["b"] = 200
h["a"]          # => 100
h["c"]          # => "Go Fish"
```

```
# 다음에서는 기본값을 바꾼다.
h["c"].upcase! # => "GO FISH"
h["d"]         # => "GO FISH"
h.keys         # => ["a", "b"]
# 다음 코드는 매번 새로운 기본값 객체를 만든다.
h = Hash.new {|hash, key| hash[key] = "Go Fish: #{key}" }
h["c"]         # => "Go Fish: c"
h["c"].upcase! # => "GO FISH: C"
h["d"]         # => "Go Fish: d"
h.keys         # => ["c", "d"]
```

---

try_convert   Hash.try_convert(*obj*) → *a_hash* or nil

obj가 해시가 아니면 그 객체의 to_hash 메서드를 호출해 해시로 변환한다. 배열로 변환할 수 없다면 nil을 반환한다.

```
class ConfigFile
  def initialize(name)
    @content = File.read(name)
  end
  def to_hash
    result = {}
    @content.scan(/^(\w+):\s*(.*)/) do |name, value|
      result[name] = value
    end
    result
  end
end
config = ConfigFile.new("some_config")
Hash.try_convert(config) # => {"user_name"=>"dave", "password"=>"wibble"}
```

인스턴스 메서드

==   *hsh* == *obj* → *true* or *false*

동일성 판별 연산자. 같은 수의 키를 포함하며, 첫 번째 해시의 각 키의 값과 두 번째에서 같은 키에 할당된 값이 같을 때(== 연산자로 비교) true를 반환한다. obj가 해시가 아니라면 to_hash를 사용해 해시로 변환을 시도하고 obj == hash의 결과를 반환한다.

```
h1 = { "a" => 1, "c" => 2 }
h2 = { 7 => 35, "c" => 2, "a" => 1 }
h3 = { "a" => 1, "c" => 2, 7 => 35 }
h4 = { "a" => 1, "d" => 2, "f" => 35 }
h1 == h2 # => false
h2 == h3 # => true
h3 == h4 # => false
```

[]   *hsh*[*key*] → *value*

요소 참조 연산자. key에 저장된 값을 반환한다. 존재하지 않는다면 기본값을 반환한다(자세한 사항은 Hash.new 참조).

```
h = { "a" => 100, "b" => 200 }
h["a"] # => 100
h["c"] # => nil
```

Hash

[ ]=	*hsh*[*key*] = *value* → *value*

요소 대입 연산자. value로 주어진 값을 key에 결합한다. key는 키로 사용하는 동안에는 그 값을 변경하지 않는다(키로 전달하는 String은 복제해서 얼려진다).

```
h = { "a" => 100, "b" => 200 }
h["a"] = 9
h["c"] = 4
h            # => {"a"=>9, "b"=>200, "c"=>4}
```

assoc	*hsh*.assoc(*key*) → [*key, val*] or nil

2 요소의 배열 [key, hsh[key]]를 반환한다. key가 해시 내에 존재하지 않는다면 nil을 반환한다.

```
h = { "a" => 100, "b" => 200 } # => {"a"=>100, "b"=>200}
h.assoc("a")                    # => ["a", 100]
h.assoc("c")                    # => nil
```

clear	*hsh*.clear → *hsh*

hsh에서 모든 키/값 쌍을 제거한다.

```
h = { "a" => 100, "b" => 200 } # => {"a"=>100, "b"=>200}
h.clear                        # => {}
```

compare_by_identity	*hsh*.compare_by_identity → *hsh*

해시는 일반적으로 eql?을 사용해서 키를 검색한다. eql?은 두 객체가 같은 값을 가지고 있으면 true를 반환한다. compare_by_identity를 호출하면 두 개의 키가 같은 객체여야만 같다고 간주된다. 문자열 식은 평가될 때마다 문자열 객체를 새로 생성하기 때문에, 문자열을 키로 사용하면 (같은 값을 가진 문자열이라도 다른 객체로 취급되므로) 값을 꺼내오는 게 불가능해진다.

```
key = "key"
h = { key => 100, 99 => "ninety nine" }
h[key]    # => 100
h["key"]  # => 100
h[99]     # => "ninely nine"
h.compare_by_identity
h[key]    # => nil
h["key"]  # => nil
h[99]     # => "ninety nine"
```

compare_by_identity?	*hsh*.compare_by_identity? → *true* or *false*

hash의 키를 객체의 동일성으로 판단하는지 여부를 반환한다.

default	*hsh*.default(*key*=nil) → *obj*

기본값을 반환한다. 기본값이란 key가 hsh에 없을 때 hsh[key]를 호출하면 반환되는 값이다. Hash.new와 Hash#default=를 참조하라.

```
h = Hash.new                       # => {}
h.default                          # => nil
h.default(2)                       # => nil

h = Hash.new("cat")                # => {}
h.default                          # => "cat"
h.default(2)                       # => "cat"

h = Hash.new {|h,k| h[k] = k.to_i*10} # => {}
h.default                          # => nil
h.default(2)                       # => 20
```

---

default=   *hsh*.default = *obj* → *hsh*

해시에 키가 존재하지 않을 때 반환하는 기본값을 재설정한다. 기본값을 계산하

기 위해 proc을 사용하고자 한다면 Hash#default_proc=을 사용한다.

```
h = { "a" => 100, "b" => 200 }
h.default = "Go fish"
h["a"]   # => 100
h["z"]   # => "Go fish"
# 다음 코드는 원하는 대로 작동하지 않는다(default_proc= 참조).
h.default = lambda { |hash, key| hash[key] = key + key }
h[2]     # => #<Proc:0x007fb4ac063c50@prog.rb:6 (lambda)>
h["cat"] # => #<Proc:0x007fb4ac063c50@prog.rb:6 (lambda)>
```

---

default_proc   *hsh*.default_proc → *obj* or nil

Hash.new에 블록을 넘겨준 그 블록을 반환한다. 그렇지 않으면 nil을 반환한다.

```
h = Hash.new {|h,k| h[k] = k*k } # => {}
p = h.default_proc               # => #<Proc:0x007f91311048d8@prog.rb:1>
a = []                           # => []
p.call(a, 2)
a                                # => [nil, nil, 4]
```

---

default_proc=   *hsh*.default_proc = *proc* → *proc* or nil

존재하지 않는 키로 해시에 접근할 때 반환되는 값을 계산하는 proc을 설정한

다. nil을 넘기면 기본 proc은 삭제된다.

```
h = { "a" => 100, "b" => 200 }
h.default = "Go fish"
h["a"]   # => 100
h["z"]   # => "Go fish"
h.default_proc = lambda { |hash, key| hash[key] = key + key }
h[2]     # => 4
h["cat"] # => "catcat"
```

---

delete   *hsh*.delete (*key*) → *value*
                                                hsh.delete (*key*) { |key| … } → *value*

hsh에서 키가 key인 엔트리를 삭제하고 그 값을 반환한다. key가 존재하지 않

는다면 nil을 반환한다. 선택적으로 블록을 넘겨주면 key를 찾을 수 없을 때 그

key를 블록에 넘겨 평가한 결과를 반환한다.

```
h = { "a" => 100, "b" => 200 }
h.delete("a")                      # => 100
h.delete("z")                      # => nil
h.delete("z") {|el| "#{el} not found" } # => "z not found"
```

delete_if   *hsh*.delete_if 〈{ |key, value| … }〉 → *hsh* or *enumerator*

블록을 평가한 결과가 true가 되는 모든 키/값 쌍을 삭제한다. 블록이 주어지지
않으면 Enumerator 객체를 반환한다.

```
h = { "a" => 100, "b" => 200, "c" => 300 }
h.delete_if {|key, value| key >= "b" } # => {"a"=>100}
```

---

each   *hsh*.each { |key, value| … } → *hsh*

hsh의 키 각각에 대해 블록을 한 번씩 호출하는데, 키와 값을 매개 변수로 넘
긴다.

```
h = { "a" => 100, "b" => 200 }
h.each {|key, value| puts "#{key} is #{value}" }
```

실행 결과:

```
a is 100
b is 200
```

---

each_key   *hsh*.each_key { |key| … } → *hsh*

hsh의 키 각각에 대해 블록을 한 번씩 호출하는데, 키를 매개 변수로 넘긴다.

```
h = { "a" => 100, "b" => 200 }
h.each_key {|key| puts key }
```

실행 결과:

```
a
b
```

---

each_pair   *hsh*.each_pair { |key, value| … } → *hsh*

Hash#each와 같다.

---

each_value   *hsh*.each_value { |value| … } → *hsh*

hsh의 키 각각에 대해 블록을 한 번씩 호출하는데, 값을 매개 변수로 넘긴다.

```
h = { "a" => 100, "b" => 200 }
h.each_value {|value| puts value }
```

실행 결과:

```
100
200
```

---

empty?   *hsh*.empty? → *true* or *false*

hsh에 키/값 쌍이 하나도 없다면 true를 반환한다.

```
{}.empty? # => true
```

fetch

hsh.fetch(*key* ‹, *default*›) → *obj*
hsh.fetch(*key*) { |key| ··· } → *obj*

해시에서 주어진 키에 대한 값을 반환한다. 키를 찾을 수 없을 경우에는 몇 가지 선택지가 있다. 매개 변수 없이 호출한 경우에는 IndexError 예외를 발생시킨다. default 값이 주어지면 이 값을 반환한다. 선택적인 코드 블록이 주어지면, 이 블록을 실행하고 그 결과를 반환한다. fetch에서는 해시를 만들 때 제공한 기본값을 사용하지 않는다. 단지 해시의 키들만 검색할 뿐이다.

```
h = { "a" => 100, "b" => 200 }
h.fetch("a")                      # => 100
h.fetch("z", "go fish")           # => "go fish"
h.fetch("z") {|el| "go fish, #{el}"} # => "go fish, z"
```

다음 예제는 키를 찾을 수 없고, 기본값이 주어지지 않았을 때의 실행 결과다.

```
h = { "a" => 100, "b" => 200 }
h.fetch("z")
```

실행 결과:
```
from prog.rb:2:in `<main>'
prog.rb:2:in `fetch': key not found: "z" (KeyError)
```

flatten

hsh.flatten(*depth* = 1) → *an_array*

hsh를 배열로 변환하고 그 결과 배열에 대해 Array#flatten!을 호출한 결과를 반환한다.

```
h = { feline: [ "felix", "tom" ], equine: "ed" }
h.flatten    # => [:feline, ["felix", "tom"], :equine, "ed"]
h.flatten(1) # => [:feline, ["felix", "tom"], :equine, "ed"]
h.flatten(2) # => [:feline, "felix", "tom", :equine, "ed"]
```

has_key?

hsh.has_key?(*key*) → *true* or *false*

주어진 key가 존재하면 true를 반환한다.

```
h = { "a" => 100, "b" => 200 }
h.has_key?("a") # => true
h.has_key?("z") # => false
```

has_value?

hsh.has_value?(*value*) → *true* or *false*

주어진 값이 hsh에 존재하면 true를 반환한다.

```
h = { "a" => 100, "b" => 200 }
h.has_value?(100) # => true
h.has_value?(999) # => false
```

include?

hsh.include?(*key*) → *true* or *false*

Hash#has_key?와 같다.

index

hsh.index(*value*) → *key*

비권장 메서드다. Hash#key를 대신 사용하라.

invert

hsh.invert → *other_hash*

hsh의 키는 값으로, 값은 키로 바꾼 새로운 해시를 반환한다. hsh에 중복된 값이 있으면 둘 중 하나가 키가 된다. 어느 것이 선택될지는 알 수 없다.

```
h = { "n" => 100, "m" => 100, "y" => 300, "d" => 200, "a" => 0 }
h.invert # => {100=>"m", 300=>"y", 200=>"d", 0=>"a"}
```

keep_if

hsh.keep_if { |key, value| … } → *hsh* or *enumerator*

block을 평가한 결과가 false가 되는 모든 요소를 삭제한다(Enumerable#select와 Hash.select! 참조). 블록이 주어지지 않으면 Enumerator 객체를 반환한다.

```
a = { a: 1, b: 2, c: 3}
a.keep_if {|key, value| key =~ /[bc]/ } # => {:b=>2, :c=>3}
a                                        # => {:b=>2, :c=>3}
a.keep_if {|key, value| value.odd? }     # => {:c=>3}
a                                        # => {:c=>3}
```

key

hsh.key(*value*) → *key* or nil

value값을 가지는 첫 번째 키를 반환한다.

```
h = { a: 100, b: 200, c: 100 }
h.key(100) # => :a
h.key(200) # => :b
h.key(300) # => nil
```

key?

hsh.key?(*key*) → *true* or *false*

Hash#has_key?와 같다.

keys

hsh.keys → *array*

이 해시의 모든 키를 요소로 하는 배열을 반환한다. Hash#values를 참조하라.

```
h = { "a" => 100, "b" => 200, "c" => 300, "d" => 400 }
h.keys # => ["a", "b", "c", "d"]
```

length

hsh.length → *fixnum*

해시에 있는 키/값 쌍의 수를 반환한다.

```
h = { "d" => 100, "a" => 200, "v" => 300, "e" => 400 }
h.length       # => 4
h.delete("a") # => 200
h.length       # => 3
```

member?

hsh.member?(*key*) → *true* or *false*

Hash#has_key?와 같다.

merge

hsh.merge($other\_hash$) → $result\_hash$
hsh.merge($other\_hash$) { | key, old_val, new_val | ··· } → $result\_hash$

other_hash의 내용과 hsh의 내용을 포함하는 새로운 해시를 반환한다. 블록이 주어지지 않으면 other_hash의 값으로 hsh에 중복된 키를 덮어쓴다. 블록이 주어지면 두 개의 해시에서 중복된 키와 값으로 이 블록을 호출한다. 그리고 블록에서 반환하는 값을 새로운 해시에 저장한다.

```
h1 = { "a" => 100, "b" => 200 }
h2 = { "b" => 254, "c" => 300 }
h1.merge(h2)           # => {"a"=>100, "b"=>254, "c"=>300}
h1.merge(h2) {|k,o,n| o} # => {"a"=>100, "b"=>200, "c"=>300}
h1                     # => {"a"=>100, "b"=>200}
```

merge!

hsh.merge!($other\_hash$) → hsh
hsh.merge!($other\_hash$) { | key, old_val, new_val | ··· } → hsh

hsh의 값을 직접 변경하는 것을 제외하면 Hash#merge와 같다.

```
h1 = { "a" => 100, "b" => 200 }
h2 = { "b" => 254, "c" => 300 }
h1.merge!(h2) # => {"a"=>100, "b"=>254, "c"=>300}
h1            # => {"a"=>100, "b"=>254, "c"=>300}
```

rassoc

hsh.rassoc(val) → [key, val] or nil

hsh에서 그 값이 val인 요소를 찾아 그 키와 값으로 구성된 배열을 반환한다. 해당하는 값이 해시에 없다면 nil을 반환한다.

```
h = { "a" => 100, "b" => 200, "c" => 100 }
h.rassoc(100) # => ["a", 100]
h.rassoc(200) # => ["b", 200]
```

rehash

hsh.rehash → hsh

키에 대한 현재 해시값에 기반을 두고 해시를 다시 빌드한다. 삽입한 이후에 키 객체의 값이 변했다면 이 메서드가 hsh를 다시 색인할 것이다. 반복자가 해시를 탐색하고 있을 때 Hash#rehash를 호출한다면 반복자에서 IndexError 예외를 발생시킨다.

```
a = [ "a", "b" ]
c = [ "c", "d" ]
h = { a => 100, c => 300 }
h[a]      # => 100
a[0] = "z"
h[a]      # => nil
h.rehash # => {["z", "b"]=>100, ["c", "d"]=>300}
h[a]      # => 100
```

reject

hsh.reject { | key, value | ··· } → $hash$

hsh를 복사해서 사용하고 그 결과를 반환한다는 점을 제외하면 Hash#delete와 같다. hsh.dup.delete_if와 같다.

Hash

reject!

hsh.reject! ⟨{ | key, value| ··· }⟩ → *hsh* or *enumerator*

reject를 실행한 결과가 hsh와 같을 때 nil을 반환하는 점을 제외하면 Hash#delete와 같다. 블록을 넘겨받지 않으면 Enumerator 객체를 반환한다.

replace

hsh.replace(*other_hash*) → *hsh*

hsh의 내용을 other_hash로 바꾼다.

```
h = { "a" => 100, "b" => 200 }
h.replace({ "c" => 300, "d" => 400 }) # => {"c"=>300, "d"=>400}
```

select

hsh.select { |key, value| ··· } → *hash*

블록을 평가한 결과가 true를 반환하는 [key, value] 쌍을 포함하는 해시를 반환한다. Hash#values_at을 참조하라(루비 1.8에서 이 메서드는 배열의 배열을 반환했다).

```
h = { "a" => 100, "b" => 200, "c" => 300 }
h.select {|k,v| k > "a"} # => {"b"=>200, "c"=>300}
h.select {|k,v| v < 200} # => {"a"=>100}
```

select!

hsh.select! { |key, value| ··· } → *hsh*, nil, or *enumerator*

블록을 평가한 결과가 false가 되는 값들을 배열에서 삭제한다(Enumerable# select와 Hash#keep_if 참조). 블록이 주어지지 않으면 Enumerator를 반환하고, 처리한 결과가 처리하기 전과 같으면 nil을 반환한다. 그렇지 않으면 hsh를 반환한다.

```
a = { a: 1, b:2, c: 3}
a.select! {|key, value| value < 2 } # => {:a=>1}
a                                   # => {:a=>1}
a.select! {|key, value| value < 3 } # => nil
a                                   # => {:a=>1}
```

shift

hsh.shift → *array* or nil

hsh에서 키/값 쌍을 하나 제기히고 제거된 키/값 쌍을 배열로 반환한다. 해시가 비어 있다면 기본값을 반환하거나 기본 proc을 수행하거나(이때 키는 nil), nil을 반환한다.

```
h = { 1 => "a", 2 => "b", 3 => "c" }
h.shift # => [1, "a"]
h       # => {2=>"b", 3=>"c"}
```

size

hsh.size → *fixnum*

Hash#length와 같다.

sort	hsh.sort → $array$
	hsh.sort { |a, b| … } → $array$

hsh를 [key, value]를 요소로 하는 중첩된 배열로 변환하고 Array#sort를 사용해서 정렬한다(엄밀히 말하자면 Enumerable의 sort 메서드와 같다. 여기에 문서화되어 있는 이유는 정렬된 결괏값이 다른 타입의 객체라는 게 특이하기 때문이다).

```
h = { "a" => 20, "b" => 30, "c" => 10 }
h.sort                  # => [["a", 20], ["b", 30], ["c", 10]]
h.sort {|a,b| a[1]<=>b[1] } # => [["c", 10], ["a", 20], ["b", 30]]
```

store	hsh.store($key, value$) → $value$

요소 대입 연산자 Hash#[]=와 같다.

to_a	hsh.to_a → $array$

hsh를 [key, value]로 중첩된 배열로 반환한다.

```
h = { "c" => 300, "a" => 100, "d" => 400, "c" => 300 }
h.to_a # => [["c", 300], ["a", 100], ["d", 400]]
```

to_h	hsh.to_h → hsh

해시를 반환한다. 수신자가 hash의 하위 클래스라면 Hash로 변환한다.

to_hash	hsh.to_hash → hsh

433쪽을 참조하라.

to_s	hsh.to_s → $string$

hsh를 문자열 표현으로 반환한다. 먼저 해시를 [key, value] 쌍의 배열로 변환하고 나서 그 배열을 기본 구분자가 있는 Array#join을 이용해 문자열로 변환한다.

```
h = { "c" => 300, "a" => 100, "d" => 400, "c" => 300 }
h.to_s    # => "{\"c\"=>300, \"a\"=>100, \"d\"=>400}"
```

update	hsh.update($other\_hash$) → hsh
	hsh.update($other\_hash$) { |key, old_val, new_val| … } → hsh

Hash#merge!와 같다.

value?	hsh.value?($value$) → $true$ or $false$

Hash#has_value?와 같다.

values	*hsh*.values → *array*

hsh의 값들을 이용해 배열을 만들어 반환한다. Hash#keys를 참조하라.

```
h = { "a" => 100, "b" => 200, "c" => 300 }
h.values # => [100, 200, 300]
```

values_at	*hsh*.values_at(⟨ *key* ⟩⁺) → *array*

주어진 키(들)에 대한 값들로 이루어진 배열을 반환한다. 키를 찾을 수 없다면

기본값을 추가할 것이다.

```
h = { "a" => 100, "b" => 200, "c" => 300 }
h.values_at("a", "c")      # => [100, 300]
h.values_at("a", "c", "z") # => [100, 300, nil]
h.default = "cat"
h.values_at("a", "c", "z") # => [100, 300, "cat"]
```

클래스 **Integer** < Numeric

하위 클래스: Bignum, Fixnum

Integer는 모든 정수 숫자의 저장을 담당하는 Bignum과 Fixnum이라는 두 가지 실제 클래스를 위한 기반 클래스다.

인스턴스 메서드

ceil *int*.ceil → *integer*

Integer#to_i와 같다.

---

chr *int*.chr → *string*
int.chr(*encoding*) → *string*

수신자의 값이 나타내는 문자를 반환한다. int 값이 128보다 작을 때는 항상 아스키를 반환한다. 128보다 큰 값의 문자열 표현을 결정하는 인코딩은 매개 변수를 통해 지정할 수 있다.

```
65.chr                 # => "A"
?a.chr                 # => "a"
233.chr                # => "\xE9"
233.chr(Encoding::UTF_8) # => "é"
```

---

denominator *int*.denominator → *integer*

int를 유리수로 표현할 때 분모를 반환한다.

```
1.denominator   # => 1
1.5.denominator # => 2
num = 1.0/3
num.to_r        # => (6004799503160661/18014398509481984)
num.denominator # => 18014398509481984
```

---

downto *int*.downto(*integer*) { |*i*| ··· } → *int*

int부터 integer까지 숫자를 감소시킨다(경계 포함). 그리고 이 값을 매개 변수로 주어진 블록을 반복한다.

```
5.downto(1) {|n| print n, ".. " }
print " Liftoff!\n"
```

실행 결과:

```
5.. 4.. 3.. 2.. 1.. Liftoff!
```

---

even? *int*.even? → *true* or *false*

int가 짝수면 true를 반환한다.

```
1.even? # => false
2.even? # => true
```

Integer

floor

int.floor → *integer*

int와 같거나 작은 정수 중 가장 큰 값을 반환한다. Integer#to_i와 같다.

```
1.floor    # => 1
(-1).floor # => -1
```

gcd

int.gcd (*other_integer*) → *integer*

int와 other_integer의 최대공약수를 반환한다.

```
10.gcd(15) # => 5
10.gcd(16) # => 2
10.gcd(17) # => 1
```

gcdlcm

int.gcdlcm (*other_integer*) → [*gcd, lcm*]

int와 other_integer의 최대공약수와 최소공배수를 반환한다.

```
10.gcdlcm(15) # => [5, 30]
10.gcdlcm(16) # => [2, 80]
10.gcdlcm(17) # => [1, 170]
```

integer?

int.integer? → true

항상 true를 반환한다.

lcm

int.lcm (*other_integer*) → *integer*

int와 other_integer의 최소공배수를 반환한다.

```
10.lcm(15) # => 30
10.lcm(20) # => 20
10.lcm(-2) # => 10
```

next

int.next → *integer*

int + 1을 반환한다.

```
1.next    # => 2
(-1).next # => 0
```

numerator

int.numerator → *integer*

int를 유리수로 표현했을 때 분자를 반환한다.

```
1.numerator   # => 1
1.5.numerator # => 3
num = 1.0/3
num.to_r      # => (6004799503160661/18014398509481984)
num.numerator # => 6004799503160661
```

odd?

int.odd? → *true* or *false*

int가 홀수면 true를 반환한다.

```
1.odd? # => true
2.odd? # => false
```

ord   *int*.ord → *int*

ord 메서드는 루비 1.8에서 1.9로 넘어가는 것을 도와주기 위해 만들어졌다. 이를 통해 ?A.ord를 평가했을 때 65가 반환된다. ?A가 문자열을 반환할 때는 ord가 그 문자열에 대해 호출되고 65를 반환한다. ?A가 정수를 반환할 때는 Numeric#ord가 호출되며 추가적으로 아무런 행동도 하지 않는다.

pred   *int*.pred → *integer*

int - 1을 반환한다.

rationalize   *int*.rationalize (*eps* = nil) → *rational*

유리수 int/1을 반환한다. 인자는 무시된다. integer.to_r과 같다.

```
99.rationalize # => (99/1)
-12345678.rationalize(99) # => (-12345678/1)
```

round   *int*.round → *integer*

Integer#to_i와 같다.

succ   *int*.succ → *integer*

Integer#next와 같다.

times   *int*.times { |i| ⋯ } → *int*

블록을 int번 반복한다. 블록에는 0부터 int-1까지의 값이 전달된다.

```
5.times do |i|
  print i, " "
end
```

실행 결과:
```
0 1 2 3 4
```

to_i   *int*.to_i → *int*

int를 반환한다.

to_int   *int*.to_int → *integer*

Integer#to_i와 같다.

to_r   *int*.to_r → *number*

int를 유리수로 변환한다.

```
1.to_r # => 1/1
-1.to_r # => -1/1
```

truncate   *int*.truncate → *integer*

Integer#to_i와 같다.

upto   *int*.upto (*integer*) { |i| ··· } → *int*

int부터 integer까지 숫자를 증가시킨다(경계 포함). 그리고 이 값을 매개 변수로
블록을 반복한다.

```
5.upto(10) {|i| print i, " " }
```

실행 결과:

```
5 6 7 8 9 10
```

클래스 **IO** < Object

하위 클래스: File

IO 클래스는 루비에서 모든 입출력의 기본이 된다. I/O 스트림은 듀플렉스 (duplex, 양방향)일 수 있으므로 네이티브 운영 체제 스트림을 여러 개 사용하기도 한다.

이 절의 예제의 많은 부분에서 IO의 유일한 표준 하위 클래스인 File 클래스를 사용한다. File 클래스와 IO 클래스는 밀접하게 연관되어 있다.

이 절에서 사용하는 portname은 다음 중 하나의 형식을 가진다.

* 운영 체제에서 사용할 수 있는 파일 이름을 표현한 일반 문자열
* |로 시작하는 문자열은 하위 프로세스를 나타낸다. 문자열에 | 다음에 오는 부분으로 프로세스를 실행하고, 그 프로세스와 연결된 적당한 입출력 채널을 만든다.
* |-와 같은 문자열은 또 다른 루비 인스턴스를 하위 프로세스로 만든다.

IO 클래스는 유닉스의 파일 기술자(fd) 개념을 사용한다. 즉, 파일 기술자가 열린 파일을 나타내는 작은 정수다. 관례적으로 표준 입력의 fd는 0이고, 표준 출력은 1 그리고 표준 에러는 2이다.

루비는 가능하다면 서로 다른 운영 체제 관례에 따라서 경로명을 반환하려고 한다. 예를 들어 파일 이름 /gumby/ruby/test.rb는 윈도 시스템에서 \gumby\ruby\test.rb로 열릴 것이다. 윈도 형식을 따르는 파일 이름을 큰따옴표로 묶는 루비 문자열로 나타낼 때는, 역슬래시를 이스케이프해야 함을 기억하자.

```
"c:\\gumby\\ruby\\test.rb"
```

여기 예제에서는 유닉스 형식의 슬래시를 사용할 것이다. 플랫폼에 적합한 구분자 문자를 알고자 한다면 File::SEPARATOR를 사용할 수 있다.

I/O 포트를 열 때는 여러 가지 모드 중 하나를 이용할 것이다. 이 절의 modestring은 이를 의미하는 모드 문자열이다. modestring은 표 16(595쪽)에서 나열한 값 중 하나여야 한다. 루비 1.9부터 모드에는 포트에 관련된 데이터의 내부 인코딩과 외부 인코딩에 관한 정보도 포함할 수 있게 되었다. 외부 인코딩을 지정하면 이를 운영 체제에서 사용하는 인코딩으로 인식한다. 내부 인코딩을 지정하지 않으면 포트에서 읽어온 문자열에도 외부 인코딩이 적용된다. 내부 인코딩을 지정하면 외부 인코딩이 내부 인코딩으로 변환되어 그 내부 인코딩이 적용된다. 출력시에는 거꾸로 이루어진다.

오

믹스인

Enumerable: all?, any?, chunk, collect, collect_concat, count, cycle, detect, drop, drop_while, each_cons, each_entry, each_slice, each_with_index, each_with_object, entries, find, find_all, find_index, first, flat_map, grep, group_by, include?, inject, lazy, map, max, max_by, member?, min, min_by, minmax, minmax_by, none?, one?, partition, reduce, reject, reverse_each, select, slice_before, sort, sort_by, take, take_while, to_a, zip

클래스 메서드

binread   IO.binread(*name* ⟨, *length* ⟨, offset⟩⟩) → *string*

name을 모드 rb:ASCII-8BIT로 열어 offset부터 시작해서 length 바이트만큼 읽어온 다음 파일을 닫는다. 읽은 바이트는 ASCII-8BIT 인코딩이 사용된 문자열로 반환된다. offset의 기본값은 0이고 length의 기본값은 offset에서 파일의 끝까지 바이트 수다.

```
IO.binread("testfile", 20)     # => "This is line one\nThi"
IO.binread("testfile", 20, 20) # => "s is line two\nThis i"
str = IO.binread("testfile")
str.encoding                   # => #<Encoding:ASCII-8BIT>
str1 = IO.read("testfile")
str1.encoding                  # => #<Encoding:UTF-8>
```

binwrite   IO.binwrite(*portname, string* ⟨, *offset*⟩ ⟨, *options*⟩) → *int*

파일을 쓰기 위해 wb:ASCII-8BIT 모드로 열고 offset에서부터 string을 써나간다. 기록한 바이트 수를 반환한다. offset이 주어지지 않으면 쓰기 작업 전에, 파일은 잘려나간다.

options에는 파일 쓰기를 위해 open이 호출될 때 사용할 선택적인 해시가 주어질 수 있다. IO.foreach를 참조하라.

copy_stream   IO.copy_stream(*from, to* ⟨, *max_length* ⟨, offset⟩⟩) → *integer*

from을 to에 복사한다. 파일 이름들이나 I/O 스트림으로 지정할 수 있다. 또한 선택적으로 복사를 시작하는 offset과 최대 길이를 지정할 수 있다. 복사된 바이트 길이를 반환한다.

```
IO.copy_stream("testfile", "newfile", 10, 10)
ip = File.open("/etc/passwd")
op = File.open("extract", "w")
op.puts "First 20 characters of /etc/passwd"
IO.copy_stream(ip, op, 20)
op.puts "\nEnd of extract"
op.close
puts File.readlines("extract")
```

실행 결과:
```
First 20 characters of /etc/passwd
##
# User Database
#
End of extract
```

for_fd IO.for_fd (*int, mode*) → *io*

IO.new의 별칭

foreach IO.foreach (*portname, separator*=$/ ⟨, *options*⟩) { |line| ⋯ } → nil
IO.foreach (*portname, limit* ⟨, *options*⟩) { |line| ⋯ } → nil
IO.foreach (*portname, separator, limit* ⟨, *options*⟩) { |line| ⋯ } → nil

지정된 I/O 포트의 각 행에 대해 블록을 실행한다. 행은 separator로 구분한다. separator가 nil이면 전체 파일이 하나의 문자로 다뤄진다. limit 인자가 지정되어 있고 양의 값을 가지면, 각 반복에서 최대 limit 글자만큼만 가져온다. limit 인자가 지정되어 있고 음의 값을 가지면, 레코드 구분자를 찾을 때 인코딩이 무시되므로 성능을 향상시킬 수 있다.

```
IO.foreach("testfile") {|x| puts "GOT: #{x}" }
```

실행 결과:

```
GOT: This is line one
GOT: This is line two
GOT: This is line three
GOT: And so on...
```

options 매개 변수는 read에 의해 호출되는 open에 매개 변수를 넘길 때 사용하는 해시 매개 변수다. options에는 다음 값들을 하나나 그 이상 지정할 수 있다.

encoding:	문자열 인코딩을 "external"이나 "external:internal" 형식으로 지정할 수 있다.
mode:	파일을 열 때 사용하는 모드를 나타내는 문자열
open_args:	open에 넘기는 인자가 저장되는 배열. 이 옵션을 지정하면 다른 옵션은 무시된다.

```
IO.foreach("testfile", nil, mode: "rb", encoding: "ascii-8bit") do |content|
  puts content.encoding
end
IO.foreach("testfile", nil, open_args: ["r:iso-8859-1"]) do |content|
  puts content.encoding
end
```

실행 결과:

```
ASCII-8BIT
ISO-8859-1
```

new IO.new (*integer_fd, mode*="r" ⟨, *options*⟩) → *io*

주어진 정수 파일 기술자와 모드 문자열로 새로운 IO 객체(스트림)를 만들어 반환한다. mode와 options는 File.new용으로 사용될 수 있다(표 16(595쪽)과 표 17(596쪽) 참조). IO#fileno와 IO.for_fd도 참조하라.

```
a = IO.new(2, "w") # '2'는 표준 에러를 의미한다.
STDERR.puts "Hello"
a.puts "World"
```

IO

실행 결과:

```
Hello
World
```

```
# encoding: utf-8
b = IO.new(2, mode: "w", encoding: "utf-8", crlf_newline: true)
b.puts "olé"
```

실행 결과:

```
olé
```

---

open

$$IO.open (\langle args \rangle^{+}) \rightarrow io$$
$$IO.open (\langle args \rangle^{+}) \{ |io| \cdots \} \rightarrow obj$$

IO.open은 새로운 IO 객체를 만든다. 객체를 만들 때 IO 객체의 initialize 메서드에 args를 넘겨준다. 블록이 없으면 단순히 객체를 반환한다. 블록이 주어지면 IO 객체를 블록에 넘겨준다. 블록이 끝나면(예외가 발생하거나 프로그램 종료를 포함해) io 객체는 자동으로 종료된다. 블록이 있으면 IO.open 블록의 평가 결과를 반환한다. 다음과 같이 사용할 수 있다.

```
class IO
  def open(*args)
    file = return_value = self.new(*args)
    begin
      return_value = yield(file)
    ensure
      file.close
    end if block_given?
    return_value
  end
end
```

생성자의 매개 변수가 달라지긴 하지만, File과 같은 IO 클래스의 서브 클래스에서도 open을 사용할 수 있다. File.open(...)은 IO 클래스의 생성자가 아니라, File 클래스의 생성자를 호출한다.

```
IO.open(1, "w") do |io|
  io.puts "Writing to stdout"
end
```

실행 결과:

```
Writing to stdout
```

```
File.open("testfile", mode: "r", encoding: "utf-8") do |f|
  puts f.read
end
```

실행 결과:

```
This is line one
This is line two
This is line three
And so on...
```

pipe	IO.pipe → [*read_io, write_io*]
IO.pipe (*encoding_string* 〈, *encoding_options*〉) → [*read_io, write_io*]
IO.pipe (*external, internal* 〈, *encoding_options*〉) → [*read_io, write_io*]
IO.pipe (… as above …) { |read_io, write_io| ⋯ }

서로 연결된 파이프 단말 짝을 만들어 IO 객체인 요소 두 개짜리 배열 [read_file, write_file]로 반환한다. write_io는 자동으로 동기 모드가 된다. 사용할 수 없는 플랫폼도 있다.

파이프(pipe)를 위한 인코딩을 문자열로 지정하거나("external"이나 "external:internal" 형식으로) 외부 인코딩과 내부 인코딩을 문자열이나 인코딩 객체로 각각 지정할 수 있다. 외부 인코딩과 내부 인코딩이 모두 지정되었으면 encoding_options 매개 변수에는 변환 옵션을 지정할 수 있다(표 22(781쪽) 참조).

블록이 주어지지 않으면 두 I/O 객체를 반환한다. 이 객체들이 열려 있다면 블록의 끝에서 종료된다.

다음 예제에서는 두 개의 프로세스에서 먼저 자신이 사용하지 않는 파이프 단말을 닫는다. 이는 단순히 보기 좋게 보이려는 의도이지는 않다. 만일 쓰는 쪽에서 파이프를 여전히 열어둔 상태라면 파이프의 읽는 쪽 단말은 파일의 끝(EOF)을 감지하는 조건을 만들 수 없게 된다. 이 예제에서 wr.close를 먼저 수행하지 않는다면, 부모 프로세스의 rd.read는 결코 끝나지 않을 것이다.

```
IO.pipe do |rd, wr|
  if fork
    wr.close
    puts "Parent got: <#{rd.read}>"
    rd.close
    Process.wait
  else
    rd.close
    puts "Sending message to parent"
    wr.write "Hi Dad"
    wr.close
  end
end
```

실행 결과:
```
Sending message to parent
Parent got: <Hi Dad>
```

popen	IO.popen (*cmd, mode*="r") → *io*
IO.popen (*cmd, mode*="r") { |io| ⋯ } → *obj*

특정 명령 문자열을 하위 프로세스로 실행한다. 그리고 하위 프로세스의 표준 입력과 출력을 반환되는 IO 객체에 연결한다. 매개 변수 cmd에는 문자열이나 문자열의 배열이 올 수 있다. 후자의 경우에는 배열이 새로운 프로세스의 argv 매개 변수로 사용될 것이며, 문자열에 대해서는 특별한 셀 처리를 하지 않을 것이

다. 더욱이 배열이 해시로 시작한다면 이 해시의 내용을 서브 프로세스의 환경 변수로 사용한다. 배열이 해시로 끝나면 이 해시가 서브 프로세스의 실행 옵션으로 사용된다. 자세한 내용은 Object#spawn을 참조하라. cmd가 문자열이라면 셸 확장을 수행한다. cmd 문자열이 마이너스 부호(-)로 시작하고 운영 체제에서 fork(2)를 지원한다면, 현재 루비 프로세스를 포크할 것이다. 새로운 파일 객체의 기본 모드는 r이지만, 다른 모드를 지정할 수도 있다(표 16(595쪽) 참고).

블록이 주어지면 루비는 명령어를 루비와 파이프로 연결된 자식 프로세스로 실행한다. 그리고 루비 쪽 파이프를 블록에 매개 변수로 전달한다. 이 경우 IO.popen은 블록을 평가한 값을 반환한다.

cmd가 '-'이고 블록이 주어지면, 블록은 두 개의 서로 다른 프로세스에서 실행될 것이다. 즉, 하나는 부모가 되고 나머지 하나는 자식이 된다. 부모 프로세스에는 블록 매개 변수로 파이프 객체가 전달되고, 자식 프로세스 블록에는 nil이 전달된다. 그리고 자식의 표준 입력과 표준 출력은 부모와 이 파이프를 통해 연결될 것이다. 사용할 수 없는 플랫폼도 있다. Open3 라이브러리(891쪽)와 Object#exec(717쪽)를 참조하라.

```
pipe = IO.popen("uname")
p(pipe.readlines)
puts "Parent is #{Process.pid}"
IO.popen("date") {|pipe| puts pipe.gets }
IO.popen("-") {|pipe| STDERR.puts "#{Process.pid} is here, pipe=#{pipe}" }
Process.waitall
```

실행 결과:

```
["Darwin\n"]
Parent is 52566
Thu Nov 14 16:32:04 CST 2013
52566 is here, pipe=#<IO:0x007fb2eb863a58>
52569 is here, pipe=
```

다음 예제는 루비 1.9 옵션을 사용해 표준 에러 출력과 표준 출력을 하나의 스트림으로 합성하고 있다. 버퍼를 사용하므로 에러 출력 다음에 표준 출력이 출력된다.

```
pipe = IO.popen([ "bc", { STDERR => STDOUT }], "r+" )
pipe.puts '1 + 3; bad_function()'
pipe.close_write
puts pipe.readlines
```

실행 결과:

```
Runtime error (func=(main), adr=8): Function bad_function not defined.
4
```

---

read   IO.read(*portname*, ⟨*length* = $/ ⟨, *offset*⟩⟩ ⟨, *options*⟩) → *string*

파일을 열고 선택적으로 주어진 offset을 찾아서 length 바이트를 반환한다(기본값은 파일의 나머지 부분 전부). read는 반환하기 전에 파일이 닫힌다는 것을 보장한다.

options는 read에서 호출되는 open에 매개 변수를 전달할 때 사용되는 해시다. 자세한 사항은 IO.foreach를 참조하라.

```
IO.read("testfile")          # => "This is line one\nThis is line two\nThis is
                             # .. line three\nAnd so on...\n"
IO.read("testfile", 20)      # => "This is line one\nThi"
IO.read("testfile", 20, 10)  # => "ne one\nThis is line "
```

---

readlines   IO.readlines(*portname, separator*=$/ ⟨, *options*⟩) → *array*
IO.readlines(*portname, limit* ⟨, *options*⟩) → *array*
IO.readlines(*portname, separator, limit* ⟨, *options*⟩) → *array*

---

portname에 명시된 파일 전체를 읽어서 각 줄을 배열로 반환한다. 각 줄은 separator를 통해 구분된다. separator가 nil이면 전체 파일은 하나의 문자열로 다뤄진다. limit 인자가 있고 양수이면 각 반복에서 최대 limit만큼의 문자만 반환된다. limit 인자가 있고 음수이면 레코드 구분자를 찾기 위한 인코딩이 무시되기 때문에 성능 향상을 기대할 수 있다. options는 read에서 호출되는 open에 매개 변수를 전달할 때 사용되는 해시다. 자세한 사항은 IO.foreach를 참조하라.

```
a = IO.readlines("testfile")
a[0]      # => "This is line one\n"
```

---

select   IO.select(*read_array* ⟨, *write_array* ⟨, *error_array* ⟨, *timeout*⟩⟩⟩) → *array* or nil

---

Object#select(726쪽)를 참조하라.

---

sysopen   IO.sysopen(*path*, ⟨*mode* ⟨, *perm*⟩⟩) → *int*

주어진 path를 열고 열린 파일에 대한 파일 하위 파일 기술자를 Fixnum으로 반환한다.

```
IO.sysopen("testfile") # => 7
```

---

try_convert   IO.try_convert(*obj*) → *an_io* or nil

---

obj가 I/O 객체가 아니면 to_io 메서드를 호출해 I/O 객체로 변환한다. 배열로 변환할 수 없다면 nil을 반환한다.

```
class SillyIOobject
  def to_io
    STDOUT
  end
end
IO.try_convert(SillyIOobject.new) # => #<IO:<STDOUT>>
IO.try_convert("Shemp")           # => nil
```

IO

write

IO.write(*portname*, *string* ⟨, *offset*⟩ ⟨, *options*⟩) → *int*

파일을 쓰기 위해 열고 선택적으로 주어진 offset을 찾고 그 위치부터 string을 써나간다. 기록한 바이트 수를 반환한다. offset이 주어지지 않으면 쓰기 작업 전에 파일은 잘려나간다.

options는 read에서 호출되는 open에 매개 변수를 전달할 때 사용되는 해시다. 자세한 사항은 IO.foreach를 참조하라.

```
IO.write("somefile", "my string") # => 9
IO.read("somefile")               # => "my string"
IO.write("somefile", "adden", 1)  # => 5
IO.read("somefile")               # => "maddening"
```

인스턴스 메서드

<<

io ⟨⟨ *obj* → *io*

문자열 출력. obj를 io에 기록한다. obj는 to_s를 이용해 문자열로 변환될 것이다.

```
STDOUT << "Hello " << "world!\n"
```

실행 결과:

```
Hello world!
```

advise

io.advise(*advice*, *offset*=0, *length*=0) → *nil*

이 I/O 객체에 대한 접근 방법을 지정해 현재 운영 체제에 최적화된 방식으로 I/O 객체에 접근할 수 있도록 도와준다. 첫 번째 인자는 다음에 있는 심벌 중 하나를 지정할 수 있다.

두 번째와 세 번째 인자는 접근하고자 하는 파일을 지정한다. 기본값은 zero이며 이는 전체 파일을 의미한다. posix_fadvise(2) man 페이지를 참조하라.

:normal	특별한 접근 패턴을 지정하지 않는다.
:sequential	데이터를 순차적으로 읽는다.
:random	데이터를 랜덤한 순서로 읽는다.
:willneed	가까운 미래에 이 데이터를 사용한다.
:dontneed	가까운 미래에 이 데이터를 사용하지 않는다.
:noreuse	가까운 미래에 이 데이터는 재사용되지 않는다.

표 19. advise 메서드를 위한 advice 인자

autoclose=

io.autoclose = true or false → *io*

일반적으로 I/O 객체가 종료되면 해당하는 fd는 자동적으로 닫힌다. autoclose 속성을 false로 지정해 기본 행동을 변경할 수 있다. 이는 특정 fd에 접근하는 I/O

객체를 프로그램의 다른 곳에 열어서 사용하고, 다른 객체에 영향을 주지 않고자 할 때 유용하게 사용될 수 있다.

---

autoclose? *io*.autoclose? → true or false

autoclose 속성을 반환한다.

---

binmode *io*.binmode → *io*

io를 이진 모드로 전환한다. 파일을 열 때 이진 모드를 지정하고자 할 때는 모드 문자열에 'b'를 지정한다. 이진 모드는 파일에 지정된 인코딩으로는 읽을 수 없는 비트 시퀀스를 포함하는 파일을 읽거나 쓰기 위해 필요하다. 어떤 스트림이 이진 모드가 되면 다시 원래 모드로 되돌릴 수 없다.

---

binmode? *io*.binmode? → *true* or *false*

io 객체가 이진 모드이면 true를 반환한다.

```
f = File.open("/etc/passwd")
f.binmode? # => false
f = File.open("/etc/passwd", "rb:binary")
f.binmode? # => true
```

---

bytes *io*.bytes → *enumerator*

io의 바이트(문자열이 아닌)를 반복해서 처리하며 각 바이트를 정수로 반환하는 열거자를 반환한다. IO#getbyte를 참조하라. 루비 2.0에서 비추천 메서드가 되었다.

```
enum = File.open("testfile").bytes # => prog.rb:1: warning: IO#bytes is
                                    # .. deprecated; use #each_byte instead
enum.first(10)                      # => [84, 104, 105, 115, 32, 105, 115, 32,
                                    # .. 108, 105]
```

---

chars *io*.chars → *enumerator*

io의 문자들을 반복할 수 있는 열거자(enumerator)를 반환한다. 루비 2.0에서 비추천 메서드가 되었다.

```
enum = File.open("testfile").chars # => prog.rb:1: warning: IO#chars is
                                   # .. deprecated; use #each_char instead
enum.first(7)                      # => ["T", "h", "i", "s", " ", "i", "s"]
```

---

close *io*.close → nil

io 객체를 닫고 남아 있는 쓰기 작업이 있다면 운영 체제에 전부 플러시한다. 이 스트림에는 더 이상 데이터 작업을 할 수 없게 된다. 이 스트림에서 작업을 하려고 하면 IOError 예외를 발생시킨다. I/O 객체가 가비지 컬렉터에서 지워지면, 이 스트림도 자동으로 지워진다.

close_on_exec?   *io*.close_on_exec? → *true* or *false*

io의 close on exec 플래그의 상태를 반환한다. 플래그 상태를 가져올 수 없을
때는 NotImplemented 예외를 발생시킨다.

close_on_exec=   *io*.close_on_exec = *true* or *false* → nil

io에 close on exec 플래그를 지정한다. 지정에 실패하면 NotImplemented 예
외를 발생시킨다. 이 플래그가 지정된 I/O 객체는 exec()를 호출할 때 닫힌다.

close_read   *io*.close_read → nil

듀플렉스(duplex, 즉 읽기용 스트림과 쓰기용 스트림을 모두 가진 경우, 예를
들면 파이프) I/O 스트림에서 읽기 쪽을 닫는다. 스트림이 듀플렉스가 아니면
IOError 예외를 발생시킨다.

```
f = IO.popen("/bin/sh","r+")
f.close_read
f.readlines
```

실행 결과:
```
from prog.rb:3:in `<main>'
prog.rb:3:in `readlines': not opened for reading (IOError)
```

close_write   *io*.close_write → nil

듀플렉스(duplex, 즉 읽기용 스트림과 쓰기용 스트림을 모두 가진, 예를 들면 파
이프) I/O 스트림에서 쓰기 쪽을 닫는다. 스트림이 듀플렉스가 아니면 IOError
예외를 발생시킨다.

closed?   *io*.closed? → *true* or *false*

io가 완전히 닫혔다면 true를 반환한다. 듀플렉스 스트림이라면 읽기와 쓰기 모
두 닫혀 있어야 한다.

```
f = File.new("testfile")
f.close       # => nil
f.closed?     # => true
f = IO.popen("/bin/sh","r+")
f.close_write # => nil
f.closed?     # => false
f.close_read  # => nil
f.closed?     # => true
```

codepoints   *io*.codepoints { |codepoint| … } → *io*
                                                   io.codepoints → *enumerator*

IO#each_codepoint의 별칭. 루비 2.0에서 비추천 메서드가 되었다.

each　　　　　　　　　　　　　　　　　　*io*.each(*separator*=$/) { |line| ··· } → *io*
　　　　　　　　　　　　　　　　　　　　　io.each(*limit*) { |line| ··· } → *io*
　　　　　　　　　　　　　　　　　　　io.each(*separator*, *limit*) { |line| ··· } → *io*
　　　　　　　　　　　　　　　　　　　　　　　　io.each(*args*..) → *enum*

구분자로 나뉘는 io의 각 줄에 대해 각각 블록을 실행한다. separator가 nil이면 전체 파일은 하나의 문자열로 다뤄진다. limit 인자가 있고 양수이면 각 반복에서 최대 limit만큼의 문자만 반환된다. limit 인자가 있고 음수이면 레코드 구분자를 찾기 위한 인코딩이 무시되기 때문에 성능 향상을 기대할 수 있다. 블록을 넘겨받지 않으면 Enumerator 객체를 반환한다.

```
f = File.new("testfile")
f.each {|line| puts "#{f.lineno}: #{line}" }
```

실행 결과:

```
1: This is line one
2: This is line two
3: This is line three
4: And so on...
```

each_byte　　　　　　　　　　　　　　　　　*io*.each_byte { |byte| ··· } → nil
　　　　　　　　　　　　　　　　　　　　　　　io.each_byte → *enum*

io의 각 바이트(0에서 255 사이의 Fixnum)마다 주어진 블록을 호출하여 바이트를 매개 변수로 전달한다. io는 반드시 읽기용으로 열려 있어야 하며 그렇지 않으면 IOError 예외를 발생시킨다. 블록을 넘겨받지 않으면 Enumerator 객체를 반환한다.

```
f = File.new("testfile")
checksum = 0
f.each_byte {|x| checksum ^= x } # => #<File:testfile>
checksum                         # => 12
```

each_char　　　　　　　　　　　　　　　　　*io*.each_char { |char| ··· } → nil
　　　　　　　　　　　　　　　　　　　　　　　io.each_char → *enum*

io에서 1문자(길이 1인 문자열)씩 블록에 넘겨 반복한다. 스트림은 읽기용으로 열려 있어야 하며 그렇지 않으면 IOError 예외를 발생시킨다. 블록을 넘겨받지 않으면 Enumerator 객체를 반환한다.

```
f = File.new("testfile")
result = []
f.each_char {|ch| result << ch} # => #<File:testfile>
result[0, 5]                    # => ["T", "h", "i", "s", " "]
```

each_codepoint　　　　　　　　　　　*io*.each_codepoint { |codepoint| ··· } → *io*
　　　　　　　　　　　　　　　　　　　　　io.each_codepoint → *enumerator*

io의 코드포인트를 반복하고 각각을 정수로 반환한다. 블록이 주어지지 않으면 열거자를 반환한다.

IO

```
#encoding: utf-8
File.open("/tmp/testfile", "w:utf-8") { |f| f.puts "∂og" }
File.open("/tmp/testfile") do |f|
  f.each_codepoint { |codepoint| printf "%#X ", codepoint }
end
```

실행 결과:

```
0X2202 0X6F 0X67 0XA
```

---

each_line   *io*.each_line(...) { |line| ... } → *io*

IO#each의 별칭

---

eof   *io*.eof → *true* or *false*

io가 파일의 끝에 위치한다면 true를 반환한다. 스트림은 읽기 가능한 상태로 열려 있어야 하며 그렇지 않으면 IOError 예외를 발생시킨다.

```
f = File.open("testfile")
f.eof      # => false
dummy = f.readlines
f.eof      # => true
```

---

eof?   *io*.eof? → *true* or *false*

IO#eof의 별칭

---

external_encoding   *io*.external_encoding → *encoding*

I/O 객체의 외부 인코딩을 나타내는 인코딩 객체를 반환한다.

```
io = File.open("testfile", "r:utf-8:iso-8859-1")
io.external_encoding # => #<Encoding:UTF-8>
io.internal_encoding # => #<Encoding:ISO-8859-1>
```

---

fcntl   *io*.fcntl(*cmd, arg*) → *int*

파일 기반의 I/O 스트림을 제어하거나 질의하는 저수준 명령어를 실행할 수 있는 메커니즘을 제공한다. 커맨드(정수), 매개 변수, 결과는 모두 플랫폼에 종속적이다. arg가 숫자라면 이 값이 직접 넘겨진다. arg가 문자열이라면 바이트로 된 바이너리 시퀀스로 인식된다. 유닉스 기반 플랫폼에서는 fcntl(2)를 참조하라. Fcntl 모듈(862쪽)은 첫 번째 매개 변수에 대한 심벌 이름을 제공한다. 사용할 수 없는 플랫폼도 있다.

---

fdatasync   *io*.fdatasync → 0

운영 체제의 fdatasync(2)를 사용해 io와 관련된 버퍼된 모든 데이터를 기록한다. 운영 체제가 fdatasync(2)를 지원하지 않으면 예외를 발생시킨다.

fileno *io*.fileno → *int*

io의 파일 기술자를 나타내는 정수를 반환한다.

```
STDIN.fileno  # => 0
STDOUT.fileno # => 1
```

flush *io*.flush → *io*

io 안에 버퍼링된 데이터를 운영 체제에 모두 플러시한다(이는 루비의 내부 버퍼링만을 의미한다. 운영 체제 또한 버퍼를 가지고 있을 것이다).

```
STDOUT.print "no newline"
STDOUT.flush
```

실행 결과:
```
no newline
```

fsync *io*.fsync → 0 or nil

io에 버퍼링된 모든 데이터를 즉시 디스크에 기록한다. 운영 체제에서 fsync(2)를 지원하지 않으면 nil을 반환한다. fsync가 IO#sync와 다름을 인지하자. 후자는 루비의 버퍼에 있는 데이터를 플러시하기 위해 사용하며 운영 체제가 실제로 디스크에 쓰는지 여부는 보장하지 못한다.

getbyte *io*.getbyte → *fixnum* or nil

io에서 다음 8비트(0..255)를 얻어온다. 파일의 끝이라면 nil을 반환한다. IO#bytes를 참조하라.

```
file = File.open("testfile")
file.getbyte # => 84
file.getbyte # => 104
```

getc *io*.getc → *string* or nil

io에서 다음 글자를 읽어온다. 파일 끝에서 호출되면 nil을 반환한다.

```
f = File.new("testfile")
f.getc   # => "T"
f.getc   # => "h"
```

gets *io*.gets(*separator*=$/) → *string* or nil
io.gets(*limit*) → *string* or nil
io.gets(*separator, limit*) → *string* or nil

I/O 스트림의 다음 '행'을 읽어온다. 행은 separator에 의해 구분된다. 구분자가 nil이라면 전체 내용을 읽어오고, 구분자의 길이가 0이라면 한 번에 한 문단씩 읽는다(줄 바꿈이 두 번 이상 연속되면 새로운 문단으로 분리한다). limit 인자가 지정되어 있고 양의 값을 가지면, 각 반복에서 최대 limit 글자만큼만 가져온다.

limit 인자가 지정되어 있고 음의 값을 가지면, 레코드 구분자를 찾을 때 인코딩이 무시되므로 성능을 향상시킬 수 있다. 이렇게 읽은 줄을 반환하면서 $_에도 대입한다($_는 좋지 않은 방식으로 이후 사라질 수도 있다). 파일 끝에서 호출되면 nil을 반환한다.

```
file = File.new("testfile")
file.gets            # => "This is line one\n"
$_                   # => "This is line one\n"
file.gets(10)        # => "This is li"
file.gets("line")    # => "ne two\nThis is line"
file.gets("line", 4) # => " thr"
```

internal_encoding

io.internal_encoding → *encoding*

I/O 객체의 내부 인코딩을 나타내는 인코딩 객체를 반환한다.

```
io = File.open("testfile", "r:utf-8:iso-8859-1")
io.external_encoding # => #<Encoding:UTF-8>
io.internal_encoding # => #<Encoding:ISO-8859-1>
```

ioctl

io.ioctl(*cmd, arg*) → *int*

I/O 디바이스를 제어하거나 질의하는 저수준 명령어를 실행할 수 있는 메커니즘을 제공한다. 커맨드(정수), 매개 변수, 결과는 모두 플랫폼에 종속적이다. arg가 숫자라면 이 값이 직접 넘겨진다. arg가 문자열이라면 바이트로 된 바이너리 시퀀스로 인식된다. 유닉스 기반 플랫폼에서는 ioctl(2)를 참조하라. 사용할 수 없는 플랫폼도 있다.

isatty

io.isatty → *true* or *false*

io가 터미널 디바이스(tty)와 결합되었다면 true를 반환한다. 그 외에는 false를 반환한다.

```
File.new("testfile").isatty # => false
File.new("/dev/tty").isatty # => true
```

lineno

io.lineno → *int*

io의 현재 줄 수를 반환한다. 스트림은 반드시 읽기용으로 열려 있어야 한다. lineno는 줄 바꿈이 나타난 횟수보다는 gets가 호출된 횟수를 센다. gets에서 개행 문자가 아닌 다른 값을 구분자로 사용했다면 두 값은 달라질 수 있다. $.을 참조하라.

```
f = File.new("testfile")
f.lineno  # => 0
f.gets    # => "This is line one\n"
f.lineno  # => 1
f.gets    # => "This is line two\n"
f.lineno  # => 2
```

lineno= *io*.lineno = *int* → *int*

현재 행 번호를 직접 지정한다. $.는 다음 읽기 작업 수행 시에 변경된다.

```
f = File.new("testfile")
f.gets     # => "This is line one\n"
$.         # => 1
f.lineno = 1000
f.lineno   # => 1000
$.         # => 1
f.gets     # => "This is line two\n"
$.         # => 1001
```

---

lines
io.lines(*separator*=$/) → *enumerator*
io.lines(*limit*) → *enumerator*
io.lines(*separator*, *limit*) → *enumerator*

io의 각 행을 반복하는 enumerator 객체를 반환한다. 각 행은 separator에 의해 구분된다. separator가 nil이면 전체 파일이 하나의 문자로 다뤄진다. limit 인자가 지정되어 있고 양의 값을 가지면, 각 반복에서 최대 limit 글자만큼만 가져온다. limit 인자가 지정되어 있고 음의 값을 가지면, 레코드 구분자를 찾을 때 인코딩이 무시되므로 성능을 향상시킬 수 있다. 루비 2.0에서 비추천 메서드가 되었다.

---

pid *io*.pid → *int*

io에 관련된 자식 프로세스의 프로세스 ID를 반환한다. 이 값은 IO.popen에 의해 설정된다.

```
pipe = IO.popen("-")
if pipe
  STDERR.puts "In parent, child pid is #{pipe.pid}"
  pipe.close
else
  STDERR.puts "In child, pid is #{$$}"
end
```

실행 결과:

```
In parent, child pid is 52629
In child, pid is 52629
```

---

pos *io*.pos → *int*

io에서 현재 위치(offset)를 바이트로 반환한다.

```
f = File.new("testfile")
f.pos     # => 0
f.gets    # => "This is line one\n"
f.pos     # => 17
```

---

pos= *io*.pos = *int* → 0

io에서 현재 위치를 바이트로 주어진 위치로 이동시킨다.

```
f = File.new("testfile")
f.pos = 17
f.gets # => "This is line two\n"
```

---

print   *io*.print (⟨ *obj*=$_)*) → nil

io를 주어진 obj로 기록한다. 스트림은 반드시 쓰기용으로 열려 있어야 한다. 출력 레코드 구분자($\)가 nil이 아니라면 이 값을 출력에 더한다. 매개 변수가 주어지지 않으면 $_를 출력한다. 문자열이 아닌 객체는 to_s 메서드를 호출해서 문자열로 반환한다. nil을 반환한다.

```
STDOUT.print("This is ", 100, " percent.\n")
```

실행 결과:

```
This is 100 percent.
```

---

printf   *io*.printf (*format* ⟨ , *obj*)*) → nil

문자열을 포매팅해서 io에 기록한다. 매개 변수들은 format 문자열의 제어 하에 새로운 형식으로 변환된다. Object#sprintf(729쪽)에 자세한 설명이 있다.

---

putc   *io*.putc (*obj*) → *obj*

obj가 문자열이라면 첫 번째 글자를 기록한다. 그렇지 않으면 obj를 숫자로 다루고 하위 바이트(low-order byte)를 문자로 기록한다. 멀티 바이트 문자열은 byte 단위로 잘릴 수 있어, 인코딩에 따라서 출력되지 않을 수 있음에 유의해야 한다.

```
#encoding: utf-8
STDOUT.putc "ABC"
STDOUT.putc "əog"
STDOUT.putc 65
```

실행 결과:

```
AəA
```

---

puts   *io*.puts (⟨ *obj*)*) → nil

주어진 객체를 IO#print를 사용해 기록한다. 줄 바꿈으로 끝나지 않는 객체에는 줄 바꿈을 덧붙인다. 배열 매개 변수를 전달하면, 각 요소를 새로운 줄에 쓴다. 매개 변수 없이 호출하면 줄 바꿈 하나를 출력한다.

```
STDOUT.puts("this", "is", "a", "test")
```

실행 결과:

```
this
is
a
test
```

---

read *io*.read(⟨ *int* ⟨, *buffer*⟩⟩) → *string* or nil

I/O 스트림에서 최대 int 바이트를 읽는다. int를 생략하면 파일의 끝까지 읽는다. 파일의 끝에서 호출하면 nil을 반환한다. buffer(문자열 객체)가 주어지면 적절하게 크기를 바꾸고 읽은 결과를 그 문자열에 바로 기록한다.

```
f = File.new("testfile")
f.read(16)      # => "This is line one"
str = "cat"
f.read(10, str) # => "\nThis is l"
str             # => "\nThis is l"
```

---

readbyte *io*.readbyte → *fixnum*

---

io에서 다음 8비트(0..255)를 읽는다. 파일의 끝에서 호출하면 EOFError 예외를 발생시킨다. IO#bytes를 참조하라.

---

readchar *io*.readchar → *string*

IO#getc처럼 문자를 읽는다. 하지만 파일의 끝이라면 EOFError 예외를 발생시킨다.

---

readline *io*.readline(*separator*=$/) → *string* or nil
io.readline(*limit*) → *string* or nil
io.readline(*separator*, *limit*) → *string* or nil

IO#gets처럼 줄을 읽는다. 하지만 파일의 끝이라면 EOFError 예외를 발생시킨다.

---

readlines *io*.readlines(*separator*=$/) → *array*
io.readlines(*limit*) → *array*
io.readlines(*separator*, *limit*) → *array*

---

io의 모든 줄을 배열로 반환한다. 각 줄은 선택적으로 주어지는 separator로 구분된다. separator가 nil이면 전체 파일이 하나의 문자로 다뤄진다. limit 인자가 지정되어 있고 양의 값을 가지면, 각 반복에서 최대 limit 글자만큼만 가져온다. limit 인자가 지정되어 있고 음의 값을 가지면, 레코드 구분자를 찾을 때 인코딩이 무시되므로 성능을 향상시킬 수 있다.

```
f = File.new("testfile")
f.readlines       # => ["This is line one\n", "This is line two\n", "This is
                  # .. line three\n", "And so on...\n"]
f = File.new("testfile")
f.readlines("line") # => ["This is line", " one\nThis is line", " two\nThis is
                  # .. line", " three\nAnd so on...\n"]
f = File.new("testfile")
f.readlines(10)   # => ["This is li", "ne one\n", "This is li", "ne two\n",
                  # .. "This is li", "ne three\n", "And so on.", "..\n"]
```

readpartial   *io*.readpartial(*limit*, *result*="") → *result*

파일이나 디바이스에 읽어온 파일은 일반적으로 버퍼에 저장된다. 예를 들어 IO#gets를 사용해 한 줄씩 데이터를 읽어오면 루비는 한 번에 최대한 많은 줄을 내부 버퍼에 읽어 들인 후, 이 버퍼로부터 한 줄씩 반환한다. 이 버퍼링은 일반적으로 투명하게 이루어진다. 루비는 필요에 따라 버퍼를 자동으로 다시 채워나간다. 하지만 (파일이 아닌) 장치(device)나 파이프에서 읽을 때는, 버퍼에 있는 내용을 모두 읽고, 버퍼가 비워지면 다음 내용을 읽고 싶을 수도 있다. readpartial이 하는 일이 바로 이것이다. readpartial은 버퍼가 비었을 때 디바이스나 파이프에서 (블로킹 모드로) 내용을 읽어온다. EOF에 다다르면 EOFError 예외를 발생시킨다. IO#read_nonblock을 참조하라.

다음 예제는 (익명 사용자에 의해 작성된) 내부 문서에서 가져온 것이다.

```
r, w = IO.pipe          #              버퍼          파이프 내용
w << "abc"              #              ""            "abc".
r.readpartial(4096)     #=> "abc"      ""            ""
r.readpartial(4096)     # 버퍼와 파이프가 비어 있으므로 블록된다.

r, w = IO.pipe          #              버퍼          파이프 내용
w << "abc"              #              ""            "abc"
w.close                 #              ""            "abc" EOF
r.readpartial(4096)     #=> "abc"      ""            EOF
r.readpartial(4096)     # EOFError 예외가 발생한다.

r, w = IO.pipe          #              버퍼          파이프 내용
w << "abc\ndef\n"       #              ""            "abc\ndef\n"
r.gets                  #=> "abc\n"    "def\n"       ""
w << "ghi\n"            #              "def\n"       "ghi\n"
r.readpartial(4096)     #=> "def\n"    ""            "ghi\n"
r.readpartial(4096)     #=> "ghi\n"    ""            ""
```

read_nonblock   *io*.read_nonblock(*limit*, *result*="") → *result*

이는 실질적으로 IO#readpartial과 같지만, 버퍼된 데이터가 없을 때 행동이 다르다. 이럴 경우 io를 논블로킹 모드로 설정하고 데이터를 읽어오려고 시도한다. 따라서 EAGIN과 EINTR 에러가 발생될 가능성이 있다. 이러한 에러는 호출한 쪽에서 처리되어야 한다.

reopen   *io*.reopen(*other_io*) → *io*
                                   io.reopen(*path*, *mode*) → *io*

io를 주어진 other_io에 다시 결합시킨다. 또는 path를 새로운 스트림으로 연다. 이는 동적으로 스트림의 실제 클래스를 바꿀 것이다.

```
f1 = File.new("testfile")
f2 = File.new("testfile")
f2.readlines[0] # => "This is line one\n"
f2.reopen(f1)   # => #<File:testfile>
f2.readlines[0] # => "This is line one\n"
```

rewind

io.rewind → 0

io를 입력 시작 부분으로 옮기고 lineno를 0으로 재설정한다.

```
f = File.new("testfile")
f.readline # => "This is line one\n"
f.rewind   # => 0
f.lineno   # => 0
f.readline # => "This is line one\n"
```

seek

io.seek(int, whence=SEEK_SET) → 0

whence가 가리키는 값에 따라 스트림에서 주어진 int 오프셋을 찾는다.

IO::SEEK_CUR	int에 현재 위치를 더한 위치를 찾는다.
IO::SEEK_END	int에 스트림의 끝을 더한 위치(아마 int는 음수로 넘길 것이다)를 찾는다.
IO::SEEK_SET	int에 의해 주어진 절대 위치를 찾는다.

```
f = File.new("testfile")
f.seek(-13, IO::SEEK_END) # => 0
f.readline                # => "And so on...\n"
```

set_encoding

io.set_encoding(external, internal=external ⟨, options⟩) → io
io.set_encoding("external-name:internal-name" ⟨, options⟩) → io

io의 외부 인코딩과 내부 인코딩을 설정한다. 첫 번째 형식에서는 인코딩을 이름이나 인코딩 객체로 지정할 수 있다. 두 번째 형식에서는 외부 인코딩과 내부 인코딩을 콜론(:) 문자로 구분하여 지정한다. options는 선택적으로 사용할 수 있으며 변환 옵션을 지정할 수 있다.

```
f = File.new("testfile")
f.internal_encoding                      # => nil
f.external_encoding                      # => #<Encoding:UTF-8>
f.set_encoding("ascii-8bit:iso-8859-1")  # => #<File:testfile>
f.internal_encoding                      # => #<Encoding:ISO-8859-1>
f.external_encoding                      # => #<Encoding:ASCII-8BIT>
```

stat

io.stat → stat

io에 대한 상태 정보를 File::Stat 객체로 반환한다.

```
f = File.new("testfile")
s = f.stat
"%o" % s.mode # => "100644"
s.blksize     # => 4096
s.atime       # => 2013-11-14 16:32:05 -0600
```

sync

io.sync → true or false

io의 현재 sync 모드를 반환한다. 싱크 모드가 true이면 모든 결과는 운영 체제에 바로 플러시된다. 즉, 루비가 내부적으로 버퍼링하지 않는다. IO#fsync를 참조하라.

sync=   *io*.sync = *true* or *false* → *true* or *false*

싱크 모드를 true나 false로 설정한다. 싱크 모드가 true이면 모든 결과는 운영
체제에 바로 플러시된다. 즉, 루비가 내부적으로 버퍼링하지 않는다. 새로운 상
태값을 반환한다. IO#fsync를 참조하라.

```
f = File.new("testfile")
f.sync = true
```

sysread   *io*.sysread(*int* ‹, *buffer*›) → *string*

io에서 int 바이트만큼 읽어오며, 읽어올 때 저수준 읽기를 이용하고 결과를 문
자열로 반환한다. buffer(문자열 객체)가 주어지면 입력을 읽어 그 문자열에 직
접 기록한다. io를 읽는 다른 함수와 혼용해서는 안 된다. 그럴 경우 예상치 못한
문제가 발생할 수 있다. 처리 과정에서 문제가 생기면 SystemCallError 예외를
발생시키고, 파일의 끝에서 호출하면 EOFError 예외를 발생시킨다.

```
f = File.new("testfile")
f.sysread(16)   # => "This is line one"
str = "cat"
f.sysread(10, str) # => "\nThis is l"
str             # => "\nThis is l"
```

sysseek   *io*.sysseek(*offset*, *whence*=SEEK_SET) → *int*

스트림에서 whence(이 값에 대해서는 IO#seek 참조) 값에 따라 주어진 offset
을 찾는다. 그리고 파일의 새로운 오프셋을 반환한다.

```
f = File.new("testfile")
f.sysseek(-13, IO::SEEK_END) # => 53
f.sysread(10)   # => "And so on."
```

syswrite   *io*.syswrite(*string*) → *int*

io에 문자열을 기록하는 데 저수준 쓰기를 이용한다. 기록한 바이트를 반환한
다. io를 기록하는 다른 함수와 혼용해서는 안 된다. 그럴 경우 예상치 못한 결과
를 가져올 것이다. 처리 과정에서 문제가 생기면 SystemCallError 예외를 발생
시킨다.

```
f = File.new("out", "w")
f.syswrite("ABCDEF") # => 6
```

tell   *io*.tell → *int*

IO#pos의 별칭

to_i   *io*.to_i → *int*

IO#fileno의 별칭

to_io   *io*.to_io → *io*

io를 반환한다.

tty?   *io*.tty? → *true* or *false*

IO#isatty의 별칭

ungetbyte   *io*.ungetbyte(*string* or *int*) → nil

io를 1바이트 이상 되돌린다. 이어지는 버퍼가 있는 읽기 작업에서는 되돌려진
문자가 반환된다. 버퍼가 없는 읽기(IO#sysread와 같은)에는 아무런 영향을 주
지 않는다.

```
f = File.new("testfile") # => #<File:testfile>
c = f.getbyte            # => 84
f.ungetbyte(c)           # => nil
f.getbyte                # => 84
f.ungetbyte("cat")       # => nil
f.getbyte                # => 99
f.getbyte                # => 97
```

ungetc   *io*.ungetc(*string*) → nil

io를 한 글자 이상 되돌린다. 이어지는 버퍼가 있는 읽기 작업에서는 되돌려진
문자가 반환된다. 버퍼가 없는 읽기(IO#sysread와 같은)에는 아무런 영향을 주
지 않는다.

```
# encoding: utf-8
f = File.new("testfile") # => #<File:testfile>
c = f.getc              # => "T"
f.ungetc(c)             # => nil
f.getc                  # => "T"
f.ungetc("ðog")         # => nil
f.getc                  # => "ð"
f.getc                  # => "o"
```

write   *io*.write(*string*) → *int*

주어진 문자열을 io에 기록한다. 스트림은 반드시 쓰기용으로 열려 있어야 한
다. 매개 변수가 문자열이 아니라면 to_s를 이용해 문자열로 변환할 것이다. 기
록한 바이트를 반환한다.

```
count = STDOUT.write( "This is a test\n" )
puts "That was #{count} bytes of data"
```

실행 결과:

```
This is a test
That was 15 bytes of data
```

Kernel

write_nonblock   *io*.write_nonblock(*string*) → *int*

io를 논블로킹 모드로 설정하고 주어진 문자열을 io에 기록한다. 스트림은 반드시 쓰기용으로 열려 있어야 한다. 매개 변수가 문자열이 아니라면 to_s를 이용해 문자열로 변환할 것이다. 기록한 바이트를 반환한다. 애플리케이션에서는 논블로킹 I/O의 전형적인 에러 EAGAIN이나 EINTR가 발생할 수도 있다는 점을 유의해야 한다.

모듈. Kernel

Kernel 모듈은 Object 클래스에 포함되므로(include), 이 모듈의 메서드는 모든 루비 객체에서 사용할 수 있다. Kernel 클래스의 메서드들은 Object 클래스(701쪽)에 정리되어 있다.

모듈 # Marshal

마샬링 라이브러리는 루비 객체 컬렉션을 바이트 스트림으로 변환해서 현재 실행 중인 스크립트 외부에 이를 저장할 수 있도록 한다. 그리고 나중에 다시 원래 객체로 복원해서 사용할 수 있다. 마샬링에 대해서는 '25.7 마샬링과 분산 루비'(495쪽)에서 설명한다. YAML 라이브러리(940쪽)도 참조하기 바란다.

마샬링된 데이터에는 객체에 대한 정보와 함께 메이저 버전과 마이너 버전을 저장한다. 보통 마샬링은 같은 메이저 버전, 그리고 같거나 작은 마이너 버전을 가진 데이터로만 로드할 수 있다. 루비의 "verbose" 플래그가 설정되어 있다면 (-d, -v, -w, -verbose 등), 메이저 버전과 마이너 버전 모두 완전히 일치해야만 한다. 마샬의 버전 정보는 루비의 버전 정보와는 다르다. 마샬링된 데이터의 첫 2바이트를 읽어서 버전 정보를 읽어올 수 있다.

어떤 객체는 덤프할 수 없다. 예를 들어 덤프하려는 객체가 바인딩, 프로시저나 메서드 객체, IO 클래스 인스턴스, 싱글턴 객체 등을 가지고 있거나, 익명 클래스나 모듈을 덤프하려고 하면 TypeError 예외가 발생할 것이다.

클래스에서 특별한 방법으로 직렬화를 해야 하거나(예를 들어 특정 형식으로 직렬화하고자 할 때) 직렬화할 수 없는 객체를 포함하고 있다면, marshal_dump 와 marshal_load 인스턴스 메서드들을 통해 직접 직렬화 방법을 구현할 수도 있다. 마샬링하려는 객체가 mashal_dump 메시지에 응답한다면, _dump 대신 이 메서드를 호출한다. marshal_dump는 어떤 클래스의 객체든 반환할 수 있다(단순히 문자열을 반환하는 것이 아니다). marshal_dump를 구현한 클래스는 반드시 marshal_load를 구현해야 한다. marshal_load는 새로 할당된 객체의 인스턴스 메서드로 호출되는데, 이때 marshal_load에서 만든 객체를 전달받는다.

다음 코드는 marshal_dump와 marshal_load 메서드를 구현해 Time 객체를 직렬화 버전으로 저장한다. 그리고 로드될 때, 즉 이 객체가 marshal_load에 전달될 때는 이 시간을 출력 가능한 형태로 바꿔서 인스턴스 변수에 결과를 저장한다.

```
class TimedDump
  attr_reader :when_dumped
  attr_accessor :other_data

  def marshal_dump
    [ Time.now, @other_data ]
  end
  def marshal_load(marshal_data)
    @when_dumped = marshal_data[0].strftime("%I:%M%p")
    @other_data = marshal_data[1]
  end
end
```

Marshal

```
t = TimedDump.new
t.other_data = "wibble"
t.when_dumped     # => nil

str = Marshal.dump(t)

newt = Marshal.load(str)
newt.when_dumped # => "04:32PM"
newt.other_data  # => "wibble"
```

모듈 상수

MAJOR_VERSION	마샬 형식 버전의 메이저 부분
MINOR_VERSION	마샬 형식 버전의 마이너 부분

모듈 메서드

dump
dump(obj ⟨, io⟩ , limit=-1) → io

obj와 파생된 모든 객체를 직렬화한다. io를 지정하면 직렬화된 데이터를 io에 기록한다. 그 외에는 데이터를 문자열로 변환해 반환한다. limit를 지정하면 하위 객체로의 탐색을 명시한 깊이까지만 한다. limit가 음수이면 깊이에 대한 검사는 아예 하지 않는다.

```
class Klass
  def initialize(str)
    @str = str
  end
  def say_hello
    @str
  end
end

o = Klass.new("hello\n")
data = Marshal.dump(o)
obj = Marshal.load(data)
obj.say_hello # => "hello\n"
```

load
load(from ⟨, proc⟩) → obj

from의 직렬화 데이터를 루비 객체(하위 객체들과 결합되어 있을 수도 있는)로 변환한 결과를 반환한다. from은 IO의 인스턴스이거나 to_str에 응답하거나 둘 중 하나일 것이다. proc을 지정하면 직렬화 해제한 객체들 각각을 proc에 전달한다.

restore
restore(from ⟨, proc⟩) → obj

Marshal.load의 별칭

클래스 **MatchData** < Object

모든 패턴 매칭은 매칭에 대한 정보를 담은 MatchData를 특별 변수 $~에 저장한다. Regexp#match와 Regexp.last_match 메서드도 MatchData 객체를 반환한다. 이 객체에 패턴 매칭의 결과가 모두 캡슐화되어 있으며, 보통 이에 접근할 때는 특별 변수 $&, $', $`, $1, $2 등을 사용한다(자세한 내용은 384쪽 참고).

인스턴스 메서드

[ ]	*match*[i] → *string*
	match[*name*] → *string*
	match[*start, length*] → *array*
	match[*range*] → *array*

매치 참조. MatchData가 배열처럼 동작해서, 배열에 index를 이용해 위치를 지정하는 것과 마찬가지 방법으로 MatchData에 접근할 수 있다. 숫자 인덱스(1부터 시작)를 지정하면 정규 표현식에서 대응하는 위치에 있는 캡처값을 반환한다. 심벌을 사용하면 이름 있는 캡처를 읽어올 수 있다. match[0]은 특별 변수 $&와 같으며 매치된 문자열 전체를 반환한다. MatchData#values_at을 참조하라.

```
m = /(.)(.)(\d+)(\d)/.match("THX1138.")
m[0]            # => "HX1138"
m[1, 2]         # => ["H", "X"]
m[1..3]         # => ["H", "X", "113"]
m[-3, 2]        # => ["X", "113"]
m = /..(?<digit_prefix>\d+)\d/.match("THX1138.")
m[:digit_prefix] # => "113"
```

begin	*match*.begin(*n*) → *int*
	match.begin(*name*) → *int*

n 번째 캡처나 이름 있는 캡처 첫 글자에 대해 원래 문자열에서의 위치를 반환한다.

```
m = /(.)(.)(\d+)(\d)/.match("THX1138.")
m.begin(0)             # => 1
m.begin(2)             # => 2
m = /..(?<digit_prefix>\d+)\d/.match("THX1138.")
m.begin(:digit_prefix) # => 3
```

captures	*match*.captures → *array*

매칭 그룹 전체를 배열로 반환한다. 매칭된 문자열 전부와 매칭 그룹을 함께 반환하는 MatchData#to_a와 비교해 보기 바란다.

```
m = /(.)(.)(\d+)(\d)/.match("THX1138.")
m.captures # => ["H", "X", "113", "8"]
```

captures는 매칭의 일부를 대입문에서 추출할 때 유용하다.

```
f1, f2, f3 = /(.)(.)(\d+)(\d)/.match("THX1138.").captures
f1          # => "H"
f2          # => "X"
f3          # => "113"
```

---

end *match*.end(*n*) → *int*
match.end(*name*) → *int*

n 번째 캡처나 이름 있는 캡처에 대해 마지막 글자의 원래 문자열에서의 위치를 반환한다.

```
m = /(.)(.)(\d+)(\d)/.match("THX1138.")
m.end(0)              # => 7
m.end(2)              # => 3
m = /..(?<digit_prefix>\d+)\d/.match("THX1138.")
m.end(:digit_prefix) # => 6
```

---

length *match*.length → *int*

match 배열의 요소 개수를 반환한다.

```
m = /(.)(.)(\d+)(\d)/.match("THX1138.")
m.length # => 5
m.size   # => 5
```

---

names *match*.names → *array*

match를 생성한 정규 표현식에서 이름 있는 캡처 리스트를 반환한다.

```
m = /(?<prefix>[A-Z]+)(?<hyphen>-?)(?<digits>\d+)/.match("THX1138.")
m.names     # => ["prefix", "hyphen", "digits"]
m.captures # => ["THX", "", "1138"]
m[:prefix] # => "THX"
```

---

offset *match*.offset(*n*) → *array*
match.offset(*name*) → *array*

n 번째 매치의 시작과 끝 위치를 담은 두 개의 요소를 가진 배열을 반환한다.

```
m = /(.)(.)(\d+)(\d)/.match("THX1138.")
m.offset(0)              # => [1, 7]
m.offset(4)              # => [6, 7]
m = /..(?<digit_prefix>\d+)\d/.match("THX1138.")
m.offset(:digit_prefix) # => [3, 6]
```

---

post_match *match*.post_match → *string*

원래 문자열에서 현재 매치 바로 다음 부분을 반환한다. 특별 변수 $'와 같다.

```
m = /(.)(.)(\d+)(\d)/.match("THX1138: The Movie")
m.post_match # => ": The Movie"
```

---

pre_match *match*.pre_match → *string*

원래 문자열에서 현재 매치 이전 부분을 반환한다. 특별 변수 $`와 같다.

```
m = /(.)(.)(\d+)(\d)/.match("THX1138.")
m.pre_match # => "T"
```

---

regexp

match.regexp → a_regexp

match를 생성한 정규 표현의 정규 표현 객체를 반환한다.

```
m = /(.)(.)(\d+)(\d)/.match("THX1138: The Movie")
m.regexp  # => /(.)(.)(\d+)(\d)/
```

---

size

match.size → int

MatchData#length의 별칭

---

string

match.string → string

매칭에 전달된 문자열의 동결된 복사본을 반환한다.

```
m = /(.)(.)(\d+)(\d)/.match("THX1138.")
m.string  # => "THX1138."
```

---

to_a

match.to_a → array

매칭을 배열로 반환한다. MatchData#captures와 달리 매치된 전체 문자열로 함께 반환한다.

```
m = /(.)(.)(\d+)(\d)/.match("THX1138.")
m.to_a    # => ["HX1138", "H", "X", "113", "8"]
```

---

to_s

match.to_s → string

매칭된 문자열 전체를 반환한다.

```
m = /(.)(.)(\d+)(\d)/.match("THX1138.")
m.to_s # => "HX1138"
```

---

values_at

match.values_at(⟨index⟩*) → array

매칭 값에 근접하기 위해 index 각각을 사용해, 해당 매치들을 모아 배열을 반환한다.

```
m = /(.)(.)(\d+)(\d)/.match("THX1138.")
m.values_at(3,1,2) # => ["113", "H", "X"]
m.values_at(0, 4)  # => ["HX1138", "8"]
```

모듈 Math

Math 모듈은 기본 삼각 함수와 초월 함수를 위한 모듈 메서드를 포함한다. 루비의 부동소수점 정확도를 정의한 상수 목록은 Float 클래스(614쪽)를 참조하기 바란다.

모듈 상수

E	자연 로그의 밑 e의 근사치
PI	π의 근사치

모듈 메서드

acos   Math.acos(x) → $float$

x의 아크 코사인 값을 계산한다. 0..π 사이의 값을 반환한다.

---

acosh   Math.acosh(x) → $float$

x의 아크 쌍곡선 코사인을 계산한다.

---

asin   Math.asin(x) → $float$

x의 아크 사인을 계산한다. -π/2..π/2 사이의 값을 반환한다.

---

asinh   Math.asinh(x) → $float$

x의 아크 쌍곡선 사인을 계산한다.

---

atan   Math.atan(x) → $float$

x의 아크 탄젠트를 계산한다. -π/2..π/2 사이의 값을 반환한다.

---

atanh   Math.atanh(x) → $float$

x의 아크 쌍곡선 탄젠트를 계산한다.

---

atan2   Math.atan2(y, x) → $float$

주어진 y와 x의 아크 탄젠트를 계산한다. -π..π를 반환한다.

---

cbrt   Math.cbrt($numeric$) → $float$

number의 세제곱근을 반환한다.

---

cos   Math.cos(x) → $float$

라디안으로 표현된 x의 코사인을 계산한다. -1..1을 반환한다.

cosh   Math.cosh (x) → *float*

라디안으로 표현된 x의 쌍곡선 코사인을 계산한다.

erf   Math.erf (x) → *float*

x의 오차 함수를 반환한다.

erfc   Math.erfc (x) → *float*

x의 여오차 함수를 반환한다.

exp   Math.exp (x) → *float*

e^x를 반환한다.

frexp   Math.frexp (*numeric*) → [*fraction, exponent*]

numeric의 정규화된 부분(Float)과 지수 부분을 두 개의 요소를 가진 배열로 반환한다.

```
fraction, exponent = Math.frexp(1234) # => [0.6025390625, 11]
fraction * 2**exponent                 # => 1234.0
```

gamma   Math.gamma (x) → *float*

감마 함수를 반환한다. gamma(x)는 factorial(x-1)에 근사된다.

```
Math.gamma(2)     # => 1.0
Math.gamma(3)     # => 2.0
Math.gamma(4)     # => 6.0
Math.gamma(10.34) # => 784993.6091493163
```

hypot   Math.hypot (x, y) → *float*

$sqrt(x^2 + y^2)$를 반환한다. 이는 두 변의 길이가 x, y인 직각 삼각형의 빗변 길이와 같다.

```
Math.hypot(3, 4) # => 5.0
```

ldexp   Math.ldexp (*float, n*) → *float*

float × 2^n을 반환한다.

```
fraction, exponent = Math.frexp(1234)
Math.ldexp(fraction, exponent) # => 1234.0
```

lgamma   Math.lgamma (x) → [*float, sign*]

반환된 배열의 첫 요소는 x에 대한 감마 함수의 절댓값의 자연로그다. 두 번째 값은 감마 함수가 음인 경우 -1, 그 외에는 +1이 된다.

Math

---

log   Math.log(*numeric* ⟨, *base*=E⟩) → *float*

numeric의 자연로그 값을 계산한다. base 인자가 없으면 자연로그 값을 반환
한다.

---

log10   Math.log10(*numeric*) → *float*

numeric의 10을 밑으로 하는 로그값을 반환한다.

---

log2   Math.log2(*numeric*) → *float*

numeric의 2을 밑으로 하는 로그값을 반환한다.

---

sin   Math.sin(*numeric*) → *float*

라디안으로 표현된 numeric으로 표현된 사인을 계산한다. -1..1을 반환한다.

---

sinh   Math.sinh(*float*) → *float*

라디안으로 표현된 numeric의 쌍곡선 사인을 반환한다.

---

sqrt   Math.sqrt(*float*) → *float*

numeric의 양의 제곱근을 반환한다. numeric이 0보다 작으면 ArgError 예외를
발생시킨다.

---

tan   Math.tan(*float*) → *float*

라디안으로 표현된 numeric의 탄젠트를 계산한다.

---

tanh   Math.tanh(*float*) → *float*

라디안으로 표현된 numeric의 쌍곡선 탄젠트를 계산한다.

클래스 **Method** < Object

Method 객체는 Object#method 메서드를 통해 생성할 수 있다. 이는 클래스뿐 아니라 특정 객체와 결합되어 있다. Method 객체를 이용해 직접 객체의 메서드를 호출하거나, 반복자에 결합되는 블록으로 사용할 수도 있다. 또한 한 객체로부터 언바운드해서 다른 객체에 바운드할 수도 있다.

```ruby
def square(n)
  n*n
end

meth = self.method(:square)

meth.call(9)              # => 81
[ 1, 2, 3 ].collect(&meth) # => [1, 4, 9]
```

인스턴스 메서드

[ ]   *meth*[⟨ *args* ⟩*] → *object*

Method#call의 별칭

==   *meth* == *other* → *true* or *false*

meth와 other 메서드가 같으면 true를 반환한다.

```ruby
def fred()
  puts "Hello"
end

alias bert fred # => nil

m1 = method(:fred)
m2 = method(:bert)

m1 == m2        # => true
```

---

arity   *meth*.arity → *fixnum*

메서드가 넘겨받는 인자의 개수를 숫자로 반환한다. 인자를 받는 루비 메서드는 양수를 반환하며, 가변 길이의 인자를 받는 경우에는 n-1을 반환한다. 여기서 n은 필수적인 인자의 수가 된다. C로 짜여 있고 가변 길이의 인자를 받는다면 -1을 반환한다. Method#parameters를 참조하라.

```ruby
class C
  def one;          end
  def two(a);       end
  def three(*a);    end
  def four(a, b);   end
  def five(a, b, *c); end
  def six(a, b, *c, &d); end
end

c = C.new
c.method(:one).arity   # => 0
c.method(:two).arity   # => 1
c.method(:three).arity # => -1
c.method(:four).arity  # => 2
```

```
c.method(:five).arity  # => -3
c.method(:six).arity   # => -3

"cat".method(:size).arity    # => 0
"cat".method(:replace).arity # => 1
"cat".method(:squeeze).arity # => -1
"cat".method(:count).arity   # => -1
```

---

call   *meth*.call(⟨*args*⟩*) → *object*

매개 변수를 명시해서 meth를 호출한다. 그리고 메서드의 반환값을 반환한다.

```
m = 12.method("+")
m.call(3)  # => 15
m.call(20) # => 32
```

---

eql?   *meth*.eql?(*other*) → *true* or *false*

meth가 other와 같은 메서드라면 참을 반환한다.

```
def fred()
  puts "Hello"
end

alias bert fred # => nil

m1 = method(:fred)
m2 = method(:bert)
m1.eql?(m2)      # => true
```

---

name   *meth*.name → *string*

메서드 meth의 이름을 반환한다.

```
method = "cat".method(:upcase)
method.name # => :upcase
```

---

owner   *meth*.owner → *module*

meth가 정의된 클래스나 모듈을 반환한다.

```
method = "cat".method(:upcase)
method.owner # => String
```

---

parameters   *meth*.parameters → *array*

Method 객체의 인자 정보를 반환한다. 반환되는 배열의 요소들도 배열이다. 배열의 첫 번째 요소는 매개 변수의 역할을 나타낸다(:req는 필수 매개 변수, :opt은 선택적인 매개 변수, :rest는 *로 지정된 나머지 매개 변수, 그리고 :block은 블록을 의미한다). 매개 변수에 이름이 있다면 배열의 두 번째 요소가 된다.

```
def m(a, b=1, *c, &d)
end
method(:m).parameters # => [[:req, :a], [:opt, :b], [:rest, :c], [:block, :d]]
```

---

receiver   *meth*.receiver → *obj*

meth가 정의되어 있는 객체를 반환한다.

```
method = "cat".method(:upcase)
method.receiver # => "cat"
```

---

source_location   *meth*.source_location → [*filename, lineno*] or nil

meth가 정의된 소스 파일 이름과 행 번호를 반환한다. meth가 루비 소스에 정
의되어 있지 않다면 nil을 반환한다.

```
internal_method = "cat".method(:upcase)
internal_method.source_location # => nil

require 'set'
set = Set.new
ruby_method = set.method(:clear)
ruby_method.source_location[0] # => "/Users/dave/.rvm/rubies/ruby-2.0.0-p195/lib
                               # .. /ruby/2.0.0/set.rb"
ruby_method.source_location[1] # => 131
```

---

to_proc   *meth*.to_proc → *prc*

이 메서드에 해당하는 Proc 객체를 반환한다. to_proc은 블록 매개 변수를 넘길
때 인터프리터가 사용하는 방식이므로, 메서드 객체를 사용할 때는 앰퍼샌드 다
음에 써서 다른 메서드 호출에 블록을 넘겨주는 데 사용할 수 있다. 이 절의 시
작 부분에 있는 예제를 참조하기 바란다.

---

unbind   *meth*.unbind → unbound_method

현재 수신자로부터 분리한다. 이렇게 반환된 UnboundMethod는 이후에 같은
클래스의 새로운 객체에 바운드할 수 있다(UnboundMethod(833쪽) 참조).

Module

클래스 **Module** < Object

하위 클래스: Class

Module은 메서드와 상수의 컬렉션이다. 모듈의 메서드는 인스턴스 메서드이
거나 모듈 메서드다. 클래스에서 모듈을 포함할 때, 인스턴스 메서드는 클래
스에서 사용할 수 있지만 모듈 메서드는 그렇지 않다. 모듈 메서드는 캡슐화
된 객체를 만들지 않고도 사용할 수 있지만, 인스턴스 메서드는 그렇지 않다.
Module#module_function을 참조(685쪽)하기 바란다.

이어지는 설명에서 매개 변수 symbol은 인용된 문자열이거나 Symbol 리터럴
(:name과 같은) 중 하나인 이름을 가리킨다.

```
module Mod
  include Math
  CONST = 1
  def meth
    # ...
  end
end
Mod.class            # => Module
Mod.constants        # => [:CONST, :DomainError, :PI, :E]
Mod.instance_methods # => [:meth]
```

클래스 메서드

constants

Module.constants → *array*
Module.constants(*include_parents*) → *array*

매개 변수 없이 호출하면 인터프리터의 최상위 레벨에 정의된 상수를 반환한다.
하나의 매개 변수로 호출하면 Module 클래스(인자에 true를 지정했으면 부모
클래스도 포함한다)에 정의된 상수를 반환한다. 이러한 인터페이스가 불분명하
게 느껴지는 이유는 Module이 Class의 한 종류이며, Class가 Module의 자식 클
래스이기 때문이다. 첫 번째 형식은 클래스 메서드 constants에 대한 호출이며
두 번째 형식은 인스턴스 메서드가 호출된다(Module#constants 참조).

```
module Mixin
  CONST_MIXIN = 1
end
class Module
  include Mixin
  SPURIOUS_CONSTANT = 2
end
Module.constants.sort[1..3] # => [:ARGV, :ArgumentError, :Array]
Module.constants.include? :CONST_MIXIN # => false
Module.constants(false)    # => [:SPURIOUS_CONSTANT]
Module.constants(true)     # => [:SPURIOUS_CONSTANT, :CONST_MIXIN]
```

nesting

Module.nesting → *array*

호출한 시점에 중첩된 모듈 목록을 반환한다.

```
module M1
  module M2
    nest = Module.nesting
    p nest
    p nest[0].name
  end
end
```

실행 결과:

```
[M1::M2, M1]
"M1::M2"
```

---

new   Module.new → *mod*
                            Module.new { |mod| … } → *mod*

새로운 익명 모듈을 생성한다. 블록이 주어지면 모듈 객체를 블록에 넘겨서 module_eval을 이용해 모듈의 문맥에서 이 블록을 평가한다.

```
Fred = Module.new do
  def meth1
    "hello"
  end
  def meth2
    "bye"
  end
end
a = "my string"
a.extend(Fred) # => "my string"
a.meth1        # => "hello"
a.meth2        # => "bye"
```

인스턴스 메서드

<, <=, ==, >, >=   *mod relop module* → *true, false* or nil

계층 질의. 한 모듈이 다른 모듈에 포함되었다면(또는 상속되었다면) 포함한 모듈이 포함된 모듈보다 큰 것으로 간주한다. 다른 연산자들도 이런 식으로 정의되어 있다. 모듈 간에 관계가 전혀 없다면, 모든 연산자는 nil을 반환한다.

```
module Mixin
end

module Parent
  include Mixin
end

module Unrelated
end

Parent > Mixin     # => false
Parent < Mixin     # => true
Parent <= Parent   # => true
Parent < Unrelated # => nil
Parent > Unrelated # => nil
```

<=>   *mod* <=> *other_mod* → -1, 0, +1

비교 연산자. mod가 other_mod를 포함한다면 -1을 반환하고, mod가 other_mod와 같다면 0을 반환하며, mod가 other_mod에 포함되었다면 +1을 반환한다. mod와 other_mod 사이에 관계가 없을 때도 +1을 반환한다.

===	*mod* === *obj* → *true* or *false*

케이스 동일성 비교 연산자. obj가 mod의 인스턴스이거나 mod의 자손 중 하나
라면 true를 반환한다. 모듈에서 제한된 용도로 사용하지만 주로 case 문에서 객
체를 클래스별로 검사하기 위한 용도로 쓰인다.

ancestors	*mod*.ancestors → *array*

mod에 포함된 모듈 목록을 반환한다(mod 자신도 포함해서).

```
module Mod
  include Math
  include Comparable
end

Mod.ancestors  # => [Mod, Comparable, Math]
Math.ancestors # => [Math]
```

autoload	*mod*.autoload(*name*, *file_name*) → *nil*

mod의 네임스페이스에서 name(문자열이거나 심벌인)이라는 모듈에 처음 접근
하려고 할 때 file_name을 Object#require를 사용해 등록한다. 이렇게 자동으로
로딩된 파일은 최상위 수준 문맥으로 실행된다는 사실에 주의하자. 다음 예제에
서 module_b.rb 파일은 다음과 같다.

```
module A::B # in module_b.rb
  def doit
    puts "In Module A::B"
  end
  module_function :doit
end
```

이 모듈을 자동으로 로드하는 코드는 다음과 같다.

```
module A
  autoload(:B, "module_b")
end

A::B.doit # autoloads "module_b"
```

실행 결과:
```
In Module A::B
```

autoload?	*mod*.autoload?(*name*) → *file_name* or nil

mod의 문맥에서 문자열이나 심벌 name이 가리키는 자동으로 로드할 파일의
이름을 반환하거나 자동으로 로드할 것이 없다면 nil을 반환한다.

```
module A
  autoload(:B, "module_b")
end
A.autoload?(:B) # => "module_b"
A.autoload?(:C) # => nil
```

class_eval $mod.\text{class\_eval}(\ string\ \langle,\ file\_name\ \langle,\ line\_number\rangle\rangle\ )\rightarrow obj$
$mod.\text{class\_eval}\ \{\ \cdots\ \}\rightarrow obj$

Module#module_eval의 별칭

class_exec $mod.\text{class\_exec}(\ \langle args\rangle^{+}\ )\ \{\ |args|\ \cdots\ \}\rightarrow obj$

Module#module_exec의 별칭

class_variable_defined? $mod.\text{class\_variable\_defined?}(\ name\ )\rightarrow true\ \text{or}\ false$

지정된 클래스 변수가 mod에 정의되어 있다면 true를 반환한다. 클래스 변수는
두 개의 @로 시작한다.

```ruby
class One
  @@var1 = "wibble"
end
One.class_variable_defined?(:@@var1) # => true
One.class_variable_defined?(:@@var2) # => false
```

class_variable_get $mod.\text{class\_variable\_get}(\ name\ )\rightarrow obj$

지정된 클래스의 변수의 값을 반환한다. 클래스 변수는 두 개의 @로 시작한다.

```ruby
class One
  @@var1 = "wibble"
end
One.class_variable_get(:@@var1)  # => "wibble"
One.class_variable_get("@@var1") # => "wibble"
```

class_variable_set $mod.\text{class\_variable\_set}(\ name, value\ )\rightarrow value$

지정된 이름을 가진 클래스 변수에 value를 대입한다. 클래스 변수는 두 개의 @
로 시작한다.

```ruby
class One
  @@var1 = "wibble"
end
One.class_variable_set(:@@var1, 99) # => 99
One.class_variable_get("@@var1")    # => 99
```

class_variables $mod.\text{class\_variables}\rightarrow array$

mod에 정의된 클래스 변수 이름의 배열을 반환한다(루비 1.9부터 클래스 변수
는 자식 클래스와 공유되지 않는다. 따라서 이 메서드에서 반환하는 배열에는
mod에 정의된 클래스 변수만이 포함된다).

```ruby
class One
  @@var1 = 1
end
class Two < One
  @@var2 = 2
end
One.class_variables # => [:@@var1]
Two.class_variables # => [:@@var2, :@@var1]
```

const_defined?   *mod*.const_defined?(*symbol* ⟨ *search_parents*=true⟩) → *true* or *false*

mod에(두 번째 변수가 true라면 mod의 부모 클래스들도 검색 대상에 넣는다)
symbol에 지정한 이름의 상수가 존재하면 true를 반환한다.

```
Math.const_defined? "PI" # => true
```

const_get   *mod*.const_get(*symbol*) → *obj*

mod에 정의된 symbol에 지정한 이름의 상수를 반환한다. 루비 2.0에서는 특정
모듈에 대해서뿐 아니라 object에 모듈 이름 전체를 함께 포함해서 사용할 수도
있다.

```
Math.const_get :PI         # => 3.141592653589793
Object.const_get("Math::PI") # => 3.141592653589793
```

const_missing   *mod*.const_missing(*symbol*) → *obj*

mod에 정의되지 않은 상수를 참조했을 때 실행된다. 정의되지 않은 상수에 대
한 심벌을 넘겨주면 그 상수로서 사용할 값을 반환한다. 다음은 그리 좋은 코드
는 아니다. 예제에서 정의되지 않은 상수를 참조하면, 상수를 모두 소문자로 바
꾼 것과 같은 이름을 가진 파일을 로드하려 한다(즉, Fred 클래스는 fred.rb 파일
에 정의되었다고 가정한다). 찾을 수 있다면 로딩된 클래스 값을 반환한다. 즉,
autoload 기능을 다소 괴팍하게 구현한 것이다.

```
def Object.const_missing(name)
  @looked_for ||= {}
  str_name = name.to_s
  raise "Class not found: #{name}" if @looked_for[str_name]
  @looked_for[str_name] = 1
  file = str_name.downcase
  require file
  klass = const_get(name)
  return klass if klass
  raise "Class not found: #{name}"
end
```

const_set   *mod*.const_sct(*symbol, obj*) → *obj*

symbol이라는 이름의 상수에 obj를 값으로 설정하고 그 객체를 반환한다.
symbol이라는 이름을 가진 상수가 존재하지 않으면 새로 만든다.

```
Math.const_set("HIGH_SCHOOL_PI", 22.0/7.0) # => 3.142857142857143
Math::HIGH_SCHOOL_PI - Math::PI            # => 0.0012644892673496777
```

constants   *mod*.constants(*include_parents* = true) → *array*

mod에서 접근할 수 있는 상수 이름을 모두 배열로 반환한다. 매개 변수가 true
이면 인클루드된 모듈에 정의된 상수의 이름도 배열에 포함한다.

```
IO.constants(false)      # => [:WaitReadable, :WaitWritable, :SEEK_SET, :SEEK_CUR,
                         #  .. :SEEK_END]
# File::Constants에 정의된 배열도 포함된다.
IO.constants(true)[1,6] # => [:WaitWritable, :SEEK_SET, :SEEK_CUR, :SEEK_END,
                         #  .. :RDONLY, :WRONLY]
```

---

include?   *mod*.include?(*other_mod*) → *true* or *false*

other_mod가 mod나 mod의 선조 중 하나에 포함되었다면 true를 반환한다.

```
module A
end

class B
  include A
end

class C < B
end

B.include?(A) # => true
C.include?(A) # => true
A.include?(A) # => false
```

---

included_modules   *mod*.included_modules → *array*

mod에 인클루드된 모듈 목록을 반환한다.

```
module Mixin
end

module Outer
  include Mixin
end

Mixin.included_modules # => []
Outer.included_modules # => [Mixin]
```

---

instance_method   *mod*.instance_method(*symbol*) → *unbound_method*

mod에서 주어진 Symbol에 해당하는 인스턴스 메서드를 나타내는 Unbound
Method를 반환한다.

```
class Interpreter
  def do_a() print "there, "; end
  def do_d() print "Hello ";  end
  def do_e() print "!\n";     end
  def do_v() print "Dave";    end

  Dispatcher = {
    'a' => instance_method(:do_a),
    'd' => instance_method(:do_d),
    'e' => instance_method(:do_e),
    'v' => instance_method(:do_v)
  }

  def interpret(string)
    string.each_char {|ch| Dispatcher[ch].bind(self).call }
  end
end

interpreter = Interpreter.new
interpreter.interpret('dave')
```

실행 결과:

```
Hello there, Dave!
```

Module

instance_methods

mod.instance_methods(*inc_super*=true) → *array*

수신자가 가진 public, protected 인스턴스 메서드 이름을 모두 담은 배열을 반환한다. 모듈에서는 public 메서드들이지만, 클래스에서는 인스턴스(싱글턴이 아닌) 메서드들이다. 매개 변수가 없거나 true를 매개 변수로 넘기면 mod와 mod의 상위 클래스 모두의 메서드를 함께 반환한다. 수신자가 모듈이거나 매개 변수에 false가 지정되면 인스턴스 메서드만을 반환한다.

```
module A
  def method1
  end
end
class B
  def method2
  end
end
class C < B
  def method3
  end
end

A.instance_methods              # => [:method1]
B.instance_methods(false)       # => [:method2]
C.instance_methods(false)       # => [:method3]
C.instance_methods(true).length # => 56
```

method_defined?

mod.method_defined?(*symbol*) → *true* or *false*

mod(인클루드된 모듈이나 상위 클래스를 포함)에서 주어진 이름의 메서드를 정의하고 있다면 true를 반환한다. public과 protected 메서드 전체에서 탐색한다.

```
module A
  def method1; end
end
class B
  def method2; end
end
class C < B
  include A
  def method3; end
end

A.method_defined? :method1  # => true
C.method_defined? "method1" # => true
C.method_defined? "method2" # => true
C.method_defined? "method3" # => true
C.method_defined? "method4" # => false
```

module_eval

mod.module_eval(*string* ⟨, *file_name* ⟨, *line_number*⟩⟩) → *obj*
mod.module_eval { ··· } → *obj*

문자열이나 블록을 mod의 문맥에서 평가한다. 이를 클래스에 메서드를 추가할 때 사용할 수 있다. module_eval은 매개 변수를 평가한 결과를 반환한다. 선택적인 file_name과 line_number 매개 변수가 주어지면 이 값을 에러 메시지에 설정한다.

```
class Thing
end
a = %q{def hello() "Hello there!" end}
Thing.module_eval(a)
puts Thing.new.hello()
Thing.module_eval("invalid code", "dummy", 123)
```

실행 결과:

```
Hello there!
dummy:123:in `<main>': undefined local variable
or method `code' for Thing:Class
```

---

module_exec   *mod*.module_exec(⟨ args⟩⁺) { |args| ⋯ } → *obj*

Module#module_eval에 블록을 넘겨주는 형태와 같지만 메서드에 넘겨진 매개 변수 전체를 차례대로 블록에 넘겨준다. 이를 통해 exec 메서드를 실행할 때 (self가 변하기 때문에) 블록 범위에서 사용할 수 없는 매개변수를 넘겨서 접근할 수 있다.

```
class Thing
end
name = :new_instance_variable
Thing.module_exec(name) do |iv_name|
  attr_accessor iv_name
end
t = Thing.new
t.new_instance_variable = "wibble"
p t
```

실행 결과:

```
#<Thing:0x007fa789034e80 @new_instance_variable="wibble">
```

---

name   *mod*.name → *string*

mod 모듈의 이름을 반환한다.

---

private_class_method   *mod*.private_class_method(⟨ symbol⟩⁺) → nil

이미 존재하는 클래스 메서드를 private으로 만든다. 기본 생성자 new를 감추기 위한 용도로 사용된다.

```
class SimpleSingleton # 스레드 안정성을 보장하지 않는다.
  private_class_method :new
  def SimpleSingleton.create(*args, &block)
    @me = new(*args, &block) if ! @me
    @me
  end
end
```

---

private_constant   *mod*.private_constant(⟨ symbol⟩⁺) → *mod*

Symbol로 주어진 상수들을 모듈의 private 상수로 변환한다. 이때 주어진 상수는 반드시 미리 정의되어 있어야 한다. private 상수는 모듈 이름을 스코프로 사용해서 접근할 수 없다. 따라서 실질적으로 module 콘텍스트 자체의 문맥에서만 접근할 수 있다.

Module

```
module A
  B = "my constant"
  private_constant :B
  puts "Inside A, B = #{B.inspect}"
end

puts "Outside A, A::B = #{A::B.inspect}"
```

실행 결과:

```
Inside A, B = "my constant"
prog.rb:7:in `<main>': private constant A::B referenced (NameError)
```

---

private_instance_methods   *mod*.private_instance_methods(*inc_super*=true) → *array*

mod에 정의된 private 인스턴스 메서드 목록을 반환한다. 선택적 매개 변수가
true라면 인클루드된 모듈이나 상위 클래스를 포함한 결과를 반환한다.

```
module Mod
  def method1; end
  private :method1
  def method2; end
end
Mod.instance_methods         # => [:method2]
Mod.private_instance_methods # => [:method1]
```

---

private_method_defined?   *mod*.private_method_defined?(*symbol*) → *true* or *false*

mod(또는 포함된 모듈이나 상위 클래스)에 주어진 이름을 가진 private 메서드
가 정의되어 있다면 true를 반환한다.

```
module A
  def method1; end
end
class B
  private
  def method2; end
end
class C < B
  include A
  def method3; end
end

A.method_defined? :method1          # => true
C.private_method_defined? "method1" # => false
C.private_method_defined? "method2" # => true
C.method_defined? "method2"         # => false
```

---

protected_instance_methods   *mod*.protected_instance_methods(*inc_super*=true) → *array*

mod에 정의되어 있는 protected 인스턴스 메서드 목록을 반환한다. 선택적 매개
변수가 true라면 인클루드된 모듈이나 상위 클래스를 포함한 결과를 반환한다.

---

protected_method_defined?   *mod*.protected_method_defined?(*symbol*) → *true* or *false*

mod(또는 포함된 모듈이나 상위 클래스)에서 주어진 이름의 protected 메서드
를 정의하고 있다면 true를 반환한다.

```
module A
  def method1; end
end
class B
  protected
  def method2; end
end
class C < B
  include A
  def method3; end
end

A.method_defined? :method1           # => true
C.protected_method_defined? "method1" # => false
C.protected_method_defined? "method2" # => true
C.method_defined? "method2"          # => true
```

---

public_class_method

mod.public_class_method(⟨*symbol*⟩⁺) → nil

이미 존재하는 클래스 메서드를 public으로 변환한다.

---

public_constant

mod.public_constant(⟨*symbol*⟩⁺) → mod

주어진 상수들을 public으로 변환한다. 이때 주어진 상수는 반드시 정의되어 있
어야 한다. 또한 이전에 호출된 private_constant의 효과는 덮어씌워진다.

```
module A
  B = "my constant"
  private_constant :B
  puts "Inside A, B = #{B.inspect}"
  public_constant :B
end

puts "Outside A, A::B = #{A::B.inspect}"
```

실행 결과:

```
Inside A, B = "my constant"
Outside A, A::B = "my constant"
```

---

public_instance_method

mod.public_instance_method(*symbol*) → *unbound_method*

mod에서 넘겨받은 Symbol에 해당하는 public 인스턴스 메서드에 해당하는
UnboundMethod를 반환한다. 스코프를 무시하는 Module#instance_method
도 참조하라.

```
class Test
  def method_a; end
private
  def method_b; end
end
puts "method_a is #{Test.public_instance_method(:method_a)}"
puts "method_b is #{Test.public_instance_method(:method_b)}"
```

실행 결과:

```
        from prog.rb:7:in `<main>'
method_a is #<UnboundMethod: Test#method_a>
prog.rb:7:in `public_instance_method': method `method_b' for class `Test' is
private (NameError)
```

Module

public_instance_methods mod.public_instance_methods(*inc_super*=true) → *array*

mod에 정의된 public 인스턴스 메서드 목록을 반환한다. 선택적 매개 변수가
true라면 인클루드된 모듈이나 상위 클래스를 포함한 결과를 반환한다.

public_method_defined? mod.public_method_defined?(*symbol*) → *true* or *false*

mod(또는 포함된 모듈이나 상위 클래스)에서 주어진 이름의 public 메서드를
정의하고 있다면 true를 반환한다.

```
module A
  def method1; end
end
class B
  protected
  def method2; end
end
class C < B
  include A
  def method3; end
end

A.method_defined? :method1          # => true
C.public_method_defined? "method1"  # => true
C.public_method_defined? "method2"  # => false
C.method_defined? "method2"         # => true
```

remove_class_variable remove_class_variable(*symbol*) → *obj*

symbol에 지정된 클래스 정의를 삭제하고 그 변수의 값을 반환한다. 루비 1.9
이전에는 private 메서드였다.

```
class Dummy
  @@var = 99
end
Dummy.class_eval { p defined? @@var }
puts Dummy.remove_class_variable(:@@var)
Dummy.class_eval { p defined? @@var }
```

실행 결과:
```
prog.rb:4: warning: class variable access from toplevel
nil
prog.rb:6: warning: class variable access from toplevel
99
nil
```

private 인스턴스 메서드

alias_method alias_method(*new_id*, *old_id*) → *mod*

old_id 메서드의 새로운 복사본을 new_id로 만든다. 이를 이용해 재정의할 메
서드에 대한 접근을 유지할 수 있다.

```
module Mod
  alias_method :orig_exit, :exit
  def exit(code=0)
    puts "Exiting with code #{code}"
    orig_exit(code)
  end
end
```

```
include Mod
exit(99)
```

실행 결과:

```
Exiting with code 99
```

---

append_features　　　　　　　　　　　　　　　append_features(*other_mod*) → *mod*

모듈에서 다른 모듈을 포함할 때, 이 모듈이 다른 모듈에 인클루드되면 인클루드한 모듈을 other_mod 매개 변수로 넘겨 현재 모듈의 append_features를 호출한다. 이 메서드에 대한 루비의 기본 구현은 other_mod에 이 모듈의 상수, 메서드, 모듈 변수를 추가하는 것이다. 단 other_mod나 그 선조에서 현재 모듈을 포함하고 있다면 추가하지 않는다. 루비 1.8 이전에는 append_features를 재정의해서, 자신만의 기능을 추가하고 진짜 인클루드를 위해 super를 호출하기도 했다. 하지만 루비 1.8부터는 이 대신에 Module#included 메서드(683쪽)를 구현해야 한다.

---

att　　　　　　　　　　　　　　　　　　　　rattr(⟨symbol⟩⁺) → nil

루비 1.9부터 Module#attr_reader의 별칭이 되었다.

---

attr_accessor　　　　　　　　　　　　　attr_accessor(⟨*symbol*⟩⁺) → nil

매개 변수로 넘겨진 각 symbol에 대해 reader 메서드와 writer 메서드를 생성한다. 이들 메서드를 사용해 지정된 @로 시작하는 인스턴스 변수에 접근할 수 있다.

```
class Test
  attr_accessor :name, :likes
  def initialize(name, likes)
    @name = name
    @likes = likes
  end
end
d = Test.new("Dave", "Ruby")
d.name = "Chad"
d.name  # => "Chad"
d.likes # => "Ruby"
```

---

attr_reader　　　　　　　　　　　　　　attr_reader(⟨*symbol*⟩⁺) → nil

인스턴스 변수와 각 인스턴스 변수의 읽기 메서드를 생성한다.

```
class Test
  attr_reader :name, :likes
  def initialize(name, likes)
    @name = name
    @likes = likes
  end
end

d = Test.new("Dave", "Ruby")
d.name  # => "Dave"
d.likes # => "Ruby"
```

attr_writer   attr_writer(⟨*symbol*⟩⁺) → nil

속성 symbol.id2name에 대입을 하는 접근자 메서드를 생성한다.

```
class Test
  attr_writer :name, :likes
  def initialize(name, likes)
    @name = name
    @likes = likes
  end
end
d = Test.new("Dave", "Ruby")
d.name = "Chad"
d          # => #<Test:0x007fa3f2834a58 @name="Chad", @likes="Ruby">
```

define_method   define_method(*symbol*, *method*) → *method*
                                       define_method(*symbol*) { ⋯ } → *proc*

수신자에 인스턴스 메서드를 정의한다. method 매개 변수에는 Proc이나 메서
드 자체, 또는 UnboundMethod 객체가 올 수 있다. 블록이 주어지면 이는 메서
드의 본문으로 이용된다. 이 블록은 instance_eval을 이용해서 평가된다. 이 메
서드가 private이기 때문에 시연하기가 다소 까다롭다(다음 예제에서 send 핵을
사용한 이유이기도 하다. Object#define_singleton_method를 참조하라).

```
class A
  def fred
    puts "In Fred"
  end
  def create_method(name, &block)
    self.class.send(:define_method, name, &block)
  end
  define_method(:wilma) { puts "Charge it!" }
end
class B < A
  define_method(:barney, instance_method(:fred))
end
b = B.new
b.barney
b.wilma
b.create_method(:betty) { p self }
b.betty
```

실행 결과:

```
Tn Fred
Charge it!
#<B:0x007fa1039539f8>
```

def 키워드를 사용하면 유효하지 않은 이름의 메서드를 정의하는 것도 가능하
다. 이 메서드는 직접적으로 호출할 수 없다.

```
class Silly
  define_method("Oh !@!#^!") { "As Snoopy says" }
end
Silly.new.send("Oh !@!#^!") # => "As Snoopy says"
```

extend_object   extend_object(*obj*) → *obj*

이 모듈의 상수와 메서드(싱글턴 메서드로 추가된다)를 추가해서 특정 객체를

확장한다. 이는 Object#extend에서 사용하는 콜백 메서드다.

```
module Picky
  def Picky.extend_object(o)
    if String === o
      puts "Can't add Picky to a String"
    else
      puts "Picky added to #{o.class}"
      super
    end
  end
end
(s = Array.new).extend Picky # Call Object.extend
(s = "quick brown fox").extend Picky
```

실행 결과:

```
Picky added to Array
Can't add Picky to a String
```

---

extended   extended(*other_mod*)

수신자가 객체를 호출할 때마다 부르는 콜백 메서드다. 객체가 매개 변수로 전
달된다. 모듈이 어떤 객체를 확장할 때 코드에서 추가 작업을 수행하고 싶다면,
Module#extend_object보다 이 메서드를 사용하는 것을 추천한다.

```
module A
  def A.extended(obj)
    puts "#{self} extending '#{obj}'"
  end
end
"cat".extend(A)
```

실행 결과:

```
A extending 'cat'
```

---

include   include(〈*other_mod*〉+) → *mod*

---

self에 주어진 모듈들을 인클루드한다. 일반적으로 수신자에서 인클루드하는 모
듈들의 메서드를 인스턴스 메서드로 사용하기 위해 사용된다. 다음 코드와 같다.

```
def include(*modules)
  modules.reverse_each do |mod|
    mod.append_features(self) # 메서드를 사용 가능하도록 만든다.
    mod.included(self)        # 콜백을 호출한다.
  end
end
```

Module#prepend도 참고하라.

---

included   included(*other_mod*)

수신자가 다른 모듈이나 클래스에 포함될 때마다 호출되는 콜백이다. 모
듈이 다른 모듈을 포함할 때 코드에서 추가적인 작업을 수행하고 싶다면
Module#append_features보다 이 메서드를 사용하는 것을 추천한다.

```
module A
  def A.included(mod)
```

```
    puts "#{self} included in #{mod}"
  end
end
module Enumerable
  include A
end
```

실행 결과:

```
A included in Enumerable
```

---

method_added   method_added(*symbol*)

수신자에 메서드를 추가할 때마다 부르는 콜백 메서드다.

```
module Chatty
  def Chatty.method_added(id)
    puts "Adding #{id.id2name}"
  end
  def one; end
end
module Chatty
  def two; end
end
```

실행 결과:

```
Adding one
Adding two
```

---

method_removed   method_removed(*symbol*)

수신자에서 메서드를 제거할 때마다 부르는 콜백 메서드다.

```
module Chatty
  def Chatty.method_removed(id)
    puts "Removing #{id.id2name}"
  end
  def one
  end
end
module Chatty
  remove_method(:one)
end
```

실행 결과:

```
Removing one
```

---

method_undefined   method_undefined(*symbol*)

수신자에서 메서드가 정의 해제될 때마다 부르는 콜백이다.

```
module Chatty
  def Chatty.method_undefined(id)
    puts "Undefining #{id.id2name}"
  end
  def one
  end
end
module Chatty
  undef_method(:one)
end
```

실행 결과:

```
Undefining one
```

module_function

module_function (⟨ *symbol* ⟩*) → *mod*

주어진 이름의 메서드를 모듈 함수로 만든다. 이렇게 생성된 함수들은 수신자를 모듈로 호출될 수 있다. 모듈 함수는 원래 함수의 복사본이므로 각각에 대한 변경은 독립적이다. 인스턴스 메서드 버전은 private으로 만들어진다. 매개 변수 없이 사용하면 이후로 정의한 메서드들이 모두 모듈 함수가 된다.

```ruby
module Mod
  def one
    "This is one"
  end
  module_function :one
end

class Cls
  include Mod
  def call_one
    one
  end
end

Mod.one     # => "This is one"
c = Cls.new
c.call_one # => "This is one"
module Mod
  def one
    "This is the new one"
  end
end
Mod.one     # => "This is one"
c.call_one # => "This is the new one"
```

prepend

prepend (⟨ *other_mod* ⟩*) → *mod*

주어진 모듈들을 self에 인클루드한다. 하지만 Module#include와 다르다. 인클루드하는 모듈에 같은 이름의 메서드를 포함하고 있다면, prepend로 인클루드하는 메서드가 우선권이 있다.

```ruby
module Mod
  def meth; "In module Mod"; end
end
class Cls1
  def meth; "In class Cls1"; end
  include Mod
end
class Cls2
  def meth; "In class Cls2"; end
  prepend Mod
end
```

Module#include도 참고하라.

private

private (⟨ *symbol* ⟩*) → *mod*

매개 변수 없이 호출하면 이후로 정의되는 메서드가 private이 되도록 기본 가시성을 변경한다. 매개 변수가 주어지면 주어진 이름의 메서드를 모두 private으로 변경한다. '22.12 접근 제어'를 참조하라.

Module

```
module Mod
  def a;  end
  def b;  end

  private

  def c; end

  private :a
end
Mod.private_instance_methods # => [:a, :c]
```

---

protected   protected(⟨symbol⟩*) → mod

매개 변수 없이 호출하면 이후로 정의되는 메서드가 protected가 되도록 기본 가시성을 변경한다. 매개 변수가 주어지면 주어진 이름의 메서드를 모두 protected로 변경한다. '22.12 접근 제어'를 참조하라.

---

public   public(⟨symbol⟩*) → mod

매개 변수 없이 호출하면 이후로 정의되는 메서드가 public이 되도록 기본 가시성을 변경한다. 매개 변수가 주어지면 주어진 이름의 메서드를 모두 public으로 변경한다. '22.12 접근 제어'를 참조하라.

---

refine   refine(class) { ⋯ } → refmod

주어진 클래스에 대한 리파인먼트를 정의한다. 최상위 수준의 소스 파일에서 Object#using 메서드를 사용해서 리파인먼트를 활성화할 수 있다. using 메서드는 블록에서 정의된 메서드들을 소스 파일의 나머지 부분에서 지정된 클래스에 적용해 준다. '리파인먼트'(455쪽)에서 더 자세히 다룬다. refine은 원래의 클래스와의 차이를 담은 특별한 모듈 객체를 반환한다.

```
module SuperUpcase
  refine String do
    def upcase
      "!#{super}!"
    end
  end
end

puts "wombat".upcase
using SuperUpcase
puts "wombat".upcase
```

실행 결과:
```
WOMBAT
!WOMBAT!
```

---

remove_const   remove_const(symbol) → obj

주어진 상수의 선언을 제거하고 상숫값을 반환한다. 미리 정의된 클래스와 싱글턴 객체(true 등)는 제거할 수 없다.

remove_method

remove_method (*symbol*) → *mod*

symbol이 나타내는 메서드를 현재 클래스에서 제거한다. 예제 코드는 Module# undef_method를 참조하라.

undef_method

undef_method (⟨*symbol*⟩⁺) → *mod*

현재 클래스가 주어진 이름의 메서드 호출에 응답하지 않도록 한다. 특정 클래스에서 메서드를 지우는 remove_method와는 다르다. 루비는 특정 수신자의 상위 클래스와 믹스인된 모듈은 여전히 탐색한다.

```
class Parent
  def hello
    puts "In parent"
  end
end

class Child < Parent
  def hello
    puts "In child"
  end
end
c = Child.new
c.hello

class Child
  remove_method :hello # Child 클래스에서 삭제하며
                       # Parent 클래스에는 여전히 남아 있다.
end
c.hello

class Child
  undef_method :hello  # hello 메서드를 호출할 수 없도록 한다.
end
c.hello
```

실행 결과:

```
In child
In parent
prog.rb:24:in `<main>': undefined method `hello' for #<Child:0x007fa9dc863de0>
(NoMethodError)
```

Mutex

클래스 **Mutex** < Object

mutex는 복수의 스레드 간에 공유되는 리소스에 대한 접근을 동기화하기 위해 사용되는 세마포어(semaphore) 객체다. mutex(와 다른 동기화 메커니즘)에 관해서는 '12.4 상호 배제'를 참조한다. 예제 코드가 긴 관계로 이 레퍼런스에서 반복하지 않는다.

인스턴스 메서드

lock   *mutex*.lock → *mutex*

mutex를 잠근다. mutex가 다른 스레드에 의해 이미 잠겨 있다면 정지시킨다. 호출한 스레드에 의해 mutex가 이미 잠겨 있거나 트랩 핸들러에 의해 호출되면 ThreadError 예외를 발생시킨다.

locked?   *mutex*.locked? → *true* or *false*

현재 mutex의 잠금 상태를 반환한다.

owned?   *mutex*.owned? → *true* or *false*

현재 스레드가 mutex를 소유하고 있다면 true를 반환한다. 루비 2.0에서 추가된 실험적인 메서드다.

sleep   *mutex*.sleep(*time* | nil) → *seconds_slept*

현재 스레드의 mutex에 대해 잠금을 해제한다. time 초만큼 sleep하고(nil을 지정하면 영원히) 다시 잠근다. 실제로 sleep된 시간을 초로 반환한다. 실제로 sleep이 일어난 시간은 요청한 시간보다 짧을 것이다. 따라서 이를 꼭 확인해야 한다. 트랩 핸들러에서는 호출할 수 없다.

synchronize   *mutex*.synchronize { … } → *obj*

mutex를 잠그고 블록을 실행한 다음 mutex의 잠금을 해제한다. 블록을 평가한 값을 반환한다. 트랩 핸들러에서는 호출할 수 없다.

try_lock   *mutex*.try_lock → *true* or *false*

mutex가 잠겨 있지 않으면 mutex를 잠그고 true를 반환한다. 이미 잠겨 있다면 false를 반환한다(즉, try_lock은 lock과 비슷하지만 mutex가 사용 가능해지는 것을 기다리지 않는다). 트랩 핸들러에서는 호출할 수 없다.

unlock *mutex*.unlock → *mutex*

현재 스레드에 의해 잠겨 있는 mutex의 잠금을 해제한다. 트랩 핸들러에서는 호출할 수 없다.

클래스 **NilClass** < Object

싱글턴 객체 nil의 클래스

인스턴스 메서드

& nil & *obj* → false

논리 곱 연산자. 항상 false를 반환한다. obj는 메서드 호출의 매개 변수처럼 항상 평가된다. 즉, 이 경우 단축(short-circuit) 실행은 적용되지 않는다.

```
nil && puts("logical and")
nil & puts("and")
```

실행 결과:
```
and
```

^ nil ^ *obj* → *true* or *false*

논리적 배타합. obj가 nil이거나 false이면 false를 반환한다. 그렇지 않으면 true를 반환한다.

| nil | *obj* → *true* or *false*

논리합. obj가 nil이거나 false이면 false를 반환한다. 그 외에는 true를 반환한다.

```
nil | false # => false
nil | 99    # => true
```

nil? nil.nil? → true

항상 true를 반환한다.

rationalize nil.rationalize (*eps* = nil) → Rational (0)

Rational("0")을 반환한다. 매개 변수는 항상 무시된다.

```
nil.rationalize # => (0/1)
```

to_a nil.to_a → [ ]

항상 빈 배열을 반환한다.

```
nil.to_a # => []
```

to_c nil.to_c → Complex (0,0)

항상 복소평면의 원점을 반환한다.

```
nil.to_c # => (0+0i)
```

to_f nil.to_f → 0.0

항상 0을 반환한다.

```
nil.to_f # => 0.0
```

---

to_h nil.to_h → {}

항상 빈 해시를 반환한다.

```
nil.to_h # => {}
```

---

to_i nil.to_i → 0

항상 0을 반환한다.

```
nil.to_i # => 0
```

---

to_r nil.to_r → Rational (0,1)

항상 유리수 0을 반환한다.

```
nil.to_r # => (0/1)
```

---

to_s nil.to_s → ""

항상 빈 문자열을 반환한다.

```
nil.to_s # => ""
```

클래스 **Numeric** < Object

하위 클래스: Float, Integer

Numeric은 추상 클래스인 Integer와 실제 숫자 클래스인 Float, Fixnum, Bignum의 기반 클래스다. Numeric에 정의된 많은 수의 메서드는 자식 클래스에서 재정의된다. 그리고 Numeric에서는 일부 자식 클래스의 메서드 호출도 자유롭게 하고 있다. 이 다섯 개의 클래스에서 제공하는 모든 메서드 목록은 다음 표에 정리되어 있다.

	Numeric	Integer	Fixnum	Bignum	Float	Rational	Complex
%	√	–	√	√	√	–	–
&	–	–	√	√	–	–	–
*	–	–	√	√	√	√	√
**	–	–	√	√	√	√	√
+	–	–	√	√	√	√	√
+@	√	–	–	–	–	–	–
-	–	–	√	√	√	√	√
-@	√	–	√	√	√	–	√
/	–	–	√	√	√	√	√
<	–	–	√	√	√	–	–
<<	–	–	√	√	–	–	–
<=	–	–	√	√	√	–	–
<=>	√	–	√	√	√	√	–
==	–	–	√	√	√	√	√
===	–	–	√	√	√	–	–
>	–	–	√	√	√	–	–
>=	–	–	√	√	√	–	–
>>	–	–	√	√	–	–	–
[]	–	–	√	√	–	–	–
^	–	–	√	√	–	–	–
abs	√	–	√	√	√	–	√
abs2	√	–	–	–	–	–	√
angle	√	–	–	–	√	–	√
arg	√	–	–	–	√	–	√
ceil	√	√	–	–	√	√	–
chr	–	√	–	–	–	–	–
coerce	√	–	–	√	√	√	√
conj	√	–	–	–	–	–	√
conjugate	√	–	–	–	–	–	√
denominator	√	√	–	–	√	√	–
div	√	–	√	√	–	–	–
divmod	√	–	√	√	√	–	–
downto	–	√	–	–	–	–	–
eql?	√	–	–	√	√	–	√

even?	–	√	√	√	–	–	–
fdiv	√	–	√	√	√	√	√
finite?	–	–	–	–	√	–	–
floor	√	√	–	–	√	√	–
gcd	–	√	–	–	–	–	–
gcdlcm	–	√	–	–	–	–	–
		√	–	–	–	–	–	–
imag	√	–	–	–	–	–	√
imaginary	√	–	–	–	–	–	√
infinite?	–	–	–	–	√	–	–
integer?	√	√	–	–	–	–	–
lcm	–	√	–	–	–	–	–
magnitude	√	–	√	√	√	–	√
modulo	√	–	√	√	√	–	–
nan?	–	–	–	–	√	–	–
next	–	√	–	–	–	–	–
nonzero?	√	–	–	–	–	–	–
numerator	√	√	–	–	√	√	√
odd?	–	√	√	√	–	–	–
ord	–	√	–	–	–	–	–
phase	√	–	–	–	√	–	√
polar	√	–	–	–	–	–	√
pred	–	√	–	–	–	–	–
quo	√	–	–	–	√	√	√
rationalize	–	√	–	–	√	√	√
real	√	–	–	–	–	–	√
real?	√	–	–	–	–	–	√
rect	√	–	–	–	–	–	√
rectangular	√	–	–	–	–	–	√
remainder	√	–	–	√	–	–	–
round	√	√	–	–	√	√	–
size	–	–	√	√	–	–	–
step	√	–	–	–	–	–	–
succ	–	√	√	–	–	–	–
times	–	√	–	–	–	–	–
to_c	√	–	–	–	–	–	√
to_f	–	–	√	√	√	√	√
to_i	–	√	–	–	√	√	√
to_int	√	√	–	–	√	–	–
to_r	–	√	–	–	√	√	√
to_s	–	–	√	√	√	√	√
truncate	√	√	–	–	√	√	–
upto	–	√	–	–	–	–	–
zero?	√	–	√	–	√	–	–
		–	–	√	√	–	–	–
~	–	–	√	√	–	–	–

표 20. Numeric에 정의된 메서드 목록

Numeric

믹스인

Comparable: <, <=, ==, >, >=, between?

인스턴스 메서드

+@   *+num → num*

단항 플러스. 수신자의 값을 반환한다.

-@   *--num → numeric*

단항 마이너스. 수신자 값의 음수를 반환한다.

<=>   *num ⟨=⟩ other → 0 or nil*

num과 other가 같다면 0을 반환하고 그 외에는 nil을 반환한다.

%   *num % numeric → numeric*

Numeric#modulo의 별칭. num.divmod(numeric)[1]과 같다.

---

abs   *num.abs → numeric*

num의 절댓값을 반환한다.

```
12.abs      # => 12
(-34.56).abs # => 34.56
-34.56.abs   # => 34.56
```

---

abs2   *num.abs2 → numeric*

num의 절댓값의 제곱을 반환한다.

```
12.abs2      # => 144
(-34.56).abs2 # => 1194.3936
-34.56.abs2   # => 1194.3936
```

---

angle   *num.angle → numeric*

복소수가 아니라면 자신의 음수에 해당하는 π 값을 반환하고, 그렇지 않으면 0을 반환한다. 자세한 내용은 Complex 클래스를 참조하라.

---

arg   *num.arg → numeric*

Numeric#angle의 별칭

---

ceil   *num.ceil → int*

num보다 크거나 같은 정수 중 가장 작은 값을 반환한다. Numeric 클래스는 이를 위해 자신을 Float으로 변환한 다음 Float#ceil을 호출한다.

```
1.ceil      # => 1
1.2.ceil    # => 2
(-1.2).ceil # => -1
(-1.0).ceil # => -1
```

---

coerce   *num*.coerce(*numeric*) → *array*

coerce는 인스턴스 메서드이면서 형 변환 프로토콜의 일부이기도 하다. 숫자에 어떤 연산을 수행할 때, 이 숫자와 다른 클래스로 된 매개 변수가 넘어오면 계산을 위해 먼저 두 숫자에 대해 coerce 메서드를 호출해 이들을 공통된 클래스로 변환해야 한다. 예를 들어 1+ 2.5와 같은 표현식이 있을 때 Fixnum 1을 2.5에 대해 계산 가능하도록 1을 Float로 변환해야 한다. 이런 변환이 coerce로 이루어진다. 모두 숫자 객체에서 coerce 구현은 직관적이다. numeric이 num과 같은 타입이라면 numeric과 num을 담은 배열을 반환한다. 다른 타입이라면, numeric과 num을 모두 Float 객체로 변환해서 반환한다.

```
1.coerce(2.5) # => [2.5, 1.0]
1.2.coerce(3) # => [3.0, 1.2]
1.coerce(2)   # => [2, 1]
```

numeric 객체가 숫자가 아닌 값에 연산을 수행한다면 다른 객체에 coerce를 호출하려 한다. 예를 들어 다음 코드를 보자.

```
1 + "2"
```

루비가 실제 수행하는 코드는 다음과 같다.

```
n1, n2 = "2".coerce(1)
n2 + n1
```

좀 더 일반적인 경우 이는 동작하지 않는다. 숫자가 아닌 값에는 coerce 메서드가 정의되어 있지 않기 때문이다. 하지만 이를 이용해 펄에서 표현식의 문자열을 숫자로 자동 변환해 주는 기능을 일부 구현해 볼 수도 있다(이렇게 사용해 볼 의향이 있다면).

```
class String
  def coerce(other)
    case other
    when Integer
      begin
        return other, Integer(self)
      rescue
        return Float(other), Float(self)
      end
    when Float
      return other, Float(self)
    else super
    end
  end
end

1 + "2"    # => 3
1 - "2.3"  # => -1.2999999999999998
```

```
1.2 + "2.3" # => 3.5
1.5 - "2"   # => -0.5
```

coerce에 대한 자세한 내용은 '산술 연산에서의 강제 변환'(435쪽)에서 설명한다.

---

conj $num.\mathrm{conj} \rightarrow num$

Numeric#conjucate의 별칭

---

conjugate $num.\mathrm{conjugate} \rightarrow num$

num의 켤레 복소수를 반환한다. 복소수가 아니라면 num을 반환한다.

---

denominator $num.\mathrm{denominator} \rightarrow integer$

num을 유리수로 표현했을 때 분모를 반환한다.

```
1.denominator   # => 1
1.5.denominator # => 2
num = 1.0/3
num.to_r        # => (6004799503160661/18014398509481984)
num.denominator # => 18014398509481984
```

---

div $num.\mathrm{div}(\,numeric\,) \rightarrow int$

나누기를 수행하기 위해 /를 사용한다. 그리고 그 결과를 정수로 변환한다. 하지만 Numeric에는 / 연산자가 정의되어 있지 않다. 이 연산자는 하위 클래스에서 정의된다.

---

divmod $num.\mathrm{divmod}(\,numeric\,) \rightarrow array$

num을 numeric으로 나눈 몫과 나머지를 배열로 반환한다. q,r = x.divmod(y)을 수행하면 q = floor(float(x) / float(y))와 x = q * y + r을 만족한다. 몫은 -infinity로 반올림한다.

a	b	a.divmod(b)	a/b	a.modulo(b)	a.remainder(b)
몫 연산자 %는 항상 나누는 수의 부호를 따르며 반대로 remainder(나머지)는 나눠지는 수의 부호를 따른다.					
13	4	[3, 1]	3	1	1
13	-4	[-4, -3]	-4	-3	1
-13	4	[-4, 3]	-4	3	-1
-13	-4	[3, -1]	3	-1	-1
11.5	4	[2, 3.5]	2.875	3.5	3.5
11.5	-4	[-3, -0.5]	-2.875	-0.5	3.5
-11.5	4	[-3, 0.5]	-2.875	0.5	-3.5
-11.5	-4	[2, -3.5]	2.875	-3.5	-3.5

표 21. Division, modulo, remainder

eql? *num*.eql?(*numeric*) → *true* or *false*

num과 numeric의 타입과 값이 모두 같다면 true를 반환한다.

```
1 == 1.0       # => true
1.eql?(1.0)    # => false
(1.0).eql?(1.0) # => true
```

fdiv *num*.fdiv(*numeric*) → *numeric*

Numeric#quo의 별칭

floor *num*.floor → *int*

num보다 작거나 같은 정수 중 가장 큰 값을 반환한다. Numeric에서는 int를
Float으로 변환하고, Float#floor를 실행함으로써 이를 구현하고 있다.

```
1.floor    # => 1
(-1).floor # => -1
```

I *num*.i → Complex(0, *num*)

허수부가 num인 복소수를 반환한다.

imag *num*.imag → 0

Numeric#imaginary의 별칭

imaginary *num*.image → 0

num의 허수부를 반환한다. num이 복소수가 아니면 항상 0을 반환한다.

```
1.imaginary # => 0
```

integer? *num*.integer? → *true* or *false*

num이 Integer(Fixnum이나 Bignum)이면 true를 반환한다.

magnitude *num*.magnitude → *int* or *float*

num의 크기를 반환한다. 여기서 크기란 수직선(數直線)의 원점으로부터 거리
를 의미한다. Complex#magnitude를 참조하라.

```
3.magnitude    # => 3
-3.0.magnitude # => 3.0
```

modulo *num*.modulo(*numeric*) → *numeric*

num.divmod(numeric)[1]과 같다.

nonzero?   *num*.nonzero? → *num* or nil

num이 0이 아니면 num을 반환하고, 그렇지 않으면 nil을 반환한다. 연속해서 비교해야 할 때 유용하다.

```
a = %w( z Bb bB bb BB a aA Aa AA A )
b = a.sort {|a,b| (a.downcase <=> b.downcase).nonzero? || a <=> b }
b # => ["A", "a", "AA", "Aa", "aA", "BB", "Bb", "bB", "bb", "z"]
```

numerator   *num*.numerator → *integer*

num을 유리수로 표현했을 때 분자를 반환한다.

```
1.numerator   # => 1
1.5.numerator # => 3
num = 1.0/3
num.to_r      # => (6004799503160661/18014398509481984)
num.numerator # => 6004799503160661
```

phase   *num*.phase → [*magnitude, angle*]

num의 위상각을 반환한다. 자세한 내용은 Complex를 참조하기 바란다. 복소수가 아닐 때 num이 양수라면 0을 반환하고, 이 외에는 π를 반환한다.

```
123.phase # => 0
```

polar   *num*.polar → [*magnitude, angle*]

num을 극형식으로 반환한다. 자세한 내용은 Complex를 참조하기 바란다. 복소수가 아닌 숫자에 대해서는 [num, 0]을 반환한다.

```
123.polar # => [123, 0]
```

quo   *num*.quo(*numeric*) → *numeric*

하위 클래스에서 재정의한다는 사실을 제외하면 Numeric#/과 같다. quo의 목적은 나눗셈의 결과를 문맥에 따라 좀 더 정확하게 반환하기 위한 것이다. 즉, 1.quo(2)는 유리수 1/2와 같지만, 반면에 1/2은 0이다.

real   *num*.real → *num*

num의 실수부를 반환한다. num이 복소수가 아니라면 항상 num을 반환한다.

```
1.real   # => 1
1.5.real # => 1.5
```

real?   *num*.real? → true

Complex를 제외한 내장 수치 클래스는 스칼라 형이므로 real?에 대해 true를 반환한다.

```
1.real?             # => true
1.0.real?           # => true
Complex(1,0).real? # => false
```

---

rect   *num*.rect → [*num*, 0]

num의 실수부와 허수부를 배열로 반환한다. Complex#rect를 참조하라.

```
1.5.rect # => [1.5, 0]
```

---

rectangular   *num*.rectangular → [*num*, 0]

Numeric#rect의 별칭

---

remainder   *num*.remainder(*numeric*) → *another_numeric*

num - (num/numeric).truncate를 반환한다. 표 21(696쪽)을 참조하라.

---

round   *num*.round → *int*

num을 가장 가까운 정수로 반올림한다.

---

step   *num*.step(*end_num*, *step*) { |i| … } → *num*
                                       num.step(*end_num*, *step*) → *enumerator*

num으로 시작하는 시퀀스에 매번 step만큼 더해가면서 차례로 블록을 호출한
다. 그리고 블록에 전달하는 값이 end_num보다 커졌을 때(step이 양수일 때)
나 end_num보다 작아졌을 때(step이 음수일 때) 반복을 종료한다. 모든 매개
변수가 정수라면 반복을 정수 카운터를 이용해 수행한다. 매개 변수 중 하나
라도 부동소수점이라면 모든 값을 부동소수점으로 변환하고 반복을 floor(n +
n*Float::EPSILON)+1번 수행한다. 이때 n = (end_num - num) / step이다. 그
외에는 루프를 num에서 시작하고, ⟨나 ⟩ 연산자를 이용해 카운터를 end_num
과 비교하며, 자신을 증가시키기 위해 + 연산자를 사용한다. 블록이 주어지지
않으면 열거자 객체를 반환한다.

```
1.step(10, 2) {|i| print i, " " }
```

실행 결과:
```
1 3 5 7 9
```

```
Math::E.step(Math::PI, 0.2) {|f| print f, " " }
```

실행 결과:
```
2.718281828459045 2.9182818284590453 3.118281828459045
```

---

to_c   *num*.to_c → *complex*

num을 복소수로 반환한다.

```
123.to_c # => 123+0i
```

Numeric

to_int
num.to_int → *int*

num을 정수로 변환하기 위해 자식 클래스의 to_i 메서드를 호출한다.

truncate
num.truncate → *int*

num을 정수로 잘라서 반환한다.

zero?
num.zero? → *true* or false

num이 0이면 true를 반환한다.

클래스 **Object** < BasicObject

Object는 거의 모든 루비 클래스의 부모 클래스다. 따라서 명시적으로 재정의하지 않는다면, 모든 객체에서 이 클래스의 메서드를 사용할 수 있다.

Object는 Kernel 모듈을 믹스인한다. 따라서 Kernel 모듈의 함수는 전역적으로 사용할 수 있다. Object의 인스턴스 메서드 일부가 Kernel 모듈에 정의되어 있으나, 명확한 구분을 위해 여기에서 설명한다.

이어지는 설명에서 매개 변수 symbol은 인용된 문자열이거나 Symbol 리터럴 (:name과 같은) 중 하나인 이름을 가리킨다.

인스턴스 메서드

| === | *obj* === *other_obj* → *true* or *false* |

케이스 동일성 판별 연산자. Object#===와 같지만 case 문에서 의미 있는 시맨틱을 제공하기 위해 재정의하는 게 일반적이다.

| <=> | *obj* ⟨=⟩ *other_obj* → 0 or nil |

비교 연산자. other_obj가 obj와 같은 객체이거나 같으면 0을 반환한다. 그렇지 않으면 nil을 반환한다. 이는 비교를 하는 게 무의미하다는 의미를 담고 있다. 비교 시맨틱을 위해 자식 클래스에서 재정의되는 게 일반적이다.

| =~ | *obj* =~ *other_obj* → nil |

패턴 매치 연산자. 의미 있는 패턴 매치 시맨틱을 제공하기 위해 주로 Regexp나 String 같은 자식 클래스에서 재정의된다.

| !~ | *obj* !~ *other_obj* → !(*obj* =~ *other_obj*) |

=~의 반대

| class | *obj*.class → *klass* |

obj의 클래스 객체를 반환한다. class는 루비에서 예약어로 사용되므로, 이 메서드를 사용하고자 할 때는 항상 명시적으로 수신자를 지정해야 한다.

```
1.class    # => Fixnum
self.class # => Object
```

| clone | *obj*.clone → *other_obj* |

obj의 얕은 복사(shallow copy)를 수행한다. 즉, obj의 인스턴스 변수는 복사하지만 참조하고 있는 객체들은 복사하지 않는다. 객체의 동결 상태와 오염 상태,

싱글턴 클래스도 함께 복사한다. Object#dup에서 다루는 내용도 참조하기 바란다.

```
class Klass
  attr_accessor :str
end
s1 = Klass.new    # => #<Klass:0x007f9a2a863e60>
s1.str = "Hello"  # => "Hello"
s2 = s1.clone     # => #<Klass:0x007f9a2a863be0 @str="Hello">
s2.str[1,4] = "i" # => "i"
s1.inspect        # => "#<Klass:0x007f9a2a863e60 @str=\"Hi\">"
s2.inspect        # => "#<Klass:0x007f9a2a863be0 @str=\"Hi\">"
```

---

define_singleton_method   *obj*.define_singleton_method(*symbol, method*) → *method*
                                  obj.define_singleton_method(*symbol*) { ··· } → *proc*

수신자에 싱글턴 메서드를 정의한다. 이 메서드의 매개 변수는 Proc, Method, UnboundMethod 중 하나가 될 수 있다. 블록이 주어지면 이는 메서드의 본문으로 이용된다. 이 블록은 instance_eval을 이용해서 평가된다. Module#define_method를 참조하라.

```
a = "cat"
a.define_singleton_method(:speak) do
  "#{self} says miaow"
end
a.speak # => "cat says miaow"
```

define_singleton_method는 Module#class_eval과 함께 사용해도 유용하다.

```
class Test
  class_eval do
    define_method(:one)           { puts "instance method" }
    define_singleton_method(:two) { puts "class method" }
  end
end
t = Test.new
t.one
Test.two
```

실행 결과:

```
instance method
class method
```

---

display   *obj*.display(*port=$>*) → nil

지정된 포트(기본 설정은 $>)에 obj를 출력한다. 다음 코드와 같다.

```
def display(port=$>)
  port.write self
end
```

이를 사용하는 예제다.

```
1.display
"cat".display
[ 4, 5, 6 ].display
```

실행 결과:

```
1cat[4, 5, 6]
```

dup

$obj.\text{dup} \rightarrow other\_obj$

obj의 얕은 복제(shallow copy)를 수행한다. 즉, obj의 인스턴스 변수는 복사하지만 참조하고 있는 객체들은 복사하지 않는다. 객체의 오염 상태도 복사한다. Object#clone에서 다루는 내용도 참조하기 바란다. clone이 객체의 상태와 연관된 싱글턴 클래스와 내부 플래그(동결 여부 등)까지 복사하는 데 반해 dup은 객체 상태만을 복사한다. 객체 오염 여부는 dup과 clone 모두 복사한다.

enum_for

$obj.\text{enum\_for}(using=:each, \langle args \rangle^+) \rightarrow enumerator$
$obj.\text{enum\_for}(using=:each, \langle args \rangle^+)\ \{\ |*args|\ \cdots\ \} \rightarrow enumerator$

Object#to_enum의 별칭

eql?

$obj.\text{eql?}(other\_obj) \rightarrow true\ or\ false$

obj와 other_obj가 같은 값을 가지고 있으면 true를 반환한다. 이 메서드는 Hash에서 두 개의 키가 같은지를 확인하기 위해 사용된다. Object 클래스의 객체에서는 eql?과 == 연산자가 같다. 자식 클래스들에서도 일반적으로 둘은 같은 용도로 사용되지만 예외도 있다. 예를 들어 Numeric 타입들에서는 ==을 사용하면 형 변환을 수행하지만 eql?에서는 형 변환이 이루어지지 않는다. 다음 예제에서 확인할 수 있다.

```
1 == 1.0 # => true
1.eql? 1.0 # => false
```

extend

$obj.\text{extend}(\langle mod \rangle^+) \rightarrow obj$

매개 변수로 주어진 각 모듈의 인스턴스 메서드를 obj에 추가한다. '24장 메타 프로그래밍'에서는 이 메서드가 어떻게 작동하는지 설명한다. Module#extend_object를 참조하라.

```
module Mod
  def hello
    "Hello from Mod.\n"
  end
end

class Klass
  def hello
    "Hello from Klass.\n"
  end
end

k = Klass.new
k.hello       # => "Hello from Klass.\n"
k.extend(Mod) # => #<Klass:0x007fa829063f28>
k.hello       # => "Hello from Mod.\n"
```

obj.extend(Mod)를 사용하면 기본적으로 다음 코드와 같다.

```
class <<obj
  include Mod
end
```

---

freeze   *obj*.freeze → *obj*

obj를 더 이상 수정할 수 없도록 동결한다. 수정하려고 시도하면 RuntimeError 예외를 발생시킨다. 동결된 객체는 동결을 해제할 수 없다. Object#frozen?도 참고하라.

```
a = [ "a", "b", "c" ]
a.freeze
a << "z"
```

실행 결과:
```
prog.rb:3:in `<main>': can't modify frozen Array (RuntimeError)
```

---

frozen?   *obj*.frozen? → *true* or *false*

obj의 동결 상태를 반환한다.

```
a = [ "a", "b", "c" ]
a.freeze  # => ["a", "b", "c"]
a.frozen? # => true
```

---

hash   *obj*.hash → *fixnum*

obj에 대한 Fixnum 해시값을 생성한다. 이 함수는 반드시 a.eql?(b)라면 a.hash == b.hash라는 속성을 항상 만족해야 한다. Hash 클래스에서 해시값을 사용한다. Fixnum의 한도를 넘어서는 해시값이 있다면 사용되기 전에 잘라낼 것이다. Object 클래스의 인스턴스에서는 해시값과 object_id가 같다. 하지만 모든 자식 클래스에서 해시값과 object_id가 같다는 보장은 없다.

---

initialize_clone   *obj*.initialize_clone(*other*) → *other_obj* or *obj*

Object#clone이 호출되었을 때 복제된 객체를 초기화하는 콜백 메서드다. 기본 구현은 initialize_copy를 호출하도록 되어 있다.

---

initialize_copy   *obj*.initialize_copy(*other*) → *other_obj* or *obj*

Object#dup과 Object#clone에서 사용하는 프로토콜의 일부다. 이는 Object#initialize_clone과 Object#initialize_dup의 폴백(fallback)으로 사용된다. clone이나 dup을 통해 특별한 복사 방식을 사용하고자 한다면 각 메서드를 재정의하면 된다. 양쪽에서 모두 사용되어야 한다면 initialize_copy를 재정의하면 된다.

이 메서드들을 통해 dup과 clone만으로는 복사할 수 없는 어떠한 상태 정보라도 복사할 수 있다. 예를 들어 다음 코드에서 a와 b는 Container 클래스의 객체를 참조하지만 각 인스턴스는 하나의 문자열 객체를 공유한다.

```
class Container
  attr_accessor :content
end
a = Container.new
a.content = "cat"
b = a.dup
a.content[1..-1] = "anary"
a.content # => "canary"
b.content # => "canary"
```

다음 예제는 initialize_copy를 사용해 복제된 객체에서 새로운 문자열을 생성한다.

```
class Container
  attr_accessor :content
  def initialize_copy(other)
    @content = String.new(other.content)
  end
end
a = Container.new
a.content = "cat"
b = a.dup
a.content[1..-1] = "anary"
a.content # => "canary"
b.content # => "cat"
```

---

initialize_dup   *obj*.initialize_dup(*other*) → *other_obj* or *obj*

Object#dup이 호출되었을 때 복제된 객체를 초기화하는 콜백 메서드다. 기본 구현은 initialize_copy를 호출하도록 되어 있다.

---

inspect   *obj*.inspect → *string*

obj를 사람이 읽을 수 있는 형태로 표현한 문자열을 반환한다. 루비로 작성된 객체일 때 인스턴스 변수가 하나라도 있다면 인스턴스 변수의 값과 클래스 이름이 동시에 출력된다. inspect 메서드의 구현은 각 서브 클래스에서 덮어쓸 수 있다.

```
[ 1, 2, 3..4, 'five' ].inspect # => [1, 2, 3..4, "five"]
Time.new.inspect               # => 2013-11-14 16:32:12 -0600
class Demo
  def initialize; @a, @b = 1, 2; end
end
Demo.new.inspect               # => #<Demo:0x007f8cfb93bea0 @a=1, @b=2>
```

---

instance_of?   *obj*.instance_of?(*klass*) → *true* or *false*

obj가 주어진 클래스의 인스턴스이면 true를 반환한다. Object#kind_of?도 참고하라.

---

instance_variable_defined?   *obj*.instance_variable_defined?(*name*) → *true* or *false*

지정된 이름의 인스턴스 변수가 정의되어 있으면 true를 반환한다. 또한 일반적으로 사용될 수 있는 @fred가 nil인지 판단하는 코드(@fred==nil)는 두 가지 면

Object

에서 잘못되었다. 먼저 @fred가 정의된 후에 nil이 대입되었을 수 있다. 또한 디버그 모드로 실행되어 있다면 경고를 출력할 것이다.

```
class Fred
  def initialize(p1, p2)
    @a, @b = p1, p2
  end
end
fred = Fred.new('cat', 99)
fred.instance_variable_defined?(:@a)  # => true
fred.instance_variable_defined?("@b") # => true
fred.instance_variable_defined?(:@c)  # => false
```

---

instance_variable_get   *obj*.instance_variable_get(*symbol*) → *other_obj*

주어진 인스턴스 변수의 값을 반환한다. 지정한 인스턴스 변수가 없으면 NameError 예외를 발생시킨다. 일반적인 인스턴스 변수는 변수 이름에 @를 반드시 포함해야 한다.

```
class Fred
  def initialize(p1, p2)
    @a, @b = p1, p2
  end
end
fred = Fred.new('cat', 99)
fred.instance_variable_get(:@a)  # => "cat"
fred.instance_variable_get("@b") # => 99
```

---

instance_variable_set   *obj*.instance_variable_set(*symbol, other_obj*) → *other_obj*

symbol로 명명한 인스턴스 변수에 other_obj를 설정한다. 이를 통해 적절한 캡슐화를 제공하고자 했던 클래스 개발자의 수고를 좌절시킬 수 있다.

```
class Fred
  def initialize(p1, p2)
    @a, @b = p1, p2
  end
end
fred = Fred.new('cat', 99)
fred.instance_variable_set(:@a, 'dog')
fred.inspect # => #<Fred:0x007f9ea9038bb8 @a="dog", @b=99>
```

---

instance_varlables   *obj*.instance_variables → *array*

수신자의 인스턴스 변수 이름들을 배열로 반환한다. 단순히 접근자를 선언한 것만으로는 해당 인스턴스 변수가 만들어지지는 않는다는 사실에 주의하자.

```
class Fred
  attr_accessor :a1
  def initialize
    @iv = 3
  end
end
Fred.new.instance_variables # => [:@iv]
```

| is_a? | *obj*.is_a?(*klass*) → *true* or *false* |

Object#kind_of?의 별칭

| kind_of? | *obj*.kind_of?(*klass*) → *true* or *false* |

klass가 obj의 클래스이거나 obj의 상위 클래스 중 하나이거나 인클루드된 모듈
이라면 true를 반환한다.

```
module M
end
class A
  include M
end
class B < A; end
class C < B; end

b = B.new
b.instance_of? A # => false
b.instance_of? B # => true
b.instance_of? C # => false
b.instance_of? M # => false
b.kind_of? A     # => true
b.kind_of? B     # => true
b.kind_of? C     # => false
b.kind_of? M     # => true
```

| method | *obj*.method(*symbol*) → *meth* |

obj에서 symbol에 해당하는 이름의 메서드를 찾아서 Method 객체로 반환한다.
주어진 이름을 가진 메서드가 없다면 NameError 예외를 발생시킨다. Method
객체는 클로저이며 따라서 인스턴스 변수나 self 값을 사용할 수 있다.

```
class Demo
  def initialize(n)
    @iv = n
  end
  def hello()
    "Hello, @iv = #{@iv}"
  end
end

k = Demo.new(99)
m = k.method(:hello)
m.call    # => "Hello, @iv = 99"

l = Demo.new('Fred')
m = l.method("hello")
m.call    # => "Hello, @iv = Fred"
```

| methods | *obj*.methods(*regular*=true) → *array* |

regular가 true이면 obj에서 public으로 접근할 수 있는 메서드 이름 목록을 반
환한다. 그렇지 않으면 obj의 싱글턴 메서드 목록을 반환한다.

```
class Klass
  def my_method; end
end
```

```
k = Klass.new
def k.single; end
k.methods[0..6]  # => [:single, :my_method, :nil?, :===, :=~, :!~, :eql?]
k.methods.length # => 56
k.methods(false) # => [:single]
```

---

nil?   *obj*.nil? → *true* or *false*

nil을 제외한 모든 객체는 false를 반환한다.

---

object_id   *obj*.object_id → *fixnum*

obj를 나타내는 정수를 반환한다. 특정 객체에서 object_id를 호출하면 항상 같은 숫자를 반환할 것이다. 그리고 현재 활성화되어 있는 어떤 객체도 ID를 공유하지 않는다. Object#object_id는 name의 심벌 ID를 반환하는 :name 표기법과는 다른 개념이다. 비추천 메서드 Object#id를 대체한다.

---

private_methods   *obj*.private_methods → *array*

obj 안에서만 접근 가능한 private 메서드 목록을 반환한다. 이 목록은 obj의 상위 클래스나 믹스인된 모듈의 메서드들도 포함한다.

---

protected_methods   *obj*.protected_methods → *array*

obj에서 접근할 수 있는 protected 메서드 목록을 반환한다.

---

public_method   *obj*.public_method (*symbol*) → *meth*

obj에서 symbol에 해당하는 이름의 메서드를 찾아서 Method 객체로 반환한다. 주어진 이름을 가진 메서드가 없거나 public이 아니라면 NameError 예외를 발생시킨다.

```
class Demo
  def initialize(n)
    @iv = n
  end
  def hello()
    puts "Hello, @iv = #{@iv}"
  end
end

k = Demo.new(99)
m = k.public_method(:hello)
m.call

l = Demo.new('Fred')
m = l.public_method(:initialize)
m.call
```

실행 결과:

```
        from prog.rb:15:in `<main>'
Hello, @iv = 99
prog.rb:15:in `public_method': method `initialize' for class `Demo' is private
(NameError)
```

public_methods   *obj*.public_methods → *array*

Object#methods의 별칭

public_send   *obj*.public_send(*name*, ⟨args⟩⁺) → *obj*

obj의 public 메서드 name을 args를 매개 변수로 호출한다. name 메서드를 평
가한 결과를 반환한다. public_send와 달리 send는 private와 protected 메서드
도 호출할 수 있다. Object#send를 참조하라.

respond_to?   *obj*.respond_to?(*symbol, include_priv*=false) → *true* or *false*

obj가 주어진 메서드에 응답하면 true를 반환한다. 두 번째 매개 변수가 true인
경우에만 private와 protected 메서드도 검색 목록에 포함한다.

respond_to_missing?   *obj*.respond_to_missing?(*symbol, include_priv*=false) → *true* or *false*

respond_to?로 메서드를 검색하고 주어진 이름의 메서드를 찾지 못했을 때 실
행되는 콜백 메서드다. 이를 통해 method_missing으로 구현된 메서드인지 여
부를 알 수 있다.

```ruby
class Example
  def regular
  end
  def method_missing(name, *args, &block)
    if name == :dynamic
      # 무언가를 실행한다.
    else
      super
    end
  end
  def respond_to_missing?(name, include_priv)
    name == :dynamic
  end
end

ex = Example.new
ex.respond_to?(:regular) # => true
ex.respond_to?(:dynamic) # => true
ex.respond_to?(:other)   # => false
```

send   *obj*.send(*symbol* ⟨, *args*⟩* ⟨, *&block*⟩) → *other_obj*

symbol에 의해 식별되는 메서드를 호출한다. 인자와 블록이 지정되어 있으면
그대로 넘겨준다. obj에서 send라는 이름을 사용하고 있다면 BasicObject#__
send__를 대신 사용할 수 있다.

```ruby
class Klass
  def hello(*args)
    "Hello " + args.join(' ')
  end
end
k = Klass.new
k.send :hello, "gentle", "readers" # => "Hello gentle readers"
```

Object

singleton_class

obj.singleton_class → klass

필요할 때 한 번만 생성되는 obj의 싱글턴 클래스를 반환한다. TrueClass,
FalseClass, NilClass는 자기 자신의 싱글턴 클래스다. Fixnum에는 싱글턴 클래
스가 없다.

```
obj = "cat"
old_way = class << obj; self; end
new_way = obj.singleton_class

old_way              # => #<Class:#<String:0x007fa53b900ff0>>
new_way              # => #<Class:#<String:0x007fa53b900ff0>>
new_way == old_way # => true
```

singleton_methods

obj.singleton_methods(all=true) → array

obj의 싱글턴 메서드들의 이름을 배열로 반환한다. 매개 변수 all이 true이면 반
환되는 목록에 obj에 인클루드된 모듈의 메서드까지 포함할 것이다(2004년 1월
이전 버전의 루비에서는 이 매개 변수의 기본값이 false였다).

```
module Other
  def three(); end
end

class Single
  def Single.four(); end
end

a = Single.new

def a.one(); end

class << a
  include Other
  def two(); end
end

Single.singleton_methods      # => [:four]
a.singleton_methods(false)    # => [:one, :two]
a.singleton_methods(true)     # => [:one, :two, :three]
a.singleton_methods           # => [:one, :two, :three]
```

taint

obj.taint → obj

obj를 오염된 것으로 표시한다. $SAFE 변수가 0보다 크면 새로 만들어진 객체
중 일부를 오염된 것으로 표시한다. 자세한 내용은 26장에서 다룬다.

tainted?

obj.tainted? → true or false

obj의 오염 여부를 반환한다.

```
a = "cat"
a.tainted? # => false
a.taint    # => "cat"
a.tainted? # => true
a.untaint  # => "cat"
a.tainted? # => false
```

tap   *obj*.tap { |val| ··· } → *obj*

블록을 평가한다. 이때 obj 자신을 블록의 매개 변수로 넘겨준다. obj를 반환한
다. 이를 통해 메서드 체인 과정에 영향을 주지 않고 체인 중간에 개입해 코드를
작성할 수 있다.

```
puts "dog"
  .reverse
    .tap {|o| puts "Reversed: #{o}"}
  .capitalize
```

실행 결과:

```
Reversed: god
God
```

to_enum   *obj*.to_enum(*using*=:each, ⟨args⟩⁺) → *enumerator*
                              obj.to_enum(*using*=:each, ⟨args⟩⁺) { |*args| ··· } → *enumerator*

obj의 내용을 열거하는 Enumerator 객체를 반환한다. 기본적으로 이 열거자는
obj의 each 메서드를 호출하지만 첫 번째 매개 변수를 지정해서 다른 메서드를
호출할 수도 있다. 두 번째 이후의 매개 변수들은 메서드에 인자로 넘겨진다.

```
by_bytes = "∂og".to_enum(:each_byte)
by_bytes.next # => 226
by_bytes.next # => 136
by_bytes.next # => 130
by_bytes.next # => 111

by_chars = "∂og".to_enum(:each_char)
by_chars.next # => "∂"
by_chars.next # => "o"
by_chars.next # => "g"
```

블록이 주어지면 실제로 반복이 이루어지는 것이 아니라, 이 블록의 평가 결과
가 이 열거자의 길이가 된다. 이는 루비 2.0에서 추가된 게으른 열거자의 길이를
계산하는 데 사용된다.

to_s   *obj*.to_s → *string*

obj의 문자열 표현을 반환한다. 기본 to_s 메서드는 객체의 클래스와 객체 ID의
인코딩을 출력한다. 특별히 루비 프로그램 초기 실행 문맥인 최상위 객체의 경
우에는 'main'을 반환한다.

trust   *obj*.trust → *obj*

obj를 신뢰 상태로 표시한다('26.3 신뢰할 수 있는 객체'를 참조하라).

untaint   *obj*.untaint → *obj*

obj에서 오염 상태를 제거한다.

untrust *obj*.untrust → *obj*

obj를 비신뢰 상태로 표시한다('26.3 신뢰할 수 있는 객체'를 참조하라).

untrusted? *obj*.untrusted? → *true* or *false*

obj가 비신뢰 상태이면 ture를 반환하고, 아니면 false를 반환한다.

private 인스턴스 메서드

__callee__ __callee__ → *symbol* or nil

현재 메서드의 이름을 반환한다. 메서드 맥락 밖에 있다면 nil을 반환한다. 메서드가 별칭으로 호출되었다면 원래의 이름이 아닌 별칭을 반환한다.

```
def fred
  puts "I'm in #{__callee__.inspect}"
end
fred
puts "Then in #{__callee__.inspect}"
```

실행 결과:
```
I'm in :fred
Then in nil
```

__dir__ __dir__ → *string*

호출된 메서드가 포함된 파일의 디렉터리를 절대 경로로 반환한다.

__method__ __method__ → *symbol* or nil

__callee__의 별칭

**`** `cmd` → *string*

서브셸에서 cmd 명령어를 실행한 결과를 반환한다. 160쪽에서 사용했던 기본 문법인 %x{...}은 이 메서드를 사용한다. $?에 프로세스 실행 결과 상태를 설정한다.

```
`date`                  # => "Thu Nov 14 16:32:12 CST 2013\n"
`ls testdir`.split[1]   # => "main.rb"
`echo oops && exit 99`  # => "oops\n"
$?.exitstatus           # => 99
```

Array Array(*arg*) → *array*

arg를 배열로 반환한다. 먼저 arg.to_ary와 arg.to_a를 시도한다. 둘 다 실패하면, arg를 포함하는 하나의 요소로 된 배열을 만든다(arg가 nil이면 빈 배열을 만든다).

```
Array(1..5) # => [1, 2, 3, 4, 5]
```

Complex   Complex (*real*, *imag* = 0) → *complex*

주어진 실수부 real과 허수부 imag를 사용해서 생성한 복소수를 반환한다.

```
Complex(1)          # => 1+0i
Complex("1")        # => 1+0i
Complex("1", "3/2") # => 1+3/2i
Complex("3+2i")     # => 3+2i
```

Float   Float (*arg*) → *float*

arg를 부동소수점으로 변환한다. Numeric 타입은 직접 변환한다. 문자열은 문
자열이 나타내는 10진수나 0x로 시작하는 16진수 부동소수점으로 해석한 후 변
환한다. sprintf의 %a 지시자를 참조하라. 다른 경우에는 arg에 to_f 메서드를 호
출해 변환을 시도한다. nil을 변환하려고 하면 TypeError 예외를 발생시킨다.

```
Float(1)                   # => 1.0
Float("123.456")           # => 123.456
Float("0x1.921fb54442d18p+1") # => 3.141592653589793
```

Hash   Hash (*arg*) → *hash*

to_hash 메서드를 호출해 arg를 해시로 변환한다.

```
Hash(nil)          # => {}
Hash(x: 23, y: 67) # => {:x=>23, :y=>67}
h1 = { a:1, c:3 }
h2 = { b:2, d:4 }
Hash(**h1, **h2)   # => {:a=>1, :c=>3, :b=>2, :d=>4}
```

Integer   Integer (*arg*) → *int*

arg를 Fixnum이나 Bignum으로 변환한다. Numeric 타입은 직접적으로 변환된
다(부동소수점은 소수점 이하가 잘린다). arg가 문자열이라면 앞부분에 진법을
(0, 0b, 0x) 표시해도 좋다. 그 외에는 to_int와 to_i 메서드를 통해 변환된다. 이
런 변환 방식은 Sting#to_i와는 다르다. nil을 변환하려고 하면 TypeError 예외
를 발생시킨다.

```
Integer(123.999) # => 123
Integer("0x1a")  # => 26
```

Rational   Rational (*numerator*, *denominator* = 1) → *rational*

주어진 표현을 사용해 유리수를 생성한다.

```
Rational(1)          # => 1/1
Rational("1")        # => 1/1
Rational("1", "2")   # => 1/2
Rational(1, 0.5)     # => 2/1
Rational("3/2")      # => 3/2
Rational("3/2", "4/5") # => 15/8
```

String

String(*arg*) → *string*

to_s 메서드를 사용해 arg를 String 객체로 변환한다.

```
String(self)       # => "main"
String(self.class) # => "Object"
String(123456)     # => "123456"
```

abort

abort

abort(*msg*)

프로그램을 즉시 종료하고, 종료 코드 1을 반환한다. msg는 프로그램이 종료되기 전에 표준 에러에 출력된다.

at_exit

at_exit { ··· } → *proc*

블록을 Proc 객체로 변환하고 이를 프로그램이 종료될 때 실행하도록 등록한다. 여러 개의 핸들러를 지정하면, 이들 모두를 등록한 순서의 역순으로 실행한다.

```
def do_at_exit(str1)
  at_exit { print str1 }
end
at_exit { puts "cruel world" }
do_at_exit("goodbye ")
exit
```

실행 결과:

```
goodbye cruel world
```

autoload

autoload(*name, file_name*) → nil

name(문자열이나 심벌) 모듈에 처음 접근하려 할 때 file_name을 로드 (Object#require를 사용)하도록 등록한다.

```
autoload(:MyModule, "/usr/local/lib/modules/my_module.rb")
```

메서드 Module.autoload를 사용해 이름 공간 고유의 autoload를 정의할 수 있다.

```
module X
  autoload :XXX, "xxx.rb"
end
```

단, xxx.rb에는 올바른 이름 공간에 속하는 클래스를 정의해야만 한다. 앞선 예제처럼 사용하고자 한다면 xxx.rb는 다음과 같아야 한다.

```
class X::XXX
  # ...
end
```

autoload?

autoload?(*name*) → *file_name* or nil

문자열이나 심벌 name을 최상위 수준에서 참조할 때 읽어 들이도록 설정한 파일의 이름을 반환한다. 이러한 설정이 존재하지 않으면 nil을 반환한다.

```
autoload(:Fred, "module_fred") # => nil
autoload?(:Fred)               # => "module_fred"
autoload?(:Wilma)              # => nil
```

binding *binding* → *a_binding*

호출 시점의 변수와 메서드 바인딩을 나타내는 Binding 객체를 반환한다. 이 객체는 명령어를 이 환경에서 실행하기 위해 eval을 호출할 때 함께 사용할 수 있다. 자세한 내용은 Binding 클래스(546쪽)를 참조하기 바란다.

```
def get_binding(param)
  return binding
end
b = get_binding("hello")
eval("param", b) # => "hello"
```

block_given? *block_given?* → *true* or *false*

yield가 현재 문맥에서 블록을 실행할 수 있으면 true를 반환한다.

```
def try
  if block_given?
    yield
  else
    "no block"
  end
end

try            # => "no block"
try { "hello" } # => "hello"
block = lambda { "proc object" }
try(&block)    # => "proc object"
```

caller *caller*(⟨ *start* ⟨, *max_size*⟩⟩) → *array*
caller(⟨ *range*⟩) → *array*

현재 실행 스택(file:line이나 file:line: in `method` 형태의 문자열을 담고 있는 배열)을 반환한다. 선택적인 start 매개 변수는 결과에서 건너뛸 앞의 스택 수를 결정한다. 선택적인 max_size 매개 변수는 반환될 배열의 최대 크기를 지정한다. 대신에 매개 변수에 range를 지정하면 해당하는 부분을 가져올 수 있다.

```
def a(skip)
  caller(skip)
end
def b(skip)
  a(skip)
end
def c(skip)
  b(skip)
end
c(0)    # => ["prog.rb:2:in `a'", "/tmp/prog.rb:5:in `b'", "/tmp/prog.rb:8:in
        # .. `c'", "/tmp/prog.rb:10:in `<main>'"]
c(1)    # => ["prog.rb:5:in `b'", "/tmp/prog.rb:8:in `c'", "/tmp/prog.rb:11:in
        # .. `<main>'"]
c(2)    # => ["prog.rb:8:in `c'", "/tmp/prog.rb:12:in `<main>'"]
c(3)    # => ["prog.rb:13:in `<main>'"]
```

Object

caller_locations   caller_locations → array of caller sites

호출 스택을 포함하는 배열을 반환한다.

```
def outer
  inner
end

def inner
  p caller_locations
end

puts outer
```

실행 결과:
```
["prog.rb:2:in `outer'", "/tmp/prog.rb:9:in `<main>'"]
prog.rb:2:in `outer'
prog.rb:9:in `<main>'
```

catch   catch (*object* = Object.new) { ⋯ } → *obj*

catch는 결합된 블록을 실행한다. throw을 만나면 루비는 스택을 올라가며 throw의 심벌에 해당하는 태그를 가진 catch 블록을 찾는다. 해당하는 catch를 찾으면 그 블록을 종료하고 catch는 throw에 전달된 두 번째 인자를 반환한다. throw가 호출되지 않았다면 catch 블록은 정상적으로 종료되며 블록에서 마지막에 평가된 식의 값을 반환한다. catch는 중첩해서 사용할 수도 있으며, throw 호출은 어휘적 유효 범위(lexical scope)에 있을 필요도 없다. 1.9 이전에는 catch와 throw에 넘겨진 매개 변수는 심벌이어야만 했으나, 1.9부터는 어떤 객체라도 상관없다. 리터럴을 사용할 때는 즉시값으로 된 객체를 사용하는 게 좋다.

```
def routine(n)
  print n, ' '
  throw :done if n <= 0
  routine(n-1)
end
catch(:done) { routine(4) }
```

실행 결과:
```
4 3 2 1 0
```

chomp   chomp (⟨*rs*⟩) → $_ or ⟨string⟩

만일 chomp가 $_를 바꾸지 않는다면, 대입문을 수행하지 않는다는 차이를 제외하고는 $_ = $.chomp(rs)와 동일하다. String#chomp(778쪽)를 참조하라. -n나 -p 옵션을 지정했을 때만 사용할 수 있다.

chop   chop → *string*

chop이 아무 일도 하지 않으면, $_는 바뀌지 않고 nil을 반환하지 않는다는 차이점을 제외하고는 $_.dup.chop!과 거의 동일하다. String#chop!을 참조(779쪽)하라. -n나 -p 옵션을 지정했을 때만 사용할 수 있다.

define_method   define_method (*symbol, method*) → *method*
                                                          define_method (*symbol*) { ⋯ } → *proc*

전역 메서드를 정의한다. Module#define_method와 비슷하다.

```
define_method(:adder, -> (a, b) { a+b })
adder(1, 2)        # => 3
adder("cat", "dog") # => "catdog"
```

def 키워드를 사용하면 유효하지 않은 이름의 메서드를 정의하는 것도 가능하다. 이 메서드는 직접적으로 호출할 수 없다.

```
class Silly
  define_method("Oh !@!#^!") { "As Snoopy says" }
end
Silly.new.send("Oh !@!#^!") # => "As Snoopy says"
```

---

eval   eval (*string* ⟨, *binding* ⟨, *file* ⟨, *line*⟩⟩⟩) → *obj*

문자열에 담긴 루비 표현식을 실행한다. binding을 넘겨주면 그 문맥에서 표현식을 실행한다. binding은 반드시 Binding 객체여야 한다. 선택적인 매개 변수 file과 line을 지정하면 이 값을 이용해 문법 오류를 보고할 것이다.

```
def get_binding(str)
  return binding
end
str = "hello"
eval "str + ' Fred'"                    # => "hello Fred"
eval "str + ' Fred'", get_binding("bye") # => "bye Fred"
```

eval 내부에서 정의된 지역 변수라도 eval이 실행되기 전에 정의된 변수는 eval이 실행된 이후에도 접근 가능하다. 이런 식으로, eval은 블록과 같은 범위를 가진다.

```
a = 1
eval "a = 98; b = 99"
puts a
puts b
```

실행 결과:

```
98
prog.rb:4:in `<main>': undefined local variable or method `b' for main:Object
(NameError)
```

---

exec   exec (⟨env,⟩ *command* ⟨, *args*⟩*, ⟨options⟩)

현재 프로세스를 바꿔서 주어진 외부 명령을 수행하도록 한다. exec에 매개 변수를 하나만 전달하면 이 매개 변수는 실행 전에 셸 확장이 필요한 명령으로 인식한다. 명령이 줄 바꿈을 포함하거나 ?*{}[]⟨⟩()~&|$;"",나 윈도에서 쓰이는 셸 내부 명령(예를 들어 dir)이라면 이 명령은 셸에서 실행한다. 유닉스에서는 루비 명령 앞에 sh -c를 붙여서 실행한다. 윈도에서는 RUBYSHELL이나 COMSPEC에서 정의한 셸 이름을 사용한다.

여러 매개 변수를 전달하면 두 번째와 그 이후 매개 변수는 명령에 대한 매개 변수로 전달하며 셸 확장은 일어나지 않는다. 첫 번째 매개 변수가 두 개의 요소를 가진 배열이라면 첫 번째 요소는 실행해야 할 명령이 되고, 두 번째 요소는 argv[0] 값으로 사용되며, 이 값이 프로세스 목록에서 나타날 것이다. MS-DOS 환경에서는 명령을 하위 셸에서 실행한다. 그 외에는 exec(2) 시스템 호출 중 하나를 사용하며, 따라서 이 명령은 원래 프로그램의 환경 중 일부(열린 파일 기술자를 포함해서)를 상속한다. 명령을 실행할 수 없다면 SystemCallError 예외를 발생시킨다(일반적으로 Errono::ENOENT).

```
exec "echo *"          # 현재 디렉터리의 모든 파일을 출력한다.
# 이 이후는 실행되지 않는다.

exec "echo", "*"       # 별표를 출력한다.
# 이 이후는 실행되지 않는다.
```

생략 가능한 매개 변수 env는 서브셸의 실행 환경 변수로 추가될 해시다. 해시에서 값이 nil인 경우에는 해당하는 키값에 대응하는 환경 변수를 제거한다. 키값은 반드시 문자열이어야 한다. 생략 가능한 매개 변수 options는 서브셸의 설정을 제어하는 해시다. 사용할 수 있는 키와 그 의미에 대해서는 #spawn에 관한 표에서 참조하기 바란다. Object#spawn과 Object#system을 참조하라.

---

exit   exit(true | false | *status*=1)

루비 스크립트를 종료한다. 예외 핸들러 범위에서 호출되면 SystemExit 예외를 발생시킨다. 이 예외를 잡을 수도 있다. 그 외에는 exit(2)를 이용해서 프로세스를 종료한다. 선택적 매개 변수는 실행 환경에 상태 코드를 반환하는 데 사용한다. 매개 변수가 true라면 상태값을 0으로 종료한다. 그리고 매개 변수가 false라면(또는 매개 변수 없이) 상태값 0으로 종료한다. 그 외에는 주어진 status 값으로 종료한다. 기본 exit 값은 1이다.

```
fork { exit 99 }
Process.wait
puts "Child exits with status: #{$?.exitstatus}"
  begin
    exit
    puts "never get here"
  rescue SystemExit
    puts "rescued a SystemExit exception"
  end
  puts "after begin block"
```

실행 결과:

```
Child exits with status: 99
rescued a SystemExit exception
after begin block
```

종료 바로 직전에 루비는 at_exit 함수를 모두 수행하고 객체 종료자(ObjectSpace(735쪽) 참조)들을 실행한다.

```
at_exit { puts "at_exit function" }
ObjectSpace.define_finalizer("xxx", lambda { |obj| puts "in finalizer" })
exit
```

실행 결과:

```
at_exit function
in finalizer
```

---

exit!   exit! (true | false | *status* = 1)

Object#exit와 비슷하지만 예외 처리, at_exit 함수, 종료자를 모두 건너뛴다.

---

fail   fail
                                                                       fail (*message*)
                                                  fail (*exception* ⟨, *message* ⟨, *array*⟩⟩)|

Object#raise의 별칭

---

fork   fork ⟨{ ⋯ }⟩ → *int* or nil

하위 프로세스를 생성한다. 블록을 지정하면 이 블록을 하위 프로세스에서 실행
하고 하위 프로세스는 상태값 0으로 종료된다. 그 외에는 fork가 값을 두 번 반
환한다. 자식 프로세스에서는 at_exit 함수 수행을 피하기 위해, Object#exit!를
이용해 종료할 수도 있다. 부모 프로세스에서는 자기 자식들의 종료 상태를 수
집하기 위해 Process.wait를 사용해야 한다. 그렇지 않으면 그것들의 상태에 관
심이 없음을 등록하기 위해 Process.detach를 호출해야 한다. 이렇게 하지 않으
면 자식 프로세스가 운영 체제에 좀비 프로세스로 쌓일 것이다.

```
fork do
  3.times {|i| puts "Child: #{i}" }
end
3.times {|i| puts "Parent: #{i}" }
Process.wait
```

실행 결과:

```
Parent: 0
Child: 0
Parent: 1
Child: 1
Parent: 2
Child: 2
```

---

format   format (*format_string* ⟨, *arg*⟩*) → *string*

Object#sprintf의 별칭

---

gem   gem (*gem_name* ⟨, *version*⟩) → *true* or *false*

주어진 젬 애플리케이션의 include 경로를 추가하고 이어지는 require 메서드를
호출 시에 탐색하도록 한다. version을 생략하면 기본적으로 젬의 최신 버전을
사용한다. '젬과 버전'(269쪽)에서 좀 더 자세한 정보와 예제를 소개한다.

gem_original_require   gem_original_require ⟨ *filename* ⟩⁺

루비젬을 모르는 Object#require 메서드

---

gets   gets(*separator*=$/) → *string* or nil

ARGV(또는 $*)에 지정된 파일을 연결한 가상 파일이나 (명령행에서 파일을 입력하지 않은 경우에는) 표준 입력에서 다음 한 줄을 읽어서 반환한다. 파일 끝에 다다르면 nil을 반환한다. 선택적 매개 변수를 통해 레코드 구분자를 명시할 수 있다. 구분자는 각 레코드의 내용에 포함된다. 구분자가 nil이라면 전체 내용을 읽고, 구분자의 길이가 0이라면 연속된 줄 바꿈 문자 두 개로 구분되는 한 문단씩 읽는다. ARGV에 파일 이름이 여러 개 있다면 gets(nil)이 한 번에 한 파일씩 그 내용을 읽을 것이다. $_를 암묵적 매개 변수로 사용하던 방식은 이제 루비 커뮤니티에서 점점 더 사용되지 않는 추세다.

```
ARGV << "testfile"
print while gets
```

실행 결과:
```
This is line one
This is line two
This is line three
And so on...
```

---

global_variables   global_variables → *array*

전역 변수들의 이름을 담은 배열을 반환한다.

```
global_variables.grep /std/ # => [:$stdin, :$stdout, :$stderr]
```

---

gsub   gsub(*pattern*, *replacement*) → *string*
                                            gsub(*pattern*) { ··· } → *string*

$_.gsub(...)와 동일하다. 하지만 치환이 일어나면 $_도 갱신한다는 차이가 있다. 명령행에서 -n이나 -p를 지정했을 때만 사용할 수 있다.

---

initialize   initialize(⟨ *arg* ⟩⁺)

initialize는 객체 생성 과정에서 세 번째 또는 마지막으로 호출되며, 새로운 객체의 초기 상태를 설정하는 데 사용된다. initialize 메서드는 다른 언어의 생성자 메서드와 같은 방식으로 정의해서 사용하면 된다. Object 이외의 클래스에 대해 자식 클래스를 생성할 때는 일반적으로 super를 통해 부모 클래스의 initialize 메서드를 호출할 수 있다.

```
class A
  def initialize(p1)
    puts "Initializing A: p1 = #{p1}"
    @var1 = p1
  end
```

```
end
class B < A
  attr_reader :var1, :var2
  def initialize(p1, p2)
    super(p1)
    puts "Initializing B: p2 = #{p2}"
    @var2 = p2
  end
end
b = B.new("cat", "dog")
puts b.inspect
```

실행 결과:

```
Initializing A: p1 = cat
Initializing B: p2 = dog
#<B:0x007f8f0c863d30 @var1="cat", @var2="dog">
```

---

iterator?

iterator? → *true* or *false*

Object#block_given?의 별칭이다. 비추천 메서드다.

---

lambda

lambda { … } → *proc*

주어진 블록에서 새로운 프로시저 블록을 만든다. lambda를 이용해 만든 프로시저 객체와 Proc.new를 이용해 만든 것의 차이에 대한 설명은 'Proc 객체'(416쪽)에서 다룬 바 있다. 이제는 proc보다 lambda를 권장한다.

```
prc = lambda { "hello" }
prc.call # => "hello"
```

---

load

load(*file_name, wrap* = false) → true

file_name 파일에 있는 루비 프로그램을 로드해서 실행한다. 파일 이름을 절대 경로로 찾을 수 없다면, $:에 나열된 라이브러리 디렉터리에서 찾으려 시도한다. 선택 전인 매개 변수 wrap이 true이면 로드된 스크립트를 익명 모듈 안에서 실행할 것이다. 이를 통해 호출한 프로그램의 전역 이름 공간을 보호할 수 있다. 어떤 일이 있어도 로드된 파일의 지역 변수는 로딩된 환경을 더럽히지 않는다.

---

local_variables

local_variables → *array*

현재 지역 변수들의 이름을 반환한다.

```
fred = 1
for i in 1..10
  # ...
end
local_variables # => [:fred, :i]
```

지역 변수는 바인딩에 결합된다.

```
def fred
  a = 1
  b = 2
  binding
end
freds_binding = fred
eval("local_variables", freds_binding) # => [:a, :b]
```

loop loop ⟨{···}⟩

블록을 반복 실행한다.

```
loop do
  print "Type something: "
  line = gets
  break if line.nil? || line =~ /^[qQ]/
  # ...
end
```

loop는 StopIteration 예외가 발생하면 조용히 반복을 빠져나간다. 이러한 특징을 활용해 외부 반복자에서 활용할 수 있다.

```
enum1 = [1, 2, 3].to_enum
enum2 = [10, 20].to_enum
loop do
  puts enum1.next + enum2.next
  end
```

실행 결과:
```
11
22
```

open open(*name* ⟨, *mode* ⟨, *permission*⟩⟩) → *io* or nil
open(*name* ⟨, *mode* ⟨, *permission*⟩⟩) { |io| ··· } → *obj*

주어진 스트림, 파일, 하위 프로세스에 연결된 IO 객체를 만든다.

name이 파이프 문자(|)로 시작하지 않는다면, 이를 파일 이름으로 간주하고, 주어진 모드(기본값은 'r', 표 16(595쪽) 참조)로 열려고 시도한다. 파일이 새로 만들어졌다면, 이 파일의 초기 권한은 세 번째 매개 변수에 담긴 정수를 이용해 설정될 것이다. 세 번째 매개 변수가 있다면 파일을 열 때 fopen(3) 호출보다는 저수준 호출 open(2)를 이용할 것이다.

블록을 명시하면, IO 객체를 매개 변수로 이 블록을 실행한다. 그리고 블록의 실행을 마치면 자동으로 IO를 닫을 것이다. 이때는 블록의 평가 결과를 반환한다.

name이 파이프 문자로 시작하면, 하위 프로세스를 만들이 파이프의 짝으로 호출자와 연결한다. 반환된 IO 객체는 하위 프로그램의 표준 입력에 쓰고, 하위 프로세스에서 표준 출력을 읽는 데 사용한다. 파이프 문자(|) 다음에 오는 명령이 마이너스 부호 하나라면 루비를 포크하고 이 하위 프로세스를 부모에 연결한다. 이때 하위 프로세스에서 open 호출은 nil을 반환한다. 명령어가 '--'이 아니라면 하위 프로세스가 명령어를 실행할 것이다. open("|--") 호출에 블록이 결합되면 이 블록을 두 번 실행할 것이다. 즉 부모 프로세스에서 한 번, 자식 프로세스에서 한 번 실행된다. 부모 프로세스에 전달되는 매개 변수는 IO 객체이고,

자식 프로세스에는 nil이 전달된다. 그리고 부모의 IO 객체는 자식의 STDIN과 STDOUT에 연결될 것이다. 하위 프로세스 블록의 끝에서 종료된다.

```
open("testfile", "r:iso-8859-1") do |f|
  print f.gets
end
```

실행 결과:

```
This is line one
```

하위 프로세스를 열고 그것의 결과를 읽는다.

```
cmd = open("|date")
print cmd.gets
cmd.close
```

실행 결과:

```
Thu Nov 14 16:32:16 CST 2013
```

같은 루비 프로그램을 실행하는 하위 프로세스를 연다.

```
f = open("|-", "w+")
if f.nil?
  puts "in Child"
  exit
else
  puts "Got: #{f.gets}"
end
```

실행 결과:

```
Got: in Child
```

블록을 이용해 하위 프로세스를 열고 I/O 객체를 받는다.

```
open("|-") do |f|
  if f.nil?
    puts "in Child"
  else
    puts "Got: #{f.gets}"
  end
end
```

실행 결과:

```
Got: in Child
```

---

p　　　　　　　　　　　　　　　　　　　　　　　$p(\langle obj \rangle^+) \rightarrow obj$

각 객체에 대해 obj.inspect를 출력하고, 그다음 현재 출력 레코드 구분자를 프로그램의 표준 출력에 쓴다. PrettyPrint 라이브러리(899쪽)를 참조하라. obj를 반환한다.

```
Info = Struct.new(:name, :state)
p Info['dave', 'TX']
```

실행 결과:

```
#<struct Info name="dave", state="TX">
```

print

print (⟨ obj ⟩*) → nil

각 객체를 차례로 STDOUT에 출력한다. 출력 필드 구분자($,)가 nil이 아니라면, 그 내용이 각 필드 사이에 나타날 것이다. 출력 레코드 구분자($\)가 nil이 아니라면 이 값을 출력에 더한다. 매개 변수가 주어지지 않으면 $_를 출력한다. 문자열이 아닌 객체들은 그 객체의 to_s 메서드를 호출하여 문자열로 변환한다.

```
print "cat", [1,2,3], 99, "\n"
$, = ", "
$\ = "\n"
print "cat", [1,2,3], 99
```

실행 결과:

```
cat[1, 2, 3]99
cat, [1, 2, 3], 99
```

printf

printf (io, format ⟨ , obj ⟩*) → nil
printf (format ⟨ , obj ⟩*) → nil

io.write(sprintf(format, obj, …))나 write(sprintf(format, obj, …))와 같다.

proc

proc { ⋯ } → a_proc

주어진 블록에서 새로운 프로시저 블록을 만든다. Object#lamda를 대신 사용하라.

```
prc = proc {|name| "Goodbye, #{name}" }
prc.call('Dave') # => "Goodbye, Dave"
```

putc

putc (obj) → obj

STDOUT.putc(obj)와 같다. obj가 문자열이면 출력은 첫 번째 글자가 된다. 그렇지 않으면 obj를 정수로 변환하고 그에 대응하는 문자를 출력한다.

```
putc 65
putc 66.123
putc "CAT"
putc 12 # 줄 바꿈
```

실행 결과:

```
ABC
```

puts

puts (⟨ arg ⟩*) → nil

STDOUT.puts(arg…)와 같다.

raise

raise
raise (message)
raise (exception ⟨ , message ⟨ , array ⟩⟩)

매개 변수가 없으면, $!에 있는 예외를 발생시킨다. $!가 nil이면 RuntimeError를 발생시킨다. String 매개 변수(또는 to_str에 반응하는 객체)가 하나 주어지면,

이 문자열을 메시지로 RuntimeError를 발생시킨다. 그 외에는 첫 번째 매개 변수에 Exception 클래스의 이름(또는 exception 메시지를 보내면 Exception을 반환하는 객체)이 와야 한다. 선택적인 두 번째 매개 변수는 exception과 결합된 메시지를 설정한다. 그리고 세 번째 매개 변수는 콜백 정보를 담은 배열이다. 이렇게 던져진 Exception은 begin...end 블록의 rescue 절에서 잡힐 것이다.

```
raise "Failed to create socket"
raise ArgumentError, "No parameters", caller
```

---

rand   rand(*max*=0) → *number*
                                                   rand(*range*) → *number*

---

max를 max1 = max.to_i.abs를 이용해 정수로 변환한다. 그 결과가 0이나 nil이면 0.0과 같거나 크고, 1.0보다 작은 모의 랜덤 부동소수점 숫자를 반환한다. 그렇지 않으면 0보다 크거나 같고 max1보다 작은 모의 랜덤 정수를 반환한다. 범위 객체를 넘기면 범위에 포함되는 무작위 숫자 하나를 반환한다. Object#srand는 프로그램에서 서로 다른 수행 간의 반복 가능한 시퀀스를 보장한다. Random 클래스(761쪽)를 참조하라.

```
srand 1234                  # => 31555098179717989013363084490598527 9630
[ rand, rand ]              # => [0.1915194503788923, 0.6221087710398319]
[ rand(10), rand(1000) ]    # => [4, 664]
srand 1234                  # => 1234
[ rand, rand ]              # => [0.1915194503788923, 0.6221087710398319]
rand(5..10)                 # => 9
rand(1.1..1.2)              # => 1.1612111893665362
```

---

readline   readline(〈*separator*=$/〉) → *string*

Object#gets와 동일하다. 하지만 readline은 파일의 끝에서 EOFError를 발생시킨다.

---

readlines   readlines(〈*separator*=$/〉) → *array*

파일의 끝까지 Object#gets(separator)를 호출해서 반환된 줄들을 포함된 배열을 반환한다.

---

remove_instance_variable   remove_instance_variable(*symbol*) → *other_obj*

---

obj에서 주어진 이름의 인스턴스 변수를 삭제하고 해당하는 변수의 값을 반환한다.

```
class Dummy
  def initialize
    @var = 99
  end
  def remove
    remove_instance_variable(:@var)
  end
```

```
    def var_defined?
      defined? @var
    end
end
d = Dummy.new
d.var_defined? # => "instance-variable"
d.remove       # => 99
d.var_defined? # => nil
```

---

require   require(*library_name*) → *true* or *false*

루비에서 library_name을 로드하려 시도하고 성공하면 true를 반환한다. 주어진 파일 이름을 절대 경로로 찾을 수 없다면, 이 파일을 $:에 나열된 라이브러리 디렉터리에서 찾을 것이다. 파일의 확장자가 rb라면 이는 소스 파일로 로드할 것이고 .so, .o, .dll[1]이라면 루비 확장 기능을 담은 공유 라이브러리로 로드한다. 확장자가 없다면 루비는 .rb, .so와 같이 확장자를 추정한다. 이렇게 로드한 기능의 이름을 $"에 추가한다. 이름이 이미 $"에 있다면 이는 로드하지 않을 것이다[2]. require는 기능을 성공적으로 로드했을 때 true를 반환한다.

```
require 'my-library.rb'
require 'db-driver'
```

---

require_relative   require_relative(*library_path*) → *true* or *false*

이 메서드를 호출하는 파일을 기준으로 상대 경로를 통해 라이브러리를 require한다. 예를 들어 /usr/local/mylib/bin에 myprog.rb가 포함되어 있고 이 프로그램은 다음 줄을 포함한다.

```
require_relative "../lib/mylib"
```

루비는 /usr/local/mylib/lib에서 mylib을 찾는다.

  require_relative는 irb에서는 사용할 수 없다.

---

select   select(*read_array* ‹, *write_array* ‹, *error_array* ‹, *timeout*›››) → *array* or *nil*

입출력 디바이스에서 데이터를 사용할 수 있을 때까지 기다리는 저수준 select 호출을 수행한다. 앞의 매개 변수 세 개는 IO 객체의 배열이거나 nil이다. 마지막 매개 변수는 타임아웃을 초 단위로 표현한 것으로 Integer나 Float이어야 한다. 이 호출은 read_array에 있는 어떤 IO 객체라도 데이터를 사용할 수 있게 되거나, write_array의 어떤 디바이스라도 쓸 수 있을 정도로 충분히 지워졌거나, error_array의 디바이스에서 에러가 발생할 때까지 기다린다. 이 조건 중 하나라도 만족하면, 이 호출은 준비된 IO 객체를 담은 배열을 포함한 요소 세 개짜리

---

[1] 또는 현재 플랫폼에서 기본 공유 라이브러리 확장자로 사용되고 있다면 무엇이든 올 수 있다.
[2] 루비 1.9부터 이 이름은 절대 경로로 변환된다. 따라서 require 'a';require './a' 구문은 a.rb를 한 번만 읽어 들일 것이다.

배열을 반환할 것이다. 그렇지 않고 timeout초 동안 아무 변화도 일어나지 않으면 nil을 반환한다. 모든 매개 변수가 nil이라면 현재 스레드가 영원히 잠든다.

```
select( [STDIN], nil, nil, 1.5 ) # => nil
```

---

set_trace_func   set_trace_func(*proc*) → *proc*
                                                set_trace_func(nil) → nil

이 메서드는 루비 2.0에서 TracePoint 클래스로 대체되었다. proc을 추적에 대한 핸들러로 설정한다. 매개 변수가 nil이라면 추적을 중단한다. proc은 여섯 개의 매개 변수를 받는데 이는 이벤트 이름, 파일 이름, 줄 수, 객체 ID, 바인딩, 클래스 이름이다. 이 proc은 이벤트가 일어날 때마다 실행된다. 이런 이벤트에는 call(루비 메서드 호출), c-call(C 언어 루틴 호출), c-return(C 언어 루틴으로부터 반환), class(클래스나 모듈 정의를 시작), end(클래스나 모듈 정의를 마침), line(새로운 줄에서 코드 실행), raise(예외를 일으킴), return(루비 메서드로부터 반환)이 있다. proc의 문맥 안에서는 추적이 일어나지 않는다. 자세한 정보는 '25.5 프로그램 실행 추적하기'의 예제를 참조하기 바란다.

---

sleep   sleep(*numeric*=0) → *fixnum*

현재 스레드를 numeric초(초 단위의 Float이 올 것이다)간 멈춘다. 그리고 실제로 잠든 시간을 초 단위로 반환한다(반올림). 이 시간은 스레드가 SIGALRM에 의해 인터럽트당했거나, 다른 스레드에서 Thread#run을 호출했을 때는 요구한 시간보다 짧아질 수도 있다. sleep의 매개 변수가 0이면 영원히 멈추라는 의미다.

```
Time.now  # => 2013-11-16 22:37:40 -0600
sleep 1.9 # => 2
Time.now  # => 2013-11-16 22:37:42 -0600
```

---

spawn   spawn(⟨env,⟩ *command* ⟨, *args*⟩*, ⟨options⟩) → *pid*

서브셸에서 command를 실행하고 바로 되돌아온다(다시 되돌아오기 전에 command의 종료를 기다리는 Object#system과는 대조적이다). 명령어를 실행한 서브셸의 프로세스 ID를 반환한다.

명령어는 문자열이 될 수 있다. 이 문자열은 시스템 셸에서 해석될 명령어나 명령어와 이어지는 인자들을 포함하는 문자열이 될 수 있다. 이 경우 명령어에 이어지는 인자들이 넘겨진다. 이때 셸은 관여하지 않는다. 명령어 이름은 문자열이나 두 요소로 구성된 배열이 될 수 있다. 이때 첫 번째 요소는 명령어 자체가 되며 두 번째 요소는 exec(2)에 넘겨질 argv[0]의 값이 된다. 마지막 인자를 사용하면 시스템이 지원하는 경우 프로세스 이름을 바꾸는 용도로 사용할 수 있다.

```
pid = spawn("echo hello")
puts "Back in main program"
STDOUT.flush
rc, status = Process::waitpid2(pid)
puts "Status = #{status}"
```

실행 결과:

```
Back in main program
hello
Status = pid 19340 exit 0
```

env가 있다면 서브셸의 환경 변수로 추가될 해시가 된다. 해시 값 중에 nil인 항목이 있으면 대응하는 환경 변수가 삭제된다. 키값은 반드시 문자열이어야 한다.

```
pid = spawn({"FRED" => "caveman"}, "echo FRED = $FRED")
Process::waitpid2(pid)
```

실행 결과:

```
FRED = caveman
```

선택적인 매개 변수 options는 서브셸의 설정을 제어하는 해시다. 지정할 수 있는 키와 그 의미는 다음과 같다.

옵션	새로운 프로세스의 영향
:pgroup => true | 0 | int	true이거나 0이면 새로운 프로세스는 프로세스 그룹의 리더가 된다. 그렇지 않으면 프로세스는 init 그룹에 속하게 된다.
:rlimit_xxx => val | [cur, max]	리소스 제한을 설정한다. 자세한 사항은 Process.getrlimit을 참조하라.
:unsetenv_others => true	모든 환경 변수를 삭제하거나 env 매개 변수로 넘긴 해시로 설정한다.
:chdir => dir	프로세스를 실행하기 전에 주어진 디렉터리로 작업 디렉터리를 변경한다.
:umask => int	프로세스의 umask를 설정한다.
fd_desc => stream	프로세스의 표준 입력, 표준 출력, 표준 에러 출력을 stream에 설정한다. 자세한 내용은 이 표에 이어지는 내용을 참조하라.
:close_others => true | false	기본적으로 0, 1, 2 이외의 모든 파일 기술자는 닫힌다. 이를 열어두려면 이 매개 변수를 false로 설정한다.
io_obj => :close	자식 프로세스의 io_obj에 대응하는 파일 기술자를 명시적으로 닫는다.

자식 프로세스에서 I/O 스트림을 열거나 할당하는 데 fd_desc 매개 변수를 사용한다. :in, STDIN, 0은 표준 입력을 나타내며 :out, STDOUT, 1은 표준 출력을 나타내고 :err, STDERR, 2는 표준 에러를 나타낸다. 이러한 정보를 포함한 하나나 그 이상의 요소를 가진 배열도 지정할 수 있으며, 배열의 모든 파일 기술자와 같은 스트림에서 열린다.

스트림의 매개 변수는 다음과 같다.

- 다음 중 하나를 지정한다. :in, STDIN, 0은 표준 입력, :out, STDOUT, 1은 표준 출력, :err, STDERR, 2는 표준 에러다.
- 파일이나 디바이스를 나타내는 문자열
- 배열. [:child, fd]를 포함하고 있다면 자식 프로세스의 fd로 리다이렉트한다. 그렇지 않으면 첫 번째 요소는 file이나 device의 이름을, 선택적인 두 번째 요소는 mode를, 선택적인 세 번째 요소는 권한을 의미한다. 더 자세한 내용은 File#new(594쪽)를 참조하기 바란다.

다음 예제는 실제로 옵션을 사용하는 방법을 보여준다.

```
reader, writer = IO.pipe
pid = spawn("echo '4*a(1)' | bc -l", [ STDERR, STDOUT ] => writer)
writer.close
Process::waitpid2(pid)
reader.gets # => "3.14159265358979323844\n"
```

| sprintf | sprintf(*format_string* ⟨, *arguments*⟩*) → *string* |

format_string을 추가 매개 변수 모두에 적용한 결과 문자열을 반환한다. 형식 문자열 안에서 형식 시퀀스가 아닌 글자들은 모두 결과에 복사될 것이다.

형식 시퀀스는 퍼센트 부호에 이어 플래그, 폭, 정밀도 표시자 등이 선택적으로 오고, 다음으로 선택적인 이름이 오고, 그다음 필드 유형 문자로 끝이 난다. 필드 유형은 대응되는 sprintf 인자를 어떻게 해석할지를 제어하고, 플래그는 이 해석을 수정한다.

플래그 문자들은 다음과 같다.

플래그	적용되는 필드	의미
␣(space)	bdEefGgiouXx	양수가 시작되는 부분에 공백을 그냥 둔다.
digit$	all	이 필드의 절대적인 인자 개수를 정한다. sprintf 문자열에서 절대 인자 개수와 상대 인자 개수를 동시에 사용할 수는 없다.
#	beEfgGoxX	다른 형식을 사용한다. b, o, X, x를 변환할 때는 결과에 각각 b, 0, 0X, 0x를 붙여준다. E, e, f, G, g에는 소수점 아래 숫자가 없더라도 강제로 소수점을 붙인다. G와 g에는 뒤따라오는 0을 제거하지 않는다.
+	bdEefGggiouXx	양수 앞부분에 + 기호를 붙인다.
-	all	변환 결과를 왼쪽 정렬한다.
0(zero)	bdEefGggiouXx	빈 공간을 공백이 아니라 0으로 채운다.
*	all	다음 매개 변수를 필드 폭으로 사용한다. 음수라면 결과를 왼쪽 정렬한다. 숫자와 달러 표시 다음에 *가 오면 가리킨 인자를 폭으로 사용한다.

필드 폭은 선택적인 정수고, 그다음에는 선택적으로 주기와 정확도가 온다. 폭은 이 필드를 위해 결과에 써야 할 최소한의 글자 수를 의미한다. 숫자 필드라면

Object

정확도가 표시할 소수점 위치를 제어한다. 루비 1.9부터 정밀도에 0이 넘겨지면 숫자 0은 길이가 0인 문자열로 변환된다. 문자열 필드라면 정밀도는 문자열로부터 복사할 최대 문자수를 결정한다(즉, 형식 시퀀스가 %10.10s라면 이는 결과에 항상 정확히 열 글자가 쓰임을 보장한다).

필드 타입 문자열은 다음과 같다.

필드	변환
A	%a와 같다. 단, X와 P에 대해 대문자를 사용한다.
a	부동소수점을 16진수 표현으로 변환한다.
B	인자를 2진 표현 문자열로 변환(# 플래그가 지정되어 있다면 0B0101)
b	인자를 2진 표현 문자열로 변환(# 플래그가 지정되어 있다면 0b0101)
c	인자에 지정된 숫자에 대응하는 하나의 문자를 출력
d	인자를 십진수로 변환
E	e와 동일하다. 단 지수를 나타내기 위해 대문자 E를 사용
e	부동소수점 인자를 소수점 전에 숫자 하나만 오는 지수 형식으로 나타낸다. 정밀도는 소수점 아래 자릿수를 결정한다(기본은 여섯 자리).
f	부동소수점 인자를 [_|-]ddd.ddd로 표현. 정밀도는 소수점 아래 자릿수를 결정한다.
G	g와 동일하다. 단 지수를 나타내기 위해 대문자 E를 사용한다.
g	지수 부분이 -4보다 작거나, 정밀도보다 크거나 같은 경우 부동소수점 숫자를 지수 형식으로 나타낸다. 그 외에는 d.dddd 형식을 사용한다.
i	d와 동일
o	인자를 8진수로 변환한다.
p	argument.inspect의 결과
s	인자를 치환할 문자열이다. 형식 문자열에 정밀도가 있다면 최대로 그만큼만 복사한다.
u	매개 변수를 부호 없는 10진수로 여긴다.
X	매개 변수를 대문자를 이용한 16진수로 변환한다. 음수는 앞부분에 두 개의 점과 함께 표현될 것이다(FF로 시작하는 무한한 문자열을 의미함).
x	매개 변수를 16진수로 변환한다. 음수는 앞부분에 두 개의 점과 함께 표현될 것이다(FF로 시작하는 무한한 문자열을 의미함).

다음은 sprintf를 사용하는 몇 가지 예제다.

```
sprintf("%d %04x", 123, 123)        # => "123 007b"
sprintf("%08b '%4s'", 123, 123)     # => "01111011 ' 123'"
sprintf("%1$*2$s %2$d %1$s", "hello", 8) # => "   hello 8 hello"
sprintf("%1$*2$s %2$d", "hello", -8) # => "hello    -8"
sprintf("%+g:% g:%-g", 1.23, 1.23, 1.23) # => "+1.23: 1.23:1.23"
```

루비 1.9에서는 두 번째 매개 변수로 해시를 넘겨받으며 이 해시의 값을 문자열에 집어넣는다. 퍼센트 기호와 필드 타입 문자 사이에 〈name〉과 같은 표기를 넣으면, 이 이름을 해시에서 찾아 대응하는 값을 필드 포맷에 따라 출력한다.
{name}은 〈name〉s와 같으며, 대응하는 값으로 문자열을 변환한다. 첫 퍼센트
기호와 { 사이에 필드 폭과 다른 플래그 문자를 지정할 수 있다.

```
sprintf("%<number>d %04<number>x", number: 123)   # => "123␣007b"
sprintf("%08<number>b '%5{number}'", number: 123) # => "01111011␣␣␣123'"
sprintf("%6<k>s: %<v>s", k: "Dave", v: "Ruby")    # => "␣␣Dave:␣Ruby"
sprintf("%6{k}: %{v}", k: "Dave", v: "Ruby")      # => "␣␣Dave:␣Ruby"
```

---

srand   srand(〈 *number* 〉) → *old_seed*

모의 랜덤 숫자 생성기에 number.to_i 값을 시드로 설정한다. number가 0이
거나 지정되지 않으면 Random.new_seed를 사용한다(이는 이전에 srand를 호
출하지 않고 Object#rand를 호출했을 때 하는 행동이기도 하다. 단, 여기에는
시퀀스가 없다). 시드를 알려진 값으로 설정하면, rand를 사용하는 스크립트에
대한 테스트가 결정적이 될 수 있다. 이 메서드는 이전의 시드 값을 반환한다.
Random 클래스(761쪽)와 Object#rand(725쪽)를 참조하라.

---

sub   sub(*pattern, replacement*) → $_
                                           sub(*pattern*) { *block* } → $_

$_.sub(args)와 동일하다. 하지만 여기서는 치환이 일어나면 $_를 갱신할 것이
다. -n나 -p 옵션을 지정했을 때만 사용할 수 있다.

---

syscall   syscall(*fixnum* 〈, *args*〉*) → *int*

fixnum이 지정하는 운영 체제 함수를 호출한다. 인자는 문자열 객체거나 네이
티브 long의 범위에 맞는 Integer 객체여야 한다. 최대 아홉 개의 매개 변수를
넘길 수 있다. fixnum이 지정하는 함수는 시스템에 따라 다르다. 일부 유닉스
시스템에서는 syscall.h 헤더 파일에서 관련된 숫자들을 얻을 수 있다.

```
syscall 4, 1, "hello\n", 6 # '4' is write(2) on our system
```

---

system   system(〈env,〉 *command* 〈, *args*〉*, 〈options〉) → *true* or *false*~or nil

command를 서브셸에서 실행한다. 명령을 찾을 수 있고, 성공적으로 수행했다
면 true를 반환하고, 명령어의 종료 상태가 0이 아닌 값으로 종료되면 false를 반
환한다. 명령어가 실패했다면 nil을 반환한다. 에러 상태는 $? 변수를 통해 알 수
있다. 인자는 Object#exec(717쪽)와 마찬가지로 처리된다. 생략 가능한 매개 변
수 env는 서브셸의 실행 환경 변수로 추가될 해시이다. 해시에서 값이 nil인 경
우에는 해당하는 키값에 대응하는 환경 변수를 제거한다. 키값은 반드시 문자열
이어야 한다. 생략 가능한 매개 변수 options는 서브셸의 설정을 제어하는 해시
다. 사용할 수 있는 키값과 그 의미는 spawn 메서드를 참조하기 바란다.

```
system("echo *")
system("echo", "*")
system({"WILMA" => "shopper"}, "echo $WILMA")
```

실행 결과:
```
config.h main.rb
*
shopper
```

---

test   test (*cmd, file1* ⟨ *, file2* ⟩) → *obj*

file1에 대한 다양한 테스트(이어지는 표 참조)를 하거나 file1과 file2에 대한 테스트(이어지는 두 번째 표 참조)를 하기 위해 사용한다.

플래그	설명	반환
?A	file1에 마지막으로 접근한 시간	Time
?b	file1이 블록 디바이스면 true	true or false
?c	file1이 문자 디바이스면 true	true or false
?C	file1을 마지막으로 고친 시간	Time
?d	file1이 존재하고 디렉터리면 true	true or false
?e	file1이 존재하면 true	true or false
?f	file1이 존재하고 일반 파일이면 true	true or false
?g	file1의 setgid 비트가 설정되어 있으면 true(NT에서는 false)	true or false
?G	file1이 존재하고 호출자의 그룹과 같은 그룹에 속해 있으면 true	true or false
?k	file1이 존재하고 스티키 비트가 설정되어 있으면 true	true or false
?l	file1이 존재하고 심벌릭 링크이면 true	true or false
?M	file1의 마지막 수정 시간	Time
?o	file1이 존재하고 호출자의 유효 UID가 파일의 소유주라면 true	true or false
?O	file1이 존재하고 호출자의 실제 UID가 파일의 소유주라면 true	true or false
?p	file1이 존재하고 fifo라면 true	true or false
?r	file1을 호출자의 유효 UID/GID 중 하나로 읽을 수 있다면 true	true or false
?R	file1을 호출자의 실제 UID/GID로 읽을 수 있다면 true	true or false
?s	file1이 0이 아닌 크기를 갖고 있으면 size를 반환하고 그렇지 않으면 nil을 반환함	Integer or nil
?S	file1이 존재하고 소켓이면 true	true or false
?u	file1의 setuid 비트가 설정되어 있으면 true	true or false
?w	file1이 존재하고 호출자의 유효 UID/GID로 쓸 수 있다면 true	true or false
?W	file1이 존재하고 호출자의 실제 UID/GID로 쓸 수 있다면 true	true or false
?x	file1이 존재하고 호출자의 유효 UID/GID로 실행할 수 있다면 true	true or false
?X	file1이 존재하고 호출자의 실제 UID/GID로 실행할 수 있다면 true	true or false
?z	file이 존재하고 크기가 0이면 true	true or false

플래그	설명
?-	file1이 file2에 대한 하드 링크이면 true
?=	file1과 file2의 수정 시간이 같으면 true
?<	file1의 수정 시간이 file2의 수정 시간보다 앞서면 true
?>	file2의 수정 시간이 file1의 수정 시간보다 앞서면 true

---

throw throw (*symbol* ⟨, *obj*⟩)

symbol을 기다리는 유효한 catch 블록의 끝으로 제어를 옮긴다. symbol에 대해 catch 블록이 없다면 NameError를 발생시킨다. 선택적인 두 번째 매개 변수는 catch 블록을 위한 반환값을 제공한다. 이 매개 변수가 없다면 기본값은 nil이다. 예제는 Object#catch(716쪽)에서 다룬다.

---

trace_var trace_var (*symbol*, *cmd*) → nil
trace_var (*symbol*) { |val| ··· } → nil

전역 변수에 대한 대입을 추정한다. symbol 매개 변수는 변수를 나타낸다(문자열 이름일 수도 있고 심벌 ID일 수도 있다). 변수에 대입이 일어나면 cmd(문자열이나 Proc 객체)나 블록을 실행하고 변수의 새로운 값을 매개 변수로 받는다. 이 메서드는 명시적인 대입만을 추적한다. Object#untrace_var를 참조하라.

```
trace_var :$dave, lambda {|v| puts "$dave is now '#{v}'" }
$dave = "hello"
$dave.sub!(/ello/, "i")
$dave += " Dave"
```

실행 결과:

```
$dave is now 'hello'
$dave is now 'hi Dave'
```

---

trap trap (*signal*, *proc*) → *obj*
trap (*signal*) { ··· } → *obj*

Signal 모듈(770쪽)을 참조하라.

---

untrace_var untrace_var (*symbol* ⟨, *cmd*⟩) → *array* or nil

주어진 전역 변수에 대한 명시적 cmd 추적을 제거하고 nil을 반환한다. cmd를 명시하지 않으면 이 변수에 대한 모든 추적 코드를 제거한다.

---

using using *mod*

모듈에 리파인먼트를 적용한다. using이 호출된 시점부터 리파인먼트를 현재 파일(eval을 사용한 경우엔 문자열)에 적용한다.

Object

```
module SuperUpcase
  refine String do
    def upcase
      "!WOW! #{super} !WOW!"
    end
  end
end

"wombat".upcase # => "WOMBAT"
using SuperUpcase
"wombat".upcase # => "!WOW! WOMBAT !WOW!"
```

---

warn   warn ⟨msgs⟩*

주어진 메시지를 STDERR에 쓴다($VERBOSE가 nil이 아니라면 아마 루비를 실
행할 때 -W0 옵션을 사용했을 것이다). 여러 개의 메시지가 넘겨지면 각각 한
줄에 쓰인다.

```
warn "Danger, Will Robinson!"
```

실행 결과:

```
Danger, Will Robinson!
```

^{모듈} ObjectSpace

ObjectSpace 모듈은 가비지 컬렉션 기능과 상호 작용하는 루틴들을 포함하고 있어서, 이를 이용하면 현재 존재하는 모든 객체를 반복자를 이용해 탐색할 수 있다.

    ObjectSpace는 또한 객체 소멸자(finalizer) 지원을 제공한다. 이는 특정 객체가 가비지 컬렉션에 의해 막 소멸되려고 할 때 호출되는 proc이다.

```
include ObjectSpace
a, b, c = "A", "B", "C"
puts "a's id is #{a.object_id}"
puts "b's id is #{b.object_id}"
puts "c's id is #{c.object_id}"

define_finalizer(a, lambda {|id| puts "Finalizer one on #{id}" })
define_finalizer(b, lambda {|id| puts "Finalizer two on #{id}" })
define_finalizer(c, lambda {|id| puts "Finalizer three on #{id}" })
```

실행 결과:

```
a's id is 70198447250880
b's id is 70198447250860
c's id is 70198447250840
Finalizer three on 70198447250840
Finalizer two on 70198447250860
Finalizer one on 70198447250880
```

모듈 메서드

_id2ref   *ObjectSpace._id2ref(object_id) → obj*

객체 ID를 객체에 대한 참조로 변환한다. 소멸자에 전달된 매개 변수 객체 ID로 호출하면 안 된다.

```
s = "I am a string"          # => "I am a string"
oid = s.object_id            # => 70216025425500
r = ObjectSpace._id2ref(oid) # => "I am a string"
r                            # => "I am a string"
r.equal?(s)                  # => true
```

count_objects   *ObjectSpace.count_objects → histogram_hash*

해시를 반환한다. 이 해시의 키는 인터프리터 고유의 내부 객체 타입을 나타내며 해시에 대응하는 값들은 해당하는 타입의 객체 수다.

```
ObjectSpace.count_objects # => {:TOTAL=>24001, :FREE=>520, :T_OBJECT=>49,
                          # .. :T_CLASS=>471, :T_MODULE=>21, :T_FLOAT=>4,
                          # .. :T_STRING=>8233, :T_REGEXP=>64, :T_ARRAY=>2063,
                          # .. :T_HASH=>65, :T_BIGNUM=>3, :T_FILE=>20,
                          # .. :T_DATA=>719, :T_MATCH=>21, :T_COMPLEX=>1,
                          # .. :T_RATIONAL=>2, :T_NODE=>11724, :T_ICLASS=>21}
```

define_finalizer   *ObjectSpace.define_finalizer(obj, a_proc=proc())*

객체가 삭제되기 직전에 실행하는 소멸자로 a_proc을 등록한다. lambda를 사용해 proc 객체를 만들 때는 반드시 블록 매개 변수를 지정해야만 한다. 이 매개 변수를 지정하지 않으면 기대하는 매개 변수의 수와 실제 매개 변수의 수가 일치하지 않기 때문에, 소멸자가 호출되었을 때 lambda는 에러를 출력하지 않고 비정상적으로 종료된다.

---

each_object   ObjectSpace.each_object(⟨ *class_or_mod* ⟩) { |obj| ⋯ } → *fixnum*

루비 프로세스에 존재하는 즉시값이 아닌 모든 객체들에 대해 한 번씩 블록을 호출한다. class_or_mod를 명시했다면, 클래스나 모듈이 이 값과 매칭될 때(하위 클래스인 경우)만 블록을 호출한다. 그리고 찾은 객체를 반환한다. 즉시값을 가지는 객체(Fixnum, Symbol, true, false, nil)는 결코 반환되지 않는다. 다음 예제에서는 우리가 정의한 숫자와 Math 모듈에서 정의한 상수를 함께 보여주고 있다.

```
a = 102.7
b = 95 # Fixnum: 반환되지 않는다.
c = 12345678987654321
count = ObjectSpace.each_object(Numeric) { |x| p x }
puts "Total count: #{count}"
```

실행 결과:

```
(0+1i)
9223372036854775807
3
NaN
Infinity
1.7976931348623157e+308
2.2250738585072014e-308
165392164708877058972501398143533771688
12345678987654321
(1416090740/1)
(1416090740000000000/1)
0
0
0
0
Total count: 15
```

---

garbage_collect   ObjectSpace.garbage_collect → nil

가비지 컬렉션을 수행한다(GC 모듈(618쪽) 참조).

---

undefine_finalizer   ObjectSpace.undefine_finalizer(*obj*)

obj의 모든 소멸자를 제거한다.

클래스 **Proc** < Object

Proc 객체들은 지역 변수들과 결합된 코드 블록이다. 일단 결합된 코드는 문맥이 다를지라도 호출하는 것이 가능하고, 결합된 변수에 접근하는 것도 가능하다.

```ruby
def gen_times(factor)
  return Proc.new {|n| n*factor }
end

times3 = gen_times(3)
times5 = gen_times(5)

times3.call(12)              # => 36
times5.call(5)              # => 25
times3.call(times5.call(4)) # => 60
```

클래스 메서드

new	Proc.new { ··· } → *a_proc*
	Proc.new → *a_proc*

새로운 Proc 객체를 생성하고 현재 문맥을 결합시킨다. 블록이 결합된 메서드 내부에서만 Proc.new를 코드 블록 없이 호출할 수 있는데, 이때는 메서드에 결합된 블록이 Proc 객체로 변환된다.

```ruby
def proc_from
  Proc.new
end
proc = proc_from { "hello" }
proc.call # => "hello"
```

인스턴스 메서드

[ ]	*prc*[⟨*params*⟩*] → *obj*

Proc#call의 별칭

=	=

루비 2.0에서 삭제되었다.

===	*prc* === *other* → *obj*

prc.call(other)와 같다. case 표현식의 when에서 proc을 사용하면 다음과 같은 코드를 작성할 수 있다.

```ruby
even = lambda {|num| num.even? }

(0..3).each do |num|
  case num
  when even then puts "#{num} is even"
  else           puts "#{num} is not even"
  end
end
```

실행 결과:

```
0 is even
1 is not even
2 is even
3 is not even
```

---

arity   *prc*.arity → *integer*

블록을 호출하는 데 필요한 매개 변수의 수를 반환한다. 블록이 매개 변수를 필요로 하지 않으면 0을 반환한다. n개의 인자를 필요로 하면 n을 반환한다. *args와 같이 임의 개수의 인자를 받으면 -(n+1)을 반환한다. 이때 n은 필수 매개 변수의 개수다. 매개 변수 없이 정의한 proc은 -1을 반환한다. 이는 임의 개수의 매개 변수를 받거나 무시할 수 있기 때문이다.

```
Proc.new {}.arity        # => 0
Proc.new {||}.arity      # => 0
Proc.new {|a|}.arity     # => 1
Proc.new {|a,b|}.arity   # => 2
Proc.new {|a,b,c|}.arity # => 3
Proc.new {|*a|}.arity    # => -1
Proc.new {|a,*b|}.arity  # => -2
```

루비 1.9 버전에서는 인자들의 개수를 무시하지 않을 것이다. 1.8 버전에서 Proc.new {}.arity는 -1을 반환했지만 1.9 이후에는 0을 반환한다.

---

binding   *prc*.binding → *binding*

prc에 결합된 바인딩을 반환한다.

```
def some_method
  a = "wibble"
  lambda {}
end

prc = some_method
eval "a", prc.binding # => "wibble"
```

---

call   *prc*.call(⟨*params*⟩*) → *obj*

메서드 호출 방식과 비슷하게 블록 내의 매개 변수를 설정하고 블록을 실행한다. 그리고 블록 내에서 마지막으로 평가된 결과를 반환한다.

```
a_proc = Proc.new {|a, *b| b.collect {|i| i*a }}
a_proc.call(9, 1, 2, 3) # => [9, 18, 27]
a_proc[9, 1, 2, 3]      # => [9, 18, 27]
```

명시적으로 한 개의 매개 변수만 받도록 정한 블록에, 두 개 이상의 매개 변수를 지정하면 첫 번째 하나만 블록에 넘겨진다. 1.8에서 달라졌다.

```
a_proc = Proc.new {|a| puts a}
a_proc.call(1,2,3)
```

실행 결과:

```
1
```

임의 개수의 매개 변수를 받으려면 *args 형태로 매개 변수를 받도록 선언하면
된다.

```
a_proc = Proc.new {|*a| p a}
a_proc.call(1,2,3)
```

실행 결과:

```
[1, 2, 3]
```

Object#lambda를 이용하여 생성된 블록은 호출할 때 정확한 개수의 매개 변수
를 넘겨받는지 검사한다.

```
p_proc = Proc.new {|a,b| puts "Sum is: #{a + b}" }
p_proc.call(1,2,3)
p_proc = lambda {|a,b| puts "Sum is: #{a + b}" }
p_proc.call(1,2,3)
```

실행 결과:

```
        from prog.rb:4:in `call'
        from prog.rb:4:in `<main>'
Sum is: 3
prog.rb:3:in `block in <main>': wrong number of arguments (3 for 2)
(ArgumentError)
```

---

curry   *prc*.curry → *curried_proc*

인자를 받는 proc이 정상적으로 실행되기 위해서는 필요한 인자가 모두 주어져
야 한다. 하지만 n개의 인자를 가지는 proc에 대해 하나의 인자를 받아 첫 번째
인자를 고정시키고 n-1개의 인자를 받는 proc을 반환한다고 생각할 수 있다. 이
과정을 재귀적으로 반복하면 0~n개의 인자를 받는 proc을 생성할 수 있다. 이
proc에 n개의 인자가 모두 주어지면 단순히 모든 인자를 받는 proc이 실행된다.
m개의 매개 변수(m 〈 n)가 주어지면 m개의 인자가 고정되고, 나머지 m-n개의
인자를 받는 새로운 proc이 반환된다. 이러한 방식으로 인자를 부분적으로 proc
에 적용할 수 있다.

```
add_three_numbers = lambda {|a,b,c| a + b + c}
add_10_to_two_numbers = add_three_numbers.curry[10]
add_33_to_one_number  = add_10_to_two_numbers[23]

add_three_numbers[1,2,3]    # => 6
add_10_to_two_numbers[1,2] # => 13
add_33_to_one_number[1]    # => 34
```

---

lambda?   *prc*.lambda? → *true* or *false*

prc가 lambda와 같은 시맨틱을 가지면(즉, 인자를 넘기는 방식이 메서드 호출
과 같으면) true를 반환한다. 자세한 내용은 '22.13 블록, 클로저, Proc 객체'를
참조하자.

Proc

parameters
prc.parameters → array

메서드의 매개 변수 목록 설명을 반환한다. 자세한 내용은 Method#parameters
를 참조하라.

```
lambda {|a, b=1, *c, &d| }.parameters # => [[:req, :a], [:opt, :b], [:rest, :c],
                                       # .. [:block, :d]]
```

source_location
prc.source_location → [filename, lineno] or nil

prc가 정의된 소스 파일 이름과 행 번호를 반환한다. prc가 현재 소스에 정의되
어 있지 않다면 nil을 반환한다.

```
variable = 123
prc = lambda { "some proc" }
prc.source_location # => ["prog.rb", 2]
```

to_proc
prc.to_proc → prc

객체를 proc 객체로 변환하는 프로토콜의 일부다. Proc 클래스의 객체는 자기
자신을 반환한다.

to_s
prc.to_s → string

prc이 정의되어 있는 곳의 위치 정보를 포함한 명세를 반환한다.

```
def create_proc
  Proc.new
end

my_proc = create_proc { "hello" }
my_proc.to_s # => "#<Proc:0x007fdefa0193a8@prog.rb:5>"
```

yield
prc.yield(⟨params⟩*) → obj

Proc#call의 별칭

^{모듈} Process

Process 모듈은 프로세스들을 다루는 데 사용하는 메서드들의 모음이다. 실제 또는 유효 사용자/그룹 ID를 다루려면 Process::GID와 Process::UID 모듈 또한 살펴봐야 한다. 여기서 설명된 많은 기능이 Process::Sys 모듈에도 중복된다.

모듈 상수

PRIO_PGRP	프로세스 그룹 우선순위
PRIO_PROCESS	프로세스 우선순위
PRIO_USER	사용자 우선순위
WNOHANG	자식 프로세스가 없다면 방해하지 않는다. 사용할 수 없는 플랫폼도 있다.
WUNTRACED	정지된 자식 프로세스를 반환한다. 사용할 수 없는 플랫폼도 있다.
RLIM[IT]_xxx	getrlimit와 setrlimit에서 사용된다.

모듈 메서드

---

abort abort
abort(*msg*)

Object#abort의 별칭

---

daemon Process.daemon(*stay_in_dir* = false, *keep_stdio_open* = false) → 0 or -1

현재 프로세스를 백그라운드로 이동시킨다(fork하고 Process.setsid를 호출하거나, 가능하다면 daemon(3)을 호출한다). stay_in_dir이 true가 아니라면 현재 작업 디렉터리를 /로 설정한다. keep_stdio_open이 true가 아니라면 표준 입력, 표준 출력, 표준 에러를 /dev/null에 리다이렉트한다. 모든 플랫폼에서 사용 가능하지는 않다.

---

detach Process.detach(*pid*) → *thread*

일부 운영 체제는 부모 프로세스가 자식 프로세스들의 상태를 수집(보통 wait()의 변종들을 사용)하기 전까지 종료된 자식 프로세스들의 상태를 유지한다. 부모 프로세스가 이 상태들을 수집하지 않으면, 자식 프로세스는 좀비 프로세스로 남아 있게 된다. Process.detach는 이를 방지하기 위해 pid 프로세스 상태가 종료될 때 거둬들이는 임무만을 수행하는 독립된 루비 스레드를 만든다. 명시적으로 자식 프로세스가 종료될 때까지 기다리려는 의도가 아니라면 detach를 사용하라. detach는 주기적으로(일반적으로 1초에 1번) 상태를 검사한다.

첫 번째 예제에서는 프로세스를 제거하지 않았기 때문에 프로세스 상태가 좀비 프로세스로 나타난다.

```
pid = fork { sleep 0.1 }
sleep 1
system("ps -o pid,state -p #{pid}")
```

실행 결과:
```
  PID STAT
53103 ZN+
```

다음 예제에서는 Process.detach를 사용하여 자식 프로세스를 자동으로 거둬들인다. 그래서 동작하는 프로세스가 남아 있지 않다.

```
pid = fork { sleep 0.1 }
Process.detach(pid)
sleep 1
system("ps -o pid,state -p #{pid}")
```

실행 결과:
```
PID STAT
```

---

egid   Process.egid → *int*

현재 프로세스의 유효(effective) 그룹 ID를 반환한다.

```
Process.egid # => 20
```

---

egid=   Process.egid= *int* → *int*

현재 프로세스의 유효 그룹 ID를 설정한다.

---

euid   Process.euid → *int*

현재 프로세스의 유효 사용자 ID를 반환한다.

```
Process.euid # => 501
```

---

euid=   Process.euid= *int*

현재 프로세스의 유효 사용자 ID를 설정한다. 사용할 수 없는 플랫폼도 있다.

---

exec   Process.exec(⟨env,⟩ *command* ⟨, *args*⟩*, ⟨options⟩)

Object#exec의 별칭

---

exit   Process.exit(*int*=0)

Object#exit의 별칭

---

exit!   Process.exit!(true | false | *status*=1)

Object#exit!의 별칭이다. 종료 핸들러는 동작하지 않는다. 0, 1 또는 status 값을 종료 상태값으로 시스템에 반환한다.

```
Process.exit!(0)
```

fork Process.fork () → *int* or nil

Object#fork(719쪽)를 참조하라.

getpgid Process.getpgid (*int*) → *int*

넘겨준 프로세스 id에 해당하는 프로세스의 그룹 ID를 반환한다. 사용할 수 없는 플랫폼도 있다.

getpgrp Process.getpgrp → *int*

현재 프로세스의 프로세스 그룹 ID를 반환한다. 사용할 수 없는 플랫폼도 있다.

```
Process.getpgid(0) # => 19055
Process.getpgrp    # => 19055
```

getpriority Process.getpriority (*kind, int*) → *int*

특정 프로세스, 프로세스 그룹 또는 사용자의 스케줄 우선순위를 얻는다. kind는 찾으려는 대상의 종류를 의미하며 Process::PRIO_PGRP, Process::PRIO_USER, Process::PRIO_PROCESS 중 하나다. int는 특정 프로세스, 프로세스 그룹 또는 사용자(ID 0은 현재 사용자)를 나타내는 ID다. 더 낮은 우선순위는 스케줄링에 유리하다는 의미다. 사용할 수 없는 플랫폼도 있다.

```
Process.getpriority(Process::PRIO_USER, 0)    # => 19
Process.getpriority(Process::PRIO_PROCESS, 0) # => 19
```

getrlimit Process.getrlimit (*name*) → [*current, max*]

지정된 이름을 가진 리소스의 현재 상한값을 반환한다. name에는 다음 중 하나의 심벌이나 문자열이 올 수 있다. 운영 체제 고유의 정수 상수를 지정할 수도 있다. Process 모듈에는 특정한 정수에 대응하는 상수가 미리 정의되어 있다. 상수의 이름은 RLIMIT_ 다음에 아래의 이름들이 연결될 수 있다. AS, CORE, CPU, DATA, FSIZE, MEMLOCK, NOFILE, NPROC, RSS, STACK 등이 있다. 자세한 내용은 시스템의 getrlimit(2) 매뉴얼 페이지를 참조하기 바란다. 반환되는 배열에는 실제 값이나 RLIM_INFINITY, RLIM_SAVED_CUR, RLIM_SAVED_MAX 중 하나의 상수가 포함된다. 모든 플랫폼에서 사용 가능하지는 않다. Process.setrlimit를 참조하라.

```
Process.getrlimit(:STACK)                 # => [8388608, 67104768]
Process.getrlimit("STACK")                # => [8388608, 67104768]
Process.getrlimit(Process::RLIMIT_STACK)  # => [8388608, 67104768]
```

getsid Process.getsid → *int*

(지원한다면) 세션 id를 반환한다.

Process

gid   Process.gid → *int*

현재 프로세스의 그룹 ID를 반환한다.

```
Process.gid # => 20
```

gid=   Process.gid= *int* → *int*

현재 프로세스의 그룹 ID를 설정한다.

groups   Process.groups → *groups*

정수로 된 보조 그룹 ID들을 배열로 반환한다. 사용할 수 없는 플랫폼도 있다.
Process.maxgroups를 참조하라.

```
Process.groups # => [20, 12, 61, 79, 80, 81, 98, 33, 100, 204, 398, 399, 401]
```

groups=   Process.groups = *array* → *groups*

다수의 (문자열로 구성된) 그룹 이름들을 포함하는 배열로부터 추가 그룹 ID를
설정한다. 사용할 수 없는 플랫폼도 있다. 관리자(superuser)만 사용할 수 있다.
Process.maxgroups를 참조하라.

initgroups   Process.initgroups (*user, base_group*) → *groups*

운영 체제의 initgroups를 호출해서 그룹 접근 리스트를 초기화한다. 사용할 수
없는 플랫폼도 있다. 관리자만 사용할 수 있다.

```
Process.initgroups("dave", 500)
```

kill   Process.kill (*signal,* ⟨*pid*⟩⁺) → *int*

주어진 signal을 특정 ID의 프로세스에 보낸다. pid가 0이면 현재 프로세스로 보
낸다. signal은 정수 형태의 시그널이거나 POSIX 시그널 이름(SIG로 시작하는
접두사는 생략 가능)이다. signal이 음수 값이면(또는 - 부호로 시작하면) 프로세
스 대신에 프로세스 그룹에 시그널을 보낸다. 사용 가능한 signal은 운영 체제에
의존적이다.

```
pid = fork do
  Signal.trap(:USR1) { puts "Ouch!"; exit }
  # ... 뭔가를 한다...
end
# ...
Process.kill(:USR1, pid)
Process.wait
```

실행 결과:

```
Ouch!
```

maxgroups   Process.maxgroups → *count*

프로세스 모듈에는 Process.groups와 Process.groups= 호출에 사용하는 추가 그룹 숫자에 제한이 있다. maxgroups를 호출하면 제한값을 반환하고, maxgroups=를 통해 제한값을 설정할 수 있다.

```
Process.maxgroups # => 16
```

maxgroups=   Process.maxgroups= *limit* → *count*

groups와 groups= 메서드 실행에 관여하는 추가 그룹 ID의 최대 개수를 설정한다. 설정 가능한 최댓값은 4096으로 이 값보다 큰 값을 지정하면 4096으로 설정된다.

pid   Process.pid → *int*

현재 프로세스의 프로세스 ID를 반환한다. 사용할 수 없는 플랫폼도 있다.

```
Process.pid # => 19366
```

ppid   Process.ppid → *int*

현재 프로세스의 부모 프로세스 ID를 반환한다. 윈도에서는 항상 0을 반환한다. 사용할 수 없는 플랫폼도 있다.

```
puts "I am #{Process.pid}"
Process.fork { puts "Parent is #{Process.ppid}" }
```

실행 결과:
```
I am 19368
Parent is 19368
```

setpgid   Process.setpgid(*pid, int*) → 0

pid의 프로세스(0이면 현재 프로세스) 그룹 ID를 int로 설정한다. 모든 플랫폼에서 사용 가능하지는 않다.

setpgrp   Process.setpgrp → 0

setpgid(0,0)와 같다. 사용할 수 없는 플랫폼도 있다.

setpriority   Process.setpriority(*kind, int, int_priority*) → 0

Process#getpriority를 참조하라.

```
Process.setpriority(Process::PRIO_USER, 0, 19)    # => 0
Process.setpriority(Process::PRIO_PROCESS, 0, 19) # => 0
Process.getpriority(Process::PRIO_USER, 0)        # => 19
Process.getpriority(Process::PRIO_PROCESS, 0)     # => 19
```

setrlimit	Process.setrlimit(*name, soft_limit, hard_limit=soft_limit*) → nil

지정된 이름을 가진 리소스에 대해 제한값을 설정한다. 리소스 이름에 대해서는 Process.getrlimit를 참조하기 바란다. setrlimit(2) 매뉴얼 페이지에서 제한값에 대한 자세한 정보를 확인할 수 있다. 사용할 수 없는 플랫폼도 있다.

setsid	Process.setsid → *int*

이 프로세스를 tty로 제어하지 않고, 새로운 세션과 프로세스 그룹 리더로 만든다. 그리고 세션 ID를 반환한다. 사용할 수 없는 플랫폼도 있다.

```
Process.setsid # => 19373
```

spawn	Process.spawn(⟨env,⟩ *command* ⟨, *args*⟩*, ⟨options⟩) → *pid*

Object#spawn의 별칭

times	Process.times → *struct_tms*

현재 프로세스의 사용자와 시스템 CPU 시간을 담은 TMS 구조체(Struct::Tms (803쪽) 참조)를 반환한다.

```
t = Process.times
[ t.utime, t.stime ] # => [0.03, 0.0]
```

uid	Process.uid → *int*

현재 프로세스의 사용자 ID를 반환한다.

```
Process.uid # => 501
```

uid=	Process.uid= *int* → *numeric*

현재 프로세스의 (정수) 사용자 ID를 설정한다. 사용할 수 없는 플랫폼도 있다.

wait	Process.wait → *int*

자식 프로세스가 하나라도 종료되는 것을 기다린 뒤 자식 프로세스의 ID를 반환한다. 그 프로세스에 대한 정보가 담긴 Process::Status 객체를 $? 변수에 저장한다. 자식 프로세스가 없으면 SystemError 예외를 발생시킨다. 사용할 수 없는 플랫폼도 있다.

```
Process.fork { exit 99 }  # => 19380
Process.wait              # => 19380
$?.exitstatus             # => 99
```

waitall	Process.waitall → [[*pid1,status*], …]

모든 자식을 기다린 뒤 pid/status 쌍(status는 Process::Status의 객체)으로 이루

어진 배열을 반환한다.

```
fork { sleep 0.2; exit 2 } # => 19385
fork { sleep 0.1; exit 1 } # => 19386
fork { exit 0 }            # => 19387
Process.waitall            # => [[19387, #<Process::Status: pid 19387 exit 0>],
                           # .. [19386, #<Process::Status: pid 19386 exit 1>],
                           # .. [19385, #<Process::Status: pid 19385 exit 2>]]
```

---

wait2   Process.wait2 → [*pid, status*]

자식 프로세스가 하나라도 종료되는 것을 기다린 뒤, 자식 프로세스의 ID와 종료 상태(Process::Status 객체)를 담은 배열을 반환한다. 자식 프로세스가 없으면 SystemError 예외를 발생시킨다.

```
Process.fork { exit 99 } # => 19395
pid, status = Process.wait2
pid                      # => 19395
status.exitstatus        # => 99
```

---

waitpid   Process.waitpid(*pid, int*=0) → *pid*

---

pid의 값에 따라 다음과 같은 자식 프로세스를 기다린다.

< -1	pid의 값과 정확하게 일치하는 그룹 ID를 가진 자식 프로세스 아무거나
-1	자식 프로세스 아무거나(wait와 같다)
0	현재 프로세스와 같은 프로세스 그룹 ID를 가진 자식 프로세스 아무거나
>0	입력한 PID와 일치하는 프로세스 ID의 자식 프로세스

int에는 논릿값이나 Process::WNOHANG(자식이 없는 경우에는 멈추지 않는다) 또는 Process::WUNTRACED(아직 보고되지 않은 멈춘 자식 프로세스를 반환) 플래그가 올 수 있다. 사용 가능한 플래그는 시스템에 의존적이지만 값이 0인 플래그는 모든 플랫폼에서 사용 가능할 것이다.

```
include Process
pid = fork { sleep 2 }              # => 19398
Time.now                           # => 2013-11-16 22:37:44 -0600
waitpid(pid, Process::WNOHANG)     # => nil
Time.now                           # => 2013-11-16 22:37:44 -0600
waitpid(pid, 0)                    # => 19398
Time.now                           # => 2013-11-16 22:37:46 -0600
```

---

waitpid2   Process.waitpid2(*pid, int*=0) → [*pid, status*]

자식 프로세스가 하나라도 종료되는 것을 기다린 뒤, 자식 프로세스의 ID와 종료 상태(Process::Status 객체)를 담은 배열을 반환한다. int에는 논릿값이나 Process::WNOHANG(자식이 없는 경우에는 멈추지 않는다) 또는 Process::WUNTRACED(아직 보고되지 않은 멈춘 자식 프로세스를 반환) 플래그가 올 수 있다. 사용 가능한 플래그는 시스템에 의존적이지만 값이 0인 플래그는 모든 플랫폼에서 사용 가능할 것이다.

모듈 Process::GID

기반 운영 체제의 실제, 유효, 저장된 그룹 ID 등의 개념에 대한 높은 수준(그리고 한층 이식성 높은) 인터페이스를 제공한다. 이런 ID가 의미하는 바에 관한 논의는 이 책의 범주를 벗어나는 것으로 더 자세한 내용을 공부하고 싶은 독자는 POSIX 문서를 보거나 최신 유닉스 시스템의 intro(2) 매뉴얼 페이지를 참고하기 바란다. 기반 운영 체제가 충분한 시스템 호출을 제공하지 않는다면, 여기서 소개하는 모든 메서드들은 NotImplementedError를 발생시킬 것이다. 이후의 설명은 나가이 히데토시가 ruby-talk:76218에 남긴 내용에 기반을 둔다.

모듈 메서드

change_privilege   Process::GID.change_privilege(*gid*) → *gid*

실제, 유효, 저장된 그룹 ID를 gid로 설정한다. 실패 시(ID들의 상태를 알 수 없을 때)는 예외가 발생한다. 이 메서드는 Process.gid=와 호환되지 않는다.

---

eid   Process::GID.eid → *egid*

현재 프로세스의 유효(effective) 그룹 ID를 반환한다. Process.egid의 별칭이다.

---

eid=   Process::GID.eid = *egid*

Process::GID.grant_privilege의 별칭

---

grant_privilege   Process::GID.grant_privilege(*egid*) → *egid*

유효 그룹 ID를 egid로 설정한다. 실패하면 예외가 발생한다. 특정 상황에서는 저장된 그룹 ID를 바꾸기도 한다(re_exchangeable? 참조).

---

re_exchange   Process::GID.re_exchange → *egid*

실제 그룹 id와 유효 그룹 ID들을 바꾸고, 저장된 그룹 ID를 새로운 유효 그룹 ID로 설정한다. 새로운 유효 그룹 ID를 반환한다.

---

re_exchangeable?   Process::GID.re_exchangeable → *true* or *false*

동작 중인 운영 체제에서 실제 그룹 ID와 유효 그룹 ID를 교환할 수 있으면 true를 반환하고, 그 외에는 false를 반환한다.

---

rid   Process::GID.rid → *gid*

현재 프로세스의 실제 그룹 ID를 반환한다. Process.gid의 별칭이다.

sid_available?   Process::GID.sid_available? → *true* or *false*

기반 플랫폼이 저장된 그룹 ID 기능을 제공하면, true를 반환하고 그렇지 않으면 false를 반환한다. 루비에서는 운영 체제가 setresgid(2)나 setegid(2) 호출을 지원하거나 POSIX_SAVED_IDS 플래그를 설정했다면 지원한다고 가정한다.

switch   Process::GID.switch → *egid*
       Process::GID.switch { … } → *obj*

그룹의 권한을 토글한다. 블록 형태에서는 블록 실행을 마치면 자동으로 권한을 바꾼다(단, 블록에서 방해가 될 수 있는 Process::GID 호출을 전혀 사용하지 않은 경우에만). 블록이 없는 경우에는 원래의 유효 그룹 ID를 반환한다.

클래스 **Process::Status** < Object

Process::Status는 동작 중이거나 멈춘 시스템 프로세스의 상태에 대한 정보를 캡슐화한다. 내장 변수인 $?은 nil이나 Process::Status 객체를 담고 있다.

```
fork { exit 99 }  # => 53161
Process.wait      # => 53161
$?.class          # => Process::Status
$?.to_i           # => 25344
$? >> 8           # => 99
$?.stopped?       # => false
$?.exited?        # => true
$?.exitstatus     # => 99
```

POSIX 시스템에서는 프로세스에 대한 정보를 16비트 정수를 이용해 기록한다. 하위 비트는 프로세스 정보(stopped, exited, signaled)를 기록하고, 상위 비트는 가능하다면 부가 정보(예를 들면, 이미 종료된 프로세스의 경우 프로그램이 반환한 코드)를 기록한다. 루비 1.8 이전 버전에서는 이 비트들이 루비 프로그램에 직접 노출되었지만, 지금은 Process::Status 객체에 캡슐화되었다. 하지만 호환성을 높이기 위해, 이 객체들은 비트를 이용한 인터페이스도 유지한다. 다음 설명에서 사용한 stat은 바로 이 16비트 값을 참조하고 있다.

인스턴스 메서드

==   *stat* == *other* → *true* or *false*

stat의 정숫값이 other와 같다면 참을 반환한다.

&   *stat* & *num* → *fixnum*

stat 비트와 num의 논릿값

```
fork { exit 0x37 }
Process.wait
sprintf('%04x', $?.to_i)      # => "3700"
sprintf('%04x', $? & 0x1e00)  # => "1600"
```

>> *stat >> num → fixnum*

stat 비트 자체를 오른쪽으로 시프트한다.

```
fork { exit 99 } # => 53167
Process.wait     # => 53167
$?.to_i          # => 25344
$? >> 8          # => 99
```

---

coredump? *stat.coredump → true or false*

종료할 때 stat이 코어 덤프를 생성했다면 true를 반환한다. 사용할 수 없는 플랫폼도 있다.

---

exited? *stat.exited? → true or false*

stat이 정상적으로 종료되었다면(예를 들면 exit 호출을 사용하거나 프로그램을 마침) true를 반환한다.

---

exitstatus *stat.exitstatus → fixnum or nil*

stat의 반환 코드 중 작은 비트 자릿수의 8비트를 반환한다. exited?가 true이면 사용 가능하다.

```
fork { }          # => 53170
Process.wait      # => 53170
$?.exited?        # => true
$?.exitstatus     # => 0

fork { exit 99 }  # => 53171
Process.wait      # => 53171
$?.exited?        # => true
$?.exitstatus     # => 99
```

---

pid *stat.pid → fixnum*

이 상태 객체에 결합된 프로세스의 ID를 반환한다.

```
fork { exit }  # => 53174
Process.wait   # => 53174
$?.pid         # => 53174
```

---

signaled? *stat.signaled? → true or false*

stat이 처리하지 않은 시그널을 받고 종료했을 때 true를 반환한다.

```
pid = fork { sleep 100 }
Process.kill(9, pid) # => 1
Process.wait         # => 53177
$?.signaled?         # => true
```

stopped?   *stat*.stopped? → *true* or *false*

이 프로세스가 멈춰 있다면 true를 반환한다. 대응되는 wait 호출이 WUNTRACED
플래그를 설정한 채 이루어진 경우에만 이 값을 반환한다.

success?   *stat*.success? → nil, or *true* or *false*

stat을 성공적으로 마친 프로세스라면 true를 반환한다. 실패하고 종료했다면
false를 반환한다. 그리고 stat이 마친 프로세스를 정의하고 있지 않다면 nil을 반
환한다.

stopsig   *stat*.stopsig → *fixnum* or nil

stat을 멈추도록 만든 시그널 숫자를 반환한다(또는 stat이 정지되어 있지 않다면
nil을 반환한다).

termsig   *stat*.termsig → *fixnum* or nil

stat을 종료(terminate)하도록 만든 시그널 숫자를 반환한다(또는 처리하지 않은
시그널에 의해 종료되었다면 nil을 반환한다).

to_i   *stat*.to_i → *fixnum*

stat의 비트를 Fixnum으로 반환한다. 이 비트를 뒤지는 일은 플랫폼에 의존적
이다.

```
fork { exit 0xab }       # => 53180
Process.wait             # => 53180
sprintf('%04x', $?.to_i) # => "ab00"
```

to_s   *stat*.to_s → *string*

stat.to_i.to_s와 같다.

모듈 **Process::Sys**

Process::Sys는 프로세스의 사용자와 그룹 환경에 대한 시스템 호출 수준의 제어를 제공한다. 많은 호출이 Process 모듈에 정의된 메서드의 별칭이고, 여기서는 완결성을 위해 한곳에 패키징된 것이다. 높은 수준(그리고 좀 더 이식성이 높은) 인터페이스를 찾는다면 Process::GID와 Process::UID를 참조하기 바란다.

모듈 메서드

getegid Process::Sys.getegid → *gid*

현재 프로세스의 유효(effective) 그룹 ID를 반환한다. Process.egid의 별칭이다.

geteuid Process::Sys.getugid → *uid*

현재 프로세스의 유효 사용자 ID를 반환한다. Process.euid의 별칭이다.

getgid Process::Sys.getgid → *gid*

현재 프로세스의 그룹 ID를 반환한다. Process.gid의 별칭이다.

getuid Process::Sys.getuid → *uid*

프로세스의 사용자 ID를 반환한다. Process.uid의 별칭이다.

issetugid Process::Sys.issetugid → *true* or *false*

이 프로세스가 최근의 execve() 시스템 호출의 결과로 setuid나 setgid를 사용했다면 true를 반환하고, 그렇지 않으면 false를 반환한다. 시스템에서 issetugid(2)를 지원하지 않으면 NotImplementedError 예외를 발생시킨다.

setegid Process::Sys.setegid (*gid*)

유효 그룹 ID를 gid로 설정한다. 하위 시스템 호출이 실패하면 이 메서드도 실패한다. 시스템에서 setegid(2)를 지원하지 않으면 NotImplementedError 예외를 발생시킨다.

seteuid Process::Sys.seteuid (*uid*)

유효 사용자 ID를 gid로 설정한다. 하위 시스템 호출이 실패하면 이 메서드도 실패한다. 시스템에서 seteuid(2)를 지원하지 않으면 NotImplementedError 예외를 발생시킨다.

setgid Process::Sys.setgid (*gid*)

그룹 ID를 gid로 설정한다. 하위 시스템 호출이 실패하면 이 메서드도 실패한다.

시스템에서 setgid(2)를 지원하지 않으면 NotImplementedError 예외를 발생시킨다.

---

setregid   Process::Sys.setregid(*rgid*, *egid*)

실제 그룹 ID와 유효 그룹 ID를 각각 rgid와 egid로 설정한다. 하위 시스템 호출이 실패하면 이 메서드도 실패한다. 시스템에서 setregid(2)를 지원하지 않으면 NotImplementedError 예외를 발생시킨다.

---

setresgid   Process::Sys.setresgid(*rgid*, *egid*, *sgid*)

실제 그룹 ID, 유효 그룹 ID, 저장된 그룹 ID를 각각 rgid, egid, sgid로 설정한다. 하위 시스템 호출이 실패하면 이 메서드도 실패한다. 시스템에서 setresgid(2)를 지원하지 않으면 NotImplementedError 예외를 발생시킨다.

---

setresuid   Process::Sys.setresuid(*ruid*, *euid*, *suid*)

실제 사용자 ID, 유효 사용자 ID, 저장된 사용자 ID를 각각 ruid, euid, suid로 설정한다. 하위 시스템 호출이 실패하면 이 메서드도 실패한다. 시스템에서 setresuid(2)를 지원하지 않으면 NotImplementedError 예외를 발생시킨다.

---

setreuid   Process::Sys.setreuid(*ruid*, *euid*)

실제 사용자 ID와 유효 사용자 ID를 각각 ruid와 euid로 설정한다. 하위 시스템 호출이 실패하면 이 메서드도 실패한다. 시스템에서 setreuid(2)를 지원하지 않으면 NotImplementedError 예외를 발생시킨다.

---

setrgid   Process::Sys.setrgid(*rgid*)

실제 그룹 ID를 rgid로 설정한다. 하위 시스템 호출이 실패하면 이 메서드도 실패한다. 시스템에서 setrgid(2)를 지원하지 않으면 NotImplementedError 예외를 발생시킨다.

---

setruid   Process::Sys.setruid(*ruid*)

실제 사용자 ID를 gid로 설정한다. 하위 시스템 호출이 실패하면 이 메서드도 실패한다. 시스템에서 setruid(2)를 지원하지 않으면 NotImplementedError 예외를 발생시킨다.

---

setuid   Process::Sys.setuid(*uid*)

사용자 ID를 uid로 설정한다. 하위 시스템 호출이 실패하면 이 메서드도 실패한다. 시스템에서 setuid(2)를 지원하지 않으면 NotImplementedError 예외를 발생시킨다.

모듈 **Process::UID**

운영 체제의 실제, 유효, 저장된 사용자 ID에 대한 높은 수준(그리고 더 이식성 높은)의 인터페이스를 제공한다. 더 자세한 내용은 Process::GID(748쪽)를 참조 한다.

모듈 메서드

change_privilege   Process::UID.change_privilege (*uid*) → *uid*

실제, 유효, 저장된 사용자 ID를 uid로 설정한다. 실패 시(ID들의 상태를 알 수 없을 때)는 예외가 발생한다. Process.uid= 메서드와는 호환되지 않는다.

---

eid   Process::UID.eid → *euid*

현재 프로세스의 유효 사용자 ID를 반환한다. Process.euid의 별칭이다.

---

eid=   Process::UID.eid = *euid*

Process::UID.grant_privilege의 별칭이다.

---

grant_privilege   Process::UID.grant_privilege (*euid*) → *euid*

유효 사용자 ID를 euid로 설정한다. 실패하면 예외가 발생한다. 특정 환경에서 는 저장된 사용자 ID도 함께 바꾼다.

---

re_exchange   Process::UID.re_exchange → *euid*

실제 사용자 ID와 유효 사용자 ID들을 바꾸고, 저장된 사용자 ID를 새로운 유효 사용자 ID로 설정한다. 새로운 유효 사용자 ID를 반환한다.

---

re_exchangeable?   Process::UID.re_exchangeable → *true* or *false*

동작 중인 운영 체제에서 실제 사용자 ID와 유효 사용자 ID를 교환할 수 있으면 true를 반환하고, 그 외에는 false를 반환한다.

---

rid   Process::UID.rid → *uid*

현재 프로세스의 실제 사용자 ID를 반환한다. Process.uid의 별칭이다.

---

sid_available?   Process::UID.sid_available? → *true* or *false*

기반 플랫폼이 저장된 사용자 ID 기능을 제공하면 true를 반환하고 그렇지 않으 면 false를 반환한다. 루비에서는 운영 체제가 setresuid(2)나 seteuid(2) 호출을 지원하거나 POSIX_SAVED_IDS 플래그를 설정했다면 지원한다고 가정한다.

switch　　　　　　　　　　　　　　　　　　Process::UID.switch → *euid*
　　　　　　　　　　　　　　　　　　　Process::UID.switch { ··· } → *obj*

그룹의 권한을 토글한다. 블록 형태에서는 블록 실행을 마치면 자동으로 권한을 바꾼다(하지만 블록에서 방해가 될 수 있는 Process::UID의 다른 호출을 전혀 사용하지 않은 경우에만). 블록이 없는 경우에는 원래의 유효 사용자 ID를 반환한다.

클래스 **Range** < Object

Range는 시작과 끝을 가지고 이 구간 사이에 있는 값의 집합을 나타낸다. Range는 s..e와 s...e 리터럴이나 Range.new를 이용해 만들 수 있다. ..을 이용해 만든 Range는 start부터 end를 모두 포함한다. 하지만 ...을 이용해 만든 Range 객체는 end 값을 포함하지 않는다. 반복자로 사용할 때 Range는 포함하는 구간의 값을 차례로 반환한다.

```
(-1..-5).to_a    # => []
(-5..-1).to_a    # => [-5, -4, -3, -2, -1]
('a'..'e').to_a  # => ["a", "b", "c", "d", "e"]
('a'...'e').to_a # => ["a", "b", "c", "d"]
```

⟨=⟩ 연산자를 이용해 비교할 수 있고 적절히 다음 객체를 반환하는 succ 메서드를 가지고 있는 객체라면, 무엇이든 Range로 만들 수 있다.

```
class Xs # 'x'로 이뤄진 문자열을 나타내는 클래스
  include Comparable
  attr :length
  def initialize(n)
    @length = n
  end
  def succ
    Xs.new(@length + 1)
  end
  def <=>(other)
    @length <=> other.length
  end
  def inspect
    'x' * @length
  end
end

r = Xs.new(3)..Xs.new(6) # => xxx..xxxxxx
r.to_a                   # => [xxx, xxxx, xxxxx, xxxxxx]
r.member?(Xs.new(5))     # => true
```

앞의 코드에서 Xs 클래스는 Comparable 모듈을 포함한다. Enumerable#member? 메서드가 동등성을 검사하기 위해 ==을 사용하기 때문이다. Comparable을 포함하면 Xs에 정의된 ⟨=⟩ 메서드를 이용해 ==를 선언한다.

믹스인

Enumerable: all?, any?, chunk, collect, collect_concat, count, cycle, detect, drop, drop_while, each_cons, each_entry, each_slice, each_with_index, each_with_object, entries, find, find_all, find_index, first, flat_map, grep, group_by, include?, inject, lazy, map, max, max_by, member?, min, min_by, minmax, minmax_by, none?, one?, partition, reduce, reject, reverse_each, select, slice_before, sort, sort_by, take, take_while, to_a, zip

클래스 메서드

new	Range.new(*start*, *end*, *exclusive*=false) → *rng*

주어진 start와 end를 이용해 범위 객체를 생성한다. 세 번째 매개 변수를 생략

하거나 false를 넘기면 범위에서 end 객체를 포함할 것이다. 그렇지 않으면 end 를 제외한다.

인스턴스 메서드

==   *rng == obj → true or false*

obj의 시작과 끝이 rng의 시작과 끝과 같고(비교는 ==를 통해 이루어진다), exclusive 플래그도 같다면 true를 반환한다.

===   *rng === val → true or false*

rng가 끝을 포함하지 않는다면 rng.start ≤ val < rng.end를 반환한다. rng가 끝을 포함한다면 rng.start ≤ val ≤ rng.end를 반환한다. 하지만 val이 범위 자체의 구성원일 필요는 없다는 사실을 기억하자(예를 들어 어떤 부동소수점 값이 정수로 이뤄진 start와 end 사이에 속한다면 === 메서드의 반환값은 true가 된다). 내부적으로 include?를 사용해 구현된다. === 연산자는 case 문에서 유용하게 사용할 수 있다.

```
case 74.95
when  1...50   then puts "low"
when 50...75   then puts "medium"
when 75...100 then puts "high"
end
```

실행 결과:
```
medium
```

---

begin   *rng.begin → obj*

rng의 첫 번째 객체를 반환한다.

---

bsearch   *rng.bsearch { |val| ··· } → obj or nil*

범위 객체에 대해 Array#bsearch 메서드와 같은 기능을 하는 메서드다. 하지만 range의 bsearch 메서드는 일반적으로 range 밖의 어떤 값을 찾기 위해 사용된다. 예를 들어 range 값들은 함수의 매개 변수나 다른 컬렉션의 인덱스를 가리키는 용도로 사용될 수 있다. 함수나 컬렉션에 의해 반환되는 값들은 매개 변수가 증가함에 따라 반드시 증가한다는 것을 기억하자.

다음은 넘겨받은 숫자를 표현하기 위한 이진 자릿수를 찾는 메서드다.

```
def bit_size(n)
  (0...(8*n.size)).bsearch { |bitno| (1 << bitno) > n }
end

[ 0x05, 0x50, 0x5a010000 ].each do |n|
  printf "Bitsize of %b is %d\n", n, bit_size(n)
end
```

실행 결과:

```
Bitsize of 101 is 3
Bitsize of 1010000 is 7
Bitsize of 10110100000000010000000000000000 is 31
```

다음은 sin(x)가 0.5인 값을 찾는 놀라운 예제다.

```
(0.0..Math::PI/2).bsearch {|x| Math.sin(x) >= 0.5} # => 0.5235987755982989
```

이는 내 컴퓨터에서 열네 번 만에 1% 범위에서 정확한 값을 반환하며, 62번 반복되면 Float 정밀도 한계에 해당하는 값을 반환했다.

---

cover?   *rng*.cover?(*obj*) → *true* or *false*

obj가 범위의 시작과 끝 사이의 값이면 true를 반환한다. min..max로 생성된 범위 객체는 min ≤ obj ≤ max일 때 true를 반환한다. 반면 min...max 리터럴로 생성된 범위 객체는 min ≤ obj < max일 때 true를 반환한다.

```
(1..10).cover?(0)   # => false
(1..10).cover?(5)   # => true
(1..10).cover?(9.5) # => true
(1..10).cover?(10)  # => true
(1...10).cover?(10) # => false
```

---

each   *rng*.each { |i| ··· } → *rng*

rng의 각 요소를 차례대로 블록에 넘겨서 평가한다. 범위의 다음 값은 succ 메서드를 이용해서 만든다.

```
(10..15).each do |n|
  print n, ' '
end
```

실행 결과:
```
10 11 12 13 14 15
```

---

end   *rng*.end → *obj*

rng의 끝을 정의하는 객체를 반환한다.

```
(1..10).end  # => 10
(1...10).end # => 10
```

---

eql?   *rng*.eql?(*obj*) → *true* or *false*

obj의 시작과 끝이 rng의 시작과 끝과 같고(eql?을 통해 비교) exclusive 플래그도 같다면 true를 반환한다.

---

exclude_end?   *rng*.exclude_end? → *true* or *false*

rng가 자신의 end의 값을 포함하지 않는다면 true를 반환한다.

first   *rng*.first (*n* = 1) → *obj* or *array*

rng에서 첫 번째 값이나 앞에서 n개의 요소를 반환한다.

```
('aa'..'bb').first    # => "aa"
('aa'..'bb').first(5) # => ["aa", "ab", "ac", "ad", "ae"]
```

include?   *rng*.include?(*val*) → *true* or *false*

val이 rng에 포함되어 있을 때(즉 Range#each를 사용할 때 val이 한 번이라도 반환된다면) true를 반환한다. 숫자로 이루어진 범위 객체에서는 매개 변수에 지정된 값이 시작과 끝 사이에만 있으면 이 값은 범위에 속하는 명시적인 값이 아니더라도 true를 반환한다(이 말은 바꿔 말하면 Range#cover?와 같은 방식으로 작동한다는 의미다). 그렇지 않은 경우에는 매개 변수의 값이 반드시 Range 객체의 명시적인 값이어야만 true를 반환한다.

```
r = 1..10
r.include?(5)    # => true
r.include?(5.5)  # => true
r.include?(10)   # => true
r = 1...10
r.include?(10)   # => false
r = 'a'..'z'
r.include?('b')    # => true
r.include?('ruby') # => false
```

last   *rng*.last (*n* = 1) → *obj* or *array*

rng 객체의 마지막 (n개의) 요소를 반환한다.

```
('aa'..'bb').last    # => "bb"
('aa'..'bb').last(5) # => ["ax", "ay", "az", "ba", "bb"]
```

max   *rng*.max → *obj*
                                                                                      rng.max { |a,b| … } → *obj*

범위 내의 최댓값을 반환한다. 블록이 넘겨지면 값을 비교하는 데 사용한다.

```
(-3..2).max              # => 2
(-3..2).max {|a,b| a*a <=> b*b } # => -3
```

member?   *rng*.member?(*val*) → *true* or *false*

Range#include?의 별칭

min   *rng*.min → *obj*
                                                                                       rng.min { |a,b| … } → *obj*

범위 내의 최솟값을 반환한다. 블록이 넘겨지면 값을 비교하는 데 사용한다.

```
(-3..2).min              # => -3
(-3..2).min {|a,b| a*a <=> b*b } # => 0
```

size *rng*.size → *int* or nil

rng에 포함되는 요소의 개수를 반환한다. 2.0 버전에서 추가되었으며, 정수 범위 객체에 대해 사용 가능하다.

```
(1..26).size    # => 26
('a'..'z').size # => nil
```

step *rng*.step(*n*=1) ⟨{ |obj| ⋯ }⟩ → *rng* or *enum*

rng를 반복하며 블록에 각각 다음의 n 번째 요소를 차례로 전달한다. 범위가 숫자를 포함하고 있다면 다음 요소를 만들기 위해 1씩 더해간다. 그 외에는 범위 요소들을 반복하며 succ 메서드를 차례로 호출한다. 블록이 주어지지 않으면, enumerator 객체를 반환한다. 다음 코드는 이 섹션의 시작 부분에서 정의한 Xs 클래스를 사용한다.

```
range = Xs.new(1)..Xs.new(10)
range.step(2) {|x| p x}
enum = range.step(3)
p enum.to_a
```

실행 결과:

```
x
xxx
xxxxx
xxxxxxx
xxxxxxxxx
[x, xxxx, xxxxxxx, xxxxxxxxxx]
```

step에 숫자를 매개 변수를 넘겨주는 예제다.

```
(1..5).step(1).to_a      # => [1, 2, 3, 4, 5]
(1..5).step(2).to_a      # => [1, 3, 5]
(1..5).step(1.5).to_a    # => [1.0, 2.5, 4.0]
(1.0..5.0).step(1).to_a  # => [1.0, 2.0, 3.0, 4.0, 5.0]
(1.0..5.0).step(2).to_a  # => [1.0, 3.0, 5.0]
(1.0..5.0).step(1.5).to_a # => [1.0, 2.5, 4.0]
```

클래스 **Random** < Object

메르센 트위스터(Mersenne Twister) MT19937(주기가 2^{19937}-1)에 기반을 둔 무작위 숫자 생성기다. 전역에서 사용할 수 있던 rand와 srand 메서드는 이 클래스의 래퍼 클래스다.

클래스 메서드

new   Random.new (〈 *seed*=Random.new_seed 〉) → *rand*

주어진 값을 seed로 하는 무작위 숫자 생성기를 생성한다. seed는 정수로 변환된다.

new_seed   Random.new_seed → *bignum*

이전에 seed로 사용하던 숫자를 반환한다. 이 값은 기본적으로 시스템 무작위 숫자 생성기에서 가져온다. 시스템에서 무작위 숫자 생성기를 사용할 수 없다면 시간, 프로세스 ID, 순차적 숫자를 조합한다.

```
Random.new_seed # => 157560414885770661395776266495951547
```

rand   Random.rand (*max*=0) → *number*
                                               Random.rand (*range*) → *number*

Object#rand(725쪽)의 별칭

srand   Random.rand (*seed*) → *old_seed*

Object#srand(731쪽)와 같다.

인스턴스 메서드

bytes   rand.bytes (*length*) → *string*

무작위 비트를 포함한 length 바이트의 바이너리로 인코딩된 문자열을 반환한다.

```
rand = Random.new
rand.bytes(10) # => "\xC7\xE0\xA2\xD5Z\x19\xA7ve+"
```

rand   *rand*.rand (*max*=0) → *number*
                                                 rand.rand (*range*) → *number*

max를 max1 = max.to_i.abs를 이용해 정수로 변환한다. 그 결과가 0이나 nil이면 0.0과 같거나 크고 1.0보다 작은 모의 랜덤 부동소수점 숫자를 반환한다. 그렇지 않으면 0보다 크거나 같고 max1보다 작은 모의 랜덤 정수를 반환한다. 범위 객체를 넘기면 범위에 포함되는 무작위 숫자 하나를 반환한다.

seed   *rand*.seed → *bignum*

난수 생성기의 seed를 반환한다.

클래스 **Rational** < Numeric

유리수는 두 정수의 비율로 표현된다. 분모가 분자를 정확히 나눌 수 있을 때, 유리수는 정수가 된다. 유리수는 분수에 대한 정확한 표현법을 제공한다. 하지만 일부 실수는 정확하게 표현할 수 없으므로 유리수로도 표현할 수 없다.

Rational 클래스는 보통 다른 숫자 클래스와는 별개로 동작한다. 따라서 두 개의 정수를 나눈 결과는 일반적으로 (잘라진) 정수가 된다(quo 메서드는 항상 유리수를 반환한다). 하지만 mathn 라이브러리를 프로그램에 로드하면 정수의 나누기 연산은 그 결과를 Rational로 반환한다. Rational 라이브러리(905쪽)에서 유리수에 관련된 다른 메서드들을 설명하고 있다.

```
r1 = Rational("1/2") # => 1/2
r2 = 4.quo(5)        # => 4/5
r1 * r2              # => 2/5
```

인스턴스 메서드

산술 연산자

rat에 대한 다양한 산술 연산을 수행한다.

rat	+	numeric	더하기
rat	-	numeric	빼기
rat	*	numeric	곱하기
rat	/	numeric	나누기
rat	%	numeric	나머지
rat	**	numeric	거듭제곱
rat	-@		단항 마이너스

비교 연산자

rat과 다른 숫자를 비교한다: ⟨, ⟨=, ==, ⟩=, ⟩

<=>	*rat ⟨=⟩ numeric → -1, 0, +1, or nil*

비교. rat과 numeric을 비교해서 rat이 작으면 -1, 같으면 0, 크면 1을 반환한다. Rational의 부모의 부모 클래스에는 Comparable이 믹스인되어 있지만 Rational은 비교 연산에 Comparable 모듈을 사용하지 않고 비교 연산자를 직접 구현한다.

```
Rational("4/2") <=> Rational("98/49") # => 0
Rational("3/4") <=> 41                 # => -1
Rational("0") <=> 0.0                  # => 0
```

==	*rat* == *numeric*

rat과 numeric이 같은 값을 가지면 true를 반환한다. 정수와 유리수의 비교는 정확하게 이루어진다. 부동소수점과 비교할 때는 우선 rat을 부동소수점(float)으로 변환한 후에 비교를 수행한다.

ceil	*rat*.ceil → *numeric*

rat보다 크거나 같은 가장 작은 정수를 반환한다.

```
Rational("22/7").ceil  # => 4
Rational("-22/7").ceil # => -3
```

denominator	*rat*.denominator → *a_number*

rat의 분모를 반환한다.

```
Rational("2/3").denominator # => 3
```

fdiv	*rat*.fdiv (*numeric*) → *float*

rat을 numeric으로 나눈 결과를 부동소수점으로 반환한다.

```
Rational("11/2") / 2    # => 11/4
Rational("11/2").fdiv 2 # => 2.75
```

floor	*rat*.floor → *numeric*

rat보다 작거나 같은 가장 큰 정수를 반환한다.

```
Rational("22/7").floor  # => 3
Rational("-22/7").floor # => -4
```

numerator	*rat*.numerator → *a_number*

rat의 분모를 반환한다.

```
Rational("2/3").numerator # => 2
```

quo	*rat*.quo (*numeric*) → *numeric*

Rational#/의 별칭

rationalize	*rat*.rationalize → *rat*
	rat.rationalize (*epsilon*) → *rational*

매개 변수를 넘기지 않으면 rat을 반환한다. 매개 변수가 있을 때는 주어진 정밀도를 가지는 새로운 Rational 객체를 반환한다.

```
r = Math::PI.to_r   # => (884279719003555/281474976710656)
r.rationalize       # => (884279719003555/281474976710656)
r.rationalize(0.01) # => (22/7)
```

Rational

round
rat.round → numeric

rat을 가장 가까운 정수로 반올림한다.

```
Rational("22/7").round  # => 3
Rational("-22/7").round # => -3
```

to_f
rat.to_f → float

rat의 부동소수점 표현을 반환한다.

```
Rational("37/4").to_f # => 9.25
```

to_i
rat.to_i → integer

rat을 반올림한 정숫값을 반환한다.

```
Rational("19/10").to_i  # => 1
Rational("-19/10").to_i # => -1
```

to_r
rat.to_r → rat

rat을 반환한다.

truncate
rat.truncate → numeric

rat을 정수로 변환해서 반환한다.

```
Rational("22/7").truncate  # => 3
Rational("-22/7").truncate # => -3
```

클래스 **Regexp** < Object

Regexp는 정규 표현식을 담고, 이 패턴을 문자열에 매칭한다. Regexp는 /.../이나 %r{...} 리터럴을 이용해 만들거나 Regexp.new로 생성할 수 있다. 자세한 내용은 '정규 표현식'(373쪽)에서 다룬다.

클래스 상수

EXTENDED   regexp에서 공백과 줄 바꿈을 무시한다.
IGNORECASE 대소문자 구분 없이 매칭한다.
MULTILINE   줄 바꿈을 다른 글자들처럼 다룬다.

클래스 메서드

compile   Regexp.compile(*pattern* ⟨, *options* ⟨, *lang*⟩⟩) → *rxp*

Regexp.new의 별칭

---

escape   Regexp.escape(*string*) → *escaped_string*

정규 표현식에서 특별한 의미를 갖는 문자들을 이스케이프한다. 어떤 문자열이라도 Regexp.new(Regexp.escape(str)) =~ str는 참을 반환할 것이다.

```
Regexp.escape('\\[]*?{}.') # => \\\[\]\*\?\{\}\.
```

---

last_match   Regexp.last_match → *match*
                           Regexp.last_match(*int*) → *string*

첫 번째 형식은 마지막으로 성공한 패턴 매칭에 의해 만들어진 MatchData 객체를 반환한다. 이는 전역 변수 $~를 읽는 것과 같다. Matchdata에 대해서는 별도 레퍼런스(661쪽)에서 다룬다.

두 번째 형식은 MatchData 객체에서 n 번째 필드를 반환한다.

```
/c(.)t/ =~ 'cat'        # => 0
Regexp.last_match       # => #<MatchData "cat" 1:"a">
Regexp.last_match(0)    # => "cat"
Regexp.last_match(1)    # => "a"
Regexp.last_match(2)    # => nil
```

---

new   Regexp.new(*string* ⟨, *options* ⟨, *lang*⟩⟩) → *rxp*
                           Regexp.new(*regexp*) → *new_regexp*

string이나 regexp로 기술한 패턴을 이용해 새로운 정규 표현식 객체를 생성한다. 두 번째 형식에서는 regexp의 옵션이 전달되므로 새로운 옵션은 명시하지 않아도 된다. options가 숫자라면 Regexp::EXTENDED, Regexp::IGNORECASE, Regexp::MULTILINE들의 논리합이다. 그렇지 않으면서 동시에 options가 nil도

Regexp

아니라면 regexp는 대소문자를 구분하지 않는다. 매개 변수 lang에 "N"이나 "n"을 지정하면 정규 표현식 인코딩이 아스키-8비트로 설정된다[3]. 다른 값이 들어가면 문자열의 인코딩이 정규 표현식의 인코딩이 된다.

```
# encoding: utf-8
r1 = Regexp.new('^[a-z]+:\\s+\w+')        # => /^[a-z]+:\s+\w+/
r2 = Regexp.new('cat', true)              # => /cat/i
r3 = Regexp.new('dog', Regexp::EXTENDED)  # => /dog/x
r4 = Regexp.new(r2)                       # => /cat/i
r5 = Regexp.new("ðelta")                  # => /ðelta/
r1.encoding                               # => #<Encoding:US-ASCII>
r5.encoding                               # => #<Encoding:UTF-8>
```

---

quote   Regexp.quote(*string*) → *escaped_string*

Regexp.escape의 별칭

---

try_convert   Regexp.try_convert(*obj*) → *a_regexp* or *nil*

obj가 정규 표현식이 아니면 to_regexp 메서드를 호출해 정규 표현식으로 변환을 시도한다. 변환할 수 없다면 nil을 반환한다.

```
Regexp.try_convert("cat") # => nil
class String
  def to_regexp
    Regexp.new(self)
  end
end
Regexp.try_convert("cat") # => /cat/
```

---

union   Regexp.union(⟨pattern⟩*) → *a_regexp*

주어진 ⟨pattern⟩*들에 모두 매치되는 정규 표현식을 반환한다. 매개 변수를 생략하면 무엇에도 매치되지 않는 정규 표현식 객체를 생성한다. ⟨pattern⟩*이 문자열이면 기본 정규 표현식 옵션을 사용한다. 패턴이 정규 표현식이면 마지막 정규 표현식 패턴의 옵션으로 생성된 정규 표현식 객체를 반환한다. ⟨pattern⟩*들을 담은 배열로 넘겨줄 수도 있다.

```
Regexp.union("cat")          # => /cat/
Regexp.union("cat", "dog")   # => /cat|dog/
Regexp.union(%w{ cat dog })  # => /cat|dog/
Regexp.union("cat", /dog/i)  # => /cat|(?i-mx:dog)/
```

인스턴스 메서드

==   *rxp* == *other_regexp* → *true* or *false*

동일성 판별 연산자. 패턴이 같고, 문자 집합이 같고, casefold? 값이 같다면 두 정규 표현식을 같다고 판단한다.

---

3 루비 1.9부터 다른 값은 지정될 수 없다.

```
/abc/ == /abc/x  # => false
/abc/ == /abc/i  # => false
/abc/u == /abc/n # => false
```

===   *rxp === string → true or false*

case 문에서 사용하는 동일성 판별. Regexp#~와 같으나, 문자열이 아닌 매개 변수를 지정하면 false를 반환한다. case 문에서 사용된다.

```
a = "HELLO"
case a
when /\A[a-z]*\z/; print "Lower case\n"
when /\A[A-Z]*\z/; print "Upper case\n"
else               print "Mixed case\n"
end
```

실행 결과:

```
Upper case
```

=~   *rxp =~ string → int or nil*

매치 연산자. rxp를 문자열에 매칭하고 매칭이 시작하는 오프셋을 반환한다. 매치되지 않으면 nil을 반환한다. $~를 해당하는 MatchData나 nil로 설정한다.

```
/SIT/ =~ "insensitive"  # => nil
/SIT/i =~ "insensitive" # => 5
```

~   *~ rxp → int or nil*

매치 연산자. rxp를 $_의 내용에 매치한다. rxp =~ $_와 같다. 이런 표현은 가급적 사용하지 않는 것이 좋다.

```
$_ = "input data"
~ /at/ # => 7
```

---

casefold?   *rxp.casefold? → true or false*

대소문자 구분 플래그의 값을 반환한다. 정규 표현식 내에서 i 문법을 사용한다고 이 값이 true가 되지는 않는다.

```
/cat/.casefold?     # => false
/cat/i.casefold?    # => true
/(?i:cat)/.casefold? # => false
```

---

encoding   *rxp.encoding → an_encoding*

정규 표현식의 문자 인코딩을 반환한다.

```
/cat/.encoding  # => #<Encoding:US-ASCII>
/cat/s.encoding # => #<Encoding:Windows-31J>
/cat/u.encoding # => #<Encoding:UTF-8>
```

fixed_encoding?

rxp.fixed_encoding? → *true* or *false*

7비트 문자만을 포함하는 정규 표현식 객체는 어떤 인코딩을 가진 객체라도 매치를 시도할 수 있다. 이때 fixed_encoding? 메서드는 false를 반환한다. 그 외에는 true를 반환한다.

```
/cat/.fixed_encoding?  # => false
/cat/s.fixed_encoding? # => true
/cat/u.fixed_encoding? # => true
```

match

rxp.match(*string*, *offset*=0) → *match* or nil
rxp.match(*string*, *offset*=0) { |match| … } → *obj*

매칭에 대한 정보를 담은 MatchData 객체를 반환한다. 매치되지 않는다면 nil을 반환한다. 이는 매치를 시도한 후에 특별한 변수인 $~의 값을 읽는 것과 동일하다. 매치는 string의 offset 위치부터 시작된다. 블록이 주어지면 매치에 성공했을 때 블록에 MatchData 객체를 넘겨주며 블록의 반환값이 match 메서드의 반환값이 된다.

```
md = /(.)(d)(.)/.match("abcdefabcdef")
md          # => #<MatchData "cde" 1:"c" 2:"d" 3:"e">
md[1]       # => "c"
md.begin(1) # => 2
md = /(.)(d)(.)/.match("abcdedcba", 4)
md          # => #<MatchData "edc" 1:"e" 2:"d" 3:"c">
md.begin(1) # => 4

result = /(...)...(...)/.match("catanddog") do |md|
  md[1] + "&" + md[2]
end
result      # => "cat&dog"
```

named_captures

rxp.named_captures → *hash*

캡처 이름을 키로 하고, rxp 내의 해당하는 캡처의 번호가 포함된 배열을 값으로 하는 해시를 반환한다.

```
/(?<a>.).(?<b>.)/.named_captures        # => {"a"=>[1], "b"=>[2]}
/(?<a>.)(.)(?<b>.)/.named_captures      # => {"a"=>[1], "b"=>[2]}
/(?<a>.)(?<b>.)(?<a>.)/.named_captures # => {"a"=>[1, 3], "b"=>[2]}
```

names

rxp.names → *array*

rxp 내의 캡처 이름이 저장된 배열을 반환한다.

```
/(.)(.)(.)/.names                # => []
/(?<first>.).(?<last>.)/.names # => ["first", "last"]
```

options

rxp.options → *int*

Regexp를 만들 때 사용한 옵션(Regexp.new 참조)에 해당하는 비트 셋을 반환한다. 반환된 옵션에는 추가로 비트들이 설정되어 있을 수 있다. 이는 내부적으로 정규 표현식 코드가 사용하는 것이다. 이 옵션들을 Regexp.new에 전달해도 부가적인 비트들은 무시된다.

```
# 먼저 값들을 살펴보자.
Regexp::IGNORECASE                # => 1
Regexp::EXTENDED                  # => 2
Regexp::MULTILINE                 # => 4
/cat/.options                     # => 0
/cat/ix.options                   # => 3
Regexp.new('cat', true).options   # => 1
Regexp.new('cat', 0, 'n').options # => 32

r = /cat/ix
Regexp.new(r.source, r.options)   # => /cat/ix
```

---

source   *rxp*.source → *string*

패턴의 본래 문자열을 반환한다.

```
/ab+c/ix.source # => "ab+c"
```

---

to_s   *rxp*.to_s → *string*

정규 표현식을 담은 문자열과 옵션((?xx:yy) 표기법을 사용)을 반환한다. 원래 것과 같은 시맨틱을 가진 정규 표현식을 만들기 위해 이 문자열을 Regexp.new 에 다시 사용할 수도 있다(하지만 Regexp#== 메서드로 두 객체를 비교한다면 true를 반환하지는 않을 것이다. 정규 표현식의 소스 자체가 다르기 때문이다. 이 차이는 다음 예제에서 확인할 수 있다). Regexp#inspect는 rxp를 좀 더 읽을 만한 형태로 만든다.

```
r1 = /ab+c/ix        # => /ab+c/ix
s1 = r1.to_s         # => "(?ix-m:ab+c)"
r2 = Regexp.new(s1)  # => /(?ix-m:ab+c)/
r1 == r2             # => false
r1.source            # => "ab+c"
r2.source            # => "(?ix-m:ab+c)"
```

모듈 **Signal**

많은 운영 체제에서 실행 중인 프로세스에 시그널을 보내는 기능을 제공한다. 일부 시그널은 프로세스에만 효과가 있으며, 그 외에는 코드 수준에서 시그널을 잡아서 동작을 수행하도록 해야 한다. 예를 들어 우리가 만든 프로세스에서 USR1 시그널을 잡고 이 시그널을 디버깅을 켜고 끄는 데 사용할 수도 있고, TERM 시그널을 프로세스 종료를 준비하기 위해 사용할 수도 있다.

```
pid = fork do
  Signal.trap("USR1") do
    $debug = !$debug
    puts "Debug now: #$debug"
  end
  Signal.trap(:TERM) do # 심벌도 사용할 수 있다.
    puts "Terminating..."
    exit
  end
  # 뭔가 한다.
end

Process.detach(pid)

# 프로그램을 제어한다.
Process.kill("USR1", pid)
# ...
Process.kill(:USR1, pid)
# ...
Process.kill("TERM", pid)
```

실행 결과:

```
Debug now: true
Debug now: false
Terminating...
```

사용 가능한 시그널의 이름과 그 의미는 운영 체제에 종속적이다. 그리고 시그널이 전달하는 시맨틱도 운영 체제마다 다르다. 그러므로 특정 시그널을 전달하는 것이 항상 믿을 만한 것은 아니다.

모듈 메서드

list	Signal.list → *hash*

해당하는 시그널 숫자에 매핑된 시그널 이름 목록을 반환한다.

```
Signal.list # => {"ABRT"=>6, "ALRM"=>14, "BUS"=>10, "CHLD"=>20, "CLD"=>20,
            # .. "CONT"=>19, "EMT"=>7, "EXIT"=>0, "FPE"=>8, "HUP"=>1, "ILL"=>4,
            # .. "INFO"=>29, "INT"=>2, "IO"=>23, "IOT"=>6, "KILL"=>9,
"PIPE"=>13,
            # .. "PROF"=>27, "QUIT"=>3, "SEGV"=>11, "STOP"=>17, "SYS"=>12,
            # .. "TERM"=>15, "TRAP"=>5, "TSTP"=>18, "TTIN"=>21, "TTOU"=>22,
            # .. "URG"=>16, "USR1"=>30, "USR2"=>31, "VTALRM"=>26, "WINCH"=>28,
            # .. "XCPU"=>24, "XFSZ"=>25}
```

signame   Signal.signame(*num*) → *string*

주어진 숫자에 상응하는 (축약된) 이름을 반환한다. 주어진 숫자에 상응하는 시
그널이 없으면 ArgumentError 예외를 발생시킨다.

```
Signal.signame(1)  # => "HUP"
Signal.signame(15) # => "TERM"
```

---

trap   Signal.trap(*signal, command*) → *obj*
                                            Signal.trap(*signal*) { ⋯ } → *obj*

시그널 핸들러를 명시한다. 첫 번째 매개 변수는 시그널 이름(SIGALRM,
SIGUSR1 등)이나 시그널 숫자다. 시그널 이름에서 SIG는 생략할 수 있다. 시그
널이 발생했을 때 실행할 코드는 명령어나 블록을 통해 지정할 수 있다. 명령어
가 nil이나 문자열 IGNORE, SIG_IGN 중 하나거나 비어 있다면 이 시그널은 무
시된다. 명령어가 문자열로 DEFAULT나 SIG_DFL이라면 운영 체제의 기본 시
그널 핸들러가 실행된다. 명령어가 EXIT라면 시그널을 받았을 때 프로그램을
종료한다. 그 외에는 주어진 명령어나 블록을 수행한다.

특별한 시그널 이름인 EXIT나 0번 시그널은 프로그램 종료 바로 직전에 실행
된다.

　trap 메서드는 BUS, FPE, ILL, SEGV, VTALRM 시그널에는 사용할 수 없다.

　trap은 주어진 시그널에 대한 이전 핸들러를 반환한다.

```
Signal.trap(0, lambda { |signo| puts "exit pid #{$$} with #{signo}" })
Signal.trap("CLD")    { |signo| puts "Child died (#{signo})" }
if fork # 부모
  do_something # ...
else
  puts "In child, PID=#{$$}"
end
```

실행 결과:
```
In child, PID=53290
exit pid 53290 with 0
Child died (20)
exit pid 53289 with 0
```

lambda를 사용해 proc 객체를 작성하면, 반드시 매개 변수를 받는 블록을 지정
할 필요가 있다.

클래스 **String** < Object

String 객체는 문자열을 저장하고 조작하는 기능을 가지고 있다. String 객체는 Stirng.new나 리터럴을 통해 생성할 수 있다('문자열'(369쪽) 참조).

별칭(alias) 문제가 있을 수 있으므로 문자열을 사용할 때 어떤 메서드가 String 객체의 내용을 직접 수정하는지 알고 사용해야 한다. 일반적으로 !로 끝나는 메서드는 수신자를 직접 수정하고, !가 붙지 않는 메서드는 새로운 String 객체를 반환한다. 물론 String#[] 같은 예외도 있다.

이 설명에서 나는 문자열 안의 바이트와 문자열의 문자를 나눠서 설명하고자 했다. 내부적으로 문자열은 8비트로 이루어진 바이트열이다. 이는 외부적으로는 작은 Fixnum으로 표현된다. 동시에 이 바이트 시퀀스는 문자 시퀀스로 해석될 수도 있다. 이러한 해석은 문자열의 인코딩에 의해 이루어진다. US-아스키나 ISO-8859와 같이 1바이트가 하나의 문자에 대응하는 경우도 있고, 다른 인코딩(UTF-8 같은)에서는 각 문자를 구성하는 바이트 수가 가변적일 수도 있다.

루비 1.9부터 String 클래스는 더 이상 Enumerable 모듈을 믹스인하지 않는다.

믹스인

Comparable: <, <=, ==, >, >=, between?

클래스 메서드

new   String.new(*val=""*) → *str*

val(String이거나 to_str 메서드를 구현하고 있어야 한다)의 복사본을 담고 있는 새로운 String 객체를 반환한다.

```
str1 = "wibble"
str2 = String.new(str1)
str1.object_id # => 70236296554060
str2.object_id # => 70236296553960
str1[1] = "o"
str1           # => "wobble"
str2           # => "wibble"
```

try_convert   String.try_convert(*obj*) → *a_string* or nil

obj가 문자열이 아니면 to_str 메서드를 호출해 문자열로 변환을 시도한다. 변환할 수 없다면 nil을 반환한다.

```
String.try_convert("cat") # => "cat"
String.try_convert(0xbee) # => nil
```

인스턴스 메서드

%   *str % arg → string*

포매팅 연산자. str을 포맷 명세로 이를 arg에 적용하여 치환된 결과를 반환한다.
포맷 명세가 둘 이상 주어지면, arg는 치환될 값들을 배열에 담고 있어야 한다.
포맷 명세에 대해서는 Object#sprintf(729쪽)에서 자세히 다룬다.

```
puts "%05d" % 123
puts "%-5s: %08x" % [ "ID", self.object_id ]
puts "%-5<name>s: %08<value>x" % { name: "ID", value: self.object_id }
```

실행 결과:

```
00123
ID    : 3fddb086f268
ID    : 3fddb086f268
```

---

*   *str * int → string*

복사 연산자. 수신자를 int번 연결한 새로운 String 객체를 반환한다.

```
"Ho! " * 3 # => "Ho! Ho! Ho! "
```

+   *str + string → string*

연결 연산자. str에 string을 연결해서 새로운 String을 반환한다. 두 문자열이 모
두 7비트 문자가 아닌 문자를 포함하고 있다면 두 문자열의 인코딩이 호환되어
야 한다.

```
"Hello from " + "RubyLand" # => "Hello from RubyLand"
```

<<   *str << fixnum → str*
                                                                      str << obj → str

추가 연산자. 주어진 객체를 str 뒤에 덧붙인다. 객체가 Fixnum 객체면 str 인
코딩의 코드 포인트로 인식되어 그 값에 해당하는 문자(char)로 변환하여 연결
한다.

```
a = "hello world"
a.force_encoding("utf-8")
a << 33          # => "hello world!"
a << " Says the " # => "hello world! Says the "
a << 8706        # => "hello world! Says the ∂"
a << "og"        # => "hello world! Says the ∂og"
```

<=>   *str <=> other_string → -1, 0, +1, or nil*

비교 연산자. str과 other_string을 비교해서 str이 작으면 -1, 같으면 0, 크면 +1
을 반환한다. 문자열의 길이가 다르고 짧은 문자열 길이까지의 값이 같으면 긴
쪽을 크다고 판단한다. 과거 버전에서는 $=을 true로 설정하면 대문자와 소문자
구분 없이 비교를 수행했지만, 현재는 String#casecmp를 사용해야만 한다.

〈=〉 연산자는 Comparable 모듈을 통해 〈, 〈=, 〉, 〉=, between? 메서드도 지원한다. String#=== 메서드는 Comparable#=== 메서드를 사용하지 않는다.

```
"abcdef" <=> "abcde"  # => 1
"abcdef" <=> "abcdef" # => 0
"abcdef" <=> "abcdefg" # => -1
"abcdef" <=> "ABCDEF" # => 1
```

== *str == obj → true* or *false*

동등 연산자. obj가 문자열이고 str과 인코딩, 길이, 내용이 모두 같으면 true를 반환하고, 그렇지 않으면 false를 반환한다. obj가 String 객체가 아니고 to_str 메서드를 가지고 있으면 obj == str;의 결과를 반환한다. 그 외의 경우에는 false 를 반환한다.

```
"abcdef" == "abcde"  # => false
"abcdef" == "abcdef" # => true
```

=~ *str =~ regexp → int* or *nil*

매치 연산자. regexp =~ str과 동일하다. 이전 버전의 루비에서는 =~에 임의의 피연산자를 사용하는 것이 가능했으나 이제는 사용할 수 없다. 이 메서드는 매치가 시작된 위치를 반환하거나 매치에 실패했거나 regexp가 정규 표현식이 아니면 nil을 반환한다.[4]

```
"cat o' 9 tails" =~ /\d/ # => 7
"cat o' 9 tails" =~ 9    # => nil

"cat o' 9 tails" =~ "\d"
```

실행 결과:
```
        from prog.rb:1:in `<main>'
prog.rb:1:in `=~': type mismatch: String given (TypeError)
```

[ ] *str[int] → string* or nil
str[int, int] → string or nil
str[range] → string or nil
str[regexp] → string or nil
str[regexp, int] → string or nil
str[regexp, name] → string or nil
str[string] → string or nil

요소 참조 연산자. 매개 변수로 하나의 int를 넘기면 해당 위치 문자를 반환한다 (1.9 이전에는 해당 위치에 있는 문자의 정수 코드를 반환했다). 두 개의 int를 넘기면 처음 값을 시작 위치로 하여 두 번째 값만큼의 길이를 가진 문자열 일부를 반환한다. range를 입력하면 해당 범위 내에 해당하는 문자열 일부를 반환한다. 앞선 세 가지 경우 시작 위치 값이 음수라면 str의 뒷부분부터 위치를 가늠하

---

4 특별한 예외가 있다. regexp가 문자열이라거나 문자열로 변환될 수 있다면 TypeError가 발생한다.

기 시작한다. 시작 위치가 문자열의 범위를 벗어나고 길이가 주어지지 않은 경우, 길이가 음의 값일 때, 범위의 시작값이 종료값보다 클 때는 nil을 반환한다.

　　regexp를 매개 변수로 넘기면 str과 매치되는 부분을 반환한다. 정규 표현식 다음 매개 변수로 숫자를 넘겨주면, MatchData의 구성 요소를 대신 반환한다. 문자열이 넘겨지면 str에서 넘겨진 문자열과 일치하는 부분을 찾는다. 일치하는 부분이 있다면 문자열을 그대로 반환한다. 정규 표현식 다음에 매개 변수로 이름이 오면 대응하는 이름을 가진 부분 매치를 반환한다. 어떤 경우라도 매치에 실패하면 nil을 반환한다.

```
a = "hello there"
a[1]                            # => "e"
a[1,3]                          # => "ell"
a[1..3]                         # => "ell"
a[1...3]                        # => "el"
a[-3,2]                         # => "er"
a[-4..-2]                       # => "her"
a[-2..-4]                       # => ""
a[/[aeiou](.)\1/]               # => "ell"
a[/[aeiou](.)\1/, 0]            # => "ell"
a[/[aeiou](.)\1/, 1]            # => "l"
a[/[aeiou](.)\1/, 2]            # => nil
a[/(..)e/]                      # => "the"
a[/(..)e/, 1]                   # => "th"
a[/(?<vowel>[aeiou])/, :vowel]  # => "e"
a["lo"]                         # => "lo"
a["bye"]                        # => nil
```

[ ]=

str[*int*] = *string*
str[*int*, *int*] = *string*
str[*range*] = *string*
str[*regexp*] = *string*
str[*regexp*, *int*] = *string*
str[*string*] = *string*

요소 대입 연산자. str의 내용 일부 또는 전체를 바꾼다. 영향을 받는 범위는 String#[]에 적용되는 기준과 같다. 바뀔 문자열과 바꿀 문자열의 길이가 다르면 문자열을 적절히 조절한다. 정규 표현식이나 문자를 인덱스로 사용했을 때 문자열 중 적절한 위치에 매치되지 않으면 IndexError 예외를 발생시킨다. 정규 표현식에 추가로 사용하는 두 번째 정숫값은 바꿀 부분을 매치하되 부분들 중에서 선택한다(실제로 MatchData의 인덱스 규칙을 사용한다). Fixnum을 사용하는 형식에서 그 값이 범위를 벗어날 때, IndexError가 발생하고 범위 형태에서는 RangeError가 발생한다. 그리고 정규 표현식과 문자열 형태에서는 대입문을 조용히 무시해 버린다.

```
a = "hello"
a[2] = "u"                         (a → "heulo")
a[2, 4] = "xyz"                    (a → "hexyz")
a[-4, 2] = "xyz"                   (a → "hxyzlo")
a[2..4] = "xyz"                    (a → "hexyz")
a[-4..-2] = "xyz"                  (a → "hxyzo")
a[/[aeiou](.)\1(.)/] = "xyz"       (a → "hxyz")
a[/[aeiou](.)\1(.)/, 1] = "xyz"    (a → "hexyzlo")
```

```
a[/[aeiou](.)\1(.)/, 2] = "xyz"  (a → "hellxyz")
a["l"] = "xyz"                   (a → "hexyzlo")
a["ll"] = "xyz"                  (a → "hexyzo")
a[2, 0] = "xyz"                  (a → "hexyzllo")
```

ascii_only?

str.ascii_only? → true or false

문자열에 127보다 큰 문자 코드를 가진 문자가 포함되어 있지 않으면(즉 7비트 아스키 문자만 포함되어 있다면) true를 반환한다.

```
# encoding: utf-8
"dog".ascii_only?        # => true
"əøg".ascii_only?        # => false
"\x00 to \x7f".ascii_only? # => true
```

b

str.b → string

문자열을 아스키-8비트 인코딩으로 복사한 문자열을 반환한다. 이는 어떤 문자열에 대해서건 바이트 값을 얻을 수 있는 편리한 방법이다.

```
str = "əøg"
str.length  # => 3
bstr = str.b
bstr.length # => 6
```

bytes

str.bytes → enum | array
str.bytes { |byte| ··· } → str

str의 각 바이트(0에서 255 사이의 값)를 포함하는 Enumerator(루비 1.9)나 배열(루비 2.0)을 반환한다. 블록과 함께 사용하면 각 바이트를 블록에 넘기며 원래의 문자열을 반환한다. String#codepoints, String#chars를 참조하라.

```
# encoding: utf-8
"dog".bytes              # => [100, 111, 103]
"əog".bytes              # => [226, 136, 130, 111, 103]
result = []
"əog".bytes {|b| result << b } # => "əog"
result                   # => [226, 136, 130, 111, 103]
```

bytesize

str.bytesize → int

str의 바이트 수(문자 수가 아님)를 반환한다. String#length를 참조하라.

```
# encoding: utf-8
"dog".length   # => 3
"dog".bytesize # => 3
"əog".length   # => 3
"əog".bytesize # => 5
```

byteslice

str.byteslice(offset, length=1) → string or nil
str.byteslice(range) → string or nil

offset 바이트 위치에서 시작해서 length 바이트 길이를 가지는 문자열을 반환한다. 또는 주어진 range 범위의 문자열을 반환한다. 음수로 된 offset이 주어지면 문자열의 뒤에서부터 위치를 찾는다. 반환된 문자열은 str의 원래 인코딩을 따르지만 인코딩에 대해 올바른 바이트 열이 아닐 수도 있다.

```ruby
# encoding: utf-8
a = "∂dog"
a.bytes.to_a        # => [226, 136, 130, 100, 111, 103]
a.byteslice(0)      # => "\xE2"
a.byteslice(0, 2)   # => "\xE2\x88"
a.byteslice(0, 3)   # => "∂"
a.byteslice(-2, 2)  # => "og"
a.byteslice(-2..-1) # => "og"
```

---

capitalize   *str*.capitalize → *string*

첫 문자를 대문자로 바꾸고 나머지를 소문자로 바꾼 str의 복사본을 반환한다.

```ruby
"hello world".capitalize # => "Hello world"
"HELLO WORLD".capitalize # => "Hello world"
"123ABC".capitalize      # => "123abc"
```

---

capitalize!   *str*.capitalize! → *str* or nil

첫 문자를 대문자로 바꾸고 나머지를 소문자로 바꾼다. 바꿀 것이 없으면 nil을
반환한다.

```ruby
a = "hello world"
a.capitalize! # => "Hello world"
a # => "Hello world"
a.capitalize! # => nil
```

---

casecmp   *str*.casecmp(*string*) → -1, 0, +1

대소문자를 구분하지 않는 String#<=> 메서드

```ruby
"abcdef".casecmp("abcde")   # => 1
"abcdef".casecmp("abcdef")  # => 0
"aBcDeF".casecmp("abcdef")  # => 0
"abcdef".casecmp("abcdefg") # => -1
"abcdef".casecmp("ABCDEF")  # => 0
```

---

center   *str*.center(*int*, pad=" ") → string

int의 값이 str의 길이보다 클 때는 입력한 pad(기본값은 공백)를 사용해 양쪽을
채워서 str이 중앙에 위치하도록 만들어 int 길이의 새로운 String 객체를 반환한
다. 그 외에는 str을 그대로 반환한다.

```ruby
"hello".center(4)          # => "hello"
"hello".center(20)         # => "       hello        "
"hello".center(4, "_-^-")  # => "hello"
"hello".center(20, "_-^-") # => "_-^-_-^hello_-^-_-^-"
"hello".center(20, "-")    # => "-------hello--------"
```

---

chars   *str*.chars → *enum* | *array*
                                              str.chars { |char| … } → *str*

str의 문자들을 열거하는 Enumerator 객체(루비 1.9)나 배열(루비 2.0)을 반환한
다. 블록과 함께 사용하면 각 문자를 블록에 넘기며 원래의 문자열을 반환한다.
String#bytes와 Stirng#codepoints를 참조하라.

String

```
# encoding: utf-8
"dog".chars.to_a          # => ["d", "o", "g"]
"ðog".chars.to_a          # => ["ð", "o", "g"]
result = []
"ðog".chars {|b| result << b } # => "ðog"
result                    # => ["ð", "o", "g"]
```

---

chr   *str*.chr → *string*

str의 첫 번째 문자를 반환한다.

```
# encoding: utf-8
"dog".chr  # => "d"
"ðog".chr  # => "ð"
```

---

clear   *str*.clear → *str*

str의 내용을 삭제한다. 이때 연관되어 있는 인코딩은 그대로 둔다.

```
# encoding: utf-8
str = "ðog"
str.clear    # => ""
str.length   # => 0
str.encoding # => #<Encoding:UTF-8>
```

---

chomp   *str*.chomp(*rs*=$/) → *string*

str의 끝에 위치한 레코드 구분자(rs)가 존재하면 제거하고 새로운 string으로 반환한다. 기본 루비 레코드 구분자인 $/ 값을 변경하지 않았다면 chomp는 줄 바꿈(\n, \r, \r\n)을 제거한다.

```
"hello".chomp          # => "hello"
"hello\n".chomp        # => "hello"
"hello\r\n".chomp      # => "hello"
"hello\n\r".chomp      # => "hello\n"
"hello\r".chomp        # => "hello"
"hello \n there".chomp # => "hello \n there"
"hello".chomp("llo")   # => "he"
```

---

chomp!   *str*.chomp!(*rs*=$/) → *str* or nil

String#chomp에 설명한 대로 수정한 str을 반환한다. 변경 사항이 없다면 nil을 반환한다.

---

chop   *str*.chop → *string*

마지막 문자를 제거한 새로운 문자열을 반환한다. string이 \r\n으로 끝나면 \r\n이 모두 삭제된다. 빈 문자열에 chop을 호출하면 빈 문자열을 반환한다. String#chomp가 대부분 안전한 대안인 셈인데, 이는 string이 레코드 구분 문자로 끝나지 않을 경우에 string을 수정하지 않고 남겨두기 때문이다.

```
"string\r\n".chop # => "string"
"string\n\r".chop # => "string\n"
"string\n".chop   # => "string"
"string".chop     # => "strin"
"x".chop.chop     # => ""
```

chop! *str*.chop! → *str* or nil

String#chop을 수행하고 str을 반환한다. str이 빈 문자열이면 nil을 반환한다. String#chomp를 참조하라.

codepoints *str*.codepoints → *enum* | *array*
str.codepoints { |integer| … } → *str*

str의 코드 포인트(문자들을 나타내는 각각의 정수)를 열거하는 Enumerator(루비 1.9)나 배열(루비 2.0)을 반환한다. 블록과 함께 사용하면 각 정수를 블록에 넘기며 원래의 문자열을 반환한다. String#bytes와 String#chars를 참조하라.

```
# encoding: utf-8
"dog".codepoints.to_a          # => [100, 111, 103]
"∂og".codepoints.to_a          # => [8706, 111, 103]
result = []
"∂og".codepoints {|b| result << b } # => "∂og"
result                          # => [8706, 111, 103]
```

concat *str*.concat(*int*) → *str*
str.concat(*obj*) → *str*

String#<<의 별칭

count *str*.count(⟨*string*⟩[+]) → *int*

각 string 매개 변수는 개수를 세고자 하는 문자들의 모음을 나타낸다. 주어진 매개 변수들의 교집합이 str에서 세고자 하는 문자가 된다. 캐럿(^)으로 시작하는 매개 변수는 부정을 의미한다. c_1-c_2 형식의 시퀀스는 c_1과 c_2 사이의 모든 문자를 나타낸다.

```
a = "hello world"
a.count "lo"          # => 5
a.count "lo", "o"     # => 2
a.count "hello", "^l" # => 4
a.count "ej-m"        # => 4
```

crypt *str*.crypt(*settings*) → *string*

표준 라이브러리의 crypt 함수를 호출해서 str에 단방향 암호화 해시를 적용한다. 매개 변수는 시스템에 따라 확장될 수도 있다. 전통적인 유닉스 시스템에서는 보통 두 글자로 된 salt 문자열을 사용한다. 최근 운영 체제에서는 DES 암호화 매개 변수를 받는 등 좀 더 제어 가능하다. 더 자세한 내용은 crypt(3)의 man 페이지를 참조하라.

```
# 표준 salt
"secret".crypt("sh")        # => "shRK3aVg8FsI2"
# OS X: DES, 2 인터랙션, 24비트 salt
"secret".crypt("_...0abcd") # => "_...0abcdROn65JNDj12"
```

delete

str.delete(⟨ *string* ⟩*) → *new_string*

str의 내용과 입력한 매개 변수들 사이에서 공통된 부분에 속하는 모든 문자를 삭제한 str의 복사본을 반환한다. String#count와 같은 규칙을 이용해서 문자 모음을 만든다.

```
"hello".delete("l","lo")     # => "heo"
"hello".delete("lo")         # => "he"
"hello".delete("aeiou", "^e") # => "hell"
"hello".delete("ej-m")       # => "ho"
```

delete!

str.delete!(⟨ *string* ⟩*) → *str* or nil

delete 함수를 str에 수행하고 반환한다. 변화가 없으면 nil을 반환한다.

```
a = "hello"
a.delete!("l","lo") # => "heo"
a                   # => "heo"
a.delete!("l")      # => nil
```

downcase

str.downcase → *string*

대문자를 소문자로 치환한 str의 복사본을 반환한다. 이 작업은 로캘 설정과 무관하며 오직 A에서 Z까지의 문자에만 영향을 준다. 멀티 바이트 문자에는 적용되지 않는다.

```
"hEllO".downcase # => "hello"
```

downcase!

str.downcase! → *str* or nil

대문자를 소문자로 바꾼 str을 반환한다. 변화가 없다면 nil을 반환한다.

dump

str.dump → *string*

출력되지 않는 문자열을 모두 \nnn 형식으로 바꾸고, 특수 문자들을 모두 생략한 문자열을 만든다.

each_byte

str.each_byte → *enum*

str.each_byte { |byte| … } → *str*

String#bytes의 별칭이다. each_byte 형식은 더 이상 권장되지 않는다.

each_char

str.each_char → *enum*

str.each_char { |char| … } → *str*

String#chars의 별칭이다. each_char 형식은 더 이상 권장되지 않는다.

each_codepoint

str.each_codepoint → *enum*

str.each_codepoint { |integer| … } → *str*

String#codepoints의 별칭

each_line

$str.each\_line\,(\,sep = \$/\,) \rightarrow enum$
$str.each\_line\,(\,sep = \$/\,) \{\,|substr|\,\cdots\,\} \rightarrow str$

String#lines의 별칭이다. each_line 형식은 선호되지 않는다.

empty?

$str.empty? \rightarrow true\ or\ false$

str의 길이가 0이면 true를 반환한다.

```
"hello".empty? # => false
"".empty?      # => true
```

encode

$str.encode \rightarrow a\_string$
$str.encode\,(\,to\_encoding\,\langle,\,options\rangle\,) \rightarrow a\_string$
$str.encode\,(\,to\_encoding,\,from\_encoding,\,\langle,\,options\rangle\,) \rightarrow a\_string$

str의 인코딩을 변환해 새로운 to_encoding이 적용된 문자열을 반환한다. 인코딩 매개 변수를 지정하지 않으면 default_internal 인코딩을 사용해서 변환한다. 소스 인코딩은 문자열의 현재 인코딩이나 from_encoding 매개 변수의 인코딩이 된다. 새로운 인코딩으로 변환하고자 하는 문자열을 표현할 수 없다면 RuntimeError를 발생시킨다. options 매개 변수는 무효한 변환에 대한 대응 방법이나 다른 경계 조건을 설정하는 데 사용한다. 해시를 사용하거나(추천) 정숫값들의 논리합을 사용할 수 있다. 인코딩 매개 변수에는 인코딩 객체나 인코딩 이름을 지정할 수 있다.

옵션	의미
:replace => string	:invalid나 :undef 옵션이 지정되어 있을 때 사용할 문자열을 지정한다. 지정되어 있지 않다면 Unicode 인코딩에서는 uFFFD가 사용되고 그 외의 인코딩에서는 ?가 사용된다.
:invalid => :replace	소스 문자열에서 올바르지 않은 문자열이 있을 때 치환을 수행한다. :invalid가 설정되어 있지 않거나 nil일 때 올바르지 않은 문자열이 있으면 예외를 발생시킨다.
:undef => :replace	변환하고자 하는 인코딩에 존재하지 않는 문자열이 있을 때 치환을 수행한다. :undef가 설정되어 있지 않거나 nil일 때 올바르지 않은 문자열이 있으면 예외를 발생시킨다.
:universal_newline => true	CRLF와 CR을 LF로 변환한다.
:crlf_newline => true	LF를 CRLF로 변환한다.
:cr_newline => true	LF를 CR로 변환한다.
:xml => :text | :attr	인코딩을 하고 나서 XML의 PCDATA나 속성들에서 그대로 사용할 경우 특수한 의미를 가지게 되는 문자들을 이스케이프한다. 항상 &는 & 으로, <는 <으로, 그리고 >는 >으로 변환한다. 또한 정의되지 않은 문자는 16진 엔티티(&#xhh;)로 변환한다. :attr을 사용하면 추가적으로 "를 "로 변환한다.

표 22. encode와 encode!에서 사용할 수 있는 옵션

String

```
# encoding: utf-8
ole_in_utf = "olé"
ole_in_utf.encoding   # => #<Encoding:UTF-8>
ole_in_utf.dump       # => "ol\u{e9}"

ole_in_8859 = ole_in_utf.encode("iso-8859-1")
ole_in_8859.encoding # => #<Encoding:ISO-8859-1>
ole_in_8859.dump     # => "ol\xE9"
```

기본 내부 인코딩 ISO-8869-1과 소스 파일의 UTF-8 인코딩을 사용한 예제다.

```
#!/usr/local/rubybook/bin/ruby -E:ISO-8859-1
# encoding: utf-8
utf_string = "olé"
utf_string.encoding # => #<Encoding:UTF-8>
iso_string = utf_string.encode
iso_string.encoding # => #<Encoding:ISO-8859-1>
```

변환하고자 하는 인코딩에서 표현할 수 없는 문자를 특정한 문자로 변환할 수도 있다.

```
# encoding: utf-8
utf = "∂og"
utf.encode("iso-8859-1")
```

실행 결과:
```
        from prog.rb:3:in `<main>'
prog.rb:3:in `encode': U+2202 from UTF-8 to ISO-8859-1
(Encoding::UndefinedConversionError)
```

변환에 실패한 문자를 다른 문자로 변환할 수도 있다.

```
# encoding: utf-8
utf = "∂og"
utf.encode("iso-8859-1", undef: :replace)              # => "?og"
utf.encode("iso-8859-1", undef: :replace, replace: "X" ) # => "Xog"
```

---

encode! str.encode! → str
str.encode!(to_encoding ⟨, options⟩) → str
str.encode!(to_encoding, from_encoding, ⟨, options⟩) → str

str의 인코딩을 직접 변환한다.

---

encoding str.encoding → an_encoding

str의 인코딩을 반환한다.

```
# encoding: utf-8
"cat".encoding # => #<Encoding:UTF-8>
```

---

end_with? str.end_with?(⟨suffix⟩⁺) → true or false

str이 매개 변수로 받은 suffix 중 하나로 끝나면 true를 반환한다.

```
"Apache".end_with?("ache") # => true
"ruby code".end_with?("python", "perl", "code") # => true
```

eql?

str.eql?(*obj*) → *true* or *false*

obj가 str과 같은 String이라면 true를 반환한다.

```
"cat".eql?("cat") # => true
```

force_encoding

str.force_encoding(*encoding*) → *str*

str의 인코딩을 encoding으로 설정한다. str의 각 바이트 자체는 변환되지 않으므로 주의가 필요하다. 이 메서드는 단순히 각 바이트를 문자로 해석하는 방법을 지정할 뿐이다.

```
# encoding: utf-8
∂og_in_bytes = [226, 136, 130, 111, 103] # utf-8 byte sequence
str = ∂og_in_bytes.pack("C*")
str.encoding # => #<Encoding:ASCII-8BIT>
str.length   # => 5
str.force_encoding("utf-8")
str.encoding # => #<Encoding:UTF-8>
str.length   # => 3
str          # => "∂og"
```

getbyte

str.getbyte(offset) → *int* or nil

offset 위치(음수라면 뒤에서부터 위치를 계산)의 바이트를 반환한다. 오프셋이 문자열을 넘어선다면 nil을 반환한다.

```
# encoding: utf-8
str = "∂og"
str.bytes.to_a   # => [226, 136, 130, 111, 103]
str.getbyte(0)   # => 226
str.getbyte(1)   # => 136
str.getbyte(-1)  # => 103
str.getbyte(99) # => nil
```

gsub

str.gsub(*pattern*, *replacement*) → *string*
str.gsub(*pattern*) { |match| ··· } → *string*
str.gsub(*pattern*) → *enum*

패턴과 일치하는 모든 부분을 replacement나 블록의 결괏값으로 바꾼 str의 복사본을 반환한다. pattern에는 주로 정규 표현식을 사용한다. pattern에 문자열을 넘겨주면 정규 표현식 메타 데이터들은 해석하지 않는다(/\d/는 숫자와 매치되지만, '\d'는 역슬래시와 그 뒤에 이어지는 d에 매치된다).

replacement에 문자열을 넘겨주었을 때, 매치된 부분 내의($&나 $1 같은 특수 변수) 특수 변수들은 치환하지 않는다. 이는 패턴 매치 시작 전에 치환 과정을 수행하기 때문이다. 하지만 \1, \2 같은 시퀀스는 gsub에서 치환될 때 매치된 n 번째 그룹에 해당하는 값으로 전개된다. 또한 \k〈name〉은 매치에서 해당하는 이름을 가진 캡처 그룹으로 전개된다. 사용 가능한 시퀀스들은 다음 표에서 다룬다.

String

시퀀스	변환되는 텍스트
\1, \2, ... \9	n 번째 그룹 하위 표현식에 매치된 값
\&	마지막 매치
\`	매치 항목의 바로 이전까지의 문자열
\'	매치 항목 이후의 문자열
\+	마지막 그룹의 매치
\k<name>	이름 있는 캡처

표 23. 치환 문자열에서 사용하는 역슬래시 시퀀스

블록 형태를 사용하면 현재 매치된 내용은 매개 변수처럼 내부로 전달되고 $1, $2, $\`, $&, $' 같은 변수들은 적절히 설정된다. 호출할 때마다 블록 작업으로 반환하는 결괏값이 각각의 매치된 결과로 바뀐다.

결과의 오염 여부는 원래 문자열이나 바꾸려고 입력한 문자열들의 속성을 상속한다.

```
"hello".gsub(/[aeiou]/, '*')              # => "h*ll*"
"hello".gsub(/([aeiou])/, '<\1>')         # => "h<e>ll<o>"
"hello".gsub(/./) {|s| s[0].to_s + ' '}   # => "h e l l o "
"hello".gsub(/(?<double>l)/, '-\k<double>-') # => "he-l--l-o"
```

블록도 없고, 치환 문자열도 없을 때는 Enumerator 객체를 반환한다.

```
"hello".gsub(/../).to_a # => ["he", "ll"]
```

치환 문자열에 해시를 지정하면 문자열에서 해시 키들을 검색해 매치되는 부분을 해시의 값들로 치환한다.

```
repl = Hash.new("?")
repl["a"] = "*"
repl["t"] = "T"
"cat".gsub(/(.)/, repl) # => "?*T"
```

---

gsub!

str.gsub!(*pattern, replacement*) → *string*
str.gsub!(*pattern*) { |match| ··· } → *string*
str.gsub!(*pattern*) → *enum*

String#gsub의 치환 과정을 수행하고 str을 반환한다. 치환이 일어나지 않으면 nil을 반환한다. 블록도 없고 치환 문자열도 없을 때는 Enumerator 객체를 반환한다.

---

hex

str.hex → *int*

---

str의 문자들을 앞에서부터(부호와 0x가 생략되었을 수도 있는) 16진수로 이루어진 문자열이라 취급하고, 이에 해당하는 (10진수) 숫자로 반환한다. 에러가 발생하면 0을 반환한다.

```
"0x0a".hex   # => 10
"-1234".hex  # => -4660
"0".hex      # => 0
"wombat".hex # => 0
```

---

include?
str.include?(string) → true or false

주어진 string에 str이 포함되면 str을 반환한다.

```
"hello".include? "lo" # => true
"hello".include? "ol" # => false
"hello".include? ?h   # => true
```

---

index
str.index(string ⟨, offset⟩) → int or nil
str.index(regexp ⟨, offset⟩) → int or nil

매개 변수로 넣은 문자열이나 패턴이 str에서 처음 나타나는 위치를 반환한다. 발견하지 못하면 nil을 반환한다. 두 번째 매개 변수가 주어지면, 이 위치에서부터 문자열을 찾는다.

```
"hello".index('e')        # => 1
"hello".index('lo')       # => 3
"hello".index('a')        # => nil
"hello".index(/[aeiou]/, -3) # => 4
```

---

insert
str.insert(index, string) → str

주어진 index 위치의 문자 앞에 매개 변수로 입력한 string을 끼워넣는다. 음수 인덱스를 지정하면 string의 뒷부분부터 위치를 찾아서 해당하는 위치의 문자 뒤에 끼워넣는다. 이 삽입 과정이 끝나면, str의 index 위치에는 string이 삽입된다.

```
"abcd".insert(0, 'X')  # => "Xabcd"
"abcd".insert(3, 'X')  # => "abcXd"
"abcd".insert(4, 'X')  # => "abcdX"
"abcd".insert(-3, 'X') # => "abXcd"
"abcd".insert(-1, 'X') # => "abcdX"
```

---

intern
str.intern → symbol

str에 상응하는 Symbol 객체를 반환한다. 이전에 같은 심벌이 사용된 적이 없다면 새로 생성해서 반환한다. 식별자뿐 아니라 어떤 문자열에도 intern 메서드를 사용할 수 있다. Symbol#id2name(806쪽)을 참조하라.

```
"Koala".intern # => :Koala
sym = "$1.50 for a soda!?!?".intern
sym.to_s       # => "$1.50 for a soda!?!?"
```

---

length
str.length → int

str의 문자수를 반환한다. String#bytesize를 참조하라.

lines

$str.\text{lines}(\,sep=\$/\,) \rightarrow enum\ |\ array$
$str.\text{lines}(\,sep=\$/\,)\ \{\ |substr|\ \cdots\ \} \rightarrow str$

지정된 매개 변수를 구분자(기본값은 $/)로 str을 부분 문자열로 분류하고, 나눠 준 각 문자열을 차례로 블록에 넘겨준다. 길이가 0인 문자열이 구분자로 지정되면 문자열을 문단(두 개 이상의 줄 바꿈이 연속되는 경우)으로 구분한다. 블록이 주어지지 않으면 Enumerator(루비 1.9)를 반환하거나 배열(루비 2.0)을 반환한다.

```
print "Example one\n"
"hello\nworld".lines {|s| p s}
print "Example two\n"
"hello\nworld".lines('l') {|s| p s}
print "Example three\n"
"hello\n\n\nworld".lines('') {|s| p s}
```

실행 결과:

```
Example one
"hello\n"
"world"
Example two
"hel"
"l"
"o\nworl"
"d"
Example three
"hello\n\n\n"
"world"
```

ljust

$str.\text{ljust}(\,width, padding=" "\,) \rightarrow string$

width의 값이 str의 길이보다 크면 width 길이만큼 새로운 문자열을 만들어 str을 왼쪽으로 정렬하고 padding 복사본을 이용해서 공백을 채운 뒤 반환한다. 그 외에는 str의 복사본을 반환한다.

```
"hello".ljust(4)        # => "hello"
"hello".ljust(20)       # => "hello.............
                        # .. ."
"hello".ljust(20, "*")  # => "hello***************"
"hello".ljust(20, " dolly") # => "hello.dolly.dolly.do"
```

lstrip

$str.\text{lstrip} \rightarrow string$

str의 앞부분에 위치하는 공백 문자를 제거한 복사본을 반환한다. String#rstrip과 String#strip을 참조하라.

```
" hello ".lstrip     # => "hello␣"
"\000 hello ".lstrip # => "\u0000␣hello␣␣"
"hello".lstrip       # => "hello"
```

lstrip!

$str.\text{lstrip!} \rightarrow str\ \text{or}\ nil$

str의 앞부분에 위치하는 공백 문자를 제거한 뒤에 반환한다. 변경 사항이 없으면 nil을 반환한다. String#rstrip! 메서드와 String#strip!을 참조하라.

```
" hello ".lstrip!  # => "hello␣␣"
"hello".lstrip!    # => nil
```

---

match   *str*.match(*pattern*) → *match_data* or nil
                                           str.match(*pattern*) { | matchdata | … } → *obj*

pattern을 Regexp로(이전에 변환된 것이 없을 때) 변환하고 str에 Regexp의
match 메서드를 수행한다. 블록이 주어지면 블록에 MatchData 객체를 넘겨주
고 블록의 평가 결과를 반환한다.

```
'seed'.match('(.)\1')                   # => #<MatchData "ee" 1:"e">
'seed'.match('(.)\1')[0]                # => "ee"
'seed'.match(/(.)\1/)[0]                # => "ee"
'seed'.match('ll')                      # => nil
'seed'.match('ll') {|md| md[0].upcase } # => nil
'seed'.match('xx')                      # => nil
```

---

next   *str*.next → *string*

String#succ의 별칭

---

next!   *str*.next! → *str*

Strign#succ!의 별칭

---

oct   *str*.oct → *int*

str의 문자들을 앞에서부터(부호가 생략되었을 수도 있는) 8진수로 이루어진 문
자열로 취급하여 이에 해당하는 (10진수) 숫자로 반환한다. 변환에 실패하면 0
을 반환한다.

```
"123".oct     # => 83
"-377".oct    # => -255
"bad".oct     # => 0
"0377bad".oct # => 255
```

---

ord   *str*.ord → *int*

str 첫 글자의 정수 코드 포인트를 반환한다.

```
# encoding: utf-8
"d".ord   # => 100
"dog".ord # => 100
"∂".ord   # => 8706
```

---

partition   *str*.partition(*pattern*) → [*before*, *match*, *after*]

str에서 pattern(문자열이나 정규 표현식)을 찾아 매치된 부분의 앞부분, 매치된
부분, 매치된 부분의 뒷부분을 요소로 하는 배열을 반환한다. 매치에 실패하면
매치된 부분의 앞부분(배열의 첫 번째 요소)에 문자열 전체가 들어가고, 나머지
두 요소는 빈 문자열이 들어간다.

String

```
"THX1138".partition("11")   # => ["THX", "11", "38"]
"THX1138".partition(/\d\d/) # => ["THX", "11", "38"]
"THX1138".partition("99")   # => ["THX1138", "", ""]
```

---

prepend   *str*.prepend(*other*) → *str*

str 앞에 other 문자열을 더한다.

```
str = "1138"
str.prepend("THX") # => "THX1138"
str                # => "THX1138"
```

---

replace   *str*.replace(*string*) → *str*

str의 내용, 인코딩, 오염 여부를 string의 대응하는 값으로 바꾼다.

```
s = "hello"          # => hello
s.replace "world" # => "world"
```

---

reverse   *str*.reverse → *string*

str의 문자들을 거꾸로 된 순서로 만든 새로운 문자열을 반환한다.

```
# 모든 문제는 답을 포함하고 있다.
"stressed".reverse # => "desserts"
```

---

reverse!   *str*.reverse! → *str*

str 자체를 거꾸로 뒤집는다.

---

rindex   *str*.rindex(*string* ⟨, *int*⟩) → *int* or nil
                                    str.rindex(*regexp* ⟨, *int*⟩) → *int* or nil

매개 변수로 넘겨진 문자열, 문자, 패턴이 str에서 마지막으로 나타나는 위치를 반환한다. 찾지 못하면 nil을 반환한다. 두 번째 매개 변수가 주어지면 str에서 검색을 끝마칠 위치를 지정하며, 지정한 위치 이후의 문자들은 무시한다.

```
"hello".rindex('e')       # => 1
"hello".rindex('l')       # => 3
"hello".rindex('a')       # => nil
"hello".rindex(/[aeiou]/, -2) # => 1
```

---

rjust   *str*.rjust(*width*, *padding* = " ") → *string*

width의 값이 str의 길이보다 크면 width 길이만큼 새로운 문자열을 만들고 str을 오른쪽에 정렬하고 padding을 이용해서 공백을 채운 뒤 반환한다. 그 외에는 str의 복사본을 반환한다.

```
"hello".rjust(4)          # => "hello"
"hello".rjust(20)         # => "␣␣␣␣␣␣␣␣␣␣␣␣␣␣␣h
                          # .. ello"
"hello".rjust(20, "-")    # => "---------------hello"
"hello".rjust(20, "padding") # => "paddingpaddingphello"
```

rpartition   *str*.rpartition (*pattern*) → [*before, match, after*]

*str*에서 pattern(문자열이나 정규 표현식)을 문자열의 맨 뒤에서부터 거꾸로 찾는다. 매치된 부분의 앞부분, 매치된 부분, 매치된 부분의 뒷부분을 요소로 하는 배열을 반환한다. 매치에 실패하면 매치된 부분의 뒷부분(배열의 세 번째 요소)에 문자열 전체가 들어가고, 나머지 두 요소는 빈 문자열이 들어간다.

```
"THX1138".rpartition("1")   # => ["THX1", "1", "38"]
"THX1138".rpartition(/1\d/) # => ["THX1", "13", "8"]
"THX1138".rpartition("99")  # => ["", "", "THX1138"]
```

rstrip   *str*.rstrip → *string*

*str*의 끝부분의 널 문자들과 공백 문자들을 제거한 복사본을 반환한다. String#lstrip와 String#strip을 참조하라.

```
" hello ".rstrip      # => "␣␣hello"
" hello \000 ".rstrip # => "␣␣hello"
" hello  \000".rstrip # => "␣␣hello"
"hello".rstrip        # => "hello"
```

rstrip!   *str*.rstrip! → *str* or nil

*str*에서 마지막 부분의 널 문자들과 공백 문자들을 제거한다. 변화가 없다면 nil을 반환한다. String#lstrip!과 String#strip!을 참조하라.

```
" hello ".rstrip! # => "␣␣hello"
"hello".rstrip!   # => nil
```

scan   *str*.scan (*pattern*) → *array*
                                   str.scan (*pattern*) { | match, ... | ··· } → *str*

두 가지 형태 모두는 str에 대해 (Regexp이거나 문자열 형태인) 패턴 매칭을 한다. 각 매칭 결과는 배열에 추가되어 결과로 반환되거나 블록으로 전달된다. 패턴 내에 그룹을 정의하지 않으면 매칭된 개별 문자, $&로 이루어진 결과를 얻는다. 패턴 내에 그룹을 정의하면 개별 그룹들로 이루어진 배열 형태로 결과를 얻는다. 패턴이 문자열이면(즉, 정규 표현식이 아니라면) 문자 그대로 해석한다.

```
a = "cruel world"
a.scan(/\w+/)        # => ["cruel", "world"]
a.scan(/.../)        # => ["cru", "el ", "wor"]
a.scan(/(...)/)      # => [["cru"], ["el "], ["wor"]]
a.scan(/(..)(..)/)   # => [["cr", "ue"], ["l ", "wo"]]
```

블록 형식은 다음과 같이 사용한다.

```
a.scan(/\w+/) {|w| print "<<#{w}>> " }
puts
a.scan(/(.)(.)/) {|a,b| print b, a }
puts
```

실행 결과:

```
<<cruel>> <<world>>
rceu lowlr
```

---

setbyte   *str*.setbyte(*offset*, *byte*) → *byte*

str의 offset 위치를 byte로 설정한다. 이때 offset이 음수이면 뒤에서부터 위치를 찾는다. 이 메서드를 통해 문자열의 길이를 바꿀 수는 없다. 또한 문자열의 인코딩도 달라지지 않는다.

```
str = "defog"
# uft-8의 델타 문자.
str.setbyte(0, 226) # => 226
str.setbyte(1, 136) # => 136
str.setbyte(2, 130) # => 130
str                 # => "∂og"
str.length          # => 3
str.force_encoding("utf-8")
str.length          # => 3
str                 # => "∂og"
```

---

size   *str*.size → *int*

String#length의 별칭

---

slice   *str*.slice(*int*) → *string* or nil
                                                       str.slice(*int*, *int*) → *string* or nil
                                                       str.slice(*range*) → *string* or nil
                                                       str.slice(*regexp*) → *string* or nil
                                                       str.slice(*match_string*) → *string* or nil

String#[]의 별칭

```
a = "hello there"
a.slice(1)           # => "e"
a.slice(1,3)         # => "ell"
a.slice(1..3)        # => "ell"
a.slice(-3,2)        # => "er"
a.slice(-4..-2)      # => "her"
a.slice(-2..-4)      # => ""
a.slice(/th[aeiou]/) # => "the"
a.slice("lo")        # => "lo"
a.slice("bye")       # => nil
```

---

slice!   *str*.slice!(*int*) → *string* or nil
                                                       str.slice!(*int*, *int*) → *string* or nil
                                                       str.slice!(*range*) → *string* or nil
                                                       str.slice!(*regexp*) → *string* or nil
                                                       str.slice!(*match_string*) → *string* or nil

str에서 주어진 부분을 삭제하고 삭제된 부분을 반환한다. 숫자 형식으로 입력한 값이 범위를 벗어나면 IndexError를 발생시키며 범위 형식으로 입력한 값이 str 범위를 벗어나면 RangeError가 발생한다. Regexp 또는 문자열 형식은 에러를 발생시키지 않으며, 문자열도 변경하지 않는다.

```
string = "this is a string"
string.slice!(2)        # => "i"
string.slice!(3..6)     # => " is "
string.slice!(/s.*t/)   # => "sa st"
string.slice!("r")      # => "r"
string                  # => "thing"
```

---

split   *str*.split(*pattern* = $;, ⟨*limit*⟩) → *array*

str을 구분자로 이용해 문자열 조각들로 나누고 이를 배열에 담아서 반환한다.

pattern 값으로 문자열을 입력하면 str을 쪼개기 위한 구분자로 사용된다. pattern이 하나의 공백이면 str의 시작 부분 여백을 무시하고 나머지를 공백을 기준으로 쪼갠다.

pattern이 Regexp이면 str은 패턴 매치되는 곳에서 쪼개진다. pattern이 길이가 없는 문자열에 매치되는 경우 str이 한 글자씩 나뉜다. pattern에 그룹들을 입력했으면 그룹들이 반환값에 포함된다.

pattern이 생략되면 $;의 값이 사용된다. $;이 초기 설정값인 nil이면 str은 pattern에 "ꀔ"을 입력한 것처럼 문자열을 나눈다.

limit 매개 변수가 생략되면 뒷부분의 공백도 제거된다. limit가 양수이면 그 숫자만큼의 필드들을 반환한다(limit가 1이면, 전체 문자열이 배열의 하나의 요소로 포함된다). 음수이면 반환 요소의 개수에 제한이 없고 마지막 null 항목을 제거하지 않는다.

```
" now's the time".split       # => ["now's", "the", "time"]
" now's the time".split(' ')  # => ["now's", "the", "time"]
" now's the time".split(/ /)  # => ["", "now's", "", "", "the", "time"]
"a@1bb@2ccc".split(/@\d/)      # => ["a", "bb", "ccc"]
"a@1bb@2ccc".split(/@(\d)/)    # => ["a", "1", "bb", "2", "ccc"]
"1, 2.34,56, 7".split(/,\s*/)  # => ["1", "2.34", "56", "7"]
"hello".split(//)              # => ["h", "e", "l", "l", "o"]
"hello".split(//, 3)           # => ["h", "e", "llo"]
"hi mom".split(/\s*/)          # => ["h", "i", "m", "o", "m"]
"".split                       # => []
"mellow yellow".split("ello")  # => ["m", "w y", "w"]
"1,2,,3,4,,".split(',')        # => ["1", "2", "", "3", "4"]
"1,2,,3,4,,".split(',', 4)     # => ["1", "2", "", "3,4,,"]
"1,2,,3,4,,".split(',', -4)    # => ["1", "2", "", "3", "4", "", ""]
```

---

squeeze   *str*.squeeze(⟨*string*⟩*) → *squeezed_string*

String#count 메서드(779쪽)에서 사용하는 문자열 매개 변수 지정 방식을 사용한다. 주어진 범위 내의 문자들이 중복되어 나타나면 하나의 문자로 바뀐 새로운 문자열을 반환한다. 매개 변수가 주어지지 않으면, 모든 중복된 문자를 하나의 문자로 교체한다.

```
"yellow moon".squeeze                # => "yelow mon"
" now is the".squeeze(" ")           # => " now is the"
"putters putt balls".squeeze("m-z")  # => "puters put balls"
```

String

squeeze!

str.squeeze!(⟨*string*⟩*) → *str* or nil

str에 squeeze를 수행하고 str을 반환한다. 변화가 없다면 nil을 반환한다.

start_with?

str.start_with?(⟨*prefix*⟩⁺) → *true* or *false*

str이 매개 변수로 받은 prefix 중 하나로 시작하면 true를 반환한다.

```
"Apache".start_with?("Apa")                # => true
"ruby code".start_with?("python", "perl", "ruby") # => true
```

strip

str.strip → *string*

str에서 처음 부분의 공백 문자와 끝 부분의 null과 공백 문자를 제거한 새로운 문자열을 반환한다.

```
"    hello    ".strip # => "hello"
"\tgoodbye\r\n".strip # => "goodbye"
"goodbye \000".strip # => "goodbye"
"goodbye \000 ".strip # => "goodbye"
```

strip!

str.strip! → *str* or nil

str에서 처음 부분의 공백 문자와 끝 부분의 null과 공백 문자를 제거한다. 변화가 없다면 nil을 반환한다.

sub

str.sub(*pattern*, *replacement*) → *string*
str.sub(*pattern*) { |match| ⋯ } → *string*

str에서 pattern에 처음 매치되는 부분을 replacement로 변환하거나 블록에 넘겨 평가한 결과로 변환한다. 매개 변수에 대한 자세한 설명은 String#gsub(783쪽)를 참조하기 바란다.

```
"hello".sub(/[aeiou]/, '*')            # => "h*llo"
"hello".sub(/([aeiou])/, '<\1>')       # => "h<e>llo"
"hello".sub(/./) {|s| s[0].to_s + ' '} # => "h ello"
"hello".sub(/(?<double>l)/, '-\k<double>-') # => "he-l-lo"
```

sub!

str.sub!(*pattern*, *replacement*) → *str* or nil
str.sub!(*pattern*) { |match| ⋯ } → *str* or nil

String#sub의 치환 과정을 str에 수행하고 반환한다. 치환이 일어나지 않으면 nil을 반환한다.

succ

str.succ → *string*

str의 다음 문자열을 반환한다. 이때 다음 문자열이란 문자열의 가장 오른쪽에 위치한 알파벳과 숫자 값을 증가시킨 문자열을 의미한다(알파벳이나 숫자가 없을 때는 가장 오른쪽에 위치한 문자의 값을 증가시킨다). 숫자 하나의 값이 증가하면 다른 숫자의 형태가 되고, 글자 하나의 값이 증가하면 같은 대소문자의 다음 글자가 된다. 알파벳이나 숫자가 아닌 값의 증가는 하위 문자 집합 순서를 사용한다.

값을 증가시키면서 왼쪽으로 자리올림이 발생하기도 한다. 이 과정은 연속된 자리올림이 모두 끝날 때까지 이루어지며, 경우에 따라서 자릿수가 추가되기도 한다. 단 숫자들 사이에 알파벳 이외의 문자가 끼어 있는 문자열은 예외다. 이때는 숫자 부분에만 자리올림이 적용된다. 이를 통해 예를 들어 소수점을 포함한 숫자를 증가시킬 수 있다.

```
"abcd".succ       # => "abce"
"THX1138".succ    # => "THX1139"
"<<koala>>".succ  # => "<<koalb>>"
"1999zzz".succ    # => "2000aaa"
"ZZZ9999".succ    # => "AAAA0000"
"***".succ        # => "**+"
"1.9".succ        # => "2.0"
"1//9".succ       # => "2//0"
"1/9/9/9".succ    # => "2/0/0/0"
"1x9".succ        # => "1y0"
```

---

succ! $str.\text{succ!} \rightarrow str$

String#succ와 동일한 과정을 str에 수행한다.

---

sum $str.\text{sum}(\,n=16\,) \rightarrow int$

str 문자들의 기본 n비트 체크섬 값을 반환한다. 이때 매개 변수 n은 생략 가능하며 초기 설정값은 16이다. 결괏값은 단순히 각 문자들 이진 값의 합을 2^n-1로 나눈 결과의 몫이다. 이 방법은 그다지 좋은 체크섬이 아니다. Digest 라이브러리(855쪽)에서 더 좋은 방법을 찾을 수 있다.

```
"now is the time".sum    # => 1408
"now is the time".sum(8) # => 128
```

---

swapcase $str.\text{swapcase} \rightarrow string$

대문자는 소문자로, 소문자는 대문자로 변환한 str의 복사본을 반환한다. 대문자와 소문자의 대응은 인코딩에 따라 달라지지만, 모든 인코딩에서 원하는 결과를 얻을 수 있는 것은 아니다.

```
# encoding: utf-8
"Hello".swapcase           # => "hELLO"
"cYbEr_PuNk11".swapcase    # => "CyBeR_pUnK11"
"∂0g".swapcase             # => "∂0G"
```

---

swapcase! $str.\text{swapcase!} \rightarrow str \text{ or nil}$

String#swapcase의 과정을 str에 수행하고 str을 반환한다. 변화가 없다면 nil을 반환한다.

String

to_c

str.to_c → complex

str의 앞부분을 복소수로 해석하고 변환한 결과를 반환한다. 해석 가능한 숫자 이후로 이어지는 문자들은 무시된다. str의 시작 부분에 복소수로 해석 가능한 숫자가 없다면 Complex(0,0)이 반환된다. 이 메서드는 결코 예외를 발생시키지 않는다.

```
"123".to_c     # => 123+0i
"4+5/6i".to_c  # => 4+5/6i
"thx1138".to_c # => 0+0i
```

to_f

str.to_f → float

str의 앞부분을 부동소수점으로 해석하고 그 결과를 반환한다. 해석 가능한 숫자 이후로 이어지는 문자들은 무시된다. str의 시작 부분에 복소수로 해석 가능한 숫자가 없다면 0.0이 반환된다. 이 메서드는 결코 예외를 발생시키지 않는다(문자열이 숫자인지를 검증하려면 Object#Float를 사용할 것).

```
"123.45e1".to_f     # => 1234.5
"45.67 degrees".to_f # => 45.67
"thx1138".to_f       # => 0.0
```

to_i

str.to_i(base=10) → int

str의 앞부분을 (2~36) base 진수의 정수로 해석하고 변환한 결과를 반환한다. base의 값을 0으로 설정하면 to_i는 문자열의 첫 부분에서 0, 0b, 0o, 0d, 0x를 찾아서 적합한 진수로 해석한다. 시작 부분의 공백은 무시되며 이어지는 +, -는 숫자의 일부로 인식한다. 해석 가능한 숫자 이후로 이어지는 문자들은 무시된다. str의 시작 부분에 복소수로 해석 가능한 숫자가 없다면 0이 반환된다. 이 메서드는 결코 예외를 발생시키지 않는다.

```
"12345".to_i          # => 12345
"99 red balloons".to_i # => 99
"0a".to_i             # => 0
"0a".to_i(16)         # => 10
"0x10".to_i           # => 0
"0x10".to_i(0)        # => 16
"-0x10".to_i(0)       # => -16
"hello".to_i(30)      # => 14167554
"1100101".to_i(2)     # => 101
"1100101".to_i(8)     # => 294977
"1100101".to_i(10)    # => 1100101
"1100101".to_i(16)    # => 17826049
```

to_r

str.to_r → rational

str의 앞부분을 유리수로 해석하고 변환한 결과를 반환한다. 해석 가능한 숫자 이후로 이어지는 문자들은 무시된다. str의 시작 부분에 복소수로 해석 가능한 숫자가 없다면 Rational(0,1)이 반환된다. 이 메서드는 결코 예외를 발생시키지 않는다.

```
"123".to_r      # => 123/1
"5/6".to_r      # => 5/6
"5/six".to_r    # => 5/1
"thx1138".to_r  # => (0/1)
```

---

to_s $\qquad\qquad\qquad\qquad\qquad\qquad\qquad\qquad\qquad\qquad$ *str*.to_s → *str*

수신자를 반환한다.

---

to_str $\qquad\qquad\qquad\qquad\qquad\qquad\qquad\qquad\qquad$ *str*.to_str → *str*

String#to_s의 별칭이다. String#concat 등의 메서드에서 매개 변수를 문자열로 변환하기 위해 to_str을 사용한다. 거의 모든 클래스가 기본적으로 지원하는 to_s와 달리 to_str의 경우에는 문자열처럼 사용하려는 클래스들에서만 구현한다. 내장된 클래스 중에서 Exception과 String만이 to_str 메서드를 구현하고 있다.

---

to_sym $\qquad\qquad\qquad\qquad\qquad\qquad\qquad\qquad\qquad$ *str*.to_s → *symbol*

str의 심벌을 반환한다. :xxx 형태로 표현할 수 없는 심벌을 만들 수 있다. String#intern의 별칭이다.

```
s = 'cat'.to_sym     # => :cat
s == :cat            # => true
'cat and dog'.to_sym # => :"cat and dog"
s == :'cat and dog'  # => false
```

---

tr $\qquad\qquad\qquad\qquad\qquad\qquad\qquad$ *str*.tr(*from_string*, *to_string*) → *string*

str에서 from_string에 포함된 문자들을 to_string의 대응되는 문자로 바꾼 str의 복사본을 반환한다. to_string이 from_string보다 짧으면 to_string의 마지막 문자로 채워서 길이를 맞춘다. 두 매개 변수들로 c_1-c_2 형태의 범위를 사용하기도 한다. from_string이 ^으로 시작하면 나열된 문자들을 제외한 모든 문자를 의미한다.

```
"hello".tr('aeiou', '*')  # => "h*ll*"
"hello".tr('^aeiou', '*') # => "*e**o"
"hello".tr('el', 'ip')    # => "hippo"
"hello".tr('a-y', 'b-z')  # => "ifmmp"
```

---

tr! $\qquad\qquad\qquad\qquad\qquad\qquad$ *str*.tr!(*from_string*, *to_string*) → *str* or nil

String#tr의 과정을 str에 수행하고 str을 반환한다. 변화가 없다면 nil을 반환한다.

tr_s   *str*.tr_s(*from_string, to_string*) → *string*

String#tr의 작업을 str의 복사본에 수행하고, 바뀐 부분에서 중복된 문자들을 제
거한다.

```
"hello".tr_s('l', 'r')   # => "hero"
"hello".tr_s('el', '*')  # => "h*o"
"hello".tr_s('el', 'hx') # => "hhxo"
```

tr_s!   *str*.tr_s!(*from_string, to_string*) → str or nil

String#tr_s를 str에 수행하고 str을 반환한다. 변화가 없다면 nil을 반환한다.

unpack   *str*.unpack(*format*) → *array*

(이진 데이터를 가지고 있는) str을 format에 맞게 해석해서 얻은 값들을 배열로
반환한다. 단일 문자 형태의 지시자들이 순서에 맞게 format 문자열을 이루고
있다. 여기서 사용하는 지시자들은 표 24에 정리되어 있다. 지시자들의 중첩 횟
수를 나타내기 위해 각 지시자 다음에 숫자를 적기도 한다. 별표 부호(*)는 남은
요소 모두를 아우른다. 특정 타입 몇 가지를 구동 중인 플랫폼 고유의 크기로 사
용하기 위해 sSiIlL 지시자들 다음에 밑줄 문자(_)나 느낌표(!)를 사용한다. 그렇
지 않을 때에는 플랫폼 독립적으로 미리 결정된 크기를 사용한다. 'sSiIlL' 템플릿
문자에 〈이 이어지면, 리틀 엔디언이거나 빅 엔디언보다 크다는 의미다. 템플릿
문자열에서 공백은 무시된다. 주석은 #부터 줄 바꿈까지나 문자열의 끝까지이
며 역시 (해석 과정에서) 무시한다. 문자열의 인코딩은 무시된다. unpack은 문
자열을 바이트 시퀀스로 다룬다. Array#pack(530쪽)을 참조하라.

```
"abc \0\0abc \0\0".unpack('A6Z6') # => ["abc", "abc "]
"abc \0\0".unpack('a3a3')         # => ["abc", " \x00\x00"]
"aa".unpack('b8B8')               # => ["10000110", "01100001"]
"aaa".unpack('h2H2c')             # => ["16", "61", 97]
"\xfe\xff\xfe\xff".unpack('sS')   # => [-2, 65534]
"now=20is".unpack('M*')           # => ["now is"]
"whole".unpack('xax2aX2aX1aX2a')  # => ["h", "e", "l", "l", "o"]
```

upcase   *str*.upcase → *string*

str의 소문자들을 모두 대문자로 바꾼 str의 복사본을 반환한다. 이 작업은 로캘
설정에 관계없이 오로지 a에서 z에만 영향을 준다.

```
# encoding: utf-8
"hEllO".upcase # => "HELLO"
"∂og".upcase   # => "∂OG"
```

upcase!   *str*.upcase! → *str* or nil

str의 문자들을 대문자로 바꿔서 반환하고 변화가 없다면 nil을 반환한다.

Ruby —

String

upto   *str*.upto(*string, exclude_end*=false) { |s| … } → *str or enumerator*

str에서 시작해서 string까지 반복한다. 이때 두 번째 매개 변수가 true이면 string 값은 범위에서 제외된다. 다음 문자를 차례대로 블록에 넘겨준다. 다음 문자열 은 String#succ을 통해 생성한다. 블록을 넘겨받지 않으면 Enumerator 객체를 반환한다.

```
"a8".upto("b6") {|s| print s, ' ' }
puts
for s in "a8".."b6"
  print s, ' '
end
```

실행 결과:

```
a8 a9 b0 b1 b2 b3 b4 b5 b6
a8 a9 b0 b1 b2 b3 b4 b5 b6
"a8".upto("b6", true).to_a # => ["a8", "a9", "b0", "b1", "b2", "b3", "b4", "b5"]
```

0이나 9를 포함하는 문자열의 경우에도 문자열로서 다음 문자가 적절하게 만들어진다. 다음 예제에서 '0'들이 처리되는 방법을 확인할 수 있다.

```
"99".upto("103").to_a      # => ["99", "100", "101", "102", "103"]
"00008".upto("00012").to_a # => ["00008", "00009", "00010", "00011", "00012"]
```

---

valid_encoding?   *str*.valid_encoding? → *true or false*

str이 현재 설정된 인코딩으로 해석 가능한 바이트 시퀀스를 가지고 있다면 true 를 반환한다.

```
# encoding: binary
str = "\xE2"
str.force_encoding("utf-8")
str.valid_encoding? # => false
str = "\xE2\x88\x82"
str.force_encoding("utf-8")
str.valid_encoding? # => true
```

형식	기능	반환
A	끝 부분의 널 문자와 아스키의 공백이 제거된 바이트 시퀀스	String
a	바이트 시퀀스	String
B	각 바이트에서 비트를 추출한다(MSB 먼저).	String
b	각 바이트에서 비트를 추출한다(LSB 먼저).	String
C	바이트를 부호 없는 정수로 추출한다.	Fixnum
c	바이트를 정수로 추출한다.	Fixnum
d, D	sizeof(double) 바이트를 네이티브 double로 다룬다.	Float
E	sizeof(double) 바이트를 double로 다룬다(바이트 순서는 리틀 엔디언).	Float
e	sizeof(float) 바이트를 float으로 다룬다(바이트 순서는 리틀 엔디언).	Float
f, F	sizeof(float) 바이트를 네이티브 float으로 다룬다.	Float

27장 내장 클래스와 모듈   **797**

String

G	sizeof(double) 바이트를 double로 다룬다(바이트 순서는 네트워크).	Float
g	sizeof(float) 바이트를 float로 다룬다(바이트 순서는 네트워크).	Float
H	각 바이트에서 16진수 니블을 추출한다(MBS 먼저).	String
h	각 바이트에서 16진수 니블을 추출한다(LSB 먼저).	String
I	sizeof(int)°만큼의 연속 바이트를 부호 없는 네이티브 정수로 다룬다.	Integer
i	sizeof(int)° 만큼의 연속 문자를 부호 있는 네이티브 정수로 다룬다.	Integer
L	네 개°의 연속 바이트를 부호 없는 네이티브 long으로 다룬다.	Integer
l	네 개°의 연속 바이트를 부호 있는 네이티브 long으로 다룬다.	Integer
M	출력 가능하도록 인용된 문자(quoted-printable)열을 추출한다.	String
m	Base64 인코딩된 문자열을 추출한다. 기본적으로는 \n, \r도 수용되지만, "m0"에서는 수용되지 않는다.	String
N	4바이트를 네트워크 순서의 부호 없는 long으로 다룬다.	Fixnum
n	2바이트를 네트워크 순서의 부호 없는 short로 다룬다.	Fixnum
P	sizeof(char *)만큼의 바이트를 포인터로 다룬다. 그리고 참조된 위치의 len개의 바이트를 반환한다.	String
p	sizeof(char *)만큼의 바이트를 널로 끝나는 문자열에 대한 포인터로 여긴다.	String
Q	8바이트를 부호 없는 quad word(64비트)로 다룬다.	Integer
q	8바이트를 부호 있는 quad word(64비트)로 다룬다.	Integer
S	두 개°의 바이트를 네이티브 바이트 순서의 부호 없는 short로 다룬다.	Fixnum
s	두 개°의 바이트를 네이티브 바이트 순서의 부호 있는 short로 다룬다.	Fixnum
U	UTF-8 문자를 부호 없는 정수로 추출한다.	Integer
u	UU-인코딩된 문자열을 추출한다.	String
V	4바이트를 리틀 엔디언 바이트 순서의 부호 없는 long으로 다룬다.	Fixnum
v	2바이트를 리틀 엔디언 바이트 순서의 부호 있는 short로 다룬다.	Fixnum
w	BER-압축 정수(자세한 정보는 Array#pack 참조)	Integer
X	한 글자 뒤로 넘어간다.	—
x	한 글자 앞으로 넘어간다.	—
Z	뒤따르는 널 문자를 없앤 문자	String
@	length 매개 변수에 주어진 만큼 건너뛴다.	—

° 지시자에 _이나 !를 붙여 수정할 수 있다.

표 24. String#unpack에서 쓰이는 템플릿 지시자

클래스 **Struct** < Object

하위 클래스: Struct::Tms

Struct는 클래스를 따로 작성하지 않고도, 속성에 대한 접근 메서드를 사용할 수 있도록 도와주는 편리한 방법이다.

　Struct 클래스는 다른 클래스를 생성해 주는 역할을 하며, 생성되는 클래스에 대해 변수들과 이 변수들에 대한 접근 메서드를 정의한다. 예제에서는 Struct를 이용해 Customer라는 클래스를 만들고, 이 클래스의 인스턴스인 joe를 사용할 것이다.

　OpenStruct 클래스(896쪽)도 참고하기 바란다.

　이후의 설명에서 매개 변수 symbol은 인용 부호에 둘러싸인 문자열이나 Symbol 객체(:name과 같은)를 의미한다.

믹스인

Enumerable: all?, any?, chunk, collect, collect_concat, count, cycle, detect, drop, drop_while, each_cons, each_entry, each_slice, each_with_index, each_with_object, entries, find, find_all, find_index, first, flat_map, grep, group_by, include?, inject, lazy, map, max, max_by, member?, min, min_by, minmax, minmax_by, none?, one?, partition, reduce, reject, reverse_each, select, slice_before, sort, sort_by, take, take_while, to_a, zip

클래스 메서드

new	Struct.new (⟨*string*⟩ ⟨, *symbol*⟩$^+$) → *Customer*
	Struct.new (⟨*string*⟩ ⟨, *symbol*⟩$^+$) { ⋯ } → *Customer*

symbol들에 접근하는 메서드들을 가진 string을 이름으로 하는 새로운 클래스를 만든다. 이름을 의미하는 string 매개 변수가 생략되면 익명의 구조체 클래스가 생성된다. 이름을 입력하면 구조체의 이름은 클래스 Struct 내에서 상수로 사용되므로, 시스템 내의 모든 Struct 중에서 유일해야 하며 대문자로 시작해야 한다. 구조체 클래스를 상수에 대입하면, 실질적으로 이 클래스의 이름이 대입한 상수가 된다.

　Struct.new는 하나의 새로운 Class 객체를 반환하고, 또 이 클래스 객체의 특정 인스턴스를 만드는 데도 사용한다. 다음에서 설명하는 클래스 메서드와 인스턴스 메서드들은 생성된 클래스에 정의된다. 구체적인 내용에 대해서는 다음 예제를 참조하기 바란다.

```
# Struct로 이름을 가진 구조체를 생성한다.
Struct.new("Customer", :name, :address)    # => Struct::Customer
Struct::Customer.new("Dave", "123 Main")   # => #<struct Struct::Customer
                                           # .. name="Dave", address="123 Main">

# 구조체를 상수로 대입해서 이름을 붙여준다.
Customer = Struct.new(:name, :address)      # => Customer
```

```
Customer.new("Dave", "123 Main")          # => #<struct Customer name="Dave",
                                          # .. address="123 Main">
```

블록이 넘겨지면 이 블록은 새로 만들어지는 구조체(struct) 맥락에서 평가되며, 따라서 새로운 구조체에 대한 인스턴스 메서드를 편리하게 정의할 수 있다.

```
Customer = Struct.new(:name, :address) do
  def to_s
    "#{self.name} lives at #{self.address}"
  end
end
Customer.new("Dave", "123 Main").to_s # => "Dave lives at 123 Main"
```

---

new   *Customer*.new(⟨ *obj* ⟩⁺) → *joe*

새로운 구조체(Struct.new에 의해 생성된 클래스)를 정의한다. 실제 매개 변수 (속성의 초깃값)의 수는 이 클래스에 정의된 속성의 수와 같거나 그보다 적어야 만 한다. 매개 변수로 넘기지 않은 속성의 초깃값은 nil이 된다. 매개 변수가 너 무 많이 넘겨지면 ArgumentError 예외가 발생한다.

```
Customer = Struct.new(:name, :address, :zip)
joe = Customer.new("Joe Smith", "123 Maple, Anytown NC", 12345)
joe.name # => "Joe Smith"
joe.zip  # => 12345
```

[ ]   *Customer*[⟨ *obj* ⟩⁺] → *joe*

(정의되어 있는 구조체에 대한) new의 별칭

```
Customer = Struct.new(:name, :address, :zip)
joe = Customer["Joe Smith", "123 Maple, Anytown NC", 12345]
joe.name  # => "Joe Smith"
joe.zip   # => 12345
```

---

members   *Customer*.members → *array*

인스턴스 변수의 이름을 나타내는 심벌 배열을 반환한다.

```
Customer = Struct.new("Customer", :name, :address, :zip)
Customer.members # => [:name, :address, :zip]
```

인스턴스 메서드

==   *joe* == *other_struct* → *true* or *false*

동일성 판별 연산자. other_struct가 self와 같으면 true를 반환한다. 이를 만 족하기 위해서는 두 구조체가 모두 Struct.new에 의해 생성되어야 하며 또한 (Object#==로 비교했을 때) 모든 인스턴스 변수의 값이 같아야만 한다.

```
Customer = Struct.new(:name, :address, :zip)

joe   = Customer.new("Joe Smith", "123 Maple, Anytown NC", 12345)
joejr = Customer.new("Joe Smith", "123 Maple, Anytown NC", 12345)
```

```
jane  = Customer.new("Jane Doe", "456 Elm, Anytown NC", 12345)

joe == joejr # => true
joe == jane  # => false
```

[]   *joe[symbol] → obj*
                                                                       joe[integer] → obj

속성 참조. symbol이라는 이름을 가진 인스턴스 변수, 또는 구조체의 int 번째
(int는 0..length-1) 인스턴스 변수를 반환한다. 지정된 이름의 변수가 존재하
지 않으면 NameError 예외가 발생하며, 인덱스가 유효한 범위를 벗어난다면
IndexError 예외가 발생한다.

```
Customer = Struct.new(:name, :address, :zip)
joe = Customer.new("Joe Smith", "123 Maple, Anytown NC", 12345)
joe["name"] # => "Joe Smith"
joe[:name]  # => "Joe Smith"
joe[0]      # => "Joe Smith"
```

[]=   *joe[symbol] = obj → obj*
                                                                       joe[int] = obj → obj

속성 대입. symbol이라는 이름을 가진 인스턴스 변수 또는 구조체의 int 번째 인
스턴스 변수에 obj를 대입하고, 그 값을 반환한다. 지정된 이름의 변수가 존재
하지 않으면 NameError 예외가 발생하며, 인덱스가 유효한 범위를 벗어난다면
IndexError 예외가 발생한다.

```
Customer = Struct.new(:name, :address, :zip)
joe = Customer.new("Joe Smith", "123 Maple, Anytown NC", 12345)
joe["name"] = "Luke"
joe[:zip]   = "90210"
joe.name  # => "Luke"
joe.zip   # => "90210"
```

---

each   *joe.each { |obj| ... } → joe*

각 인스턴스 변수의 값을 블록에 매개 변수로 한 번씩 넘겨 호출한다.

```
Customer = Struct.new(:name, :address, :zip)
joe = Customer.new("Joe Smith", "123 Maple, Anytown NC", 12345)
joe.each {|x| puts(x) }
```

실행 결과:
```
Joe Smith
123 Maple, Anytown NC
12345
```

---

each_pair   *joe.each_pair { | symbol, obj| ... } → joe*

각 인스턴스 변수의 이름(심벌)과 값을 블록의 매개 변수로 넘겨 한 번씩 호출
한다.

```
Customer = Struct.new(:name, :address, :zip)
joe = Customer.new("Joe Smith", "123 Maple, Anytown NC", 12345)
joe.each_pair {|name, value| puts("#{name} => #{value}") }
```

실행 결과:

```
name => Joe Smith
address => 123 Maple, Anytown NC
zip => 12345
```

---

length   *joe.*length → *int*

속성의 수를 반환한다.

```
Customer = Struct.new(:name, :address, :zip)
joe = Customer.new("Joe Smith", "123 Maple, Anytown NC", 12345)
joe.length # => 3
```

---

members   *joe.*members → *array*

인스턴스 변수의 이름(심벌)들을 담은 배열을 반환한다.

```
Customer = Struct.new(:name, :address, :zip)
joe = Customer.new("Joe Smith", "123 Maple, Anytown NC", 12345)
joe.members # => [:name, :address, :zip]
```

---

size   *joe.*size → *int*

Struct#length의 별칭

---

to_a   *joe.*to_a → *array*

이 인스턴스의 속성들을 배열로 반환한다.

```
Customer = Struct.new(:name, :address, :zip)
joe = Customer.new("Joe Smith", "123 Maple, Anytown NC", 12345)
joe.to_a[1] # => "123 Maple, Anytown NC"
```

---

to_h   *joe.*to_h → *hash*

인스턴스의 속성을 키, 값 쌍으로 이루어진 해시로 반환한다.

```
Customer = Struct.new(:name, :address, :zip)
joe = Customer.new("Joe Smith", "123 Maple, Anytown NC", 12345)
joe.to_h # => {:name=>"Joe Smith", :address=>"123 Maple, Anytown NC",
         # .. :zip=>12345}
```

---

values   *joe.*values → *array*

to_a의 별칭

---

values_at   *joe.*values_at(⟨*selector*⟩*) → *array*

지정된 인덱스에 대응하는 joe 내의 요소를 담은 배열을 반환한다. selector에는 정수나 범위를 지정한다.

```
Lots = Struct.new(:a, :b, :c, :d, :e, :f)
l = Lots.new(11, 22, 33, 44, 55, 66)
l.values_at(1, 3, 5)    # => [22, 44, 66]
l.values_at(0, 2, 4)    # => [11, 33, 55]
l.values_at(-1, -3, -5) # => [66, 44, 22]
```

클래스 **Struct::Tms** < Struct

Process.times에 의해 반환되는 구조체다. 이를 지원하는 운영 체제에서만 사용
가능하며, 프로세스 시간에 관한 정보를 담고 있다. 사용 가능한 값은 운영 체제
에 의존적이다. 이 구조체는 다음 인스턴스 변수들을 가지고 있으며, 이에 대한
접근자가 미리 정의되어 있다.

utime	사용자 CPU 시간(초)
stime	시스템 CPU 시간(초)
cutime	종료된 자식 프로세스들의 사용자 CPU 시간(초). 단 윈도에서는 항상 0이다.
cstime	종료된 자식 프로세스들의 시스템 CPU 시간(초). 단 윈도에서는 항상 0이다.

Struct(799쪽)와 Process.times(746쪽)를 참조하기 바란다.

```ruby
def eat_cpu
  10_000.times { File.open("/etc/passwd").close }
end
3.times { fork { eat_cpu } }
eat_cpu
Process.waitall
t = Process::times
[ t.utime, t.stime]     # => [0.08, 0.28]
[ t.cutime, t.cstime ]  # => [0.2, 0.82]
```

Symbol

클래스 **Symbol** < Object

Symbol 객체는 루비 인터프리터 내의 이름을 나타낸다. 심벌은 :name이나 :"임의의 문자열" 리터럴 문법, 다양한 to_sym 메서드들을 사용해 생성할 수 있다. 어떤 프로그램이 실행되는 동안에 특정한 이름에 대해서는 그 이름이 사용된 콘텍스트나 의미에 무관하게 같은 심벌 객체가 만들어진다. 심벌에는 임의의 문자열을 지정할 수 있다. 문자열과 마찬가지로 최상위 비트가 설정된 심벌 리터럴은, 심벌의 인코딩으로 심벌이 정의된 소스 파일의 인코딩을 사용한다.

　루비 1.9부터 문자열과 마찬가지로 많은 새로운 기능이 추가되었다.

믹스인

Comparable: <, <=, ==, >, >=, between?

클래스 메서드

all_symbols　　　　　　　　　　　　　　　　　　　Symbol.all_symbols → *array*

현재 루비의 심벌 테이블에 정의된 모든 심벌을 배열로 반환한다.

```
list = Symbol.all_symbols
list.size        # => 2242
list.grep(/attr_/) # => [:attr_reader, :attr_writer, :attr_accessor, :attr_name]
```

인스턴스 메서드

<=>　　　　　　　　　　　　　　　　*sym* <=> *other_sym* → -1, 0, +1, or nil

sym과 other_sym을 문자열로 변환해서 비교한다. <=> 연산자는 Comparable 모듈에서 인클루드되는 <, <=, >, >=, between? 메서드를 활성화해 준다. Symbol#== 메서드는 Comparable#== 메서드를 사용하지 않는다.

```
:abcdef <=> :abcde  # => 1
:abcdef <=> :abcdef  # => 0
:abcdef <=> :abcdefg # => -1
:abcdef <=> :ABCDEF  # => 1
```

==　　　　　　　　　　　　　　　　　　　*sym* == *obj* → *true* or *false*

sym과 obj가 같은 object_id를 가지고 있는 심벌이면 true를 반환한다.

```
:abcdef == :abcde  # => false
:abcdef == :abcdef # => true
```

=~　　　　　　　　　　　　　　　　　　　*sym* =~ *obj* → *int* or nil

sym을 문자열로 변환하고 obj와 매치를 수행한다.

```
:abcdef =~ /.[aeiou]/ # => 3
:abcdef =~ /xx/       # => nil
```

[ ]	*sym*[*int*] → *string* or nil
	sym[*int*, *int*] → *string* or nil
	sym[*range*] → *string* or nil
	sym[*regexp*] → *string* or nil
	sym[*regexp*, *int*] → *string* or nil
	sym[*string*] → *string* or nil

sym을 문자열로 변환하고 인덱스를 참조한다. 이때 매개 변수는 String#[]과 같다.

```
:"hello there"[1]              # => "e"
:"hello there"[1,3]            # => "ell"
:"hello there"[1..3]           # => "ell"
:"hello there"[-3,2]           # => "er"
:"hello there"[-4..-2]         # => "her"
:"hello there"[-2..-4]         # => ""
:"hello there"[/[aeiou](.)\1/]      # => "ell"
:"hello there"[/[aeiou](.)\1/, 1]   # => "l"
```

---

capitalize   *sym*.capitalize → *symbol*

sym의 첫 번째 문자를 대문자로 바꾸고, 나머지는 소문자로 바꾼 새로운 심벌을 반환한다.

```
:hello.capitalize          # => :Hello
:"HELLO WORLD".capitalize  # => :"Hello world"
:"123ABC".capitalize       # => :"123abc"
```

---

casecmp   *sym*.casecmp(*other*) → -1, 0, +1, or nil

Symbol#<=>과 같지만, 대문자와 소문자의 차이를 무시한다. other이 심벌이 아니면 nil을 반환한다.

```
:abcdef.casecmp(:abcde)   # => 1
:abcdef.casecmp(:abcdef)  # => 0
:abcdef.casecmp(:ABCDEF)  # => 0
:aBcDeF.casecmp(:abcdef)  # => 0
:abcdef.casecmp(:abcdefg) # => -1
:abcdef.casecmp("abcdef") # => nil
```

---

downcase   *sym*.downcase → *symbol*

sym의 모든 문자를 소문자로 변환한 심벌을 반환한다.

```
:Hello.downcase          # => :hello
:"HELLO WORLD".downcase  # => :"hello world"
:"123ABC".downcase       # => :"123abc"
```

---

empty?   *sym*.empty → *true* or *false*

sym의 문자열 표현이 비어 있다면 true를 반환한다.

```
:hello.empty? # => false
:"".empty?    # => true
```

Symbol

encoding
sym.encoding → *enc*

sym의 인코딩을 반환한다.

```
# encoding: utf-8
:hello.encoding # => #<Encoding:US-ASCII>
:"∂og".encoding # => #<Encoding:UTF-8>
```

id2name
sym.id2name → *string*

sym의 문자열 표현을 반환한다.

```
:fred.id2name              # => "fred"
:"99 red balloons!".id2name # => "99 red balloons!"
```

inspect
sym.inspect → *string*

sym의 내용을 심벌 리터럴 표현으로 반환한다.

```
:fred.inspect              # => :fred
:"99 red balloons!".inspect # => :"99 red balloons!"
```

intern
sym.intern → *sym*

Symbol#to_sym의 별칭

length
sym.length → *int*

sym의 문자열 표현의 문자수를 반환한다.

```
# encoding: utf-8
:dog.length # => 3
:∂og.length # => 3
```

match
sym.match (*regexp*) → *int* or nil

sym을 문자열로 변환하고 regexp와 매치를 수행한다. String#match와 달리 블록이나 정규 표현식 이외의 매개 변수는 지원하지 않는다.

```
:hello.match(/(.)\1/) # => 2
:hello.match(/ll/)    # => 2
```

next
sym.next → *symbol*

Symbol#succ의 별칭

size
sym.size → *int*

Symbol#length의 별칭

slice	$sym.\text{slice}(\,int\,) \rightarrow string$ or nil
	$sym.\text{slice}(\,int,\,int\,) \rightarrow string$ or nil
	$sym.\text{slice}(\,range\,) \rightarrow string$ or nil
	$sym.\text{slice}(\,regexp\,) \rightarrow string$ or nil
	$sym.\text{slice}(\,match\_string\,) \rightarrow string$ or nil

Symbol#[]의 별칭

---

succ $sym.\text{succ} \rightarrow symbol$

String#succ과 같은 규칙을 사용해 sym의 다음 심벌을 반환한다.

```
:abcd.succ      # => :abce
:THX1138.succ   # => :THX1139
:"1999zzz".succ # => :"2000aaa"
```

---

swapcase $sym.\text{swapcase} \rightarrow symbol$

sym의 모둔 문자에 대해 대문자는 소문자로, 소문자는 대문자로 변환한다.

```
:Hello.swapcase    # => :hELLO
:"123ABC".swapcase # => :"123abc"
```

---

to_proc $sym.\text{to\_proc} \rightarrow proc$

블록이 와야 할 자리에 심벌을 지정할 수 있게 해주는 메서드다. 주어진 심벌은
블록의 매개 변수마다 호출되는 메서드로 동작한다. 'Symbol.to_proc 기법'(434
쪽)에서 더 자세히 다룬다.

```
%w{ant bee cat}.map(&:reverse) # => ["tna", "eeb", "tac"]
```

---

to_s $sym.\text{to\_s} \rightarrow string$

Symbol#id2name의 별칭

---

to_sym $sym.\text{to\_sym} \rightarrow sym$

sym을 반환한다.

---

upcase $sym.\text{upcase} \rightarrow symbol$

sym의 모든 문자를 대문자로 변환한 새로운 심벌을 반환한다.

```
:Hello.upcase    # => :HELLO
:"123Abc".upcase # => :"123ABC"
```

클래스 **Thread** < Object

Thread는 루비 스크립트의 메인 스레드를 포함한 실행 스레드의 동작을 캡슐화한다. 더 자세한 내용은 '12장 파이버, 스레드, 프로세스'를 참조하기 바란다.

다음 설명에서 매개 변수로 등장하는 symbol은 심벌을 의미하고 이는 인용 부호로 둘러싸인 문자열이거나 심벌(:name과 같은)이다.

클래스 메서드

abort_on_exception   Thread.abort_on_exception → *true* or *false*

전역 상태 값인 'abort on exception' 조건의 값을 반환한다. 기본 설정은 false다. 이를 true로 설정하거나, 또는 (명령행 -d 명령으로 명시하여) 전역 플래그 값인 $DEBUG를 true로 설정하고 나면, 하나의 스레드에서라도 예외가 발생했을 때 모든 스레드를 중지한다(해당 프로세스는 exit(0)을 실행). Thread.abort_on_exception=도 참조하라.

abort_on_exception=   Thread.abort_on_exception= *true* or *false* → *true* or *false*

true로 설정하면 예외가 발생했을 때 모든 스레드를 중지시킨다. 새로운 상태값을 반환한다.

```
Thread.abort_on_exception = true
t1 = Thread.new do
  puts "In new thread"
  raise "Exception from thread"
end
sleep(0.1)
puts "not reached"
```

실행 결과:
```
In new thread
prog.rb:4:in `block in <main>': Exception from thread (RuntimeError)
```

current   Thread.current → *thread*

현재 실행 중인 스레드를 반환한다.

```
Thread.current # => #<Thread:0x007fa57b8bcdb0 run>
```

exclusive   Thread.exclusive { ⋯ } → *obj*

블록을 실행해서 블록을 평가한 결과를 반환한다. 내부적으로는 뮤텍스를 사용해 Thread.exclusive의 제어 아래에서 단 하나의 스레드만 실행하도록 한다.

exit Thread.exit

지금 실행 중인 스레드를 종료하고, 다른 스레드가 동작하도록 스케줄링한다. 이미 이 스레드를 제거하라고 표시되어 있다면, exit 메서드는 그 Thread를 반환한다. 그 대상이 주 스레드거나 마지막 스레드라면 프로세스를 종료한다.

fork Thread.fork { ··· } → *thread*

Thread.start의 별칭

kill Thread.kill(*thread*)

입력한 스레드를 종료하게끔 한다(Thread.exit 참조).

```
count = 0
a = Thread.new { loop { count += 1 } }
sleep(0.1)      # => 0
Thread.kill(a) # => #<Thread:0x007fadf9100668 run>
count          # => 1723572
# 종료될 때까지 시간을 준다.
sleep 0.01
a.alive?       # => false
```

list Thread.list → *array*

실행 중이든 멈춰 있든 무관하게 모든 스레드를 Thread 객체 배열로 반환한다.

```
Thread.new { sleep(200) }
Thread.new { 1000000.times {|i| i*i } }
Thread.new { Thread.stop }
Thread.list.each {|thr| p thr }
```

실행 결과:

```
#<Thread:0x007fb0340bcdb8 run>
#<Thread:0x007fb0341009c8 sleep>
#<Thread:0x007fb034024c20 sleep>
```

main Thread.main → *thread*

프로세스의 메인 스레드를 반환한다.

```
Thread.main # => #<Thread:0x007ff2538bcdb8 run>
```

new Thread.new (⟨arg⟩*) { |args| ··· } → *thread*

새로운 스레드를 만들고 블록 내의 명령들을 실행한다. Thread.new의 모든 매개 변수를 블록으로 전달한다.

```
x = Thread.new { sleep 0.1; print "x"; print "y"; print "z" }
a = Thread.new { print "a"; print "b"; sleep 0.2; print "c" }
x.join; a.join # 스레드들이 종료될 때까지 기다린다.
```

실행 결과:

```
abxyzc
```

pass

스레드의 실행을 미루고 다른 스레드를 수행하도록 스레드 스케줄러를 호출한다.

```
a = Thread.new { print "a"; Thread.pass; print "b" }
b = Thread.new { print "x"; Thread.pass; print "y" }
a.join; b.join
```

실행 결과:

```
axby
```

start

기본적으로 Thread.new와 같다. 하지만 Thread 클래스가 상속받은 클래스이면, 상속받은 클래스에서 start를 호출해도 그 클래스의 initialize 메서드를 호출하지 않는다.

stop

현재 스레드의 동작을 멈추고 대기 상태로 바꾸고 다른 스레드의 실행을 스케줄링한다. critical 상태 값을 false로 설정한다.

```
a = Thread.new { print "a"; Thread.stop; print "c" }
sleep 0.01
print "b"
a.wakeup
a.join
```

실행 결과:

```
abc
```

인스턴스 메서드

| [ ] | *thr*[*symbol*] → *obj* or nil |

속성 참조. 심벌이나 문자열 이름을 이용해서 파이버 지역 변수의 값을 반환한다. 주어진 이름의 변수가 존재하지 않으면 nil을 반환한다. 모든 스레드는 암묵적인 루트 파이버를 가지고 있으며 따라서 이 메서드는 항상 사용할 수 있다. Thread#thread_variable_get도 참조하라.

```
a = Thread.new { Thread.current["name"] = "A"; Thread.stop }
b = Thread.new { Thread.current[:name]  = "B"; Thread.stop }
c = Thread.new { Thread.current["name"] = "C"; Thread.stop }
sleep 0.01 # 모두 실행되도록 한다
Thread.list.each {|x| puts "#{x.inspect}: #{x[:name]}" }
```

실행 결과:

```
#<Thread:0x007fb9b98bcdb8 run>:
#<Thread:0x007fb9ba90fda0 sleep>: A
#<Thread:0x007fb9ba90fcb0 sleep>: B
#<Thread:0x007fb9b9827e20 sleep>: C
```

[]=	*thr*[*symbol*] = *obj* → *obj*

속성 대입. 심벌이나 문자열을 이용해서 파이버 지역 변수를 만들거나 대입한
다. Thread#thread_variable_set도 참조하라.

abort_on_exception	*thr*.abort_on_exception → *true* or *false*

thr에 적용되는 스레드 로컬 abort on exception 상태값을 반환한다. 기본 설정
은 false다. Thread.abort_on_exception=도 참조하라.

abort_on_exception=	*thr*.abort_on_exception= *true* or *false* → *true* or *false*

true로 설정하면, thr에서 예외가 발생했을 때 (메인 프로그램을 포함한) 모든 스
레드를 중지시킨다. 프로세스는 실질적으로 exit(0)을 수행한다.

add_trace_func	*thr*.add_trace_func(*proc*) → *proc*
	thr.add_trace_func(nil) → nil

thr에 추적 메서드를 붙인다(Thread#set_trace_func 참조). 루비 2.0에서는 이
메서드 대신 TracePoint 클래스를 사용한다.

alive?	*thr*.alive? → *true* or *false*

thr이 running이나 sleeping 상태이면 true를 반환한다.

```
thr = Thread.new { }
thr.join              # => #<Thread:0x007fdecc039208 dead>
Thread.current.alive? # => true
thr.alive?            # => false
```

backtrace	*thr*.backtrace → *array*

thr의 역추적을 반환한다.

```
thr = Thread.new do
  print "starting\n"
  def sleeper(n)
    print "sleeping\n"
    sleep n
  end
  sleeper(10)
end
p thr.status
p thr.backtrace
Thread.pass
p thr.status
p thr.backtrace
```

실행 결과:
```
"run"
starting
sleeping
["prog.rb:5:in `sleep'", "/tmp/prog.rb:5:in `sleeper'", "/tmp/prog.rb:7:in `block
in <main>'"]
"sleep"
["prog.rb:5:in `sleep'", "/tmp/prog.rb:5:in `sleeper'", "/tmp/prog.rb:7:in `block
in <main>'"]
```

Thread

backtrace_locations   *thr*.backtrace → *array*

전역에서 사용할 수 있는 caller_locations와 비슷한 메서드다.

```
thr = Thread.new do
  print "starting\n"
  def sleeper(n)
    print "sleeping\n"
    sleep n
  end
  sleeper(10)
end
p thr.backtrace_locations
```

실행 결과:
```
[]
starting
sleeping
```

exit   *thr*.exit → *thr* or nil

thr을 종료하고 다른 스레드를 수행하도록 스케줄링한다. 이미 종료될 예정이라
면, exit는 그 스레드를 반환한다. 주 스레드거나 마지막 스레드이면 프로세스를
종료한다.

group   *thr*.group → *thread_group*

thr이 소속된 ThreadGroup을 반환하고, 소속된 그룹이 없을 때는 nil을 반환
한다.

```
thread = Thread.new { sleep 99 }
Thread.current.group.list # => [#<Thread:0x007ffbc88bcda8 run>,
                          # .. #<Thread:0x007ffbc9018750 run>]
new_group = ThreadGroup.new
thread.group.list         # => [#<Thread:0x007ffbc88bcda8 run>,
                          # .. #<Thread:0x007ffbc9018750 run>]
new_group.add(thread)
thread.group.list         # => [#<Thread:0x007ffbc9018750 run>]
Thread.current.group.list # => [#<Thread:0x007ffbc88bcda8 run>]
```

join   *thr*.join → *thr*
                                                thr.join (*limit*) → *thr*

이 메서드를 호출한 스레드의 실행을 멈추고 thr을 실행한다. thr 스레드가 종료
되거나 limit초가 흐를 때까지 그 흐름이 반환되지 않는다. 제한 시간을 초과하
면 nil을 반환하고, 그 외에는 thr을 반환한다.

주 프로그램이 종료될 때 join하지 않은 모든 스레드는 종료된다. thr이 이미
예외가 발생했고 abort_on_exception과 $DEBUG 플래그 값이 설정되지 않았
다면(그래서 예외가 아직 처리되지 않은 상태라면) 예외가 그때 실행될 것이다.

현재 스레드나 메인 스레드는 join할 수 없다.

```
a = Thread.new { print "a"; sleep(10); print "b"; print "c" }
x = Thread.new { print "x"; Thread.pass; print "y"; print "z" }
x.join # x 스레드가 종료되면, a는 강제 종료되고 프로그램이 끝날 것이다.
```

실행 결과:

```
axyz
```

다음 예제는 limit 매개 변수의 사용법을 보여준다.

```
y = Thread.new { loop { sleep 0.1; print "tick...\n" }}
y.join(0.25)
puts "Gave up waiting..."
```

실행 결과:
```
tick...
tick...
Gave up waiting...
```

---

keys   *thr*.keys → *array*

파이버 지역 변수들의 이름으로 된 배열을 반환한다.

```
thr = Thread.new do
  Thread.current[:cat] = 'meow'
  Thread.current["dog"] = 'woof'
end
thr.join # => #<Thread:0x007ff01c8390a0 dead>
thr.keys # => [:cat, :dog]
```

---

key?   *thr*.key?(*symbol*) → *true* or *false*

스레드 지역 변수에 주어진 문자열(또는 심벌)에 해당하는 값이 있다면 true를
반환한다.

```
me = Thread.current
me[:oliver] = "a"
me.key?(:oliver)  # => true
me.key?(:stanley) # => false
```

---

kill   *thr*.kill

Thread#exit의 별칭

---

priority   *thr*.priority → *int*

thr의 우선순위를 반환한다. 기본값은 0이다. 높은 우선순위를 가진 스레드는
낮은 우선순위를 가진 스레드보다 우선적으로 실행된다.

```
Thread.current.priority # => 0
```

---

priority=   *thr*.priority= *int* → *thr*

thr의 우선순위를 숫자로 지정한다. 우선순위가 높은 스레드는 우선순위가 낮은
스레드보다 우선적으로 실행된다. 프로그램이 정상으로 작동하지 않을 때 스레
드의 우선순위를 조절해서 해결하려고 해서는 안 된다.

Thread

```
count_high = count_low = 0
Thread.new do
  Thread.current.priority = 1
  loop { count_high += 1 }
end
Thread.new do
  Thread.current.priority = -1
  loop { count_low += 1 }
end

sleep 0.1
count_high # => 6545391
count_low  # => 3155986
```

raise

thr.raise
thr.raise (*message*)
thr.raise (*exception* ⟨, *message* ⟨, *array*⟩⟩)

thr에서 예외를 발생시킨다(Object#raise(724쪽) 참조). 호출자가 반드시 thr일

필요는 없다.

```
Thread.abort_on_exception = true
a = Thread.new { sleep(200) }
a.raise("Gotcha")
a.join
```

실행 결과:

```
        from prog.rb:2:in `block in <main>'
prog.rb:2:in `sleep': Gotcha (RuntimeError)
```

run

thr.run → *thr*

thr을 활성화해 스케줄링을 가능하게 한다. 임계 영역(critical section)이 아닐

때는 바로 스케줄러를 호출한다.

safe_level

thr.safe_level → *int*

thr에 적용되는 안전 수준을 반환한다. 스레드 지역 안전 수준을 설정하는 것은

불안전한 코드를 수행하기 위한 샌드박스(sandbox)를 구현할 때 도움이 된다.

```
thr = Thread.new { $SAFE = 3; sleep }
Thread.current.safe_level # => 0
thr.safe_level            # => 0
```

set_trace_func

thr.set_trace_func (*proc*) → *proc*
thr.set_trace_func (nil) → nil

전역에서 사용할 수 있는 set_trace_func와 비슷한 메서드다. 단 특정 스레드에

만 적용된다.

status

thr.status → *string*, false or nil

thr의 상태를 반환한다. thr이 수면 상태이거나 I/O를 기다리는 상태라면

sleep이 실행되고, thr가 수행 중인 상태일 때는 run을, thr이 중단된 상태라면

aborting을, thr이 정상적으로 종료된 상태라면 false를, thr이 예외로 인해 종료되었다면 nil을 반환한다.

```
a = Thread.new { raise("die now") }
b = Thread.new { Thread.stop }
c = Thread.new { Thread.exit }
c.join                    # => #<Thread:0x007fc408827de0 dead>
sleep 0.1                 # => 0
a.status                  # => nil
b.status                  # => "sleep"
c.status                  # => false
Thread.current.status # => "run"
```

stop?   *thr*.stop? → *true* or *false*

thr이 죽은 상태이거나 수면 상태라면 true를 반환한다.

```
a = Thread.new { Thread.stop }
b = Thread.current
Thread.pass
a.stop?   # => false
b.stop?   # => false
```

terminate   *thr*.terminate

Thread#exit의 별칭

thread_variable?   *thr*.thread_variable?(*name*) → true or false

주어진 이름의 스레드 지역 변수(파이버 로컬에 반대되는)가 있는지 여부를 반환한다.

thread_variables   *thr*.thread_variables → array

현재 스레드의 스레드 지역 변수들의 이름을 반환한다.

```
thr = Thread.current
thr.thread_variables                       # => []
thr.thread_variable_set(:option, "X12") # => "X12"
thr.thread_variable_set(:speed, 123)    # => 123
thr[:fiber_not_thread] = :other
thr.thread_variables                       # => [:option, :speed]

# 파이버 변수는 다른 버킷에 있다.
thr.keys                                   # => [:__recursive_key__,
                                           # .. :fiber_not_thread]
```

thread_variable_get   *thr*.thread_variable_get(*name*) → *obj* or nil

주어진 이름을 가진 스레드 지역 변수의 값을 반환한다.

thread_variable_set   *thr*.thread_variable_get(*name, val*) → *val*

주어진 이름의 스레드 지역 변수에 값을 대입한다.

value   *thr*.value → *obj*

thr이 완료될 때까지 기다린 후(Thread#join을 이용) 그 값을 반환한다. value
메서드는 join을 이용하기 때문에 현재 스레드나 메인 스레드의 값은 가져올 수
없다.

```
a = Thread.new { 2 + 2 }
a.value # => 4
```

wakeup   *thr*.wakeup → *thr*

thr을 스케줄링하도록 한다(그럼에도 I/O를 기다리기 위해 계속 대기할 수도 있
다). 스케줄러를 호출하지는 않는다(Thread#run 참조).

클래스 **ThreadGroup** < Object

ThreadGroup은 다수의 스레드를 추적한다. 하나의 스레드는 한 번에 하나의
스레드 그룹에 속할 수 있다. 따라서 스레드 하나를 하나의 그룹에 추가하면 이
미 소속된 그룹에서 삭제된다. 새로 만든 스레드는 그 스레드를 만든 스레드가
속한 그룹에 소속된다.

클래스 상수

Default   기본 스레드 그룹

클래스 메서드

new   ThreadGroup.new → *thgrp*

새로 만든 스레드 그룹을 반환한다. 그 그룹은 기본적으로 비어 있다.

인스턴스 메서드

add   *thgrp*.add(*thread*) → *thgrp*

주어진 스레드를 이 그룹에 추가하고 이전에 소속되었던 그룹에서는 삭제한다.

```
puts "Default group is #{ThreadGroup::Default.list}"
tg = ThreadGroup.new
t1 = Thread.new { sleep }
t2 = Thread.new { sleep }
puts "t1 is #{t1}, t2 is #{t2}"
tg.add(t1)
puts "Default group now #{ThreadGroup::Default.list}"
puts "tg group now #{tg.list}"
```

실행 결과:

```
Default group is [#<Thread:0x007fb3218bcd98 run>]
t1 is #<Thread:0x007fb3220107e8>, t2 is #<Thread:0x007fb322010518
Default group now [#<Thread:0x007fb3218bcd98 run>, #<Thread:0x007fb322010518
sleep>]
tg group now [#<Thread:0x007fb3220107e8 sleep>]
```

enclose

thgrp.enclose → *thgrp*

thgrp에서 스레드들이 삭제되는 것을 막는다. 새로운 스레드는 여전히 실행될 것이다.

```
thread = Thread.new { sleep 99 }
group = ThreadGroup.new
group.add(thread)
group.enclose
ThreadGroup::Default.add(thread) # 이는 예외를 일으킨다
```

실행 결과:
```
        from prog.rb:5:in `<main>'
prog.rb:5:in `add': can't move from the enclosed thread group (ThreadError)
```

enclosed?

thgrp.enclosed? → *true* or *false*

스레드 그룹이 삭제 금지 상태면 true를 반환한다.

list

thgrp.list → *array*

이 스레드 그룹 내에 존재하는 모든 스레드 객체를 배열로 반환한다.

```
ThreadGroup::Default.list # => [#<Thread:0x007fe3010bcdb8 run>]
```

클래스· **Time** < Object

Time은 날짜와 시간을 추상화한다. Time은 협정 세계시로 1970년 1월 1일 0시 0분 이후부터의 시간차를 초와 마이크로초를 이용해서 내부에 담는다. 특정 운영 체제에서는 시간차 값으로 음수도 가능하다. 자세한 내용은 Date 라이브러리 모듈(852쪽)을 살펴보기 바란다. Time 클래스는 GMT(그리니치 표준시)와 협정 세계시(UTC)[5]를 동일하게 취급한다. GMT는 그 기준 시간을 참고하기 위한 더 오래된 방법이지만 POSIX 시스템의 함수 이름에 꾸준히 살아남아 있다.

모든 시간 객체는 마이크로초를 나타내는 숫자들로 저장한다. 따라서 시간을 서로 비교할 때는 이 사실을 주지해야 한다.

루비 1.9.2부터는 날짜의 범위를 나타내는 표현이 더 이상 운영 체제의 시간 표현에 의존하지 않게 되었다(따라서 더 이상 2038 문제는 없다). 이에 따라 gm, local, new, mktime, utc 메서드에 넘겨지는 year 값은 이제 세기를 포함해야 한다. 따라서 90년은 1990년이 아니라 90년을 나타낸다.

믹스인

Comparable: <, <=, ==, >, >=, between?

클래스 메서드

---

at
Time.at(*time*) → *time*
Time.at(*seconds* ⟨, *microseconds*⟩) → *time*

입력한 time 값을 이용하거나 또는 시간차 값으로 seconds(부수적으로는 microseconds도)를 이용해서 협정 세계시를 기준으로 한 새로운 Time 객체를 만든다. 마이크로초 부분에는 부동소수점이 올 수 있다. 이를 통해 (시스템에서 지원한다면) 나노 초 수준의 정밀도로 시간을 지정할 수 있다. 일반적이지는 않지만 운영 체제에 따라 시간을 음수로 지정할 수 있는 경우도 있다.

```
Time.at(0)          # => 1969-12-31 18:00:00 -0600
Time.at(946702800)  # => 1999-12-31 23:00:00 -0600
Time.at(-284061600) # => 1960-12-31 00:00:00 -0600
t = Time.at(946702800, 123.456)
t.usec              # => 123
t.nsec              # => 123456
```

---

gm
Time.gm(*year* ⟨, *month* ⟨, *day* ⟨, *hour* ⟨, *min* ⟨, *sec* ⟨, *usec*⟩⟩⟩⟩⟩) → *time*
Time.gm(*sec, min, hour, day, month, year, wday, yday, isdst, tz*) → *time*

입력한 값들을 UTC 기준으로 해석하여 시간 객체를 생성한다. year는 반드시 주어져야 한다. 다른 값들(nil이나 생략된)은 기본적으로 해당 위치에서 유효

---

5   UTC는 Coordinated Universal Time의 약자다. 관련된 위원회가 있었다.

한 범위 내의 최솟값이다. month는 1에서 12 사이의 값이거나, 영어 세 글자로 된 달 이름이 주어져야 한다. 시간은 (0..23) 범위의 24시간 방식으로 입력해야 한다. 정해진 범위를 벗어나는 인자는 ArgumentError 예외를 발생시킨다. Time#to_a의 결과로 출력되는 순서대로 10개의 매개 변수를 사용할 수도 있다.

```
Time.gm(2000,"jan",1,20,15,1) # => 2000-01-01 20:15:01 UTC
```

---

local   Time.local(*sec, min, hour, day, month, year, wday, yday, isdst, tz*) → *time*
Time.local(*year* ⟨, *month* ⟨, *day* ⟨, *hour* ⟨, *min* ⟨, *sec* ⟨, *usec*⟩⟩⟩⟩⟩) → *time*

Time.gm과 같지만 입력한 값을 해당 지역 시간으로 해석한다. 첫 번째 형태는 Time#to_a로 반환되는 배열의 순서대로 10개의 매개 변수를 받는다.

```
Time.local(2000,"jan",1,20,15,1) # => 2000-01-01 20:15:01 -0600
```

---

mktime   Time.mktime(*year* ⟨, *month* ⟨, *day* ⟨, *hour* ⟨, *min* ⟨, *sec* ⟨, *usec*⟩⟩⟩⟩⟩) → *time*
Time.mktime(*sec, min, hour, day, month, year, wday, yday, isdst, tz*) → *time*

Time.local의 별칭

---

new   Time.new → *time*
Time.new(*year* ⟨, *month* ⟨, *day* ⟨, *hour* ⟨, *min* ⟨, *sec* ⟨, *utc_offset*⟩⟩⟩⟩⟩)

첫 번째 형식은 시스템의 현재 시각을 이용해서 Time 객체를 초기화하여 반환한다. 이렇게 만들어진 객체는 시스템 시계에서 가능한 한도로 쪼갠 시각 정보를 사용해서 만들어졌기 때문에 단편적인 초 정보를 포함하기 마련이다.

```
a = Time.new     # => 2013-11-14 16:32:39 -0600
b = Time.new     # => 2013-11-14 16:32:39 -0600
a == b           # => false
"%.6f" % a.to_f # => "1384468359.627252"
"%.6f" % b.to_f # => "1384468359.627275"
```

두 번째 형식은 주어진 날짜와 시간으로 Time 객체를 생성한다. 선택적인 utc_offset 매개 변수는 초나 "+06:00" 같은 문자열이 올 수 있다.

```
Time.new(2010, 12, 25, 8, 0, 0, "-06:00") # => 2010-12-25 08:00:00 -0600
```

---

now   Time.now → *time*

Time.new 첫 번째 형식의 별칭

---

utc   Time.utc(*year* ⟨, month ⟨, day ⟨, hour ⟨, min ⟨, sec ⟨, usec⟩⟩⟩⟩⟩) → *time*
Time.utc(*sec, min, hour, day, month, year, wday, yday, isdst, tz*) → *time*

Time.gm의 별칭

```
Time.utc(2000,"jan",1,20,15,1) # => 2000-01-01 20:15:01 UTC
```

인스턴스 메서드

+   *time + numeric → time*

더하기 연산자. 몇 초(소수 지정 가능)를 time에 더하여 새로운 시간을 반환
한다.

```
t = Time.now     # => 2013-11-14 16:32:39 -0600
t + (60 * 60 * 24) # => 2013-11-15 16:32:39 -0600
```

-   *time - time → float*
                                                                    time - numeric → time

시간의 차이를 계산하는 연산자. 두 시간 사이의 차이를 나타내는 새로운 시간
을 반환하거나, 또는 입력한 time에서 numeric 만큼의 초를 뺀 결과를 나타내는
새로운 시간을 반환한다.

```
t = Time.now      # => 2013-11-14 16:32:39 -0600
t2 = t + 2592000  # => 2013-12-14 16:32:39 -0600
t2 - t            # => 2592000.0
t2 - 2592000      # => 2013-11-14 16:32:39 -0600
```

<=>   *time ⟨=⟩ other_time → -1, 0, +1*
                                                              time ⟨=⟩ other → nil)

비교 연산자. other_time 또는 기준시와의 시간차인 numeric과 비교를 한다.
numeric은 기준시로부터 경과한 초(소수 지정 가능)다. 루비 1.9부터 Time 객
체 이외의 객체와 비교하면 nil을 반환한다.

```
t = Time.now      # => 2013-11-14 16:32:39 -0600
t2 = t + 2592000  # => 2013-12-14 16:32:39 -0600
t <=> t2          # => -1
t2 <=> t          # => 1
t <=> t           # => 0
```

---

day-name?   *time.monday? → true or false*
                                                        time.tuesday? → true or false
                                                        time.wednesday? → true or false
                                                        time.thursday? → true or false
                                                        time.friday? → true or false
                                                        time.saturday? → true or false
                                                        time.sunday? → true or false

주어진 요일이 맞으면 true를 반환한다.

---

asctime   *time.asctime → string*

time을 asctime(3)로 표현한 문자열로 반환한다.

```
Time.now.asctime # => "Thu Nov 14 16:32:39 2013"
```

---

ctime

time.ctime → string

Time#asctime의 별칭

---

day

time.day → int

time에서 며칠(1..n)인지 반환한다.

```
t = Time.now # => 2013-11-14 16:32:39 -0600
t.day        # => 14
```

---

dst?

time.dst? → true or false

Time#isdst의 별칭

```
Time.local(2000, 7, 1).dst? # => true
Time.local(2000, 1, 1).dst? # => false
```

---

getgm

time.getgm → time

UTC 형태로 표현되는 새로운 Time 객체를 반환한다.

```
t = Time.local(2000,1,1,20,15,1) # => 2000-01-01 20:15:01 -0600
t.gmt?                           # => false
y = t.getgm                      # => 2000-01-02 02:15:01 UTC
y.gmt?                           # => true
t == y                           # => true
```

---

getlocal

time.getlocal → time
time.getlocal (utc_offset) → time

지역 시간을 나타내거나(프로세스가 속한 지역 시간대를 사용하여) utc_offset 매개 변수로 UTC로부터 주어진 옵셋에 대한 새로운 시간(Time) 객체를 반환한다.

```
t = Time.gm(2000,1,1,20,15,1) # => 2000-01-01 20:15:01 UTC
t.gmt?                        # => true
l = t.getlocal                # => 2000-01-01 14:15:01 -0600
l.gmt?                        # => false
t == l                        # => true
t.getlocal("-06:00")          # => 2000-01-01 14:15:01 -0600
t.getlocal(-21600)            # => 2000-01-01 14:15:01 -0600
```

---

getutc

time.getutc → time

Time#getgm의 별칭

---

gmt?

time.gmt? → true or false

시간이 UTC 형식으로 표현된다면 true를 반환한다.

```
t = Time.now                  # => 2013-11-14 16:32:40 -0600
t.gmt?                        # => false
t = Time.gm(2000,1,1,20,15,1) # => 2000-01-01 20:15:01 UTC
t.gmt?                        # => true
```

gmtime

time.gmtime → time

수신자를 수정하여 시간 형식을 UTC로 변환한다.

```
t = Time.now # => 2013-11-14 16:32:40 -0600
t.gmt?       # => false
t.gmtime     # => 2013-11-14 22:32:40 UTC
t.gmt?       # => true
```

gmt_offset

time.gmt_offset → int

UTC와 Time이 속한 시간 사이의 시간차를 초 단위로 계산한다.

```
t = Time.gm(2000,1,1,20,15,1) # => 2000-01-01 20:15:01 UTC
t.gmt_offset                  # => 0
l = t.getlocal                # => 2000-01-01 14:15:01 -0600
l.gmt_offset                  # => -21600
```

gmtoff

time.gmtoff → int

Time#gmt_offset의 별칭

hour

time.hour → int

time에서 몇 시(0..23)인지 반환한다.

```
t = Time.now # => 2013-11-14 16:32:40 -0600
t.hour       # => 16
```

isdst

time.isdst → true or false

time이 속한 시간대가 일광 절약 시간(서머타임)이면 true를 반환한다.

```
Time.local(2000, 7, 1).isdst # => true
Time.local(2000, 1, 1).isdst # => false
```

localtime

time.localtime → time
time.localtime (utc_offset) → time

수신자를 수정하여 time을 지역 시간(프로세스가 속한 지역 시간대를 사용하거나 UTC로부터 오프셋을 사용한다)으로 변환한다.

```
t = Time.gm(2000, "jan", 1, 20, 15, 1)
t.gmt?          # => true
t.localtime     # => 2000-01-01 14:15:01 -0600
t.gmt?          # => false
t = Time.gm(2000, "jan", 1, 20, 15, 1)
t.localtime(7200) # => 2000-01-01 22:15:01 +0200
```

mday

time.mday → int

Time#day의 별칭

min

time.min → int

time에서 몇 분(0..59)인지 반환한다.

```
t = Time.now # => 2013-11-14 16:32:40 -0600
t.min        # => 32
```

mon

time에서 몇 월(1..12)인지 반환한다.

```
t = Time.now # => 2013-11-14 16:32:40 -0600
t.mon        # => 11
```

month

Time#mon의 별칭

nsec

time의 나노초를 반환한다.

```
t = Time.now     # => 2013-11-14 16:32:40 -0600
"%10.6f" % t.to_f # => "1384468360.482563"
t.nsec           # => 482563000
t.usec           # => 482563
```

round

digits에 지정한 소수점 자리에서 반올림한 시간 객체를 반환한다(반올림을 통해 초가 바뀔 수 있으며 이는 다른 시간 필드들에도 영향을 줄 수 있다).

```
require 'time'
t = Time.utc(2010, 10, 11, 12, 13, 59.75)

t.iso8601(3)          # => "2010-10-11T12:13:59.750Z"
t.round(2).iso8601(3) # => "2010-10-11T12:13:59.750Z"
t.round(1).iso8601(3) # => "2010-10-11T12:13:59.800Z"
t.round.iso8601(3)    # => "2010-10-11T12:14:00.000Z"
```

sec

time에서 초(0..60)[6]인지 반환한다.

```
t = Time.now # => 2013-11-14 16:32:40 -0600
t.sec        # => 40
```

strftime

입력한 서식 문자열의 지시자에 따라서 time을 포매팅한다. 지시지는 다음과 같다.

% 〈플래그〉 〈넓이〉 변환

선택적인 플래그는 다음 중에서 하나나 여러 개를 지정할 수 있다.

---

6   실제로 초는 0에서부터 60 사이의 숫자를 반환한다. 시스템에서 때때로 윤초를 주입함으로써 원자시계를 통해 측정한 시각과 지구의 자전으로부터 측정된 시각의 차이를 메울 수 있도록 한다.

Time

-	숫자를 공백으로 채우지 않는다.
_	숫자를 공백으로 채운다.
0	숫자를 0으로 채운다.
^	대문자로 변환한다.
#	대소문자를 바꾼다.
:	%z 변환에서 콜론(:)을 사용한다. 플래그에 하나의 콜론이 있으면 시간과 분 사이에 하나의 콜론을 출력한다. 플래그에 두 개의 콜론이 있으면 두 번째 필드(초)를 더한다.

넓이(width)는 주어진 필드의 최소한의 넓이를 지정한다.

사용할 수 있는 지시자는 다음과 같다.

형식	의미
%%	% 문자
%a	요일 이름의 축약 표현("Sun")
%A	요일 이름 전체("Sunday")
%b	월 이름의 축약 표현("Jan")
%B	월 이름 전체("January")
%c	지역 날짜 시간 표기법을 사용
%C	세기를 나타내는 두 자리 숫자(현재 세기는 20이다)
%d	일(01..31)
%D	날짜(%m/%d/%y)
%e	일. 공백으로 채운다(␣1..31).
%F	ISO8601 날짜(%Y-%m-%d)
%g	ISO8601 주 단위 연도(week-based year)의 마지막 두 자리 숫자
%G	ISO8601 주 단위 연도(week-based year)
%h	월 이름의 축약 표현("Jan")
%H	시간. 24시간제(00..23)
%I	시간. 12시간제(0..12)
%j	일(001..366)
%k	시간. 24시간제. 공백으로 채운다(␣0..23).
%l	시간. 12시간제. 공백으로 채운다(␣1..12).
%L	밀리초
%m	월(01..12)
%M	분(00..59)
%n	줄 바꿈
%N	소수점 이하 초.

%p	오전, 오후("AM", "PM")
%P	오전, 오후("am", "pm")
%r	12시간제 시각(%I:%M:%S %p).
%R	24시간제 시각(%H:%M)
%s	1970-01-01 00:00:00 UTC로부터의 초
%S	초(00..60)
%t	탭
%T	24시간제 시간(%H:%M:%S).
%u	월요일을 1으로 한 요일(1..7).
%U	현재 연도에서 해당하는 주. 첫 번째 일요일을 당해년도 첫 주의 첫 날로 삼는다(00..53).
%w	일요일을 0으로 한 요일(0..6)
%v	VMS 날짜(%e-%^b-%4Y).
%V	ISO8601 주(01..53)
%W	현재 연도에서 해당하는 주. 첫 번째 월요일을 당해년도 첫 주의 첫 날로 삼는다(00..53).
%x	시간을 제외한 날짜만 정해진 표기법으로 나타냄
%X	날짜를 제외한 시간만 정해진 표기법으로 나타냄
%y	세기를 제외한 연도(00..99)
%Y	세기를 포함한 연도
%z	타임존 오프셋(+/-hhmm) 콜론과 함께 %:z나 %::z 형식을 사용한다.
%Z	타임 존 이름
%%	% 문자

표 25. Time#strftime 지시자

지시자 목록에 없는 어떤 문자라도 출력될 문자로 넘겨질 수 있다.

```
t = Time.now
t.strftime("Printed on %m/%d/%Y") # => "Printed on 11/14/2013"
t.strftime("at %I:%M%P")          # => "at 04:32pm"
# am/pm을 대문자로 강제한다.
t.strftime("at %I:%M%^P")         # => "at 04:32PM"
```

---

subsec   *time*.subsec → *rational*

시간을 나타내는 소수를 유리수로 반환한다(Time#usec가 정수를 반환하는 것과 대조된다).

```
t = Time.now
t.usec   # => 662258
t.subsec # => (331129/500000)
```

---

succ   *time*.succ → *later_time*

비추천 메서드다. time + 1을 사용하기 바란다.

---

to_a *time*.to_a → *array*

---

time의 열 개 요소들([[sec, min, hour, day, month, year, wday, yday, isdst, zone]])을 배열로 반환한다. 각 값의 유효 범위는 개별 메서드들의 설명을 참조하기 바란다. 열 개의 요소값들을 바로 Time.utc나 Time.local로 입력해서 새로운 Time을 만들기도 한다.

```
Time.now.to_a # => [40, 32, 16, 14, 11, 2013, 4, 318, false, "CST"]
```

---

to_f *time*.to_f → *float*

기준시로부터 time까지의 시간 차이를 초로 계산한 부동소수점을 반환한다. 정확도가 중요하다면 Time#to_r을 사용하기 바란다.

```
Time.now.to_f # => 1384468360.755579
```

---

to_i *time*.to_i → *int*

기준시로부터 time까지의 시간 차이를 초로 계산한 정숫값을 반환한다.

```
Time.now.to_i # => 1384468360
```

---

to_r *time*.to_r → *rational*

기준시로부터 time까지 경과한 시간을 (소수점을 나타내는 초를 포함한) 유리수로 반환한다.

```
Time.now.to_r # => (1384468360841153/1000000)
```

---

to_s *time*.to_s → *string*

---

time을 나타내는 문자열 표현을 반환한다. "%Y-%m-%d %H:%M:%S %z"를 사용해 Time#strftime을 호출한 경우와 같다(UTC와 함께 사용하면 타임존에 들어갈 문자열이 UTC가 된다).

```
Time.now.to_s                   # => "2013-11-14 16:32:40 -0600"
Time.utc(2011, 12, 25, 1, 2, 3).to_s # => "2011-12-25 01:02:03 UTC"
```

---

tv_nsec *time*.tv_nsec → *int*

Time#nsec의 별칭

---

tv_sec *time*.tv_sec → *int*

Time#to_i의 별칭

---

tv_usec *time*.tv_usec → *int*

Time#usec의 별칭

usec   *time*.usec → *int*

time을 마이크로초 형태로 반환한다(Time#subsec이 유리수를 반환하는 것과
대조된다).

```
t = Time.now      # => 2013-11-14 16:32:40 -0600
"%10.6f" % t.to_f # => "1384468360.928590"
t.nsec            # => 928590000
t.usec            # => 928590
```

utc   *time*.utc → *time*

Time#gmtime의 별칭

```
t = Time.now # => 2013-11-14 16:32:40 -0600
t.utc?       # => false
t.utc        # => 2013-11-14 22:32:40 UTC
t.utc?       # => true
```

utc?   *time*.utc? → *true* or *false*

시간이 UTC 형식으로 표현된다면 true를 반환한다.

```
t = Time.now                    # => 2013-11-14 16:32:41 -0600
t.utc?                          # => false
t = Time.gm(2000,"jan",1,20,15,1) # => 2000-01-01 20:15:01 UTC
t.utc?                          # => true
```

utc_offset   *time*.utc_offset → *int*

Time#gmt_offset의 별칭

wday   *time*.wday → *int*

한 주에서 몇 번째 날인지 반환한다. 0..6 사이의 값이 반환되며 일요일의 값은
0이다.

```
t = Time.now # => 2013-11-14 16:32:41 -0600
t.wday       # => 4
```

yday   *time*.yday → *int*

1년 중 몇 번째 날인지 반환한다. 1에서 366 사이의 값이다.

```
t = Time.now # => 2013-11-14 16:32:41 -0600
t.yday       # => 318
```

year   *time*.year → *int*

time에서 연도(세기 단위까지 포함해서 네 자리 형태로)를 반환한다.

```
t = Time.now # => 2013-11-14 16:32:41 -0600
t.year       # => 2013
```

---

zone   *time*.zone → *string*

---

time에 적용된 시간대의 이름을 반환한다.

```
t = Time.gm(2000, "jan", 1, 20, 15, 1)
t.zone # => "UTC"
t = Time.local(2000, "jan", 1, 20, 15, 1)
t.zone # => "CST"
```

클래스 **TracePoint** < Object

TracePoint를 사용해 실행 중인 프로그램에서 발생한 특정한 이벤트의 실행 과정을 추적할 수 있다. TracePoint는 이전에 사용되던 set_trace_func 메서드를 대체한다.

TracePoint의 객체를 생성할 때, 추적하고자 하는 이벤트의 이름을 하나 이상 넘겨준다. 또한 추적하고자 하는 이벤트가 발생했을 때 실행되는 블록을 넘겨줄 수 있다. 추적되는 이벤트에 대한 자세한 정보를 담고 있는 TracePoint 객체가 블록 매개 변수로 전달된다. TracePoint 객체는 기본적으로 사용할 수 없다. 이를 사용하기 전에 먼저 활성화(enable)해야만 한다.

```ruby
tp = TracePoint.new(:line, :call, :return) do |tp|
  p tp
end

tp.enable

def add(a,b)
  a + b
end

p add(1,2)

tp.disable
```

실행 결과:
```
#<TracePoint:line@prog.rb:7>
#<TracePoint:line@prog.rb:11>
#<TracePoint:call `add'@prog.rb:7>
#<TracePoint:line@prog.rb:8 in `add'>
#<TracePoint:return `add'@prog.rb:9>
3
#<TracePoint:line@prog.rb:13>
```

캡처할 수 이벤트는 다음과 같다.

:b_call	블록 진입
:b_return	블록 종료
:c_call	C 루틴 호출
:c_return	C 루틴으로부터 복귀
:call	루비 메서드 호출
:class	클래스/모듈 정의 시작
:end	클래스/모듈 정의 끝
:line	식 평가
:raise	예외 발생
:return	루비 메서드에서 반환
:thread_begin	스레드 시작
:thread_end	스레드 종료

클래스 메서드

new	TracePoint.new (⟨event_names⟩*) { |tp| ··· } → tp

주어진 이벤트 이름을 추적하는 TracePoint 객체를 생성한다. 이름이 주어지지 않으면 모든 이벤트를 추적한다. 반환된 객체는 추적을 활성화하거나 비활성화할 수 있으며, 이벤트가 발생할 때 실행될 블록에 넘겨질 수도 있다. 어떻게 사용하는지는 이번 절의 시작 부분을 참고하기 바라며, 이어지는 표에서는 이벤트 목록을 다룬다.

trace	TracePoint.trace (⟨event_names⟩*) { |tp| ··· } → tp

TracePoint 핸들러를 설정하고 이를 바로 활성화한다.

```
tp = TracePoint.trace do |tp|
  p tp
end
a = 1
b = 2
tp.disable
```

실행 결과:
```
#<TracePoint:c_return `trace'@prog.rb:1>
#<TracePoint:line@prog.rb:4>
#<TracePoint:line@prog.rb:5>
#<TracePoint:line@prog.rb:6>
#<TracePoint:c_call `disable'@prog.rb:6>
```

인스턴스 메서드

binding	tp.binding → binding_of_event

event가 발생했을 때의 바인딩

defined_class	tp.defined_class → singleton class

이벤트가 발생한 클래스나 모듈

disable	tp.disable → true or false

이 추적기(tracer)를 비활성화한다. 활성화된 상태였다면 true를 반환한다.

enable	tp.enable → true or false

이 추적기를 활성화한다. 추적기가 이미 활성화되어 있었다면 true를 반환한다.

enabled?	tp.enabled? → true or false

추적기가 활성화되어 있다면 true를 반환한다.

event	tp.event → symbol

이벤트의 이름을 반환한다. 이 절의 시작 부분에 있는 표를 참조하기 바란다.

lineno   *tp.lineno* → fixnum

이벤트가 일어난 소스 코드의 행 번호

method_id   *tp.method_id* → symbol

이벤트가 일어난 메서드의 이름

path   *tp.path* → string

이벤트가 일어난 루비 소스 코드의 전체 경로

raised_exception   *tp.raised_exception* → Exception

raise 이벤트가 발생했을 때 발생한 예외

return_value   *tp.return_value* → obj

:return 이벤트가 발생했을 때 반환된 값

self   *tp.self* → obj

이벤트가 발생했을 때의 self 값

클래스 **TrueClass** < Object

전역 값 true는 단지 TrueClass의 인스턴스이고, 논리식 중 논리적인 참의 값을 표현한다. 이 클래스는 논리식에서 true와 사용할 수 있는 연산자를 제공한다.

인스턴스 메서드

&	true & *obj* → *true* or *false*

논리곱 연산자. obj가 nil이거나 false이면 false를 반환하고, 그 외에는 true를 반환한다.

^	true ^ *obj* → *true* or *false*

배타적 논리합 연산자. obj가 nil이면 true를, 그 외에는 false를 반환한다.

|	true | *obj* → true

논리합 연산자. true를 반환한다. 메서드 호출 과정에서 하나의 인자처럼 obj를 항상 평가한다. 이 경우 단축(short-circuit) 평가가 반영되지 않는다.

```
true |  puts("or")
true || puts("logical or")
```

실행 결과:

```
or
```

클래스 **UnboundMethod** < Object

루비는 두 가지 형태의 객체화된 메서드를 제공한다. Method 클래스는 특정 객체와 결합된 메서드를 의미하고, 이런 메서드 객체들은 해당 객체에 바운드된 것이다. 한 객체에 묶인 바운드 메서드 객체들은 Object#method 객체를 사용해서 만든다.

루비는 특정 객체에 결합되지 않은 언바운드 메서드도 제공한다. 이 메서드들은 객체에 결합된 메서드에 unbind를 호출하거나 Module#instance_method를 호출하여 만든다.

언바운드 메서드들은 객체에 바운드된 이후에야 호출할 수 있다. 대상 객체는 메서드의 원래 클래스와 같은 종류여야 한다(달리 말해 kind_of? 메서드 호출에 원래 클래스를 넘겼을 때 true가 반환되어야 한다).

```
class Square
  def area
    @side * @side
  end
  def initialize(side)
    @side = side
  end
end

area_unbound = Square.instance_method(:area)

s = Square.new(12)
area = area_unbound.bind(s)
area.call # => 144
```

언바운드 메서드는 객체화되었던 당시 메서드에 대한 참조다. 그 후 클래스에 적용된 변화는 언바운드 메서드에 영향을 끼치지 않는다.

```
class Test
  def test
    :original
  end
end
um = Test.instance_method(:test)
class Test
  def test
    :modified
  end
end
t = Test.new
t.test # => :modified
um.bind(t).call # => :original
```

인스턴스 메서드

---

arity   *umeth*.arity → *fixnum*

Method#arity(667쪽)를 참조하라.

---

bind *umeth*.bind(*obj*) → *method*

umeth를 obj에 결합한다. obj의 클래스는 반드시 umeth가 원래 있었던 클래스이거나 그 클래스의 하위 클래스여야만 한다.

```ruby
class A
  def test
    puts "In test, class = #{self.class}"
  end
end
class B < A
end
class C < B
end

um = B.instance_method(:test)
bm = um.bind(C.new)
bm.call
bm = um.bind(B.new)
bm.call
bm = um.bind(A.new)
bm.call
```

실행 결과:
```
        from prog.rb:16:in `<main>'
In test, class = C
In test, class = B
prog.rb:16:in `bind': bind argument must be an instance of B (TypeError)
```

---

name *umeth*.name → *string*

umeth 메서드의 이름을 반환한다.

```ruby
um = String.instance_method(:upcase)
um.name # => :upcase
```

---

owner *umeth*.owner → *module*

umeth가 정의된 클래스나 모듈을 반환한다.

```ruby
um = String.instance_method(:upcase)
um.owner # => String
```

---

parameters *umeth*.parameters → *array*

메서드의 매개 변수 목록 설명을 반환한다. 자세한 내용은 Method#parameters를 참조하라.

---

source_location *umeth*.source_location → [*filename, lineno*] or nil

umeth가 정의된 소스 파일의 이름과 행 번호를 반환한다. umeth가 루비 소스 코드에서 정의되어 있지 않다면 nil을 반환한다. Method#source_location의 예제를 참조하기 바란다.

28장

표준 라이브러리

루비 인터프리터에는 많은 수의 클래스, 모듈, 메서드가 내장되어 있으며, 이를 프로그램에서 바로 활용할 수 있다. 하지만 내장된 기능이 아니라면 필요에 따라 프로그램에서 require해서 사용할 수 있는 외부 라이브러리를 찾게 될 것이다. 또한 많은 수의 루비 라이브러리를 인터넷에서 루비젬 형식으로 다운로드할 수 있다.

하지만 루비는 또한 많은 수의 표준 라이브러리를 제공하고 있다. 그중 일부는 순수 루비 코드로 작성되었고, 모든 루비 플랫폼에서 사용할 수 있다. 다른 것들은 루비 확장 기능인데, 사용하는 시스템에서 의존성을 비롯한 요구 사항을 만족해야만 사용할 수 있다. 표준 라이브러리도 require를 통해 루비 프로그램에서 사용할 수 있다. 하지만 인터넷에서 다운로드한 라이브러리들과 달리 표준 라이브러리는 루비와 함께 설치되며, 바로 require를 통해 실행할 수 있다.

루비 1.9 배포판에는 100개 이상의 표준 라이브러리가 포함되어 있다. 여기서는 각 표준 라이브러리를 한두 장으로 요약해서 소개한다. 각 라이브러리에 대해 간단한 설명과 함께 한 두 가지 예제만을 보여줄 것이다. 여기서 메서드들에 대한 자세한 설명은 다루지 않는다. 좀 더 자세한 설명은 라이브러리 문서를 확인해 보기 바란다.

"라이브러리 문서를 참조하라"는 제안은 대부분 잘 들어맞는다. 하지만 문서를 찾을 수 있는 곳은 그때그때 다르다. 어떤 라이브러리는 RDoc(19장 참조)을 이용한 문서를 포함하고 있다. 이러한 문서는 ri 명령을 이용해 문서를 읽을 수 있다.

RDoc 문서가 없다면 라이브러리 소스 코드를 찾아야 한다. 루비의 소스 배포판을 가지고 있다면 ext와 lib 하위 디렉터리에서 코드를 찾을 수 있다. 바이너리 배포판으로 루비를 설치했더라도, 순수 루비 라이브러리는 소스 코드를 찾아볼 수 있을 것이다(이는 일반적으로 루비 설치 경로 아래의 lib/ruby/1.9/ 디렉터리에 설치된다). 그리고 소스 디렉터리에는 라이브러리 작성자가 미처 RDoc 형태로 바꾸지 못한 문서가 포함되어 있기도 하다.

소스 코드까지 살펴봐도 여전히 문서를 찾을 수 없다면 구글에 검색해 볼 차례다. 아직도 많은 수의 루비 표준 라이브러리는 별도의 프로젝트로 존재한다. 제작자가 별도의 프로젝트로 개발을 진행하고 주기적으로 표준 루비 배포판에 이를 통합하는 식이다. 예를 들어 YAML 라이브러리의 API에 대한 자세한 정보를 얻기 원한다면 yaml ruby를 검색해 보기 바란다. 이를 통해 http://www.yaml.org/YAML_for_ruby.html 페이지에 다다를 수 있을 것이다.

그다음 단계는 루비 토크 메일링 리스트를 이용하는 것이다. 여기에 (겸손하게) 질문을 올리면 몇 시간 내에 원하는 답변을 얻을 수 있을 것이다. 메일링 리스트에 가입하는 방법은 'A1.3 메일링 리스트'에서 설명한다.

그럼에도 원하는 내용을 찾지 못 했다면 오비 완의 충고를 따를 때다. 이는 우리가 루비에 관한 문서를 만들 때 사용했던 방법이다. 소스 코드를 참조하라. 아마도 루비 라이브러리의 실제 코드를 읽는 것이 얼마나 쉬운 일인지 놀라게 될 것이다. 그리고 자세한 사용법도 알 수 있다.

문서화되어 있지 않은 라이브러리들도 있다. 이는 굉장히 저수준 라이브러리이거나 이 책의 다른 부분에서 충분히 다뤘기 때문이다. 이러한 라이브러리의 목록은 다음과 같다.

- debug: 루비 디버거. '14.1 루비 디비거'에서 자세히 다룬다.
- iconv: 루비 2.0에서 삭제되었다. String#encode를 사용하라.
- mkmf: 루비 확장에 관한 온라인 가이드에서 다룬다.
- objspace: 루비 코어 팀이 사용하기 위해 만들어진 ObjectSpace 클래스의 확장
- psych: libyaml에 대한 인터페이스다. 실제로는 YAML 라이브러리를 통해 사용할 것이다.
- racc: Racc 파서 생성기가 사용하는 런타임이다. 이 라이브러리를 사용하려

면 외부 Racc 시스템이 필요하다.

- rake: '15.6 레이크(Rake) 빌드 도구'를 참조하라.
- rdoc: '19장 루비 문서화'를 참조하라.
- rubygems: '15.5 루비젬 통합'과 '루비젬 사용하기'(287쪽)에서 다룬다.

28.1 루비 1.9의 라이브러리 변경 사항

다음은 루비 1.9의 라이브러리 변경 사항들이다.

- Complex와 Rational 라이브러리의 대부분이 인터프리터에 내장되었다. 단, require를 통해 이 라이브러리들을 로드하면 추가적인 기능을 사용할 수 있다. Rational에서는 이러한 기능이 최소화되었다.
- CMath 라이브러리가 추가되었다.
- Enumerator 라이브러리가 인터프리터에 내장되었다.
- Fiber 라이브러리가 추가되었다(이 라이브러리는 파이버에 코루틴 구현을 더한다).
- DL 대신 Fiddle 라이브러리(공유 라이브러리 함수 호출을 지원하는 libffi에 대한 인터페이스)가 문서화되었다.
- ftools는 삭제되었으며 fileutils로 대체되었다.
- Generator 라이브러리가 삭제되었다. fiber를 사용하라.
- irb를 애플리케이션에서 사용할 때 주의할 점이 추가되었다.
- jcode가 삭제되었으며 내장 인코딩 사용이 권장된다.
- json 라이브러리가 추가되었다.
- matrix 라이브러리를 사용할 때 mathn을 인클루드할 필요가 없어졌다.
- mutex 라이브러리가 내장 라이브러리가 되었다.
- parsedate가 삭제되었다. 대부분의 기능은 Date 클래스에 정의되어 있다.
- readbytes가 삭제되었다. IO 클래스에서 직접 지원한다.
- Ripper의 설명이 추가되었다.
- SecureRandom의 설명이 추가되었다.
- shell 라이브러리는 실제로 사용되기보다 호기심에서 사용되는 라이브러리 이브로 이 레퍼런스에서 제외되었다(더욱이 1.9에서는 제대로 작동하지 않는다).

- soap 라이브러리가 삭제되었다.
- sync 라이브러리가 제외되었다. 이는 1.9에서 작동하지 않으며 monitor 라이브러리가 더 좋다.
- Win32API는 비추천되었으며 DL 라이브러리가 권장된다.

Abbrev   유일한 축약어 생성기

문자열 집합이 주어지면 이 문자열에 대한 모호하지 않은 축약어 목록을 생성해 해시 형태로 반환한다. 이때 키에는 가능한 모든 축약어가 들어가고 값에는 전체 문자열이 들어간다. 예를 들어 'car'와 'cone'이 입력 문자열로 주어지면, 'car'를 가리키는 키는 'ca'와 'car'가 되고, 'cone'을 가리키는 키는 'co', 'con', 'cone'이 된다.

선택 사항으로 패턴이나 문자열을 명시할 수 있는데, 이 경우 입력 문자열 중 패턴에 매칭되거나 특정 문자열로 시작하는 것만 반환되는 해시에 포함한다.

Abbrev 라이브러리를 포함하면 Array 클래스에도 abbrev 메서드가 추가된다.

- 일부 단어의 축약어 세트를 보여준다.

```ruby
require 'abbrev'

Abbrev::abbrev(%w{ruby rune}) # => {"ruby"=>"ruby", "rub"=>"ruby",
                              # .. "rune"=>"rune", "run"=>"rune"}
```

- 축약어를 활용한 간단한 명령어 루프다.

```ruby
require 'abbrev'

COMMANDS = %w{ sample send start status stop }.abbrev

while line = gets
  line = line.chomp

  case COMMANDS[line]
  when "sample" then  # ...
  when "send" then    # ...
  # ...
  else
    STDERR.puts "Unknown command: #{line}"
  end
end
```

라이브러리 **Base64**   Base64 변환 함수

Base64 표현을 이용해 바이너리 데이터를 인코딩/디코딩한다. 이를 이용하면 어떤 이진 데이터도 순수하게 출력 가능한 문자들로 구성된 형태로 변환할 수 있다. 이 인코딩은 RFC 2045와 RFC 4648에 명시되어 있다.[1]

- 문자열을 인코딩하거나 디코딩한다. Base64 문자열에 삽입되는 줄 바꿈에 주의가 필요하다.

```
require 'base64'
str = "Now is the time for all good coders\nto learn Ruby"
converted = Base64.encode64(str)
puts converted
puts Base64.decode64(converted)
```

실행 결과:

```
Tm93IGlzIHRoZSB0aW1lIGZvciBhbGwgZ29vZCBjb2RlcnMKdG8gbGVhcm4g
UnVieQ==
Now is the time for all good coders
to learn Ruby
```

- RFC 4648 인코딩을 사용하는 경우를 보자.

```
require 'base64'
str = "Now is the time for all good coders\nto learn Ruby"
converted = Base64.strict_encode64(str)
puts converted
puts Base64.strict_decode64(converted)
```

실행 결과:

```
Tm93IGlzIHRoZSB0aW1lIGZvciBhbGwgZ29vZCBjb2RlcnMKdG8gbGVhcm4gUnVieQ==
Now is the time for all good coders
to learn Ruby
```

---

1   http://www.faqs.org/rfcs/rfc2045.html, http://www.faqs.org/rfcs/rfc4648.html

라이브러리 Benchmark 실행 시간 측정

코드가 실행되는 시간을 측정하여 결과를 표로 출력한다. Benchmark 모듈은
최상위 수준 환경에서 인클루드하면 편리하게 사용할 수 있다.

Profile(901쪽)도 참조하라.

- 네 종류의 메서드 호출 방법의 수행 시간 비교

```ruby
require 'benchmark'
include Benchmark
string = "Stormy Weather"
m = string.method(:length)
bm(6) do |x|
  x.report("direct") { 100_000.times { string.length } }
  x.report("call")   { 100_000.times { m.call } }
  x.report("send")   { 100_000.times { string.send(:length) } }
  x.report("eval")   { 100_000.times { eval "string.length" } }
end
```

실행 결과:

```
          user     system    total       real
direct 0.010000 0.000000 0.010000 ( 0.005880)
call   0.010000 0.000000 0.010000 ( 0.011924)
send   0.010000 0.000000 0.010000 ( 0.010397)
eval   0.470000 0.030000 0.500000 ( 0.499732)
```

- 사전을 모두 읽은 다음 쪼개는 것이 좋을까, 줄별로 읽어나가는 것이 좋을까?
  시간 측정을 하기 전에 리허설을 위해 bmbm을 이용했다.

```ruby
require 'benchmark'
include Benchmark
bmbm(6) do |x|
  x.report("all") do
    str = File.read("/usr/share/dict/words")
    words = str.scan(/[-\w']+/)
  end
  x.report("lines") do
    words = []
    File.foreach("/usr/share/dict/words") do |line|
      words << line.chomp
    end
  end
end
```

실행 결과:

```
Rehearsal ------------------------------------
all      0.100000    0.010000    0.110000 ( 0.114037)
lines    0.090000    0.010000    0.100000 ( 0.093110)
--------------------------------- total: 0.210000sec

          user      system      total        real
all      0.100000    0.000000    0.100000 ( 0.108761)
lines    0.080000    0.010000    0.090000 ( 0.086453)
```

라이브러리 **BigDecimal** 고정밀도(Large-Precision) 소수

루비의 표준 Bignum 클래스는 매우 큰 수를 지원한다. BigDecimal 클래스는 소수 자리에 매우 큰 숫자가 오는 십진수도 지원한다. 이 표준 라이브러리는 일 반적인 산술 연산을 모두 지원한다. BigDecimal에는 다음과 같은 확장 라이브 러리도 추가되어 있다.

bigdecimal/ludcmp
> 행렬의 LU 분해(decomposition)를 수행한다.

bigdecimal/math
> 초월 함수 sqrt, sin, cos, atan, exp, log를 제공하고 PI와 E를 계산하는 함수 를 제공한다. 모든 함수에서 임의의 정확도를 지정할 수 있다.

bigdecimal/jacobian
> 주어진 함수로 자코비안(Jacobian, 편미분을 계산하는 행렬) 행렬을 구성한 다. BigDecimal에 종속적이지 않다.

bigdecimal/newton
> 뉴튼 메서드를 이용해서 비선형 함수의 해를 구한다. BigDecimal에 종속적 이지 않다.

bigdecimal/nlsolve
> bigdecimal/newton 라이브러리를 BigDecimal로 구성된 수식에도 이용할 수 있도록 감싸준다.

루비 소스 배포판의 ext/bigdecimal/bigdecimal_en.html 파일에서 영어로 된 문서를 찾아볼 수 있다.

- # BigDecimal을 사용해 원의 면적을 계산한다.

```
require 'bigdecimal'
require 'bigdecimal/math'
include BigMath

pi = BigMath::PI(20) # 20 is the number of decimal digits

radius = BigDecimal("2.14159876529746674392")

area = pi * radius**2

area.to_s # => "0.14408354044685604417672003380667956168859984 6410
          # .. 44503258321582475878040554586178090993 0190528E2"
```

- # Float을 사용한 예제

```
radius = 2.14159876529746674392
Math::PI * radius**2 # => 14.408354044685602
```

라이브러리 CGI   **CGI 프로그래밍 지원**

CGI 클래스는 웹 서버에서 CGI(Common Gateway Interface) 스크립트를 사용하는 프로그램 작성을 도와준다. CGI 객체는 환경, HTTP 요청 등에서 받은 데이터를 이용해 초기화되며, 폼 데이터와 쿠키 값을 위한 편리한 접근자들을 제공한다. 또한 다양한 저장 메커니즘을 사용해 세션을 관리할 수 있다. CGI 클래스는 HTML 생성을 위한 간단한 기능을 제공하며, HTML과 요청을 이스케이프하거나 이스케이프된 문자열을 언이스케이프해주기도 한다.

CGI::Session(845쪽)도 참고하라.

- URL과 HTML에 포함된 특수 문자를 이스케이프하거나 풀어준다. 256 미만의 숫자 엔티티에 대해서는 입력 문자열의 인코딩에 기반을 두고 부호화한다. 다른 숫자 엔티티는 변환되지 않는다.

```
require 'cgi'
CGI.escape('c:\My Files')                        # => c%3A%5CMy+Files
CGI.unescape('c%3a%5cMy+Files')                  # => c:\My Files
CGI::escapeHTML('"a"<b & c')                      # => &quot;a&quot;&lt;b &amp; c
CGI.unescapeHTML('&quot;a&quot;&lt;=&gt;b')      # => "a"<=>b
CGI.unescapeHTML('&#65;&#x41;')                   # => AA
str = '2&#x3c0;r'
str.force_encoding("utf-8")
CGI.unescapeHTML(str)                            # => 2πr
```

- 요청으로부터 접근 정보를 가져온다.

```
require 'cgi'
c = CGI.new
c.auth_type   # => "basic"
c.user_agent  # => "Mozscape Explorari V5.6"
```

- 요청으로부터 폼 필드를 가져온다. 다음 스크립트를 http://mydomain.com/test.cgi?fred=10&barney=cat 주소로 접근할 수 있도록 test.cgi를 작성해서 설치했다고 하자.

```
require 'cgi'
c = CGI.new
c['fred']  # => "10"
c.keys     # => ["fred", "barney"]
c.params   # => {"fred"=>["10"], "barney"=>["cat"]}
```

- 폼에 같은 이름을 가진 여러 필드가 있다면, 이에 지정된 값들은 스크립트에 배열으로 반환된다. [] 접근자는 이 중 첫 번째 요소를 반환할 것이다. 전부 가져오려면 params 메서드의 결과를 찾아봐야 한다.

다음 예제에서는 'name'이라는 이름의 필드가 세 개라고 가정한다.

```
require 'cgi'
c = CGI.new
c['name']              # => "fred"
c.params['name']       # => ["fred", "wilma", "barney"]
c.keys                 # => ["name"]
c.params               # => {"name"=>["fred", "wilma", "barney"]}
```

- 브라우저에 응답을 보낸다(일반적으로 이런 식으로 HTML을 생성하지는 않

  는다. '20.3 템플릿 시스템'을 참조하기 바란다).

```
require 'cgi'
cgi = CGI.new("html5")
cgi.http_header("type" => "text/html", "expires" => Time.now + 30)
cgi.out do
  cgi.html do
    cgi.head{ cgi.title{"Hello World!"} } +
    cgi.body do
      cgi.pre do
        CGI::escapeHTML(
          "params: " + cgi.params.inspect + "\n" +
          "cookies: " + cgi.cookies.inspect + "\n")
      end
    end
  end
end
```

- 클라이언트 브라우저에 쿠키를 저장한다.

```
require 'cgi'
cgi = CGI.new("html5")
cookie = CGI::Cookie.new('name' => 'mycookie',
                         'value' => 'chocolate chip',
                         'expires' => Time.now + 3600)

cgi.out('cookie' => cookie) do
  cgi.head + cgi.body { "Cookie stored" }
end
```

- 이전에 저장한 쿠키를 가져온다.

```
require 'cgi'
cgi = CGI.new("html5")
cookie = cgi.cookies['mycookie']

cgi.out('cookie' => cookie) do
  cgi.head + cgi.body { "Flavor: " + cookie[0] }
end
```

라이브러리 CGI::Session　　　　　　　　　　　　　　　　　CGI 세션

CGI::Session은 CGI 환경에서 웹 사용자를 위한 영속적인 상태를 관리한다. 이때 세션은 메모리에 남겨지거나 디스크에 저장된다. 자세한 내용은 '세션'(351쪽)에서 다룬다.

CGI도 참고(843쪽)하라.

sl_cgi_session/session.rb

```ruby
# 마지막 접근 시간과 횟수를 저장
# 세션 객체를 사용

require 'cgi'
require 'cgi/session'

cgi = CGI.new("html3")
sess = CGI::Session.new(cgi,
                        "session_key" => "rubyweb",
                        "prefix" => "web-session.")

if sess['lastaccess']
  msg = "<p>You were last here #{sess['lastaccess']}.</p>"
else
  msg = "<p>Looks like you haven't been here for a while</p>"
end

count = (sess["accesscount"] || 0).to_i
count += 1

msg << "<p>Number of visits: #{count}</p>"

sess["accesscount"] = count
sess["lastaccess"] = Time.now.to_s
sess.close

cgi.out {
  cgi.html {
    cgi.body {
      msg
    }
  }
}
```

라이브러리 **CMath**　　　　　　　　　　　　　　　　　　　복소 초월 함수

루비 1.9부터 Complex 클래스가 내장 라이브러리가 되었다. 이에 따라 복소수를 만들고 다루기 위해 더 이상 complex 라이브러리를 require하지 않아도 된다. 하지만 Math에 정의된 초월 함수를 복소수에도 사용하기 위해서는 cmath 라이브러리를 require해야만 한다. cmath를 require하면 복소수에 대해 acosh, acos, asinh, asin, atan2, atanh, atan, cosh, cos, exp, log10, log, sinh, sin, sqrt, tanh, tan 메서드를 사용할 수 있다.

complex 라이브러리를 require하면 자동으로 이러한 메서드들을 사용할 수 있도록 한다. 단, 'complex'를 require한 경우에는 CMath::sin이 아니라 Math::sin과 같이 사용한다.

```
• require 'cmath'
  point = Complex(2, 3)
  CMath::sin(point) # => (9.15449914691143-4.168906959966565i)
  CMath::cos(point) # => (-4.189625690968807-9.1092278937553337i)
```

라이브러리 **Complex**　　　　　　　　　　　　　　　　　　　　　　복소수

복소수에 대한 초월 함수가 정의된 cmath 라이브러리를 로드한다. Math:: 네임스페이스에 정의된 관련된 메서드들에 복소수를 넘기면 자동으로 복소수를 지원하는 메서드를 호출한다. complex를 require하고 나서부터 적용되며, 그 이후에는 예를 들어 Math::sin 메서드에 복소수를 포함한 숫자를 넘겨줄 수 있다.

• 단, require 이전에 초월 함수에 복소수를 사용하면 기본적으로 에러가 발생한다.

```
point = Complex(2, 3)
Math::sin(point)
```

실행 결과:
```
        from prog.rb:2:in `sin'
        from prog.rb:2:in `<main>'
prog.rb:2:in `to_f': can't convert 2+3i into Float (RangeError)
```

• 하지만 다음과 같이 사용하면 정상으로 작동한다.

```
require 'complex'
point = Complex(2, 3)
Math::sin(point) # => (9.15449914691143-4.168906959966565i)
```

_{라이브러리} Continuation 계속

Continuation 객체는 Kernel#callcc에 의해 생성되며 continuation 라이브러리를 읽어 들였을 때만 사용할 수 있다. 이 객체는 반환 주소와 실행 문맥을 가지고 있기 때문에, 프로그램 내의 어떤 위치에서라도 callcc 블록의 끝으로 되돌아가는 것이 가능하다. Continuation은 C의 setjmp/longjmp의 구조화된 버전이라고 생각할 수도 있다. 하지만 setjmp/longjmp보다 가질 수 있는 상태가 많으므로 스레드에 좀 더 가깝다고 할 수 있을지도 모른다. 다음 예제는 (조금 작위적이지만) 안쪽의 루프에서 일부러 일찍 빠져나간다.

• 조건을 만족하면 반복을 빠져나간다.

```ruby
require 'continuation'
callcc do |cont|
  for i in 0..4
    print "\n#{i}: "
    for j in i*5...(i+1)*5
      cont.call() if j == 7
      printf "%3d", j
    end
  end
end
print "\n"
```

실행 결과:

```
0: 0 1 2 3 4
1: 5 6
```

• 메서드 호출 스택은 continuation 내에 저장된다.

```ruby
require 'continuation'
def strange
  callcc {|continuation| return continuation}
  print "Back in method, "
end
print "Before method. "
continuation = strange()
print "After method. "
continuation.call if continuation
```

실행 결과:

```
Before method. After method. Back in method, After method.
```

라이브러리 **coverage** 실험적 코드 커버리지 분석

coverage 모듈은 하나 이상의 소스 파일에서 루비 코드가 몇 번 실행되었는지 세어 결과를 해시로 반환한다. 해시의 키는 분석한 파일의 이름이 되고 값은 실행된 횟수가 포함된 배열이다(행 기준).

다음은 간단한 Fizz Buzz 프로그램의 구현이다.

sl_coverage/fizzbuzz.rb

```
1.upto(100).with_object('') do |i, x|
  if i % 3 == 0
    x += 'Fizz'
  end
  if i % 5 == 0
    x += 'Buzz'
  end
  if x.empty?
    puts i
  else
    puts x
  end
end
```

다음은 이 프로그램을 로드하고 실행한 다음 coverage 라이브러리를 사용해 실행 횟수를 계산하는 프로그램이다(FizzBuzz 프로그램의 출력은 지면 관계상 생략한다).

```
require 'coverage'
Coverage.start
STDOUT.reopen("/dev/null")
require_relative 'fizzbuzz.rb'
Coverage.result.each do |file_name, counts|
  File.readlines(file_name).each.with_index do |code_line, line_number|
    count = counts[line_number] || "—"
    STDERR.printf "%3s: %s", count, code_line
  end
end
```

실행 결과:

```
  1: 1.upto(100).with_object('') do |i, x|
100:   if i % 3 == 0
 33:     x += 'Fizz'
 —:   end
100:   if i % 5 == 0
 20:     x += 'Buzz'
 —:   end
100:   if x.empty?
 53:     puts i
 —:   else
 47:     puts x
 —:   end
 —: end
```

라이브러리 CSV 쉼표로 구분된 값

쉼표로 구분된 값은 표 형식으로 구성된 정보를 전송하는 데 자주 사용된다(그리고 스프레드시트와 데이터베이스의 정보를 내보내고 가져올 때 사용되는 공용어이기도 하다). 이전 라이브러리는 더 이상 사용되지 않으며, 루비 1.9부터는 제임스 에드워드 그레이 2세(James Edward Gray II)가 만든 FasterCSV 라이브러리를 지원한다. 이는 과거 버전과 몇 가지 부분에서 호환되지 않는다. 특히 CSV.open 메서드는 File.foreach보다는 File.open과 비슷하게 작동하며, 옵션을 각각의 매개 변수로 받지 않고 해시로 받는다.

루비의 CSV 라이브러리는 (각 행을 요소로 가지는) 배열과 (한 줄 안의 각 요소에 대응하는) 문자열을 다룰 수 있다. 어떤 줄에 특정 요소가 없다면 루비에서는 nil로 표현될 것이다.

다음 예제에서 사용할 파일은 다음과 같다.

sl_csv/csvfile

```
12,eggs,2.89,
2,"shirt, blue",21.45,special
1,"""Hello Kitty"" bag",13.99
```

sl_csv/csvfile_hdr

```
Count,Description,Price
12,eggs,2.89,
2,"shirt, blue",21.45,special
1,"""Hello Kitty"" bag",13.99
```

• CSV 데이터를 포함하는 파일을 읽어서 줄 단위로 처리한다.

```
require 'csv'
CSV.foreach("csvfile") do |row|
  qty = row[0].to_i
  price = row[2].to_f
  printf "%20s: $%5.2f %s\n", row[1], qty*price, row[3] || " ---"
end
```

실행 결과:

```
              eggs: $34.68    ---
       shirt, blue: $42.90 special
  "Hello Kitty" bag: $13.99    ---
```

• 제목 줄이 있는 CSV 파일을 처리한다. 숫자로 추정되는 필드는 자동으로 변환된다.

```
require 'csv'
total_cost = 0
CSV.foreach("csvfile_hdr", headers: true, converters: :numeric) do |data|
  total_cost += data["Count"] * data["Price"]
end
puts "Total cost is #{total_cost}"
```

실행 결과:

```
Total cost is 91.57
```

CSV

- CSV 데이터를 열려 있는 스트림(예제에서는 STDOUT)에 기록한다. 쉼표 대신 '|'를 구분자로 사용했다.

```ruby
require 'csv'
CSV(STDOUT, col_sep: "|") do |csv|
  csv << [ 1, "line 1", 27 ]
  csv << [ 2, nil, 123 ]
  csv << [ 3, "|bar|", 32.5]
end
```

실행 결과:
```
1|line 1|27
2||123
3|"|bar|"|32.5
```

- CSV 파일을 2차원 테이블로 접근해 보자.

```ruby
require 'csv'

table = CSV.read("csvfile_hdr",
                 headers: true,
                 header_converters: :symbol)
puts "Row count = #{table.count}"
puts "First row = #{table[0].fields}"
puts "Count of eggs = #{table[0][:count]}"
table << [99, "red balloons", 1.23]
table[:in_stock] = [10, 5, 10, 10]
puts "\nAfter adding a row and a column, the new table is:"
puts table
```

실행 결과:
```
Row count = 3
First row = ["12", "eggs", "2.89", nil]
Count of eggs = 12

After adding a row and a column, the new table is:
count,description,price,,in_stock
12,eggs,2.89,,10
2,"shirt, blue",21.45,special,5
1,"""Hello Kitty"" bag",13.99,10
99,red balloons,1.23,,10
```

라이브러리 Curses

CRT 스크린 처리

제한: 사용하고자 하는 환경에 curses나 ncurses가 설치되어 있어야 한다.

Curses 라이브러리는 C 언어로 된 curses나 ncurses 라이브러리의 얇은 래퍼(wrapper)다. 이 라이브러리는 콘솔이나 터미널 같은 장치에 장치 독립적인 그리기 기능을 제공한다. 객체 지향 방식을 따르기 위해 curses 윈도와 마우스 이벤트는 루비 객체로 표현되었다. 그 외의 표준 curses 호출과 상수들은 Curses 모듈에 간단히 정의되어 있다.

sl_curses/pong_paddle.rb

```ruby
# 간단한 게임인 'pong'의 라켓을 그린다. 위, 아래 화살표 키에 반응하여 움직인다.
require 'curses'
include Curses

class Paddle
  HEIGHT = 4
  PADDLE = " \n" + "|\n"*HEIGHT + " "
  def initialize
    @top = (Curses::lines - HEIGHT)/2
    draw
  end
  def up
    @top -= 1 if @top > 1
  end
  def down
    @top += 1 if (@top + HEIGHT + 1) < lines
  end
  def draw
    setpos(@top-1, 0)
    addstr(PADDLE)
    refresh
  end
end

init_screen
begin
  cbreak
  noecho
  stdscr.keypad(true)
  paddle = Paddle.new
  loop do
    case ch = getch
    when "Q", "q"              then break
    when Key::UP, 'U', 'u'     then paddle.up
    when Key::DOWN, 'D', 'd' then paddle.down
    else
      beep
    end
    paddle.draw
  end
ensure
  close_screen
end
```

Date/DateTime

라이브러리 **Date/DateTime**   날짜와 시간 처리

date 라이브러리에는 Date 클래스와 Datetime 클래스가 구현되어 있으며, 날짜
(시간 부분은 있을 수도 있고, 없을 수도 있다)를 저장하고 가공하고 변환하기
위한 다양한 기능을 제공한다. 이 클래스들은 그레고리안(civil), 서수(ordinal),
ISO, 율리우스력(Julian), 4713 BCE 1월 1일을 시작으로 하는 표준 날짜 등을 표
현하고 가공할 수 있다. DateTime 클래스는 Date를 확장하여 시, 분, 초, 소수초
로 확장하고 표준 시간대에 대한 일부 지원도 포함한다. 이 클래스들은 날짜와
시간 문자열을 분석(parse)하고 형식에 맞추어 출력하는 기능도 제공하고 있다.
이 클래스들은 풍부한 인터페이스를 갖추고 있다. 자세한 내용은 ri 문서를 참조
하기 바란다. lib/date.rb에 있는 소개문도 읽어볼 만하다.

- 다양한 시간 표현법을 사용해 본다.

```
require 'date'
d = Date.new(2000, 3, 31)
[d.year, d.yday, d.wday]       # => [2000, 91, 5]
[d.month, d.mday]              # => [3, 31]
[d.cwyear, d.cweek, d.cwday]   # => [2000, 13, 5]
[d.jd, d.mjd]                  # => [2451635, 51634]
d1 = Date.commercial(2000, 13, 7)
d1.to_s                        # => "2000-04-02"
[d1.cwday, d1.wday]            # => [7, 0]
```

- 크리스마스에 대한 몇 가지 필수적인 정보를 확인해 본다.

```
require 'date'

now = DateTime.now
year = now.year
year += 1 if now.month == 12 && now.day > 25
xmas = DateTime.new(year, 12, 25)

diff = xmas - now

puts "It's #{diff.to_i} days to Christmas"
puts "Christmas #{year} falls on a #{xmas.strftime('%A')}"
```

실행 결과:
```
It's 40 days to Christmas
Christmas 2013 falls on a Wednesday
```

제한: DBM 라이브러리가 설치되어 있는 환경에서만 사용할 수 있다.

DBM 파일은 해시 형태로 간단한 영속적인 데이터 저장 공간을 구현하고 있다. 현재 다양한 DBM 구현이 있는데, 루비 라이브러리에서는 db, dbm(ndbm), gdbm, qdbm 라이브러리 중 하나를 지정해서 사용할 수 있다. DBM 파일에 대한 인터페이스는 DBM의 키와 값이 모두 문자열이라는 것을 제외하면 Hash와 거의 비슷하다. 데이터가 저장될 때 알아서 조용하게 문자열로 변환되는데, 이 때문에 혼란이 야기될 수도 있다. DBM 라이브러리는 낮은 수준의 접근 메서드들에 대한 래퍼다. 더 낮은 수준의 접근을 원한다면 GDBM이나 SDBM 라이브러리를 참조하기 바란다.

gdbm(868쪽)과 sdbm(915쪽)도 참조하라.

간단한 DBM 파일을 생성하고 읽기 전용으로 다시 열어서 데이터 몇 개를 읽는다. date 객체가 문자열 형태로 변환되어 있음에 유의하라.

sl_dbm/dbm1.rb

```
require 'dbm'
require 'date'

DBM.open("data.dbm") do |dbm|
  dbm['name'] = "Walter Wombat"
  dbm['dob']  = Date.new(1997, 12,25)
end

DBM.open("data.dbm", nil, DBM::READER) do |dbm|
  p dbm.keys
  p dbm['dob']
  p dbm['dob'].class
end
```

실행 결과:

```
["name", "dob"]
"1997-12-25"
String
```

라이브러리 **Delegator**   다른 객체로 호출을 위임

객체 위임은 런타임에 (다른 객체의 능력으로 객체를 확장해서) 객체들을 구성하는 방법 중 하나다. 루비 Delegator 클래스는 간단하지만 강력한 위임 방법을 구현하고 있다. 메서드가 호출되면 자동으로 마스터 클래스에서 위임된 클래스나 그들의 조상 클래스로 전달된다. 그리고 또한 런타임에 메서드 호출 하나로 위임 대상을 바꿀 수도 있다.

Forwardable(867쪽)도 참고하라.

• 간단한 예제를 살펴보자. 위임할 클래스가 고정되어 있고, 마스터 클래스를 Delegate 클래스의 하위 클래스로 만든다. 이때 위임될 클래스의 이름을 매개 변수로 넘겨준다. 그리고 마스터 클래스의 initialize 메서드에서 위임될 객체를 상위 클래스에 넘겨준다.

```
require 'delegate'

class Words < DelegateClass(Array)
  def initialize(list = "/usr/share/dict/words")
    words = File.read(list).split
    super(words)
  end
end

words = Words.new
words[9999]        # => "anticontagionist"
words.size         # => 235886
words.grep(/matz/) # => ["matzo", "matzoon", "matzos", "matzoth"]
```

• SimpleDelegator를 사용해서 (변경 가능한) 특정 객체에 위임한다.

```
require 'delegate'

words = File.read("/usr/share/dict/words").split
names = File.read("/usr/share/dict/propernames").split

stats = SimpleDelegator.new(words)
stats.size # => 235886
stats[226] # => "abidingly"
stats.__setobj__(names)
stats.size # => 1308
stats[226] # => "Deirdre"
```

라이브러리 Digest

MD5, RIPEMD-160 SHA1, SHA2 다이제스트

Digest 모듈은 보안 다이제스트 알고리즘을 구현한 다양한 클래스들의 집합이다. 여기서는 MD5, RIPEMD-160, SHA1, SHA2(256, 384, 512비트)를 구현하고 있다. 모든 클래스는 인터페이스가 같다.

- 주어진 문자열에 클래스 메서드인 digest나 hexdigest를 호출하여 이진이나 16진수 다이제스트를 만들 수 있다.
- 또는 객체(초기 문자열을 넘기는 것은 선택적)를 만들어서 이 객체의 해시를 digest나 hexdigest 인스턴스 메서드를 호출해서 구할 수도 있다. 이 경우 update 메서드를 이용해 문자열을 추가할 수도 있고 갱신된 해시 값을 복원할 수도 있다.
- MD5, SHA1 해시를 계산한다.

```ruby
require 'digest/md5'
require 'digest/sha1'

for hash_class in [ Digest::MD5, Digest::SHA1 ]

  puts "Using #{hash_class.name}"

  # 직접 계산
  puts hash_class.hexdigest("hello world")

  # 또는 쌓아놓고 계산
  digest = hash_class.new
  digest << "hello"
  digest << " "
  digest << "world"
  puts digest.hexdigest
  puts digest.base64digest # new in 1.9.2
  puts
end
```

실행 결과:

```
Using Digest::MD5
5eb63bbbe01eeed093cb22bb8f5acdc3
5eb63bbbe01eeed093cb22bb8f5acdc3
XrY7u+Ae7tCTyyK7j1rNww==

Using Digest::SHA1
2aae6c35c94fcfb415dbe95f408b9ce91ee846ed
2aae6c35c94fcfb415dbe95f408b9ce91ee846ed
Kq5sNclPz7QV2+lfQIuc6R7oRu0=
```

라이브러리 **dRuby** 분산 루비 객체(drb)

dRuby는 루비 객체가 네트워크 연결을 따라 분산될 수 있게 해 준다. 클라이언트, 서버라는 용어로 표현되기는 했지만, 최초의 연결이 맺어진 이후의 프로토콜은 사실 대칭적이다. 즉, 클라이언트, 서버 상관없이 어느 쪽에서건 상대편의 메서드를 호출할 수 있다. 일반적으로 객체가 전달되고 반환될 때는 '값에 의한 전달'이 사용된다. 하지만 DRbUndumped 모듈을 포함하면 '참조에 의한 전달'(콜백을 구현할 때 유용하다)을 사용하도록 강제할 수 있다.

Rinda(910쪽)와 XMLRPC(939쪽)도 참고하라.

- 서버 프로그램은 관찰 가능(observable)하다. 카운트 값이 변경되면 등록된 모든 객체(listener)에게 통지한다.

sl_drb/drb_server1.rb
```ruby
require 'drb'
require 'drb/observer'

class Counter
  include DRb::DRbObservable

  def run
    5.times do |count|
      changed
      notify_observers(count)
    end
  end
end

counter = Counter.new
DRb.start_service('druby://localhost:9001', counter)
DRb.thread.join
```

- 클라이언트 프로그램은 서버와 상호 작용한다. 서버의 run 메서드를 호출하기 전에 콜백을 위해 리스너(listener) 객체를 등록한다.

sl_drb/drb_client1.rb
```ruby
require 'drb'

class Listener
  include DRbUndumped

  def update(value)
    puts value
  end
end

DRb.start_service
counter = DRbObject.new(nil, "druby://localhost:9001")

listener = Listener.new
counter.add_observer(listener)
counter.run
```

라이브러리 **English**

전역 심벌을 위한 영어 이름

루비 스크립트에서 English 라이브러리 파일을 포함하면, $_처럼 암호 같은 전역 변수들을 좀 더 알기 쉬운 영어 단어로 사용할 수 있다. 이러한 변수들은 다음 표에 정리되어 있다. 루비 1.9 이전에는 $PROGRAM_NAME이 English 라이브러리에 정의되어 있었다. 하지만 지금은 루비 인터프리터에 정의되어 있다.

\toprule $*	$ARGV	$_	$LAST_READ_LINE
$?	$CHILD_STATUS	$"	$LOADED_FEATURES
$<	$DEFAULT_INPUT	$&	$MATCH
$>	$DEFAULT_OUTPUT	$.	$NR
$!	$ERROR_INFO	$,	$OFS
$@	$ERROR_POSITION	$\	$ORS
$;	$FIELD_SEPARATOR	$,	$OUTPUT_FIELD_SEPARATOR
$;	$FS	$\	$OUTPUT_RECORD_SEPARATOR
$=	$IGNORECASE	$$	$PID
$.	$INPUT_LINE_NUMBER	$'	$POSTMATCH
$/	$INPUT_RECORD_SEPARATOR	$`	$PREMATCH
$~	$LAST_MATCH_INFO	$$	$PROCESS_ID
$+	$LAST_PAREN_MATCH	$/	$RS

다음 예제에서는 English 라이브러리가 지원하는 변수와 그에 대응하는 원래의 변수를 같이 출력한다.

```
require 'English'

$OUTPUT_FIELD_SEPARATOR = ' — '
"waterbuffalo" =~ /buff/
print $., $INPUT_LINE_NUMBER, "\n"
print $', $POSTMATCH, "\n"
print $$, $PID
```

실행 결과:
```
0 — 0 —
alo — alo —
53759 — 53759
```

erb

라이브러리 erb 경량 HTML 템플릿

ERb는 가벼운 템플릿 시스템으로 루비 코드와 일반 텍스트를 함께 사용할 수 있게 해 준다. 이는 HTML 문서를 만드는 데 매우 편리한 방법이지만, 플레인 텍스트를 다루는 환경에도 사용할 수 있다. 다른 템플릿을 사용하는 방법에 대해서는 '20.3 템플릿 시스템'을 참조하라.

ERB는 입력을 일반 텍스트와 프로그램 부분으로 나눈다. 이 파일이 실행되면 나뉜 부분 중 일반 텍스트는 출력하고, 프로그램 부분은 실행하는 루비 프로그램을 만든다. 프로그램 부분은 〈%와 %〉로 둘러싸여 있다. 〈% 다음에 오는 문자에 따라 이 부분을 해석하는 방법이 달라진다.

시퀀스	동작
<% ruby code %>	템플릿을 통해 문서가 생성될 때 주어진 루비 코드를 끼워넣어 실행한다. 이 코드가 무언가를 직접 출력한다면 그 내용도 결과에 포함된다.
<%= ruby expression %>	주어진 루비 표현식을 평가하고, 그 반환값을 생성된 문서에 포함한다.
<%# ... %>	주석(무시됨)
<%% and %%>	각각 <%와 %>로 치환된다.

표 26. ERB의 지시자

다음 코드에서는 루비의 반복문을 사용하기 위해서 〈%…%〉를 사용했으며, 치환한 결과를 출력하기 위해 〈%=…%〉를 사용했다.

```
require 'erb'
input = %{<% high.downto(low) do |n| # set high, low externally %>
  <%= n %> green bottles, hanging on the wall
  <%= n %> green bottles, hanging on the wall
  And if one green bottle should accidentally fall
  There'd be <%= n-1 %> green bottles, hanging on the wall
<% end %>}
high,low = 10, 8
erb = ERB.new(input)
erb.run(binding)
```

실행 결과:

```
10 green bottles, hanging on the wall
  10 green bottles, hanging on the wall
  And if one green bottle should accidentally fall
  There'd be 9 green bottles, hanging on the wall
    . . .
```

ERB.new의 선택적인 두 번째 매개 변수는 표현식이 실행되는 안전 수준을 결정한다. 이 값이 nil이라면 현재 스레드에서 표현식을 계산한다. 그렇지 않으면 새로운 스레드를 만들어 $SAFE 수준의 매개 변수로 설정한다.

ERB.new 메서드의 선택적인 세 번째 매개 변수에서는 입력을 처리하는 몇 가지 방법을 선택할 수 있고 출력에 공백을 추가하는 방법을 지정할 수 있다. 세 번째 매개 변수가 퍼센트 기호(%)를 포함한 문자열이라면, ERB는 퍼센트로 시작하는 줄을 특별하게 처리한다. 하나의 퍼센트로 시작되는 줄은 〈%...%〉로 둘러싸인 걸로 간주된다. 두 개의 퍼센트로 시작하는 줄에서는 출력의 맨 앞에 퍼센트가 붙는다.

```
require 'erb'
str = %{\
% 2.times do |i|
  This is line <%= i %>
%end
%%done}
ERB.new(str, 0, '%').run
```

실행 결과:

```
  This is line 0
  This is line 1
%%done
```

세 번째 매개 변수가 〈〉를 포함하는 문자열이라면 입력에서 ERB 지시어로 시작해서 %〉로 끝나는 줄에서는 줄 바꿈을 출력하지 않는다. trim 매개 변수가 〉〉를 포함하고 입력받은 행이 %〉로 끝나면 줄 바꿈을 출력하지 않는다.

```
require 'erb'
str1 = %{\
* <%= "cat" %>
<%= "dog" %>
}
ERB.new(str1, 0, ">").run
ERB.new(str1, 0, "<>").run
```

실행 결과:

```
* catdog* cat
dog
```

erb 라이브러리에는 헬퍼 모듈인 ERB::Util도 정의되어 있는데, 여기에는 두 개의 메서드가 있다. 바로 html_escape(별칭 h)와 url_encode(별칭 u)다. 각각 CGI 모듈의 eacapeHTML, escape와 동일하다(단, html_escape가 스페이스 문자를 더하기 부호로 인코딩하고, url_encode 메서드는 %20으로 인코딩한다는 차이가 있다).

```
require 'erb'
include ERB::Util
str1 = %{\
h(a) = <%= h(a) %>
u(a) = <%= u(a) %>
}
a = "< a & b >"
ERB.new(str1).run(binding)
```

실행 결과:

```
h(a) = &lt; a &amp; b &gt;
u(a) = %3C%20a%20%26%20b%20%3E
```

루비 배포판에는 erb 명령행 유틸리티도 포함된다. 이 명령어로 입력 파일에 대해 erb 치환을 할 수 있다. 자세한 내용은 erb --help를 실행하면 볼 수 있다.

라이브러리 Etc /etc/passwd 파일의 사용자와 그룹 정보에 접근하기 위한 라이브러리

Etc 모듈은 유닉스 시스템의 passwd와 group을 조회할 수 있는 다양한 메서드 를 제공한다.

제한: 유닉스 계열 시스템, 시그윈(Cygwin)

• 현재 로그인한 사용자에 대한 정보를 얻는다.

```ruby
require 'etc'

name = Etc.getlogin
info = Etc.getpwnam(name)
info.name  # => "dave"
info.uid   # => 501
info.dir   # => "/Users/dave"
info.shell # => "/bin/zsh"

group = Etc.getgrgid(info.gid)
group.name # => "staff"
```

• 이 책을 만드는 데 사용한 시스템의 모든 사용자의 이름을 반환한다.

```ruby
require 'etc'

users = []
Etc.passwd {|passwd| users << passwd.name }
users[1,5].join(", ") # => "_appleevents, _appowner, _appserver, _ard,
                      #  .. _assetcache"
```

• 이 책을 만드는 데 사용한 시스템의 모든 그룹의 ID를 반환한다.

```ruby
require 'etc'

ids = []
Etc.group {|entry| ids << entry.gid }
ids[1,5].join(", ") # => "55, 87, 81, 79, 33"
```

라이브러리 **expect**   IO 객체를 위한 expect 객체

expect 라이브러리는 모든 IO 객체에 expect 메서드를 추가한다. 이는 I/O 스트림에서 특정 문자열이나 패턴이 올 때까지 기다리는 코드를 작성할 수 있게 해준다. expect 메서드는 pty 객체(Pty 라이브러리(904쪽) 참조)나 원격 서버 접속에서 특히 유용하다. 이를 이용해 외부의 대화형 프로세스를 제어할 수 있다.

전역 변수인 $expect_verbose가 true이면 expect 메서드는 I/O 스트림에서 읽은 모든 문자를 STDOUT에 출력한다.

pty도 참조(904쪽)하라.

- 로컬 FTP 서버에 로그인하고 사용자 디렉터리의 이름을 출력한다(net/ftp 라이브러리를 이용하면 같은 일을 더 쉽게 할 수 있다).

```
# 이 코드는 특정 ftp 데몬과 함께 사용해야 할 것이다.

require 'expect'
require 'socket'

$expect_verbose = true

socket = TCPSocket.new('localhost', 'ftp')

socket.expect("ready")
socket.puts("user testuser")
socket.expect("331 User testuser accepted, provide password.")
socket.puts("pass wibble")
socket.expect("logged in.\r\n")
socket.puts("pwd")
puts(socket.gets)
socket.puts "quit"
```

실행 결과:

```
220 127.0.0.1 FTP server (tnftpd 20100324+GSSAPI) ready.
331 User testuser accepted, provide password.
230 User testuser logged in.
257 "/Users/testuser" is the current directory.
```

라이브러리 Fcntl

IO#fcntl 명령어를 위한 심벌 이름

Fcntl 모듈은 시스템에서 사용 가능한 fcntl 상수(fcntl.h에 정의된)들에 대한 심벌 이름을 제공한다. 즉, 호스트 시스템의 fcntl.h에서 F_GETLK 상수가 정의되어 있다면, Fcntl 모듈이 이에 대응되는 Fcntl::F_GETLK 상수를 헤더 파일의 #define에서 정의한 것과 동일한 값으로 제공한다는 것이다.

- 운영체제에 따라 사용할 수 있는 Fcntl 상수들은 다르다. 특정 이름의 상수에 결합된 값도 플랫폼에 따라 다를 수 있다. 다음은 OS X 시스템에 정의된 값이다.

```
require 'fcntl'

Fcntl.constants.sort.each do |name|
  printf "%10s: 0x%06x\n", name, Fcntl.const_get(name)
end
```

실행 결과:

```
FD_CLOEXEC: 0x000001
   F_DUPFD: 0x000000
   F_GETFD: 0x000001
   F_GETFL: 0x000003
   F_GETLK: 0x000007
   F_RDLCK: 0x000001
   F_SETFD: 0x000002
   F_SETFL: 0x000004
   F_SETLK: 0x000008
  F_SETLKW: 0x000009
   F_UNLCK: 0x000002
   F_WRLCK: 0x000003
 O_ACCMODE: 0x000003
   O_CREAT: 0x000200
    O_EXCL: 0x000800
  O_NDELAY: 0x000004
  O_NOCTTY: 0x020000
O_NONBLOCK: 0x000004
  O_RDONLY: 0x000000
    O_RDWR: 0x000002
   O_TRUNC: 0x000400
  O_WRONLY: 0x000001
```

라이브러리 Fiber

파이버를 사용한 코루틴 구현

루비에 내장되어 있는 Fiber 클래스는 제네레이터와 비슷한 기능을 제공한다. 즉 제어하는 프로그램에서 파이버를 생성하거나 재개할 수 있다. Fiber 클래스를 확장해서 완전하고 대칭적인 코루틴을 사용하기 위해서는 fiber 라이브러리를 require해야만 한다. 이를 통해 transfer와 alive? 인스턴스 메서드가 Fiber 객체에 추가되며, Fiber 클래스에 싱글턴 메서드 current가 추가된다.

- 비대칭적 파이버에서 (기존) 파이버를 통해 구현할 수 없는 간결하고 의미 있는 예제를 떠올리기란 쉽지 않다. 다음은 인위적으로 만든 예제다.

```ruby
require 'fiber'

# 큐에서 한 번에 두 개씩 요소를 불러들인다.
# 이때 요소가 부족하면 producer를 호출한다.
consumer = Fiber.new do |producer, queue|
  5.times do
    while queue.size < 2
      queue = producer.transfer(consumer, queue)
    end
    puts "Consume #{queue.shift} and #{queue.shift}"
  end
end

# 한 번에 세 개의 요소를 추가한다.
producer = Fiber.new do |consumer, queue|
  value = 1
  loop do
    puts "Producing more stuff"
    3.times { queue << value; value += 1}
    puts "Queue size is #{queue.size}"
    consumer.transfer queue
  end
end

consumer.transfer(producer, [])
```

실행 결과:

```
Producing more stuff
Queue size is 3
Consume 1 and 2
Producing more stuff
Queue size is 4
Consume 3 and 4
Consume 5 and 6
Producing more stuff
Queue size is 3
Consume 7 and 8
Producing more stuff
Queue size is 4
Consume 9 and 10
```

라이브러리 **Fiddle**   동적 링킹 라이브러리(.dll, .so)

Fiddle 라이브러리는 공유 라이브러리에 대한 인터페이스를 제공하는 libffi의 래퍼다. 윈도 운영 체제에서는 DLL의 함수를 실행하는 인터페이스로 사용된다. 유닉스 운영 체제에서는 공유 라이브러리를 로드한다. 루비에는 메서드 매개 변수나 반환값에 타입이 없기 때문에, 시그니처를 지정해서 메서드에서 기대하는 타입을 정의할 필요가 있다.

- 다음은 공유 라이브러리로 사용하기 위한 간단한 C 프로그램이다.

sl_fiddle/lib.c

```c
#include <stdio.h>
int print_msg(char *text, int number) {
  int count = printf("Text: %s (%d)\n", text, number);
  fflush(stdout);
  return count;
}
```

- 공유 라이브러리의 print_msg에 접근하기 위한 프락시를 만든다. 이 책에서는 공유 라이브러리를 루비 코드와 같은 디렉터리에 두었다. 이 디렉터리는 반드시 동적 객체를 찾을 때 검색 대상에 포함되어야 한다. 이 설정은 DYLD_LIBRARY_PATH 환경 변수를 사용한다.

```ruby
require 'fiddle'
include Fiddle
lib = Fiddle.dlopen("lib.so")
print_msg = Fiddle::Function.new(lib['print_msg'],        # 엔트리 포인트
                                 [TYPE_VOIDP, TYPE_INT],  # 매개 변수 타입
                                 TYPE_INT)                # 반환 타입
msg_size = print_msg.call("Answer", 42)
puts "Just wrote #{msg_size} bytes"
```

실행 결과:

```
Text: Answer (42)
Just wrote 18 bytes
```

라이브러리 **FileUtils** — 파일, 디렉터리 조작

FileUtils는 파일과 디렉터리를 조작하는 메서드를 모아놓은 라이브러리다. 어디 서나 사용될 수 있지만, 특히 설치 스크립트와 레이크 작업을 작성할 때 유용하다.

많은 메서드가 src와 dest를 매개 변수로 넘겨받는다. dest가 디렉터리라면 src는 하나의 파일 이름이거나 파일 이름들이 포함된 배열이어야만 한다. 예를 들어 다음 코드는 a, b, c 파일을 /tmp 디렉터리에 복사한다.

```
cp( %w{ a b c }, "/tmp")
```

대부분의 함수가 옵션 집합을 매개 변수로 넘겨받는다. 이 옵션은 지정하지 않 거나, 하나 이상을 지정할 수 있다.

옵션	의미
:verbose	각 함수의 실행을 추적한다(기본값으로 STDERR에 출력하지만 @fileutils_output 클래스 변숫값을 설정해서 재정의할 수 있다).
:noop	함수의 실제 동작을 하지는 않는다(테스트 스크립트에서 유용).
:force	메서드의 보수적인 기본 행동을 재정의한다(예를 들어 이미 존재하는 파일에 덮어쓰기).
:preserve	src의 atime, mtime, mode 정보를 dest에서도 유지한다(단, setuid, setgid 플래그는 항 상 지워진다).

이식성을 극대화하기 위해서는 윈도에서도 디렉터리 요소를 구분하는 데 /를 사 용하는 것이 좋다.

FileUtils는 세 개의 서브 모듈을 포함하는데, 이는 상위 수준의 메서드들에 대 한 다른 기본 옵션으로 복사본이다. FileUtils::Verbose 모듈은 verbose 옵션을, FileUtils::NoWrite 모듈은 noop를, FileUtils::DryRun은 verbose와 noop를 설정한다.

un도 참조(934쪽)하라.

```
require 'fileutils'
include FileUtils::Verbose
cd("/tmp") do
  cp("/etc/passwd", "tmp_passwd")
  chmod(0666, "tmp_passwd")
  cp_r("/etc/apache2/users/", "apache-users")
  rm("tmp_passwd") # Tidy up
  rm_rf("apache-users")
end
```

실행 결과:

```
cd /tmp
cp /etc/passwd tmp_passwd
chmod 666 tmp_passwd
cp -r /etc/apache2/users/ apache-users
rm tmp_passwd
rm -rf apache-users
cd -
```

라이브러리 **Find**   디렉터리 트리 탐색

Find 모듈은 find 메서드에 매개 변수로 파일 경로 세트가 주어지면 이를 위에서 아래로 탐색하는 기능을 제공한다. 인자가 파일이면 이 이름이 블록에 전달된다. 디렉터리라면 이 이름과 디렉터리 내의 모든 파일 및 하위 디렉터리가 모두 블록에 전달된다. 블록이 주어지지 않으면 Enumerator 객체가 반환된다.

블록 안에서는 prune 메서드를 호출할 수 있다. 이는 현재 파일이나 디렉터리를 건너뛰고 다음 디렉터리에서 루프를 다시 시작하게 해 준다. 현재 파일이 디렉터리라면 그 디렉터리는 재귀적으로 들어가지 않을 것이다. 다음 예제에서는 로컬의 서브버전(Subversion) 캐시 디렉터리 내용을 목록에 포함시키지 않도록 하고 있다.

```ruby
require 'find'
Find.find("/etc/passwd", "code/ducktyping") do |f|
  type = case
         when File.file?(f)      then "File: "
         when File.directory?(f) then "Dir: "
         else "?"
         end
  puts "#{type} #{f}"
  Find.prune if f =~ /.svn/
end
```

실행 결과:

```
File: /etc/passwd
Dir:  code/ducktyping
File: code/ducktyping/addcust.rb
File: code/ducktyping/roman3.rb
File: code/ducktyping/testaddcust1.rb
File: code/ducktyping/testaddcust2.rb
File: code/ducktyping/testaddcust3.rb
```

라이브러리 **Forwardable** 객체 위임

Forwardable은 클래스에서 특정 메서드 호출을 다른 객체로 위임할 수 있도록
해 준다.

Delegator(854쪽)도 참조하라.

• 해시를 이용해 만든 간단한 심벌 테이블이다. 해시의 메서드 중 일부만을 노
출한다.

```ruby
require 'forwardable'

class SymbolTable
  extend Forwardable
  def_delegator(:@hash, :[], :lookup)
  def_delegator(:@hash, :[]=, :add)
  def_delegators(:@hash, :size, :has_key?)
  def initialize
    @hash = Hash.new
  end
end

st = SymbolTable.new
st.add('cat', 'feline animal') # => "feline animal"
st.add('dog', 'canine animal') # => "canine animal"
st.add('cow', 'bovine animal') # => "bovine animal"

st.has_key?('cow')                 # => true
st.lookup('dog')                   # => "canine animal"
```

• 클래스가 SingleForwardable 모듈을 확장하면 각 객체별로 전달을 정의할
수 있다. 이 기능을 사용해야 할 이유를 찾기는 쉽지 않지만, 여기서는 바보
같은 예제를 하나 준비했다.

```ruby
require 'forwardable'

TRICKS = [ "roll over", "play dead" ]

dog = "rover"
dog.extend SingleForwardable
dog.def_delegator(:TRICKS, :each, :can)

dog.can do |trick|
  puts trick
end
```

실행 결과:
```
roll over
play dead
```

라이브러리 GDBM
GDBM 데이터베이스 인터페이스

gdbm 데이터베이스 라이브러리[2]를 위한 인터페이스다. DBM 라이브러리가 좀 더 일반적인 접근 방법을 제공하기는 하지만, gdbm의 모든 기능을 완벽하게 지원하지는 않는다. GDBM 라이브러리는 캐시 크기, 동기화 모드, 재편성, 잠금 같은 gdbm의 모든 기능을 사용할 수 있게 해 준다. 한 번에 하나의 프로세스만을 GDBM 데이터베이스를 쓰기용으로 열 수 있다(잠금이 해제되어 있지 않다면).

DBM(853쪽)과 SDBM(915쪽)도 참고하라.

제한: gdbm 라이브러리가 사용 가능해야 한다.

* 데이터베이스에 어떤 값을 저장하고 다시 읽어온다. open 메서드의 두 번째 매개 변수에는 파일을 어떤 모드로 열 것인지 지정한다. 그다음 매개 변수에는 두 개의 플래그가 올 수 있는데 그중 첫 번째는 데이터베이스가 존재하지 않을 때 생성하는 것이고 두 번째는 모든 쓰기를 디스크에 강제로 동기화하는 것이다. open을 통해 데이터베이스를 생성하는 것은 루비 gdbm의 기본 작동 방식이다.

```
require 'gdbm'

GDBM.open("data.dbm", 0644, GDBM::WRCREAT | GDBM::SYNC) do |dbm|
  dbm['name'] = "Walter Wombat"
  dbm['dob']  = "1969-12-25"
  dbm['uses'] = "Ruby"
end

GDBM.open("data.dbm") do |dbm|
  p dbm.keys
  p dbm['dob']
  dbm.delete('dob')
  p dbm.keys
end
```

* 읽기 전용으로 데이터베이스를 연다. 키를 삭제하려는 시도가 실패했음에 주목하자.

```
require 'gdbm'

GDBM.open("data.dbm", 0, GDBM::READER) do |dbm|
  p dbm.keys
  dbm.delete('name') # !! fails !!
end
```

---

2 http://www.gnu.org/software/gdbm/gdbm.html

라이브러리 GetoptLong
명령행 옵션 분석

GetoptLong은 GNU 스타일의 명령행 옵션 분석(parsing)을 지원한다. 여기서 옵션이란 마이너스 기호(-)에 이어지는 한 문자나, 마이너스 기호 두 개(--)에 이어지는 옵션 이름(긴 옵션)이다. 긴 옵션은 보통 가장 짧으면서 모호하지 않은 축약어를 가질 것이다.

하나의 내부 옵션은 여러 개의 외부 표현을 가진다. 예를 들어 장황한 출력(verbose optput)을 제어하는 옵션으로는 -v, --verbose, --detail 같은 이름이 사용된다. 어떤 옵션에는 설정값이 결합되기도 한다.

각 내부 옵션은 GetoptLong에 배열로 전달되는데, 여기에는 해당 옵션의 외부 표현과 플래그가 포함된다. 여기서 플래그란 GetoptLong이 이 옵션에 연관된 매개 변수를 어떻게 넣을지를 지정한다(NO_ARGUMENT, REQUIRED_ARGUMENT, OPTIONAL_ARGUMENT).

환경 변수 POSIXLY_CORRECT가 설정되어 있다면 명령행에서 모든 옵션은 옵션이 아닌 요소 앞에 와야 한다. 그렇지 않으면 GetoptLong의 기본적인 작동 방식에 따라 옵션이 맨 앞에 위치하도록 명령행의 순서를 바꿀 것이다. 이런 행동은 GetoptLong#ordering= 값을 PERMUTE, REQUIRE_ORDER, RETURN_IN_ORDER 중 하나의 값으로 설정해서 변경할 수 있다. 환경 변수 POSIXLY_CORRECT는 재정의할 수 없다.

OptionParser(893쪽)도 참고하라.

```ruby
# "ruby example.rb --size 10k -v -q a.txt b.doc"와 같이 호출한다
require 'getoptlong'
# 위 주석의 명령어를 코드로 표현
ARGV.clear.push *%w(--size 10k -v -q a.txt b.doc)

# 처리할 옵션을 명시하고
# 옵션 파서를 초기화한다.

opts = GetoptLong.new(
  [ "--size",    "-s",             GetoptLong::REQUIRED_ARGUMENT ],
  [ "--verbose", "-v",             GetoptLong::NO_ARGUMENT ],
  [ "--query",   "-q",             GetoptLong::NO_ARGUMENT ],
  [ "--check",   "--valid", "-c", GetoptLong::NO_ARGUMENT ]
)

# 분석된 옵션들을 처리한다.

opts.each do |opt, arg|
  puts "Option: #{opt}, arg #{arg.inspect}"
end

puts "Remaining args: #{ARGV.join(', ')}"
```

실행 결과:

```
Option: --size, arg "10k"
Option: --verbose, arg ""
Option: --query, arg ""
Remaining args: a.txt, b.doc
```

라이브러리 GServer   범용 TCP 서버

GServer 클래스는 TCP 서버를 만드는 간단한 프레임워크이다. GServer의 하위 클래스를 만들어 생성자에서 포트(그리고 몇 가지 매개 변수)를 지정하고, server 메서드를 구현해서 들어오는 요청을 처리할 수 있다.

GServer는 들어오는 접속을 위해 스레드 풀을 관리한다. 따라서 이 클래스는 여러 개의 스레드를 병렬로 처리할 것이다.

하나의 애플리케이션에서 다른 포트로 여러 개의 GServer 복사본을 실행할 수도 있다.

- 2000번 포트에 접속이 이루어지면 현재 시간을 문자열로 보낸다. 이 프로그램은 세 개의 요청을 처리하고 종료한다.

```ruby
require 'gserver'
class TimeServer < GServer
  def initialize
    super(2000)
    @count = 3
  end
  def serve(client)
    client.puts Time.now
    @count -= 1
    stop if @count.zero?
  end
end
server = TimeServer.new
server.start.join
```

- 2000번 포트에 접속해서 이 서버를 테스트해 볼 수 있다. 테스트를 위해 curl 이나 텔넷을 사용할 수 있다.

```
$ curl -s localhost:2000
2013-11-14 16:32:45 -0600
```

라이브러리 **IO/console** 　　　　　　　　 콘솔에 IO 객체 지원 기능 추가

io/console을 require하면, 터미널과 결합된 I/O 객체에는 다음 메서드들이 추가된다: IO#raw, IO#raw!, IO#getch, IO#echo=, IO#echo?, IO#noecho, IO#winsize, IO#winsize=, IO#iflush, IO#oflush, and IO#ioflush. 또한 IO 클래스에는 IO.console 싱글턴 메서드가 추가된다. 이 메서드는 프로세스가 제어하는 터미널에 연결된 I/O 객체를 반환한다.

- 다음 예제는 입력을 출력하지 않는 암호 프롬프트다.

```ruby
require 'io/console'
password = STDIN.noecho do
  print "Your password: "
  gets
end
```

- 이 터미널의 크기는 얼마인가?

```ruby
require "io/console"
IO.console.winsize # => [25, 122]
```

라이브러리 **IO/nonblock** 　　　　　　　　 블로킹 I/O 켜고 끄기

프로그램에서 io/nonblock을 require하면 I/O 객체에 IO#nonblock, IO#nonblock?, IO#nonblock= 메서드가 추가된다. 첫 번째 메서드는 블록을 넘겨받아 논블로킹 모드에서 주어진 파일 기술자에 대해 블록을 실행한다. 두 번째 메서드는 파일 기술자의 블로킹 상태를 반환하며, 마지막 메서드는 블로킹 상태를 지정한다. 언제 파일에 대해 읽기나 쓰기를 할 수 있을지 알려줘야 할 때 아마 IO.select 메서드에 대해 조사하고 싶어질 것이다.

제한: ioctl(2)의
FIONREAD 기능을
쓸 수 있어야 한다.

라이브러리 **IO/Wait** — 읽기를 기다리는 데이터가 있는지 확인

io/wait를 로드하면 표준 IO 클래스에 IO#nread, IO#ready?, and IO#wait 메서드가 추가된다. 이 메서드들은 IO 객체를 파일이 아닌 스트림으로 열어 데이터를 읽지 않고도 어떤 데이터에 접근 가능한지 확인할 수 있다. 그리고 주어진 바이트 수만큼 접근 가능할 때까지 대기한다.

- 두 프로세스 간에 파이프를 설정하고, 한 번에 10바이트씩 기록한다. 주기적으로 접근 가능한 데이터의 양을 확인할 수 있다.

```
require 'io/wait'

reader, writer = IO.pipe

if (pid = fork)
  writer.close
  8.times do
    sleep 0.03
    if reader.ready?
      len = reader.nread
      puts "#{len} bytes available: #{reader.sysread(len)}"
    else
      puts "No data available"
    end
  end
  Process.waitpid(pid)
else
  reader.close
  5.times do |n|
    sleep 0.04
    writer.write n.to_s * 10
  end
  writer.close
end
```

실행 결과:

```
No data available
10 bytes available: 0000000000
10 bytes available: 1111111111
10 bytes available: 2222222222
No data available
10 bytes available: 3333333333
10 bytes available: 4444444444
No data available
```

라이브러리 **IPAddr**
IP 주소 표현, 처리

IPAddr 클래스는 인터넷 프로토콜(IP) 주소를 저장하고 처리한다. 각 주소는 세 부분으로 구성되는데 이는 주소, 마스크, 주소 패밀리다. 패밀리에는 일반적으로 IPv4를 위한 AF_INET과 IPv6 주소가 온다. 이 클래스는 주소의 일부를 추출하는 메서드, IPv4 호환 주소인지 검사하는 메서드(IPv4에 매핑된 IPv6 주소도 함께) 주소가 특정 서브넷에 부합하는지 검사하는 메서드 등 다양한 기능을 제공한다. 데이터 영역에 단위 테스트를 포함하고 있다는 점도 흥미롭다.

```
require 'ipaddr'

v4 = IPAddr.new('192.168.23.0/24')
v4                      # => #<IPAddr: IPv4:192.168.23.0/ 255.255.255.0>
v4.mask(16)             # => #<IPAddr: IPv4:192.168.0.0/ 255.255.0.0>
v4.reverse              # => "0.23.168.192.in-addr.arpa"
v6 = IPAddr.new('3ffe:505:2::1')
v6                      # => #<IPAddr: IPv6:3ffe:0505:0002:0000:0000:0000:0000:0001/
                        # .. ffff:ffff:ffff:ffff:ffff:ffff:ffff:ffff>
v6.mask(48)             # => #<IPAddr: IPv6:3ffe:0505:0002:0000:0000:0000:0000:0000/
                        # .. ffff:ffff:ffff:0000:0000:0000:0000:0000>

# 'family'의 값은 운영 체제 의존적이다.
# 다음 값은 OS X의 결과다.
v6.family               # => 30

other = IPAddr.new("192.168.23.56")
v4.include?(other) # => true
```

라이브러리 irb

대화형 루비

irb 라이브러리를 얘기하면, 대부분은 커맨드 라인의 irb 명령어를 떠올리지만, 실행 중인 애플리케이션에서 irb 세션을 시작할 수도 있다. 핸들러 안에서 시그널을 받으면 irb를 실행하는 방법이 자주 사용된다.

다음 프로그램은 사용자가 ^C를 누르면 irb를 실행하도록 시그널 핸들러를 설정한다. 사용자는 irb 세션에서 인스턴스 변수 @value의 값을 변경할 수 있다. irb에서 exit를 실행해 빠져나오면 원래의 프로그램에서 새로 대입된 값을 사용할 수 있다.

sl_irb/run_irb.rb

```ruby
require 'irb'

trap "INT" do
  IRB.start
end

count = 0
loop do
  count += 1
  puts count
  puts "Value = #{@value}" if defined? @value
  sleep 1
end
```

다음은 위에서 작성한 프로그램을 사용한 간단한 irb 세션 예제다.

```
$ ruby code/sl_irb/run_irb.rb
1
2
3
^Cruby-1.9.2-p0 > @value = "wibble"
 => "wibble"
ruby-1.9.2-p0 > exit
4
Value = wibble
5
Value = wibble
. . .
```

JSON 포맷 파싱 및 생성

JSON은 키와 값 쌍(루비의 해시에 대응) 및 값의 시퀀스(루비의 배열에 대응)를 사용한, 언어에 의존하지 않는 데이터 교환 포맷이다[3]. JSON은 일반적으로 자바스크립트와 서버 베이스 애플리케이션 간에 데이터를 교환할 때 사용된다. JSON은 범용 객체 마샬링 포맷이 아니다. 자신이 정의한 클래스에 to_json 메서드를 사용할 수는 있지만 이렇게 하면 상호운용성을 잃어버린다.

yaml(940쪽)도 참고하라.

• 데이터 구조를 문자열로 직렬화해서 파일에 쓴다.

```
require 'json'
data = { name: 'dave', address: [ 'tx', 'usa' ], age: 17 }
serialized = data.to_json
serialized  # => {"name":"dave","address":["tx","usa"],"age":17}
File.open("data", "w") {|f| f.puts serialized}
```

• 직렬화된 데이터를 파일에서 읽어서 객체로 재구축한다.

```
require 'json'
serialized = File.read("data")
data = JSON.parse(serialized)
data       # => {"name"=>"dave", "address"=>["tx", "usa"], "age"=>17}
```

• j 메서드와 jj 메서드는 인자를 JSON 포맷으로 변환하고 STDOUT에 출력한다(jj는 prettyprint 형식으로 출력한다). irb에서 편리하게 사용할 수 있다.

```
require 'json'
data = { name: 'dave', address: [ 'tx', 'usa' ], age: 17 }
puts "Regular"
j data
puts "Pretty"
jj data
```

실행 결과:
```
Regular
{"name":"dave","address":["tx","usa"],"age":17}
Pretty
{
  "name": "dave",
  "address": [
    "tx",
    "usa"
  ],
  "age": 17
}
```

---

3 http://www.ietf.org/rfc/rfc4627.txt

라이브러리 Logger

애플리케이션 로깅

파일이나 스트림에 로그 메시지를 출력한다. 시간, 크기 등에 따라 로그 파일을 자동으로 회전하는 기능(로그를 삭제하거나 다음 파일에 기록하는 기능)도 지원한다. 메시지에는 중요도를 설정할 수 있으며, 이 값이 현재 리포팅 수준 이상인 경우에만 로그로 남기는 것도 가능하다.

- 개발 중에는 모든 메시지를 출력하도록 하는 것이 좋다(DEBUG로 설정).

```
require 'logger'
log = Logger.new(STDOUT)
log.level = Logger::DEBUG
log.datetime_format = "%H:%M:%S"
log.info("Application starting")
3.times do |i|
  log.debug("Executing loop, i = #{i}")
  temperature = some_calculation(i) # defined externally
  if temperature > 50
    log.warn("Possible overheat. i = #{i}")
  end
end

log.info("Application terminating")
```

실행 결과:

```
I, [16:32:46#53813]  INFO -- : Application starting
D, [16:32:46#53813] DEBUG -- : Executing loop, i = 0
D, [16:32:46#53813] DEBUG -- : Executing loop, i = 1
D, [16:32:46#53813] DEBUG -- : Executing loop, i = 2
W, [16:32:46#53813]  WARN -- : Possible overheat. i = 2
I, [16:32:46#53813]  INFO -- : Application terminating
```

- 배포할 때는 INFO보다 중요하지 않은 로그는 출력하지 않도록 한다.

```
require 'logger'
log = Logger.new(STDOUT)
log.level = Logger::INFO
log.datetime_format = "%H:%M:%S"

# 위와 동일하다.
```

실행 결과:

```
I, [16:32:46#53815] INFO -- : Application starting
W, [16:32:46#53815] WARN -- : Possible overheat. i = 2
I, [16:32:46#53815] INFO -- : Application terminating
```

- 파일에 로그를 남긴다. 이 파일이 10킬로바이트가 되면 로그를 회전한다. 이 때 다섯 개의 이전 로그 파일만을 보존한다.

```
require 'logger'
log = Logger.new("application.log", 5, 10*1024)

log.info("Application starting")
# ...
```

라이브러리 mathn — 숫자 클래스의 작동 방식 통일

mathn 라이브러리는 루비에서 사용하는 숫자들이 같은 방식으로 작동하도록 만들어 Bignum, Complex, Fixnum, Integer, Rational 각 클래스의 연계를 쉽게 해 준다. 이 라이브러리는 자동으로 complex, rational, matrix, prime 라이브러리를 로드한다.

- 각 타입의 변환은 자연스럽게 이루어진다. 예를 들어 Complex::I의 제곱근은 Complex[-1, 0]이 아니라 -1으로 평가된다.
- 나눗셈의 정밀도가 향상된다. 기존의 나눗셈 연산자(/)는 반올림을 하지 않는 quo로 재정의된다.
- 이와 비슷한 다른 변경 사항은 유리수가 사용 가능할 때는 부동 소수점 대신 유리수를 사용해 계산한다는 점이다. 예를 들어 1을 2로 나누면 0.5가 아니라 유리수 1/2가 된다(또는 integer로 나눈 경우 0이 된다).

Matrix(878쪽), Rational(905쪽), Complex(846쪽), Prime(900쪽)도 참고하라.

- mathn을 사용하지 않을 때

```
require 'matrix'
36/16                  # => 2
Math.sqrt(36/16)       # => 1.4142135623730951

Complex::I * Complex::I  # => (-1+0i)

(36/16)**-2            # => 1/4
(-36/16)**-2           # => 1/9

(36/16)**(1/2)         # => 1
(-36/16)**(1/2)        # => 1

(36/16)**(-1/2)        # => 1/2
(-36/16)**(-1/2)       # => -1/3

Matrix.diagonal(6,7,8)/3 # => Matrix[[2, 0, 0], [0, 2, 0], [0, 0, 2]]
```

- mathn을 사용할 때

```
36/16                  # => 9/4
Math.sqrt(36/16)       # => 3/2

Complex::I * Complex::I  # => -1

(36/16)**-2            # => 16/81
(-36/16)**-2           # => 16/81

(36/16)**(1/2)         # => 3/2
(-36/16)**(1/2)        # => (9.184850993605148e-17+1.5i)

(36/16)**(-1/2)        # => 2/3
(-36/16)**(-1/2)       # => (4.082155997157844e-17-0.6666666666666666i)

Matrix.diagonal(6,7,8)/3 # => Matrix[[2, 0, 0], [0, 7/3, 0], [0, 0, 8/3]]
```

Matrix

라이브러리 Matrix

행렬과 벡터 처리

matrix 라이브러리는 행렬을 나타내는 Matrix와 벡터를 나타내는 Vector 클래스를 정의한다. 이 라이브러리에서는 일반적인 산술뿐 아니라, 행렬에 관련된 함수들(예를 들면 계수, 역행렬, 행렬식)과 몇 가지 생성자 메서드들(영행렬, 단위행렬, 대각행렬, 특이행렬, 벡터 등 특수한 경우)도 지원한다.

루비 1.9부터 행렬의 나눗셈은 내부적으로 quo를 사용하기 때문에 정수 나눗셈의 결과가 유리수를 반환한다. 이전 버전에서는 mathn 라이브러리를 로드해서 이와 같이 동작하도록 할 수 있다.

```
require 'matrix'
m1 = Matrix[ [2, 1], [-1, 1] ]
m1[0,1]                 # => 1
m1.inv                  # => Matrix[[1/3, -1/3], [1/3, 2/3]]
m1 * m1.inv             # => Matrix[[1/1, 0/1], [0/1, 1/1]]
m1.determinant          # => 3
m1.singular?            # => false
v1 = Vector[3, 4]       # => Vector[3, 4]
v1.covector             # => Matrix[[3, 4]]
m1 * v1                 # => Vector[10, 1]
m2 = Matrix[ [1,2,3], [4,5,6], [7,8,9] ]
m2.minor(1, 2, 1, 2)    # => Matrix[[5, 6], [8, 9]]
```

라이브러리 MiniTest

단위 테스트 프레임워크

루비 1.9부터 MiniTest가 루비 표준 유닛 테스트 프레임워크가 되었다. MiniTest 라이브러리는 단위 테스트용 클래스, 목(mock) 객체, RSpec 형식의 테스트 구문의 서브셋이 포함된다.

단위 테스트 프레임워크는 원래의 Test::Unit과 비슷하다. Test::Unit과 같은 기능이 필요하면 MiniTest의 Test::Unit 래퍼를 사용할 수 있다. require "test/unit"을 사용하면 된다.

'13장 단위 테스트'에서 루비 단위 테스트를 다룬다.

라이브러리 Monitor

모니터 기반 동기화

모니터는 상호 배제(mutual-exclusion) 기법이다. 이 개념을 이용하면 여러 개의 스레드가 있을 때 독점적으로 접근할 수 있는 공용 자원을 정의할 수 있다. 또 스레드에서 특정 리소스를 사용할 수 있을 때까지 기다리는 기법도 제공한다.

monitor 라이브러리는 모니터를 사용하는 세 가지 방법을 정의하는데 상속, 믹스인, 특정 객체의 확장을 이용하는 것이다. 여기서는 Monitor 모듈(믹스인) 형태를 다룬다. 상속으로 하는 방식과 믹스인을 사용하는 방식에 큰 차이는 없다. Monitor를 상속받건, MonitorMixin을 포함하건(include) 클래스의 초기화 메서드에서 super를 호출해야만 한다.

Thread(808쪽)도 참고하라.

```ruby
# 이 예제는 파이버(fiber)를 사용해 개선할 수 있다
require 'monitor'
require 'mathn'

numbers = []
numbers.extend(MonitorMixin)
number_added = numbers.new_cond

consumer = Thread.new do          # 출력 스레드
  5.times do
    numbers.synchronize do
      number_added.wait_while { numbers.empty? }
      puts numbers.shift
    end
  end
end

generator = Thread.new do         # 소수 생성 스레드
  primes = Prime.each
  5.times do
    numbers.synchronize do
      numbers << primes.next
      number_added.signal
    end
  end
end

generator.join
consumer.join
```

실행 결과:

```
2
3
5
7
11
```

라이브러리 Mutex_m

뮤텍스 믹스인

mutex_m은 Mutex 클래스의 변종으로 특정 객체에 뮤텍스 기능을 믹스인할 수 있도록 해 준다.

Mutex_m 모듈은 Mutex에 대응되는 메서드를 정의하고 있지만, 메서드 이름 앞에 mu_를 붙여서 구분한다(lock은 mu_lock이 되는 식이다). 그리고 이 이름을 원래 Mutex의 이름에 별칭(alias)으로 지정한다.

Mutex(688쪽), Thread(808쪽)도 참고하라.

```ruby
require 'mutex_m'

class Counter
  include Mutex_m
  attr_reader :count
  def initialize
    @count = 0
    super
  end
  def tick
    lock
    @count += 1
    unlock
  end
end

c = Counter.new

t1 = Thread.new { 100_000.times { c.tick } }
t2 = Thread.new { 100_000.times { c.tick } }

t1.join
t2.join

c.count # => 200000
```

라이브러리 Net::FTP   FTP 클라이언트

net/ftp 라이브러리는 FTP(File Transfer Protocol) 클라이언트를 구현한다. 이 라이브러리는 데이터 전송 명령(getbinaryfile, gettextfile, list, putbinaryfile, puttextfile)들을 비롯해 부가적인 서버 명령어(acct, chdir, delete, mdtm, mkdir, nlst, rename, rmdir, pwd, size, status, system)도 전부 지원하고 있다. 그리고 익명의 사용자나 암호로 인증된 세션 모두 지원한다. 연결은 액티브, 패시브를 지원한다.

open-uri(890쪽)도 참고하라.

```ruby
require 'net/ftp'

ftp = Net::FTP.new('ftp.ruby-lang.org')
ftp.login
ftp.chdir('pub/ruby/doc')
puts ftp.list('*txt')
ftp.getbinaryfile('MD5SUM.txt', 'md5sum.txt', 1024)
ftp.close
puts File.read('md5sum.txt')
```

실행 결과:

```
-rw-rw-r--   1 1027     100         12149 Sep 10 06:02 MD5SUM.txt
-rw-rw-r--   1 1027     100         13565 Sep 10 06:03 SHA1SUM.txt
d529768c828c930c49b3766d13dc1f2c ruby-man-1.4.6-jp.tar.gz
8eed63fec14a719df26247fb8384db5e ruby-man-1.4.6.tar.gz
623b5d889c1f15b8a50fe0b3b8ba4b0f ruby-man-ja-1.6.6-20011225-rd.tar.gz
5f37ef2d67ab1932881cd713989af6bf ruby-man-ja-html-20050214.tar.bz2
e9949b2023a63b6259b02bed4fb13064 ruby-man-ja-html-20050214.tar.gz
. . .
```

라이브러리 Net::HTTP · HTTP 클라이언트

net/http 라이브러리는 HTTP와 HTTPS 프로토콜을 이용해 웹 페이지의 내용과 헤더 정보를 얻어올 수 있는 간단한 클라이언트를 제공한다.

get, post, head 각 메서드는 단일 응답 객체를 반환하며, 그 내용은 응답 객체의 body 메서드로 접근할 수 있다.

OpenSSL(892쪽), open-uri(890쪽), URI(935쪽)도 참고하라.

• 접속해서 페이지를 받아오고 응답 코드, 메시지, 헤더 정보, 본문 중 일부를 출력한다.

```
require 'net/http'

Net::HTTP.start('www.pragprog.com') do |http|
  response = http.get('/categories/new')
  puts "Code = #{response.code}"
  puts "Message = #{response.message}"
  response.each {|key, val| printf "%-14s = %-40.40s\n", key, val }
  p response.body[0, 55]
end
```

실행 결과:

```
Code           = 302
Message        = Found
content-type   = text/html; charset=utf-8
date           = Thu, 14 Nov 2013 22:33:23 GMT
location       = http://pragprog.com/categories/new
server         = nginx/1.2.9
status         = 302 Found
x-request-id   = b9b04851994abd450318f712fe177fdf
x-runtime      = 0.004052
x-ua-compatible = IE=Edge,chrome=1
content-length = 100
connection     = keep-alive
"<html><body>You are being <a href=\"http://pragprog.com/"
```

• 한 페이지를 가져와서 응답 코드, 메시지, 헤더 정보, 본문 중 일부를 출력한다.

```
require 'net/http'

response = Net::HTTP.get_response('www.pragprog.com',
                                  '/categories/new')
puts "Code = #{response.code}"
puts "Message = #{response.message}"
response.each {|key, val| printf "%-14s = %-40.40s\n", key, val }
p response.body[0, 55]
```

실행 결과:

```
Code           = 302
Message        = Found
content-type   = text/html; charset=utf-8
date           = Thu, 14 Nov 2013 22:33:24 GMT
location       = http://pragprog.com/categories/new
server         = nginx/1.2.9
status         = 302 Found
x-request-id   = e0e2bbdb55bb827e91db1af4a309cdea
x-runtime      = 0.004487
```

```
x-ua-compatible = IE=Edge,chrome=1
content-length  = 100
connection      = keep-alive
"<html><body>You are being <a href=\"http://pragprog.com/"
```

- 리다이렉션을 쫓아간다(open-uri 라이브러리가 자동으로 처리한다). 다음 코드는 RDOC 문서에서 가져온 것이다.

```
require 'net/http'
require 'uri'

def fetch(uri_str, limit=10)
  fail 'http redirect too deep' if limit.zero?
  puts "Trying: #{uri_str}"
  response = Net::HTTP.get_response(URI.parse(uri_str))
  case response
  when Net::HTTPSuccess     then response
  when Net::HTTPRedirection then fetch(response['location'], limit-1)
  else response.error!
  end
end

response = fetch('http://www.ruby-lang.org')
p response.body[0, 50]
```

실행 결과:

```
Trying: http://www.ruby-lang.org
Trying: https://www.ruby-lang.org/
"<html>\n  <head>\n    <script type=\"text/javascript\""
```

- 루비에 관한 사이트를 검색하고 글쓴이를 나열한다(Hpricot을 사용하는 편이 더 간단하다).

```
require 'net/http'

uri = URI.parse('http://pragprog.com/search')
response = Net::HTTP.post_form(uri, "q" => "ruby")
puts response.body.scan(%r{<p class="by-line">by (.*?)</p>})[0,3]
```

실행 결과:

```
Caleb Tennis
Maik Schmidt
Bruce Tate
```

라이브러리 Net::IMAP   IMAP 메일 서버에 접근

IMAP(Internet Mail Access Protocol)은 메일 서버에 접근할 수 있도록 해 준다. 이 프로토콜은 일반 로그인, IMAP 로그인, CRAM-MD5 인증 구조 등을 지원한다. 연결이 이루어지면 그 이후에는 스레딩을 지원한다. 따라서 여러 가지 명령어를 동시에 수행할 수 있다.

다음 예제는 라이브러리 소스 파일에 포함된 RDoc 문서를 약간 수정한 것이다.

TMail 젬은 이메일 메시지를 작성, 분석하기 위한 인터페이스를 제공한다.

Net::POP(885쪽)도 참고하라.

- INBOX에서 'dave'에게 보낸 메일을 찾아 발신자와 제목을 출력한다.

```
require 'net/imap'

imap = Net::IMAP.new('my.mailserver.com')
imap.authenticate('LOGIN', 'dave', 'secret')
imap.examine('INBOX')
puts "Message count: #{ imap.responses["EXISTS"]}"
imap.search(["TO", "dave"]).each do |message_id|
  envelope = imap.fetch(message_id, "ENVELOPE")[0].attr["ENVELOPE"]
    puts "#{envelope.from[0].name}: \t#{envelope.subject}"
end
```

- 2008년 4월에 작성된 모든 이메일을 Mail/sent-mail 디렉터리에서 Mail/sent-apr-08로 옮긴다.

```
require 'net/imap'
imap = Net::IMAP.new('my.mailserver.com')
imap.authenticate('LOGIN', 'dave', 'secret')
imap.select('Mail/sent-mail')
if not imap.list('Mail/', 'sent-apr08')
  imap.create('Mail/sent-apr08')
end
imap.search(["BEFORE", "01-May-2008",
             "SINCE", "1-Apr-2008"]).each do |message_id|
  imap.copy(message_id, "Mail/sent-apr08")
  imap.store(message_id, "+FLAGS", [:Deleted])
end
imap.expunge
```

Net::POP

net/pop 라이브러리는 POP(Post Office Protocol) 서버에 접속해서 메일을 가져오고 지우는 간단한 클라이언트를 제공한다.

Net::POP3 클래스는 POP 서버에 접속하는 데 사용된다. 이 클래스는 Net::POPMail 객체들의 리스트를 반환하는데 각각이 서버에 저장된 메시지를 담고 있다. 여기서 반환된 POPMail 객체를 이용해 메시지들을 가져오거나 지울 수 있다.

이 라이브러리는 APOP 클래스도 제공하는데 이 클래스는 암호화된 인증을 처리할 수 있다는 차이점이 있다.

```ruby
require 'net/pop'
pop = Net::POP3.new('server.ruby-stuff.com')
pop.start('joe', 'secret') do |server|
  msg = server.mails[0]

  # 'From:' 헤더 줄을 출력한다.
  from = msg.header.split("\r\n").grep(/^From: /)[0]
  puts from
  puts
  puts "Full message:"
  text = msg.pop
  puts text
end
```

실행 결과:

```
From: dave@facet.ruby-stuff.com (Dave Thomas)

Full message:
Return-Path: <dave@facet.ruby-stuff.com>
Received: from facet.ruby-stuff.com (facet.ruby-stuff.com [10.96.0.122])
        by pragprog.com (8.11.6/8.11.6) with ESMTP id i2PJMW701809
        for <joe@carat.ruby-stuff.com>; Thu, 25 Mar 2008 13:22:32 -0600
Received: by facet.ruby-stuff.com (Postfix, from userid 502)
        id 4AF228B1BD; Thu, 25 Mar 2008 13:22:36 -0600 (CST)
To: joe@carat.ruby-stuff.com
Subject: Try out the new features!
Message-Id: <20080325192236.4AF228B1BD@facet.ruby-stuff.com>
Date: Thu, 25 Mar 2008 13:22:36 -0600 (CST)
From: dave@facet.ruby-stuff.com (Dave Thomas)
Status: RO

Ruby 1.9 has even more new features, both in
the core language and in the supplied libraries.

Try it out!
```

라이브러리 **Net::SMTP** 간단한 SMTP 클라이언트

net/smtp 라이브러리는 SMTP(Simple Mail Transfer Protocol)를 이용해 이메일을 보낼 수 있는 간단한 클라이언트를 제공한다. 하지만 메시지 자체를 만드는 기능에는 도움이 되지 않는다. 이 라이브러리는 이미 만들어진 RFC 822 메시지를 단순히 전달만 하기 때문이다. TMail 젬은 이메일 메시지를 작성, 분석하기 위한 인터페이스를 제공한다.

- 문자열로부터 이메일을 보낸다.

```
require 'net/smtp'

msg = "Subject: Test\n\nNow is the time\n"
Net::SMTP.start('pragprog.com') do |smtp|
  smtp.send_message(msg, 'dave@pragprog.com', ['dave'])
end
```

- SMTP 객체와 어댑터를 이용해서 이메일을 보낸다.

```
require 'net/smtp'

Net::SMTP::start('pragprog.com', 25, "pragprog.com") do |smtp|
  smtp.open_message_stream('dave@pragprog.com',  # from
                          [ 'dave' ]             # to
                        ) do |stream|
    stream.puts "Subject: Test1"
    stream.puts
    stream.puts "And so is this"
  end
end
```

- CRAM-MD5 인증을 요구하는 서버에 접속해 이메일을 보낸다.

```
require 'net/smtp'

msg = "Subject: Test\n\nNow is the time\n"
Net::SMTP.start('pragprog.com', 25, 'pragprog.com',
                'user', 'password', :cram_md5) do |smtp|
  smtp.send_message(msg, 'dave@pragprog.com', ['dave'])
end
```

라이브러리 Net::Telnet

net/telnet 라이브러리는 텔넷 클라이언트를 완벽하게 구현하고 있으며, 텔넷 외의 서비스와도 통신할 수 있는 편리한 메커니즘을 제공한다.

- 로컬 호스트에 접속해서 date 명령을 수행하고 연결을 끊는다.

```
require 'net/telnet'
tn = Net::Telnet.new({})
tn.login "testuser", "wibble"
tn.cmd "date" # => "date\nThu Nov 14 16:32:59 CST 2013\nFasterAir:~
testuser$ "
```

- new, cmd, login, waitfor 메서드에는 선택적으로 블록을 넘길 수 있다. 블록이 결합되면 서버에서 받은 결과가 이 블록에 전달된다. 이를 이용해 실시간 출력이 가능하다. 예를 들면 로그인을 할 때 서버의 응답이 모두 출력될 때까지 기다릴 필요가 없다.

```
require 'net/telnet'
tn = Net::Telnet.new({})         {|str| print str }
tn.login("testuser", "wibble") {|str| print str }
tn.cmd("date")                   {|str| print str }
```

실행 결과:

```
Trying localhost...
Connected to localhost.

Darwin/BSD (FasterAir.local) (ttys018)

login: testuser
Password:
Last login: Thu Nov 14 16:32:59 on ttys018
FasterAir:~ testuser$ date
Thu Nov 14 16:32:59 CST 2013
FasterAir:~ testuser$
```

- WHOIS 서버에 43번 포트로 질의한다.

```
require 'net/telnet'
tn = Net::Telnet.new('Host'      => 'whois.domain.com',
                     'Port'      => '43',
                     'Timeout'   => 5,
                     'Telnetmode' => false)
tn.write("pragprog.com\r\n")
puts tn.sock.grep(/Organ/)
```

실행 결과:

```
Registrant Organization: Pragmatic Programmers, LLC
Admin Organization: Pragmatic Programmers, LLC
Tech Organization: Pragmatic Programmers, LLC
```

라이브러리 NKF   Network Kanji Filter 인터페이스

NKF 모듈은 이치가와 이타루의 NKF 라이브러리(버전 1.7)의 래퍼다. 이 모듈은 스트림의 인코딩이 JIS인지, EUC인지, SJIS인지 추측하는 기능을 제공하며, 다른 인코딩을 변환하는 기능도 제공한다. 루비 1.9부터는 인코딩 기능이 기본적으로 지원되지만, 그래도 인코딩을 추측할 수 있는 기능은 여전히 유용하다.

• 루비 1.9부터 NFK는 내장 인코딩 객체를 사용한다.

```
require 'nkf'
NKF::AUTO # => nil
NKF::JIS  # => #<Encoding:ISO-2022-JP (dummy)>
NKF::EUC  # => #<Encoding:EUC-JP>
NKF::SJIS # => #<Encoding:Shift_JIS>
```

• 문자열의 인코딩을 추측한다(이 예제를 제공해 준 나카다 노부에게 감사한다).

```
require 'nkf'
p NKF.guess("Yukihiro Matsumoto")
p NKF.guess("\e$B$^$D$b$H$f$-$R$m\e(B")
p NKF.guess("\244\336\244\304\244\342\244\310\244\346\244\255\244\322\244\355")
p NKF.guess("\202\334\202\302\202\340\202\306\202\344\202\253\202\320\202\353")
```

실행 결과:
```
#<Encoding:US-ASCII>
#<Encoding:ISO-2022-JP (dummy)>
#<Encoding:EUC-JP>
#<Encoding:Shift_JIS>
```

• NFK.nkf 메서드는 두 개의 매개 변수를 받는다. 첫 번째 매개 변수는 NKF 라이브러리에서 사용하는 옵션을 해시로 넘긴다. 두 번째 매개 변수는 번역해야 할 문자다. 다음 예제는 명령행에서 일본어 문자열을 처리할 수 있다고 가정하고 있다. 다음 루비 명령어 세 개의 끝부분에 있는 일본어는 '마츠모토 유키히로'를 히라가나로 나타낸 것이다.

```
$ ruby -e 'p *ARGV まつもとゆきひろ
"\244\336\244\304\244\342\244\310\244\346\244\255\244\322\244\355"

$ ruby -rnkf -e 'p NKF.nkf(*ARGV)' -- -ES まつもとゆきひろ
"\202\334\202\302\202\340\202\306\202\344\202\253\202\320\202\353"

$ ruby -rnkf -e 'p NKF.nkf(*ARGV)' -- -Ej まつもとゆきひろ
"\e$B$^$D$b$H$f$-$R$m\e(B"
```

라이브러리 Observable

옵저버 패턴

옵저버 패턴 또는 발행/구독(Publish/Subscribe) 패턴은 하나의 객체(소스)가
자신이 변경되었을 때 관심을 나타낸 제3의 객체들에게 이를 알리는 간단한 메
커니즘이다(『Design Patterns』[GHJV95]를 보라). 루비 구현에서는 변경을 알리
는 객체 쪽에서 Observable 모듈을 믹스인해서 관련된 옵저버 객체를 관리하는
메서드를 제공하면 된다. 그리고 옵저버는 통지를 받을 수 있도록 update 메서
드를 구현하고 있어야 한다.

```ruby
require 'observer'
class CheckWaterTemperature # 주기적으로 물 온도를 측정한다.
  include Observable

  def run
    last_temp = nil
    loop do
      temp = Temperature.fetch    # 외부 클래스
      puts "Current temperature: #{temp}"
      if temp != last_temp
        changed                    # 옵저버들에게 알린다.
        notify_observers(Time.now, temp)
        last_temp = temp
      end
    end
  end
end

class Warner
  def initialize(&limit)
    @limit = limit
  end
  def update(time, temp)          # 옵저버의 콜백 메서드
    if @limit.call(temp)
      puts "--- #{time.to_s}: Temperature outside range: #{temp}"
    end
  end
end

checker = CheckWaterTemperature.new
checker.add_observer(Warner.new {|t| t < 80})
checker.add_observer(Warner.new {|t| t > 120})
checker.run
```

실행 결과:

```
Current temperature: 83
Current temperature: 75
--- 2013-11-14 16:33:02 -0600: Temperature outside range: 75
Current temperature: 90
Current temperature: 134
--- 2013-11-14 16:33:02 -0600: Temperature outside range: 134
Current temperature: 134
Current temperature: 112
Current temperature: 79
--- 2013-11-14 16:33:02 -0600: Temperature outside range: 79
```

라이브러리 **open-uri**   FTP, HTTP 리소스를 파일처럼 다룬다

open-uri 라이브러리는 Object#open 메서드를 확장해서 FTP, HTTP URL을 로컬 파일처럼 다룰 수 있게 한다. 이러한 URL을 열게 되면 그 이후에는 편리한 모든 IO 메서드들을 사용해서 로컬 파일처럼 처리할 수 있다. open에 전달되는 URI는 HTTP나 FTP URL을 담은 문자열이거나 URI 객체다(URI 라이브러리(935쪽) 참조). HTTP 리소스를 열 때는 메서드가 자동으로 리다이렉션과 프락시를 처리해 준다. FTP 리소스를 열면 익명 사용자(anonymous)로 로그인한다.

이때 open에서 반환되는 IO 객체는 요청의 메타 정보를 반환하기 위한 메서드들을 지원하도록 확장된다. content_type, charset, content_encoding, last_modified, status, base_uri, meta 메서드들을 지원한다.

URI(935쪽)도 참고하라.

```ruby
require 'open-uri'
require 'pp'

open('https://ruby-lang.org') do |f|
  puts "URI: #{f.base_uri}"
  puts "Content-type: #{f.content_type}, charset: #{f.charset}"
  puts "Encoding: #{f.content_encoding}"
  puts "Last modified: #{f.last_modified}"
  puts "Status: #{f.status.inspect}"
  pp f.meta
  puts "----"
  3.times {|i| puts "#{i}: #{f.gets}" }
end
```

실행 결과:

```
URI: https://www.ruby-lang.org/
Content-type: text/html, charset:
Encoding: []
Last modified: 2013-11-02 05:32:59 -0500
Status: ["200", "OK"]
{"server"=>"nginx/1.2.1",
 "date"=>"Thu, 14 Nov 2013 22:33:12 GMT",
 "content-type"=>"text/html",
 "last-modified"=>"Sat, 02 Nov 2013 10:32:59 GMT",
 "transfer-encoding"=>"chunked",
 "connection"=>"keep-alive"}
----
0: <html>
1:   <head>
2:     <script type="text/javascript">
```

라이브러리 Open3 　　　　　　　　　하위 프로세스 실행과 모든 스트림에 접속

명령을 하위 프로세스에서 실행한다. stdin에 쓰인 데이터는 하위 프로세스에서 읽을 수 있고, 하위 프로세스에서 표준 출력과 표준 에러에 기록한 데이터는 stdout과 stderr 스트림에서 얻을 수 있다. 하위 프로세스는 실제로는 손자(grandchild)이므로 종료되기를 기다리기 위해 Process#waitall 메서드는 사용할 수 없다(그래서 다음 예제에서는 sleep을 사용했다). 또한 애플리케이션의 출력 스트림과 에러 스트림은 대부분의 경우 버퍼링되므로 데이터가 쓰이는 버퍼에 축적되어 읽을 수 없는 경우가 발생할 수 있다.

```ruby
require 'open3'

def read_from(label, stream)
  while line = stream.gets
    puts "#{label}: #{line}"
  end
end

Open3.popen3('bc') do | stdin, stdout, stderr |
  t1 = Thread.new { read_from('STDOUT', stdout) }
  t2 = Thread.new { read_from('STDERR', stderr) }
  stdin.puts "3 * 4"
  stdin.puts "1 / 0"
  stdin.puts "2 ^ 5"
  stdin.close
  t1.join
  t2.join
end
```

실행 결과:
```
STDOUT: 12
STDERR: Runtime error (func=(main), adr=3): Divide by zero
STDOUT: 32
```

라이브러리 OpenSSL

SSL 라이브러리

루비 OpenSSL 확장 기능은 무료로 이용할 수 있는 OpenSSL 라이브러리를 감싼 것이다[4]. 이 라이브러리는 SSL(Secure Sockets Layer) 프로토콜과 TLS(Transport Layer Security) 프로토콜을 지원해서 네트워크 간에 안전한 통신을 가능하게 해 준다. 지원하는 기능은 인증서(certificate) 생성 및 관리, 메시지 서명, 암호화 및 암호 해독 등이다. 또한 https 서버와 안전(secure) FTP에 간편하게 접근할 수 있는 래퍼도 제공한다. 이 라이브러리에 대한 인터페이스는 방대하지만(대략 330개 메서드) 대부분의 루비 사용자는 아마 이 중 일부분만 사용할 것이다.

제한 : OpenSSL
라이브러리가 사용
가능해야 한다.

Net::FTP(881쪽), Net::HTTP(882쪽), Socket(920쪽)도 참고하라.

* HTTPS를 이용해 안전하게 웹에 접속한다. 이 사이트를 위한 터널로 SSL을 사용하고 있지만, 이 페이지에서 HTTP 베이직 인증(Basic Authentication)도 함께 요청하고 있음에 주의하자.

```ruby
require 'net/https'

USER = "xxx"
PW   = "yyy"

site = Net::HTTP.new("www.securestuff.com", 443)
site.use_ssl = true
response = site.get2("/cgi-bin/cokerecipe.cgi",
                     'Authorization' => 'Basic ' +
                     ["#{USER}:#{PW}"].pack('m').strip)
```

* SSL을 이용해 소켓을 만든다. 다음은 웹 사이트에 접근하는 좋은 예제는 아니다. 하지만 소켓이 어떻게 암호화되는지는 알 수 있다.

```ruby
require 'socket'
require 'openssl'

socket = TCPSocket.new("www.secure-stuff.com", 443)

ssl_context = OpenSSL::SSL::SSLContext.ncw()

unless ssl_context.verify_mode
  warn "warning: peer certificate won't be verified this session."
  ssl_context.verify_mode = OpenSSL::SSL::VERIFY_NONE
end
sslsocket = OpenSSL::SSL::SSLSocket.new(socket, ssl_context)
sslsocket.sync_close = true
sslsocket.connect

sslsocket.puts("GET /secret-info.shtml")
while line = sslsocket.gets
  p line
end
```

---

4 http://www.openssl.org

라이브러리 **OptionParser** 옵션 파싱

OptionParser는 명령행 인자를 분석하는 유연하고 확장 가능한 방법이다. 여기서는 특히 옵션 개념을 풍부하게 추상화하고 있다.

- 하나의 옵션은 여러 개의 짧은 이름(-에 이어지는 옵션)과 여러 개의 긴 이름(--에 이어지는 옵션)을 가질 수 있다. 예를 들어 도움말을 표시하는 옵션은 -h, -?, --help, --about이 사용될 수 있다. 긴 이름은 다른 옵션과 중복되지 않는 한 짧게 줄여서 사용할 수 있다.
- 옵션에는 인자가 없는 형식, 인자를 생략 가능한 형식, 인자가 반드시 필요한 형식이 있다. 인자는 패턴이나 유횻값 리스트와 비교해서 검증된다.
- 인자는 (문자열뿐 아니라) 어떤 타입의 객체라도 반환될 수 있다. 인자의 타입 시스템은 확장 가능하다(예제에서는 Date를 사용한다).
- 인자는 한 줄 이상의 설명을 붙일 수 있다. 이 설명은 도움말(usage)을 출력할 때 사용된다.

옵션은 on과 def 메서드를 통해 지정할 수 있다. 이러한 메서드는 가변 길이의 인자를 받으며 이를 누적하며 각 옵션의 정의를 만들어나간다. 이 메서드들에 지정 가능한 인자는 다음과 같다.

"-x" "-xARG" "-x=ARG" "-x[OPT]" "-x[=OPT]" "-x PLACE"

옵션은 x라는 짧은 이름을 가진다. 첫 번째 형식은 인자가 없는 형식이고, 두 번째 형식은 인자가 반드시 필요하다. 이어지는 두 가지 형식에서는 인자가 생략 가능하며, 마지막 형식은 옵션 다음에 인자를 지정한다. 짧은 이름은 -[a-c]와 같이 범위로 지정할 수도 있다.

"--switch" "--switch=ARG" "--switch=[OPT]" "--switch PLACE"

옵션은 switch라는 긴 이름을 가진다. 첫 번째 형식은 인자가 없는 형식이고, 두 번째 형식은 인자가 반드시 필요하다. 이어지는 형식에서는 인자가 생략 가능하며, 마지막 형식은 스위치에 이어지는 인자를 지정한다.

"--no-switch"

기본값이 false인 옵션을 정의한다.

"=ARG" "=[OPT]"

이 옵션의 인자는 필수적이거나 생략 가능하다. 예를 들어 다음 코드는 -x, -y, -z 세 개의 별칭을 가지고 있으며, 필수적으로 인자를 받는다. 도움말에서 이 인자는 N으로 표기된다.

```
opt.on("-x", "-y", "-z", "=N")
```

"description"

-또는 =이 아닌 문자로 시작하는 문자열은 해당하는 옵션의 간단한 설명으로 사용된다. 설명이 여러 개 주어질 수도 있으며, 이는 다음 줄에 보이게 된다.

/pattern/

모든 인자는 주어진 패턴에 매치되어야 한다.

array

인자는 array 내의 특정 요소와 같아야만 한다.

proc 또는 메서드

지정된 proc이나 메서드는 인자의 형 변환을 실행한다(on이나 def에 결합된 블록은 사용되지 않는다).

ClassName

인자 클래스는 ClassName으로 지정된 클래스와 일치해야만 한다. 이 클래스는 OptionParser.accept를 사용해 미리 정의되거나 추가된다. 내장 인자 클래스들은 다음과 같다.

- Object: 모든 문자열. 변환 없음. 기본값이다.
- String: 비어 있지 않은 모든 문자열. 변환 없음.
- Integer: 선택적으로 부호를 포함하는 루비/C 유형의 숫자(0ddd는 8진수, 0bddd는 2진수, 0xddd는 16진수). Integer로 변환한다.
- Float: 부동소수점 숫자. Float로 변환한다.
- Numeric: 일반적인 숫자 형태. 정수는 Integer로 변환되고 부동소수점은 Float로 변환한다.
- Array: 인자는 쉼표로 구분된 문자열 목록이어야 한다.
- OptionParser::DecimalInteger: 10진 정수. Integer로 변환한다.
- OptionParser::OctalInteger: 루비/C 유형의 8진수/16진수/2진수.
- OptionParser::DecimalNumeric: 10진수 정수 또는 부동소수점 숫자. 정수는 Integer로, 부동소수점은 Float로 변환된다.
- TrueClass, FalseClass: 참 거짓 스위치

GetoptLong(869쪽)도 참고하라.

```
require 'optparse'
require 'date'

# 새로운 옵션 타입으로 날짜를 추가한다.
OptionParser.accept(Date, /(\d+)-(\d+)-(\d+)/) do |d, mon, day, year|
  Date.new(year.to_i, mon.to_i, day.to_i)
end
```

```
opts = OptionParser.new
opts.on("-x")                           {|val| puts "-x seen" }
opts.on("-s", "--size VAL", Integer) {|val| puts "-s #{val}" }
opts.on("-a", "--at DATE", Date)      {|val| puts "-a #{val}" }

my_argv = [ "--size", "1234", "-x", "-a", "12-25-2008", "fred", "wilma" ]

rest = opts.parse(*my_argv)
puts "Remainder = #{rest.join(', ')}"
puts opts.to_s
```

실행 결과:

```
-s 1234
-x seen
-a 2008-12-25
Remainder = fred, wilma
Usage: prog [options]
    -x
    -s, --size VAL
    -a, --at DATE
```

라이브러리 OpenStruct

열린(동적인) 구조체

열린 구조체(open structure)는 객체의 속성이 처음 대입될 때 동적으로 생성되는 객체를 정의하는 클래스다. 다시 말해 obj가 OpenStruct의 인스턴스라면 obj.abc=1 표현식은 obj에 abc라는 속성을 만들고, 이 속성에 1이라는 값을 대입한다.

```
require 'ostruct'

os = OpenStruct.new( "f1" => "one", :f2 => "two" )
os.f3 = "cat"
os.f4 = 99
os.f1      # => "one"
os.f2      # => "two"
os.f3      # => "cat"
os.f4      # => 99
```

OpenStruct는 호출을 가로채기 위해 method_missing을 사용한다. 이는 Object 클래스에 정의된 메서드는 method_missing을 통해 호출할 수 없기 때문에 잠재적으로 문제가 될 수 있다(이때는 단순히 Object에 정의된 메서드가 호출된다). 실질적으로 이는 큰 문제가 되지는 않는다. 일반적으로 게터(getter)를 호출하기 전에 세터(setter)를 호출하기 때문이다. 세터 메서드를 호출할 때 ostruct는 게터와 세터 메서드를 정의하고 이를 Object에 오버라이드할 것이다. 다음에 일반적인 예제가 있다. ice.freeze= 메서드를 먼저 호출하기 때문에 freeze=와 freeze 메서드는 ostruct에서 동적으로 생성되며 게터는 예상대로 동작할 것이다.

```
require 'ostruct'

ice = OpenStruct.new
ice.freeze = "yes"
ice.freeze # => #<OpenStruct freeze="yes">
```

하지만 세터를 먼저 호출하지 않으면 freeze 게터는 method_missing을 호출하지 않는다. 이때는 Object 클래스의 freeze 메서드를 호출한다.

```
require 'ostruct'

ice = OpenStruct.new
p ice.freeze
ice.freeze = "yes"
```

실행 결과:
```
#<OpenStruct>
prog.rb:5:in `<main>': can't modify frozen OpenStruct (TypeError)
```

라이브러리 **Pathname** 파일 경로를 표현

Pathname은 파일의 절대 경로나 상대 경로를 표현한다. 이 라이브러리는 두 가지 서로 다른 사용법이 있다. 첫째는 파일 경로 조작(부분 추출하기, 새로운 경로 만들기 등)이다. 두 번째는 다소 복잡한데 Dir 클래스, File 클래스, FileTest 모듈의 퍼사드(façade) 역할을 하는 것이다. 즉, Pathname 객체의 파일에 대한 호출을 이 클래스들에 전달한다.

File(588쪽)도 참고하라.

• 경로 다루기

```ruby
require 'pathname'

p1 = Pathname.new("/usr/bin")
p2 = Pathname.new("ruby")
p3 = p1 + p2
p4 = p2 + p1
p3.parent            # => #<Pathname:/usr/bin>
p3.parent.parent     # => #<Pathname:/usr>
p1.absolute?         # => true
p2.absolute?         # => false
p3.split             # => [#<Pathname:/usr/bin>, #<Pathname:ruby>]

p5 = Pathname.new("testdir")
puts p5.realpath
puts p5.children
```

실행 결과:
```
/Users/dave/BS2/published/ruby4/Book/testdir
testdir/config.h
testdir/main.rb
```

• 파일, 디렉터리 상태 요청 프락시로 사용되는 Pathname

```ruby
require 'pathname'

p1 = Pathname.new("/usr/bin/ruby")
p1.file?                  # => true
p1.directory?             # => false
p1.executable?            # => true
p1.size                   # => 34832

p2 = Pathname.new("testfile") # => #<Pathname:testfile>

p2.read                   # => "This is line one\nThis is line two\nThis is
                          # .. line three\nAnd so on...\n"

p2.readlines              # => ["This is line one\n", "This is line two\n",
                          # .. "This is line three\n", "And so on...\n"]
```

라이브러리 PP — Pretty-print 객체

PP는 PrettyPrint 라이브러리를 이용해서 루비 객체 내부 정보를 포매팅한다. 이 라이브러리는 클래스를 선언할 뿐 아니라 전역 함수 pp도 정의하고 있다. 이 함수는 이미 존재하는 p 메서드와 유사하지만, 그 결과를 포매팅해 준다는 점에서 차이가 있다.

PP는 모든 루비 객체를 출력하기 위한 기본 레이아웃을 가지고 있다. 하지만 특정 클래스에서 PP 객체를 매개 변수로 받는 pretty_print 메서드를 재정의해 주면 이 방식을 바꿀 수 있다. 이 메서드에서는 결과를 포매팅하기 위해 PP 객체의 메서드인 text, breakable, nest, group, pp를 사용해야 한다(자세한 내용은 PrettyPrint 참조).

JSON(875쪽), PrettyPrint(899쪽), YAML(940쪽)도 참고하라.

- 'p'와 'pp' 비교

```
require 'pp'

Customer = Struct.new(:name, :sex, :dob, :country)
cust = Customer.new("Walter Wall", "Male", "12/25/1960", "Niue")

puts "Regular print"
p cust

puts "\nPretty print"
pp cust
```

실행 결과:
```
Regular print
#<struct Customer name="Walter Wall", sex="Male", dob="12/25/1960",
country="Niue">

Pretty print
#<struct Customer
 name="Walter Wall",
 sex="Male",
 dob="12/25/1960",
 country="Niue">
```

- PP 메서드가 이미 출력된 객체는 출력하지 않도록 할 수도 있다.

```
require 'pp'

a = "string"
b = [ a ]
c = [ b, b ]
PP.sharing_detection = false
pp c

PP.sharing_detection = true
pp c
```

실행 결과:
```
[["string"], ["string"]]
[["string"], [...]]
```

라이브러리 **PrettyPrint** 일반적인 Pretty Printer

PrettyPrint는 구조화된 텍스트를 위한 pretty printer를 구현한다. 이 라이브러리에서는 워드랩, 그룹, 들여쓰기 등의 상세한 내용을 다룬다. PP 라이브러리는 루비 객체를 한층 알기 쉽게 덤프하기 위해 PrettyPrint를 사용한다.

PP(898쪽)도 참고하라.

다음 프로그램은 루비 클래스 차트를 표시한다. 부모 클래스 다음에 자식 클래스들을 대괄호로 묶어서 출력하는 식이다. 공간 절약을 위해 트리에서 Numeric 브랜치에 있는 클래스만 표시했다.

```ruby
require 'prettyprint'

@children = Hash.new { |h,k| h[k] = Array.new }
ObjectSpace.each_object(Class) do |cls|
  @children[cls.superclass] << cls if cls <= Numeric
end
def print_children_of(printer, cls)
  printer.text(cls.name)
  kids = @children[cls].sort_by(&:name)
  unless kids.empty?
    printer.group(0, " [", "]") do
      printer.nest(3) do
        printer.breakable
        kids.each_with_index do |k, i|
          printer.breakable unless i.zero?
          print_children_of(printer, k)
        end
      end
      printer.breakable
    end
  end
end
printer = PrettyPrint.new(STDOUT, 30)
print_children_of(printer, Object)
printer.flush
```

실행 결과:

```
Object [
  Numeric [
    Complex
    Float
    Integer [
      Bignum
      Fixnum
    ]
    Rational
  ]
]
```

라이브러리 prime 소수

소수 생성 기능과 소인수분해 기능을 제공한다. Prime 클래스는 싱글턴 클래스다.

mathn(877쪽)도 참고하라.

- prime 라이브러리는 새로운 기능을 인클루드하듯이 숫자 클래스를 확장하고, 새로운 클래스 Prime을 추가한다.

```
require 'prime'
# 60 = 2**2 * 3 * 5
60.prime?          # => false
60.prime_division  # => [[2, 2], [3, 1], [5, 1]]
```

- 이를 소수 수열을 생성하는 데도 사용할 수 있다.

```
require 'prime'
Prime.each {|p| break if p > 20; print p, " " }
```

실행 결과:

2 3 5 7 11 13 17 19

- 블록이 주어지지 않으면 Prime.each는 열거자를 반환하기 때문에 앞선 예제를 더 간결하게 작성할 수도 있다.

```
require 'prime'
puts Prime.each.take_while {|p| p <= 20 }.join(" ")
```

실행 결과:

2 3 5 7 11 13 17 19

라이브러리 Profile

profile 라이브러리는 Profiler 모듈에 대한 간단한 래퍼로서, 전체 프로그램 실행에 대한 프로파일링을 쉽게 해 준다. 이런 프로파일링은 명령행에서 -r profile 옵션을 주거나 소스 코드에서 profile 모듈을 require해주기만 하면 된다.

　루비 1.8과 달리 루비 1.9에서는 Fixnum#===이나 Fixnum#+ 등의 기본적인 메서드에 대한 프로파일링은 실행하지 않는다. 이를 통해 성능 향상을 도모한다.

　Benchmark(841쪽), Profiler__(902쪽)도 참고하라.

```
require 'profile'
def ackerman(m, n)
  if m == 0 then n+1
  elsif n == 0 and m > 0 then ackerman(m-1, 1)
  else ackerman(m-1, ackerman(m, n-1))
  end
end
ackerman(3, 3)
```

실행 결과:

```
  %   cumulative   self              self     total
 time   seconds   seconds  calls  ms/call  ms/call  name
100.00    0.01      0.01    2432    0.00     0.13   Object#ackerman
  0.00    0.01      0.00       1    0.00     0.00   TracePoint#enable
  0.00    0.01      0.00       1    0.00     0.00   Module#method_added
  0.00    0.01      0.00       1    0.00     0.00   TracePoint#disable
  0.00    0.01      0.00       1    0.00    10.00   #toplevel
```

Profiler__ 모듈은 루비 프로그램의 메서드에 대한 호출 횟수, 소요 시간 등의 요약 정보를 수집하기 위해 사용된다. 결과는 메서드별로 총 실행 시간 순으로 정렬된다. profile 라이브러리는 전체 프로그램을 프로파일하는 데 편리한 래퍼다.

Benchmark(841쪽), profile(901쪽)도 참고하라.

```
require 'profiler'
# 연결하는 메서드와 가져오는 메서드 선언은 제외한다.
def calc_discount(qty, price)
  case qty
  when 0..10 then 0.0
  when 11..99 then price * 0.05
  else price * 0.1
  end
end

def calc_sales_totals(rows)
  total_qty = total_price = total_disc = 0
  rows.each do |row|
    total_qty   += row.qty
    total_price += row.price
    total_disc  += calc_discount(row.qty, row.price)
  end
end

connect_to_database
rows = read_sales_data

Profiler__::start_profile
calc_sales_totals(rows)
Profiler__::stop_profile
Profiler__::print_profile(STDOUT)
```

실행 결과:

```
  %   cumulative   self              self     total
 time   seconds   seconds  calls  ms/call  ms/call  name
50.00     0.01      0.01     325    0.03     0.12  Object#calc_sales_totals
50.00     0.02      0.01     648    0.02     0.02  Range#include?
 0.00     0.02      0.00       1    0.00     0.00  TracePoint#enable
 0.00     0.02      0.00     648    0.00     0.00  SalesData#price
 0.00     0.02      0.00     648    0.00     0.00  Fixnum#<=>
 0.00     0.02      0.00     648    0.00     0.00  Float#<=>
 0.00     0.02      0.00       3    0.00     0.00  Fixnum#+
 0.00     0.02      0.00     648    0.00     0.02  Range#===
 0.00     0.02      0.00     324    0.00     0.03  Object#calc_discount
 0.00     0.02      0.00     648    0.00     0.00  SalesData#qty
 0.00     0.02      0.00       1    0.00    20.00  Array#each
 0.00     0.02      0.00       1    0.00     0.00  TracePoint#disable
 0.00     0.02      0.00       1    0.00    20.00  #toplevel
```

PStore 클래스는 루비 객체를 위한 트랜잭션을 지원하는 파일 기반 영속 저장소다. PStore 각각은 여래 개의 객체 계층을 저장할 수 있다. 각 계층은 특정 키(보통 문자열)로 구분되는 루트를 갖는다. PStore 트랜잭션을 시작할 때는 이 계층을 디스크 파일에서 읽어 와서 루비 프로그램에서 사용할 수 있도록 한다. 그리고 트랜잭션을 마칠 때는 계층을 다시 파일에 쓴다. 이 계층에 있는 객체에 대한 변경 사항은 모두 디스크에 저장되므로, 이 파일을 이용하는 다음 트랜잭션에서 이를 다시 읽어 들일 수 있다.

보통 PStore 객체는 생성되고 한 차례 이상 트랜잭션을 제어하기 위해 사용된다. 트랜잭션 본문에서는 이전에 저장해 놓은 모든 객체 계층을 다시 사용할 수 있고, 객체 계층에 대한 변경 사항과 새로운 객체 계층은 트랜잭션이 끝날 때 모두 다시 파일로 저장된다.

다음 예제는 PStore에 두 개의 객체 계층을 저장한다. 'names'라는 키를 갖는 첫 번째는 문자열 배열이다. 'tree'라는 키를 갖는 두 번째는 간단한 이진 트리다.

```ruby
require 'pstore'
require 'pp'
class T
  def initialize(val, left=nil, right=nil)
    @val, @left, @right = val, left, right
  end
  def to_a
    [ @val, @left.to_a, @right.to_a ]
  end
end

def T(*args)
  T.new(*args)
end

store = PStore.new("/tmp/store")
store.transaction do
  store['names'] = [ 'Douglas', 'Barenberg', 'Meyer' ]
  store['tree'] = T('top',
                    T('A', T('B')),
                    T('C', T('D', nil, T('E'))))
end

# 다시 읽어온다.
store.transaction do
  puts "Roots: #{store.roots.join(', ')}"
  puts store['names'].join(', ')
  pp store['tree'].to_a
end
```

실행 결과:

```
Roots: names, tree
Douglas, Barenberg, Meyer
["top",
 ["A", ["B", [], []], []],
 ["C", ["D", [], ["E", [], []]], []]]
```

라이브러리 **PTY**	모의 터미널 인터페이스: 외부 프로세스와 상호 작용

많은 유닉스 플랫폼에서 모의 터미널(pesudo-terminal) 기능을 제공한다. 이는 디바이스 쌍인데 한쪽 끝에서는 전통적인 터미널에서 동작하는 프로세스를 에뮬레이트하고, 다른 한쪽에서는 마치 사용자가 화면을 보고 키보드를 치는 것처럼 터미널을 읽고 쓸 수 있다.

제한: pty를 지원하는 유닉스 시스템에서만 사용할 수 있다.

PTY 라이브러리는 주어진 명령을 시작하고(기본값으로는 셸), 그것을 모의 터미널의 한쪽 끝에 연결하는 spawn 메서드를 제공한다. 이 메서드는 터미널에 연결된 스트림에 대한 읽기, 쓰기 객체를 제공하므로 프로그램에서 실행 중인 프로세스와 상호 작용할 수 있다.

모의 터미널을 다루는 일은 쉽지 않다. 더 쉬운 방법은 IO#expect(861쪽)를 참조하기 바란다. 하위 프로세스를 제어하는 더 간편한 방법을 원한다면 아라 하워드(Ara T. Howard)의 Session 모듈을 찾아보면 도움이 될 것이다.[5]

expect(861쪽)도 참고하라.

irb를 하위 셸로 실행하고 문자열 'cat'을 대문자로 바꾸도록 요청한다.

```ruby
require 'pty'
require 'expect'

$expect_verbose = true

PTY.spawn("irb") do |reader, writer, pid|
  reader.expect(/> /)
  writer.puts "'cat'.upcase"
  reader.expect("=> ")
  answer = reader.gets
  puts "Answer = #{answer}"
end
```

실행 결과:

```
2.0.0p195 :001 > 'cat'.upcase
 => Answer = "CAT"
```

---

5 http://www.codeforpeople.com/lib/ruby/session/

라이브러리 Rational   유리수

Rational은 이제 루비에 내장되었다. Rational 라이브러리는 하위 호환성을 유지하기 위해 별칭으로만 정의되어 있다. Fixnum 클래스와 Bignum 클래스에는 다음과 같은 상수가 정의되어 있다.

부동소수점의 나눗셈

quof는 fdiv의 별칭이다.

유리수의 나눗셈

rdiv는 quo의 별칭이다.

거듭제곱

power!와 rpower는 ** 연산자의 별칭이다.

Readline

라이브러리 **Readline**   GNU Readline 라이브러리에 대한 인터페이스

Readline 모듈은 프로그램에서 사용자 입력을 줄 단위로 받을 수 있는 프롬프트를 제공한다. 이 모듈은 줄을 입력하는 도중에 수정을 지원하며, 이전에 입력한 줄을 다시 불러와서 수정할 수 있는 히스토리 기능도 제공한다. 히스토리를 검색할 수도 있으며, 예를 들어 사용자가 ruby라는 텍스트를 포함하는 이전 명령을 다시 불러올 수도 있다. 명령어 자동 완성 기능은 문맥에 따른 단축키를 제공한다. 즉 토큰이 현재 실행 중인 애플리케이션의 통제에 따라서 명령행에서 확장될 수 있다. 일반적인 GNU 방식에 따라, readline 라이브러리는 일반적인 사용자가 vi와 이맥스 키 바인딩 모두를 에뮬레이트하는 데 필요한 것보다 더 많은 옵션을 제공한다.

다음 예제는 값을 증가하고 감소할 수 있는 단순한 인터프리터를 구현한 의미 없는 프로그램이다. 여기서는 탭 키가 눌렸을 때 축약 명령을 확장할 수 있도록 Abbrev 모듈(839쪽)을 사용하고 있다.

제한: GNU readline 라이브러리를 시스템에서 사용할 수 있어야 한다.

sl_readline/readline.rb
```ruby
require 'abbrev'
require 'readline'
include Readline

ABBREV = %w{ exit inc dec }.abbrev
Readline.completion_proc = -> string { ABBREV[string] }

value = 0
loop do
  cmd = readline("wibble [#{value}]: ", true) || "exit"
  case cmd.strip
  when "exit" then break
  when "inc"  then value += 1
  when "dec"  then value -= 1
  else             puts "Invalid command #{cmd}"
  end
end
```

```
wibble [0]: inc
wibble [1]: <up-arrow>   => inc
wibble [2]: d<tab>       => dec
wibble [1]: in<esc><p>   => inc
wibble [2]: exit
```

라이브러리 **Resolv**   DNS 클라이언트 라이브러리

resolv 라이브러리는 DNS 클라이언트를 구현한 순수 루비 라이브러리다. 이 라이브러리는 도메인 이름을 이에 대응하는 IP 주소로 바꿔준다. 또한 그 반대 검색도 지원하면서 로컬 호스트 파일에 있는 이름을 읽어오는 기능도 지원한다.

resolv-replace를 추가로 로딩하면, resolv 라이브러리를 루비 socket 라이브러리(920쪽)에 교묘하게 끼워 넣는다.

내장된 표준 소켓 라이브러리를 이용해서 이름을 찾는다. 루비 1.9 이전에는 운영 체제에 주어진 이름을 검색하면 모든 인터프리터 스레드가 정지되기 때문에 resolv 라이브러리가 존재했다. 이제는 그렇지 않다.

라이브러리 REXML

XML 프로세싱 라이브러리

REXML은 순수 루비로 구현된 XML 처리 라이브러리로 DTD 호환 문서 분석, XPath 질의, 문서 생성 등 기능을 제공한다. 이 라이브러리는 문서 트리 기반 방식과 스트림 기반 방식을 둘 다 지원한다. 루비로 쓰였기 때문에 루비를 지원하는 모든 플랫폼에서 사용할 수 있다. REXML은 기능이 많고 인터페이스가 복잡하다. 여기서는 아주 작은 예제만을 다룬다.

- demo.xml은 다음 코드를 담고 있다.

```
<classes language="ruby">
  <class name="Numeric">
    Numeric represents all numbers.
    <class name="Float">
      Floating point numbers have a fraction and a mantissa.
    </class>
    <class name="Integer">
      Integers contain exact integral values.
      <class name="Fixnum">
        Fixnums are stored as machine ints.
      </class>
      <class name="Bignum">
        Bignums store arbitraty-sized integers.
      </class>
    </class>
  </class>
</classes>
```

- XML을 읽어서 처리한다.

```
require 'rexml/document'

xml = REXML::Document.new(File.open("code/sl_rexml/demo.xml"))

puts "Root element: #{xml.root.name}"
print "The names of all classes: "
xml.elements.each("//class") {|c| print c.attributes["name"], " " }

print "\nDescription of Fixnum: "
p xml.elements["//class[@name='Fixnum']"].text
```

실행 결과:

```
Root element: classes
The names of all classes: Numeric Float Integer Fixnum Bignum
Description of Fixnum: "\n Fixnums are stored as machine ints.\n "
```

- 문서를 읽어 요소를 삭제하고, 다시 파일에 쓰기 전에 속성을 붙여준다.

```
require 'rexml/document'
include REXML

xml = Document.new(File.open("code/sl_rexml/demo.xml"))

cls = Element.new("class")
cls.attributes["name"] = "Rational"
cls.text = "Represents complex numbers"

#  Integer의 자식을 제거하고
# 새로운 노드를 Integer 다음에 추가한다.
int = xml.elements["//class[@name='Integer']"]
int.delete_at(1)
```

```
int.delete_at(2)
int.next_sibling = cls

# 'name' 속성은 모두 class_name으로 바꾼다.
xml.elements.each("//class") do |c|
  c.attributes['class_name'] = c.attributes['name']
  c.attributes.delete('name')
end

# 그리고 그것을 맨 위에 XML 선언부를 덧붙여 출력한다.
xml << XMLDecl.new
xml.write(STDOUT, 2)
```

실행 결과:

```
<?xml version='1.0'?>
<classes language='ruby'>
  <class class_name='Numeric'>
    Numeric represents all numbers.
    <class class_name='Float'>
      Floating point numbers have a fraction and a mantissa.
    </class>
    <class class_name='Integer'>
      Integers contain exact integral values.
    </class>
    <class class_name='Rational'>
      Represents complex numbers
    </class>
  </class>
</classes>
```

라이브러리 **Rinda**   Tuplespace 구현

Tuplespace는 분산형 칠판 시스템이다. 프로세스에서 칠판에 튜플(tuple)을 추가할 수 있고, 또 다른 프로세스에서는 같은 칠판에서 특정 패턴에 매치되는 것을 지울 수 있다. 데이비드 겔런터(David Gelernter)에 의해 처음 만들어진 tuplespace는 다른 프로세스 간의 분산형 협업의 새로운 방법을 제시했다.

tuplespace의 루비 구현인 Rinda는 여기에 몇 가지 재미있는 개념을 더하고 있다. 특히 Rinda는 튜플을 매치하기 위해 === 연산자를 구현하고 있다. 이 말은 튜플이 정규 표현식을 사용해 매치될 수도 있고, 요소들의 클래스나 요소 값을 이용해서도 매치될 수 있다는 것이다.

DRb(856쪽)도 참고하라.

• 칠판은 공유된 tuplespace를 제공하는 DRb 서버다.

```
require 'rinda/tuplespace'
MY_URI = "druby://127.0.0.1:12131"
DRb.start_service(MY_URI, Rinda::TupleSpace.new)
DRb.thread.join
```

• 산술 에이전트는 산술 연산자와 숫자 두 개를 입력받는다. 그리고 칠판에 결과를 저장한다.

```
require 'rinda/rinda'
MY_URI = "druby://127.0.0.1:12131"
DRb.start_service
ts = Rinda::TupleSpaceProxy.new(DRbObject.new(nil, MY_URI))
loop do
  op, v1, v2 = ts.take([ %r{^[-+/*]$}, Numeric, Numeric])
  ts.write(["result", v1.send(op, v2)])
end
```

• 클라이언트에서 튜플 시퀀스를 칠판에 저장하고, 그 결과를 다시 읽어온다.

```
require 'rinda/rinda'
MY_URI = "druby://127.0.0.1:12131"
DRb.start_service
ts = Rinda::TupleSpaceProxy.new(DRbObject.new(nil, MY_URI))

queries = [[ "+", 1, 2 ], [ "*", 3, 4 ], [ "/", 8, 2 ]]
queries.each do |q|
  ts.write(q)
  ans = ts.take(["result", nil])
  puts "#{q[1]} #{q[0]} #{q[2]} = #{ans[1]}"
end
```

실행 결과:
```
1 + 2 = 3
3 * 4 = 12
8 / 2 = 4
```

라이브러리 **Ripper**

ripper 라이브러리를 사용하면 루비 분석기에 접근할 수 있다. 이 분석기는 입력을 토큰으로 분석하고, 구문과 중첩된 S식을 반환한다. 이벤트 기반 분석도 지원한다.

• 루비 코드를 토큰화한다.

```
require "ripper"
content = "a=1;b=2;puts a+b"
p Ripper.tokenize(content)
```

실행 결과:

```
["a", "=", "1", ";", "b", "=", "2", ";", "puts", " ", "a", "+", "b"]
```

• 구문 분석을 실행하고 토큰 형식, 값, 행 번호와 열 번호를 반환한다.

```
require "ripper"
require "pp"
content = "a=1;b=2;puts a+b"
pp Ripper.lex(content)[0,5]
```

실행 결과:

```
[[[1, 0], :on_ident, "a"],
 [[1, 1], :on_op, "="],
 [[1, 2], :on_int, "1"],
 [[1, 3], :on_semicolon, ";"],
 [[1, 4], :on_ident, "b"]]
```

• 코드 덩어리를 표현하는 S식을 반환한다.

```
require "ripper"
require "pp"
content = "a=1;b=2;puts a+b"
pp Ripper.sexp(content)
```

실행 결과:

```
[:program,
 [[:assign, [:var_field, [:@ident, "a", [1, 0]]], [:@int, "1", [1, 2]]],
  [:assign, [:var_field, [:@ident, "b", [1, 4]]], [:@int, "2", [1, 6]]],
  [:command,
   [:@ident, "puts", [1, 8]],
   [:args_add_block,
    [[:binary,
      [:var_ref, [:@ident, "a", [1, 13]]],
      :+,
      [:var_ref, [:@ident, "b", [1, 15]]]]],
    false]]]]
```

• 조금 엉터리처럼 보일지도 모르지만 다음 프로그램은 이벤트를 기반으로 구문 분석을 수행하고 클래스 정의와 그와 관련된 주석 블록을 찾는다. 클래스 정의와 주석을 찾아서 각각에 대해 클래스 이름과 주석을 출력한다. RDoc의 기초적인 형태라고 볼 수 있다.

parse 매개 변수는 일종의 가산기 역할을 한다. 이벤트 핸들러 간에 주고받으며 결과를 누적하기 위해 사용된다.

```ruby
require 'ripper'

# 이 클래스는 파서 이벤트들을 처리한다.
# 주석들을 추출해서 클래스 정의에 덧붙인다.
class BabyRDoc < Ripper::Filter
  def initialize(*)
    super
    reset_state
  end

  def on_default(event, token, output)
    reset_state
    output
  end

  def on_sp(token, output)
    output
  end
  alias on_nil on_sp

  def on_comment(comment, output)
    @comment << comment.sub(/^\s*#\s*/, " ")
    output
  end

  def on_kw(name, output)
    @expecting_class_name = (name == 'class')
    output
  end

  def on_const(name, output)
    if @expecting_class_name
      output << "#{name}:\n"
      output << @comment
    end
    reset_state
    output
  end

  private

  def reset_state
    @comment = ""
    @expecting_class_name = false
  end
end

BabyRDoc.new(File.read(__FILE__)).parse(STDOUT)
```

실행 결과:

```
BabyRDoc:
     이 클래스는 파서 이벤트들을 처리한다.
     주석들을 추출해서 클래스 정의에 덧붙인다.
```

라이브러리 RSS

RSS(Rich Site Summary 또는 RDF Site Summary 또는 Really Simple Syndication)를 분석한다. RSS는 인터넷에서 뉴스를 발행하기 위해 만들어진 프로토콜이다. 루비 RSS 라이브러리는 RSS 0.9, RSS 1.0, RSS 2.0 표준에 부합하는 스트림을 분석하거나 만들 수 있다.

- http://ruby-lang.org 최근 소식을 읽고 요약한다.

```ruby
require 'rss/2.0'
require 'open-uri'

open('https://ruby-lang.org/en/feeds/news.rss') do |http|
  response = http.read
  result = RSS::Parser.parse(response, false)
  puts "Channel: " + result.channel.title
  result.items.each_with_index do |item, i|
    puts "#{i+1}. #{item.title}" if i < 3
  end
end
```

실행 결과:

```
Channel: Ruby News
1. RubyConf Australia 2014 Call For Proposals and Tickets Now Open!
2. Design Contest for www.ruby-lang.org
3. Ruby 2.1.0-preview1 is released
```

- RSS 정보를 생성한다.

```ruby
require 'rss/0.9'

rss              = RSS::Rss.new("0.9")
chan             = RSS::Rss::Channel.new
chan.title       = "The Daily Dave"
chan.description = "Dave's Feed"
chan.language    = "en-US"
chan.link        = "http://pragdave.pragprog.com"
rss.channel      = chan

image            = RSS::Rss::Channel::Image.new
image.url        = "http://pragprog.com/pragdave.gif"
image.title = "PragDave"
image.link  = chan.link
chan.image  = image

3.times do |i|
  item             = RSS::Rss::Channel::Item.new
  item.title       = "My News Number #{i}"
  item.link        = "http://pragprog.com/pragdave/story_#{i}"
  item.description = "This is a story about number #{i}"
  chan.items << item
end

puts rss.to_s
```

라이브러리 **Scanf**   입력 형식 변환

C 언어의 scanf 함수를 구현한 것이다. 미리 정의된 형식에 따라 문자열에서 값을 추출한다.

루비로 구현된 이 라이브러리는 IO 클래스와 String 클래스에 scanf 메서드를 추가한다. IO에 추가된 메서드는 수신자에서 읽어오는 다음 줄에 형식(format)을 적용한다. 그리고 String에 추가된 메서드는 수신자에 형식 문자열을 적용한다. 이 라이브러리는 전역 메서드인 Object#scanf도 추가하는데 이는 표준 입력의 다음 줄에 형식 문자열을 적용한다.

문자열을 쪼개기 위해 정규표현식을 사용하는 것보다 scanf는 한 가지 큰 장점을 가진다. 정규 표현식은 문자열만 추출하는 반면, scanf는 적당한 타입으로 변환된 객체를 반환한다는 것이다.

* 문자열로 된 날짜를 알맞게 쪼개보자.

```
require 'scanf'

date = "2010-12-15"
year, month, day = date.scanf("%4d-%2d-%2d")
year        # => 2010
month       # => 12
day         # => 15
year.class  # => Fixnum
```

* 블록을 넘겨받는 scanf 호출 형식은 입력 문자열에 같은 형식을 여러 번 적용해서 매번 결과를 블록에 반환한다. 문자열이 아닌 정수로 된 숫자가 반환된다.

```
require 'scanf'

data = "cat:7 dog:9 cow:17 walrus:31"

data.scanf("%[^:]:%d ") do |animal, value|
puts "A #{animal.strip} has #{value}"
end
```

실행 결과:

```
A cat has 7
A dog has 9
A cow has 17
A walrus has 31
```

* 16진수를 추출해 보자.

```
require 'scanf'

data = "decaf bad"
data.scanf("%3x%2x%x") # => [3564, 175, 2989]
```

라이브러리 **SDBM**
SDBM 데이터베이스 인터페이스

SDBM 데이터베이스는 간단하게 키/값을 영속적으로 저장하는 수단이다. 기반이 되는 SDBM 라이브러리 자체도 루비로 작성됐기 때문에, 외부 종속성은 전혀 없다. 따라서 루비를 지원하는 모든 플랫폼에서 SDBM을 사용할 수 있다. SDBM 데이터베이스에서 키와 값은 모두 문자열이어야 한다. SDBM 데이터베이스는 실제로 해시처럼 사용할 수 있다.

DBM(853쪽), GDBM(868쪽)도 참고하라.

새로운 데이터베이스에 레코드를 저장하고 다시 읽어온다. DBM 라이브러리와 달리, SDBM의 모든 값은 문자열이어야 한다(또는 to_str에 반응해야 한다).

```ruby
require 'sdbm'
require 'date'

SDBM.open("data.dbm") do |dbm|
  dbm['name'] = "Walter Wombat"
  dbm['dob']  = Date.new(1997, 12,25).to_s
  dbm['uses'] = "Ruby"
end

SDBM.open("data.dbm", nil) do |dbm|
  p dbm.keys
  p dbm['dob']
end
```

실행 결과:

```
["name", "dob", "uses"]
"1997-12-25"
```

라이브러리 SecureRandom 안전한 난수 생성기에 접근

사용하고 있는 운영 체제 차원에서 안전한 난수 생성기에 접근할 수 있도록 해
준다. OpenSSL 라이브러리가 설치되어 있다면 random_bytes 메서드를 사용
한다. 이 외의 경우에는 /dev/urandom을 찾아서 사용한다. 윈도 API에서는
CryptGenRandom 메서드를 사용한다.

- 난수를 생성한다.

```
require 'securerandom'
# 0.0                        <= rand < 1.0 부동소수점 난수
SecureRandom.random_number(0)    # => 0.7741584478952458
SecureRandom.random_number(0)    # => 0.08985394584846462

# 0                         <= rand < 1000인 정수 난수
SecureRandom.random_number(1000) # => 222
SecureRandom.random_number(1000) # => 418
```

- 무작위로 바이트를 생성해서 이를 각각 16진수 문자열, Base64 문자열, 바이
  너리 데이터의 문자열로 반환한다. 호출할 때마다 새로운 무작위 문자열이
  생성된다.

```
require 'securerandom'
SecureRandom.hex(10)          # => "8761a5723ee9f2feb6f4"
SecureRandom.base64(10)       # => "3SRtBcRvQQRgcg=="
SecureRandom.random_bytes(10) # => "S'\xF8\xE5\x82\x81!\x05\x7F\xC0"
```

라이브러리 Set

Set은 유일한 값의 컬렉션이다(여기서 유일함은 eql?과 hash 메서드를 이용해 결정된다). 편리한 메서드가 제공되어 반복 가능한(enumerable) 객체에서 집합을 구축할 수도 있다.

- 기본적인 집합 연산자.

```ruby
require 'set'

set1 = Set.new([:bear, :cat, :deer])

set1.include?(:bat) # => false
set1.add(:fox)      # => #<Set: {:bear, :cat, :deer, :fox}>

partition = set1.classify {|element| element.to_s.length }

partition           # => {4=>#<Set: {:bear, :deer}>, 3=>#<Set: {:cat, :fox}>}

set2 = [ :cat, :dog, :cow ].to_set
set1 | set2         # => #<Set: {:bear, :cat, :deer, :fox, :dog, :cow}>
set1 & set2         # => #<Set: {:cat}>
set1 - set2         # => #<Set: {:bear, :deer, :fox}>
set1 ^ set2         # => #<Set: {:dog, :cow, :bear, :deer, :fox}>
```

- /etc/passwd 파일에서 사용자들을 인접한 사용자 ID를 가진 구성원끼리 하위 세트로 묶어서 나눈다.

```ruby
require 'etc'
require 'set'

users = []
Etc.passwd {|u| users << u }

related_users = users.to_set.divide do |u1, u2|
  (u1.uid - u2.uid).abs <= 1
end

related_users.each do |relatives|
  relatives.each {|u| print "#{u.uid}/#{u.name} " }
  puts "\n======"
end
```

실행 결과:

```
235/_assetcache 236/_coremediaiod 237/_xcsbuildagent 238/_xcscredserver
239/_launchservicesd 234/_krb_anonymous 233/_krb_kerberos 232/_krb_changepw
231/_krb_kadmin 230/_krb_krbtgt 229/_avbdeviced 228/_netstatistics 227/_
dovenull
======
93/_calendar 92/_securityagent 91/_tokend
======
202/_coreaudiod 203/_screensaver
======
...
```

Shellwords

라이브러리 Shellwords POSIX 시맨틱에 따라 셸 라인을 조작

셸 명령어를 나타내는 문자열이 주어지면, 이 문자열을 POSIX 시맨틱에 따라 적당히 단어 토큰으로 나눈다. 각 단어로부터 이스케이프된 셸 행들을 만들 수도 있다.

- 큰따옴표나 작은따옴표 사이의 공백은 단어의 일부로 여긴다.
- 큰따옴표에서는 역슬래시를 이용해 이스케이프할 수 있다.
- 역슬래시로 이스케이프한 공백은 단어를 나누는 기준이 되지 않는다.
- 그 외에 공백에 의해 나뉜 토큰들은 단어로 간주된다.

```ruby
require 'shellwords'
include Shellwords

line = %{Code Ruby Be Happy!}
shellwords(line)                     # => ["Code", "Ruby", "Be", "Happy!"]

line = %{"Code Ruby" 'Be Happy'!}
shellwords(line)                     # => ["Code Ruby", "Be Happy!"]

line = %q{Code\ Ruby "Be Happy"!}
shellwords(line)                     # => ["Code Ruby", "Be Happy!"]

shelljoin(["Code Ruby", "Be Happy"]) # => Code\ Ruby Be\ Happy
```

더욱이 이 라이브러리는 String 클래스에는 shellsplit이라는 메서드를 추가하고, Array 클래스에는 shelljoin이라는 메서드를 추가한다.

```ruby
require 'shellwords'
include Shellwords
%{Code\\ Ruby Be Happy!}.shellsplit  # => ["Code Ruby", "Be", "Happy!"]
["Code Ruby", "Be Happy"].shelljoin  # => "Code\\ Ruby Be\\ Happy"
```

라이브러리 **Singleton**

싱글턴 디자인 패턴은 특정 클래스의 인스턴스가 프로그램이 실행되는 내내 딱한 개만 생성된다는 것을 보장한다(『Design Patterns』[GHJV95]를 보라).

singleton 라이브러리를 이용하면 싱글턴 패턴을 손쉽게 구현할 수 있다. 각클래스에 Singleton 모듈을 믹스인하면 그 클래스는 싱글턴이 되고, new 메서드는 private 메서드로 설정된다. new를 통해 인스턴스를 생성하는 대신 instance메서드를 호출하면 클래스의 유일한 인스턴스를 얻을 수 있다.

이 예제에서는 MyClass의 인스턴스 두 개가 모두 같은 객체임을 알 수 있다.

```ruby
require 'singleton'

class MyClass
  attr_accessor :data
  include Singleton
end

a = MyClass.instance  # => #<MyClass:0x007fbe8c1044b8>
b = MyClass.instance  # => #<MyClass:0x007fbe8c1044b8>
a.data = 123          # => 123
b.data                # => 123
a.object_id           # => 70228185195100
b.object_id           # => 70228185195100
```

라이브러리 Socket

IP, TCP, 유닉스, SOCKS 소켓 접근

socket 확장 기능은 하위 시스템의 소켓 수준 통신에 접근하기 위해 아홉 개의 클래스를 정의한다. 이 클래스는 모두 IO 클래스의 (간접적인) 하위 클래스다. 즉, 소켓 접속에도 IO 메서드를 사용할 수 있다.

소켓 클래스의 계층 구조는 네트워크 프로그램의 현실을 반영하고 있는데, 따라서 다소 혼란스러울 수 있다. BasicSocket 클래스는 소켓 수준 통신에서 데이터를 주고받는 데 필요한 다양한 공통 메서드를 포함하고 있다. 그리고 하위 클래스들은 프로토콜의 구현을 제공한다. 도메인 소켓을 위한 IPSocket과 UNIXSocket이 있으며, (간접적인) TCPSocket, UDPSocket, SOCKSSocket 클래스도 이렇게 만들어진 것이다.

Socket은 BasicSocket의 하위 클래스이며, 이 클래스는 소켓 기반 네트워킹을 위해 좀 더 일반적인 인터페이스를 제공한다. TCPSocket은 특정 프로토콜에 제한적인 반면에, Socket 객체는 몇 가지 작업을 통해 프로토콜에 상관없이 사용할 수 있다.

TCPSocket, SOCKSSocket, UNIXSocket은 모두 서버 접속을 기반으로 한다. 이 클래스들은 또한 대응되는 xxxxServer 클래스가 있어서, 서버 측 접속을 구현하고 있다.

대부분의 경우 소켓 라이브러리를 직접 사용할 일은 거의 없다. 하지만 사용하게 된다면, 좀 더 자세히 알 필요가 있다. 이에 대해서는 온라인의 http://pragprog.com/book/ruby3/programming-ruby-1-9?tab=tab-contents 문서에서 자세히 다룬다.

다음 코드는 간단한 UDP 서버와 클라이언트다.

```
# UDP 포트 12121에서 수신한 메시지를 출력하는 간단한 로거
require 'socket'
socket = UDPSocket.new
socket.bind("127.0.0.1", 12121)
loop do
  msg, sender = socket.recvfrom(100)
  host = sender[3]
  puts "#{Time.now}: #{host} '#{msg}'"
  STDOUT.flush
end
```

```
# 로거를 사용해 본다.
require 'socket'
log = UDPSocket.new
log.connect("127.0.0.1", 12121)
log.print "Up and Running!"
# 처리 ... 처리 ...
log.print "Done!"
```

실행 결과:

```
2013-11-14 16:33:25 -0600: 127.0.0.1 'Up and Running!'
2013-11-14 16:33:25 -0600: 127.0.0.1 'Done!'
```

라이브러리 StringIO | 문자열을 IO 객체로 다룬다

어떤 관점에서 보자면 문자열과 파일 내용의 차이란 것은 과장되어 있다. 파일의 내용은 기본적으로 메모리가 아니라 디스크에 놓인 문자열에 불과하기 때문이다. StringIO 라이브러리는 이 두 가지 개념을 단일화함으로써 문자열을 마치 열린 IO 객체처럼 사용할 수 있게 해 준다. 문자열을 StringIO 객체로 감싸기만 하면, 이때부터 이것은 열린 파일과 동일하게 읽고 쓸 수 있다. 이렇게 되면 단위 테스트도 훨씬 간단해진다. 원래는 파일과 함께 동작하도록 만들어진 클래스나 메서드에 이 클래스의 인스턴스로 문자열을 전달할 수 있기 때문이다. StringIO 객체는 넘겨받은 문자열에 대응하는 인코딩을 사용한다. 문자열이 넘겨지지 않으면 기본적으로 외부 인코딩을 사용한다.

• 문자열에서 읽고 쓰기

```ruby
require 'stringio'

sio = StringIO.new("time flies like an arrow")
sio.read(5)             # => "time "
sio.read(5)             # => "flies"
sio.pos = 19
sio.read(5)             # => "arrow"
sio.rewind              # => 0
sio.write("fruit")      # => 5
sio.pos = 16
sio.write("a banana")   # => 8
sio.rewind              # => 0
sio.read                # => "fruitflies like a banana"
```

• 테스트를 위해 StringIO를 사용한다.

```ruby
require 'stringio'
require 'csv'
require 'test/unit'

class TestCSV < Test::Unit::TestCase
  def test_simple
    StringIO.open do |op|
      CSV(op) do |csv|
        csv << [ 1, "line 1", 27 ]
        csv << [ 2, nil, 123 ]
      end
      assert_equal("1,line 1,27\n2,,123\n", op.string)
    end
  end
end
```

실행 결과:

```
Run options:
# Running tests:
.
Finished tests in 0.003494s, 286.2049 tests/s, 286.2049 assertions/s.
1 tests, 1 assertions, 0 failures, 0 errors, 0 skips

ruby -v: ruby 2.0.0p195 (2013-05-14 revision 40734) [x86_64-darwin12.4.1]
```

라이브러리 **StringScanner** 간단한 문자열 토크나이저

StringScanner 객체는 문자열을 따라가면서 주어진 패턴에 매치되는 토큰을 찾는다(그리고 이를 반환하기도 한다). 내장된 scan 메서드와 달리 StringScanner 객체는 현재 조사 중인 문자열에서 현 위치를 포인터로 유지한다. 따라서 각 호출이 일어난 곳에서 문자열 위치는 지난번 호출이 끝난 지점이 된다. 그리고 패턴 매치는 이 이전 포인트에 고정된다.

- 간단한 언어를 구현한다.

```ruby
require 'strscan'

# 언어를 처리한다.
# set <var> = <value>
# get <var>

values = {}

while line = gets

  scanner = StringScanner.new(line.chomp)

  scanner.scan(/(get|set)\s+/) or fail "Missing command"
  cmd = scanner[1]

  var_name = scanner.scan(/\w+/) or fail "Missing variable"

  case cmd
  when "get"
    puts "#{var_name} => #{values[var_name].inspect}"

  when "set"
    scanner.skip(/\s+=\s+/) or fail "Missing '='"
    value = scanner.rest
    values[var_name] = value
  else
    fail cmd
  end
end
```

명령행에서 실행하고 언어의 문법에 따라 입력한다.

```
$ ruby strscan.rb
set a = dave
set b = hello
get b
b => "hello"
get a
a => "dave"
```

라이브러리 Syslog
유닉스 시스템 로깅에 대한 인터페이스

제한: syslog를 지원하는
유닉스 시스템이어야
한다.

Syslog 클래스는 유닉스 syslog(3) 라이브러리를 감싼 래퍼다. 이 라이브러리를 이용하면 로깅 데몬(logging daemon)에 다양한 수준의 메시지를 보낼 수 있다. 그리고 이 메시지는 syslog.conf 설정에 따라 저장된다. 다음 예는 /var/log/system.log 로그 파일을 사용한다고 가정한다. 루비 2.0에서 추가된 Syslog::Logger는 Logger API와 호환된다.

다음 예제는 로그 파일이 /var/log/system.log에 있다고 가정한다.

- 로컬 시스템 로그에 추가한다. 여기서는 시스템에서 일어나는 사용자 기능을 모든 수준(디버그 메시지를 제외한 모든 수준)에서 로깅할 것이다.

```
require 'syslog'
log = Syslog.open("test") # "test" is the app name
log.debug("Warm and fuzzy greetings from your program")
log.info("Program starting")
log.notice("I said 'Hello!'")
log.warning("If you don't respond soon, I'm quitting")
log.err("You haven't responded after %d milliseconds", 7)
log.alert("I'm telling your mother...")
log.emerg("I'm feeling totally crushed")
log.crit("Aarrgh....")
  system("tail -6 /var/log/system.log")
```

실행 결과:

```
Sep 16 12:48:44 dave-4 test[35121]: Warm and fuzzy greetings from your program
Sep 16 12:48:44 dave-4 test[35121]: Program starting
Sep 16 12:48:44 dave-4 test[35121]: I said 'Hello!'
Sep 16 12:48:44 dave-4 test[35121]: If you don't respond soon, I'm quitting
Sep 16 12:48:44 dave-4 test[35121]: You haven't responded after 7 milliseconds
Sep 16 12:48:44 dave-4 test[35121]: I'm telling your mother...
Sep 16 12:48:44 dave-4 test[35121]: I'm feeling totally crushed
Sep 16 12:48:44 dave-4 test[35121]: Aarrgh....
```

- 에러와 그 상위 수준만 로깅한다.

```
require 'syslog'
log = Syslog.open("test")
log.mask = Syslog::LOG_UPTO(Syslog::LOG_ERR)
log.debug("Warm and fuzzy greetings from your program")
log.info("Program starting")
log.notice("I said 'Hello!'")
log.warning("If you don't respond soon, I'm quitting")
log.err("You haven't responded after %d milliseconds", 7)
log.alert("I'm telling your mother...")
log.emerg("I'm feeling totally crushed")
log.crit("Aarrgh....")

system("tail -4 /var/log/system.log")
```

실행 결과:

```
Sep 16 12:48:44 dave-4 test[35124]: You haven't responded after 7 milliseconds
Sep 16 12:48:44 dave-4 test[35124]: I'm telling your mother...
Sep 16 12:48:44 dave-4 test[35124]: I'm feeling totally crushed
Sep 16 12:48:44 dave-4 test[35124]: Aarrgh....
```

라이브러리 **Tempfile** 임시 파일 지원

Tempfile 클래스는 임시 파일을 만들어 관리한다. 이렇게 만들어진 임시 파일은 일반 IO 객체와 동일하게 동작하지만, 루비 프로그램이 종료되면 자동으로 지워진다는 차이점이 있다. Tempfile 객체가 한 번 만들어지면, 이후에는 이 파일을 여러 차례에 걸쳐 열고 닫을 수 있다.

Tempfile은 IO를 직접적으로 상속하지 않는다. 대신 호출을 File 객체에 위임한다. 프로그래머의 입장에서는 Tempfile 객체는 new, open, close의 의미가 다른 것을 제외하고는 모든 면에서 IO 객체와 동일하다.

파일을 만들 때, 임시 파일이 생성될 디렉터리를 지정하지 않는다면, 시스템 종속적인 임시 디렉터리를 찾기 위해 tmpdir 라이브러리를 사용할 것이다.

tmpdir(931쪽)도 참고하라.

```
require 'tempfile'
tf = Tempfile.new("afile")
tf.path # => "/var/folders/jj/pkqxqs090ts2qpqndf7dq7qh0000gn/T/afile20131114-53
        # .. 956-nk7pso"
tf.puts("Cosi Fan Tutte")
tf.close
tf.open
tf.gets # => "Cosi Fan Tutte\n"
tf.close(true)
```

라이브러리 Test::Unit   단위 테스트 프레임워크

Test::Unit은 스몰토크 프레임워크인 SUnit에 기반을 둔 단위 테스트 프레임워크다. 이 라이브러리는 단위 테스트가 구성되고, 선택되고, 실행될 수 있는 기본 구조를 제공한다. 이렇게 만들어진 테스트는 명령행이나 몇 가지 GUI 기반 인터페이스 중 하나를 이용해 실행할 수 있다.

'13장 단위 테스트'는 Test::Unit을 통한 루비 단위 테스트 튜토리얼을 담고 있다.

다음은 노래를 저장하고 꺼내올 수 있는 간단한 playlist 클래스다.

```ruby
require_relative 'song.rb'
require 'forwardable'

class Playlist
  extend Forwardable
  def_delegator(:@list, :<<, :add_song)
  def_delegators(:@list, :size, :empty?)
  def initialize
    @list = []
  end
  def find(title)
    @list.find {|song| song.title == title}
  end
end
```

이 클래스를 검사하기 위해 단위 테스트를 작성할 것이다. Test::Unit 프레임워크는 메인 프로그램이 제공되지 않아도 테스트 클래스의 내용을 실행할 수 있을 만큼 지능적이다.

```ruby
require 'test/unit'
require_relative 'playlist.rb'

class TestPlaylist < Test::Unit::TestCase
  def test_adding
    pl = Playlist.new
    assert_empty(pl)
    assert_nil(pl.find("My Way"))
    pl.add_song(Song.new("My Way", "Sinatra"))
    assert_equal(1, pl.size)
    s = pl.find("My Way")
    refute_nil(s)
    assert_equal("Sinatra", s.artist)
    assert_nil(pl.find("Chicago"))
    # .. 중략
  end
end
```

실행 결과:

```
Run options:
# Running tests:
.
Finished tests in 0.003834s, 260.8242 tests/s, 1825.7694 assertions/s.
1 tests, 7 assertions, 0 failures, 0 errors, 0 skips

ruby -v: ruby 2.0.0p195 (2013-05-14 revision 40734) [x86_64-darwin12.4.1]
```

라이브러리 thread

스레딩을 위한 유틸리티

thread 라이브러리는 스레드 지원을 위한 유틸리티 메서드와 클래스를 추가한다. 여기 있는 대부분이 Monitor 클래스에 의해 대체되었지만 그 외에도 Queue와 SizedQueue 두 개의 클래스는 유용하다. 두 클래스 모두 스레드 안정성을 보장하는 큐를 구현하고 있는데, 다중 스레드에서 생산자와 소비자 사이에 객체를 넘기는 데 사용할 수 있다. Queue 객체는 크기에 제한이 없는 큐를 구현하고 있다. 그리고 SizedQueue는 크기를 미리 정해 준다. 따라서 생산자가 이미 정해진 크기만큼 차 있는 큐에 객체를 추가하려 할 때는 소비자가 객체를 제거할 때까지 블록될 것이다.

다음 예제는 로버트 켈너가 제공한 것이다. 세 개의 소비자 스레드가 제한이 없는 큐에서 객체를 가져간다. 큐의 객체들은 두 개의 생산자 스레드가 세 개씩 넣은 것이다.

```ruby
require 'thread'
queue = Queue.new

consumers = (1..3).map do |i|
  Thread.new("consumer #{i}") do |name|
    begin
      obj = queue.deq
      print "#{name}: consumed #{obj.inspect}\n"
    end until obj == :END_OF_WORK
  end
end

producers = (1..2).map do |i|
  Thread.new("producer #{i}") do |name|
    3.times do |j|
      queue.enq("Item #{j} from #{name}")
    end
  end
end

producers.each(&:join)
consumers.size.times { queue.enq(:END_OF_WORK) }
consumers.each(&:join)
```

실행 결과:

```
consumer 3: consumed "Item 0 from producer 2"
consumer 1: consumed "Item 0 from producer 1"
consumer 2: consumed "Item 1 from producer 2"
consumer 2: consumed "Item 2 from producer 2"
consumer 1: consumed "Item 1 from producer 1"
consumer 3: consumed "Item 2 from producer 1"
consumer 3: consumed :END_OF_WORK
consumer 1: consumed :END_OF_WORK
consumer 2: consumed :END_OF_WORK
```

라이브러리 **ThreadsWait** 다수의 스레드가 끝나기를 기다린다

ThreadsWait 클래스는 스레드 객체 그룹의 종류를 다룬다. 이 라이브러리는 특정 스레드가 종료되었는지 검사하는 메서드와 관리하에 있는 모든 스레드가 종료되기를 기다리는 기능을 제공한다.

다음 예제는 몇 개의 스레드를 시작하는데, 이 스레드들은 종료하고 스레드의 숫자를 반환하기 전에 각각 약간 짧은 시간을 대기한다. ThreadsWait을 이용하면 이 스레드들 각각이나 또는 그룹별로 종료되기를 기다릴 수 있다.

```ruby
require 'thwait'

group = ThreadsWait.new

# 스레드를 열 개 만들고 각각 1초, 0.9초 등을 기다리게 한다.
# 스레드를 그룹에 추가한다.

9.times do |i|
  thread = Thread.new(i) {|index| sleep 1.0 - index/10.0; index }
  group.join_nowait(thread)
end

# 한 스레드라도 끝났는지?
group.finished?                # => false

# 하나가 끝나기를 기다린다.
group.next_wait.value          # => 8

# 다섯 개가 더 끝나기를 기다린다.
5.times { group.next_wait }    # => 5

# 다음 하나가 끝나기를 기다린다.
group.next_wait.value          # => 2

# 남은 스레드가 모두 끝나기를 기다린다.
group.all_waits                # => nil
```

라이브러리 Time

Time 클래스에 기능 추가

time 라이브러리는 내장된 Time 클래스에 기능을 추가한다. 이 라이브러리는 RFC 2822(이메일), RFC 2616(HTTP), ISO 8601(XML 스키마에 사용되는 하위 셋)에서 사용되는 날짜/시간 형식을 지원한다.

```
require 'time'
# 외부 형식으로 쓰인 시간을 Time 객체로 변환

Time.rfc2822("Thu, 1 Apr 2010 16:32:45 CST")         # => 2010-04-01 17:32:45 -0500
Time.rfc2822("Thu, 1 Apr 2010 16:32:45 -0600")       # => 2010-04-01 17:32:45 -0500

Time.httpdate("Thu, 01 Apr 2010 16:32:45 GMT")       # => 2010-04-01 11:32:45 -0500
Time.httpdate("Thursday, 01-Apr-04 16:32:45 GMT")    # => 2004-04-01 16:32:45 UTC
Time.httpdate("Thu Apr 1 16:32:45 2010")             # => 2010-04-01 16:32:45 UTC

Time.xmlschema("2010-04-01T16:32:45")                # => 2010-04-01 16:32:45 -0500
Time.xmlschema("2010-04-01T16:32:45.12-06:00")       # => 2010-04-01 22:32:45 UTC

# Time 객체를 외부 형식 문자열로 변환

Time.now.rfc2822   # => "Thu, 14 Nov 2013 16:33:27 -0600"
Time.now.httpdate  # => "Thu, 14 Nov 2013 22:33:27 GMT"
Time.now.xmlschema # => "2013-11-14T16:33:27-06:00"
```

라이브러리 Timeout

Timeout.timeout 메서드는 타임아웃에 사용될 시간을 초 단위로 넘겨받는다. 그리고 선택적으로 예외 매개 변수와 블록을 넘겨받을 수 있다. 블록이 실행되고 타이머가 동작된다. 블록이 타임아웃 전에 종료된다면 timeout 메서드는 블록의 값을 결과로 반환할 것이다. 그렇지 않다면 예외(Timeout::Error)가 발생할 것이다.

```ruby
require 'timeout'

for snooze in 1..2
  puts "About to sleep for #{snooze}"
  begin
    Timeout::timeout(1.5) do |timeout_length|
      puts "Timeout period is #{timeout_length}"
      sleep(snooze)
      puts "That was refreshing"
    end
  rescue Timeout::Error
    puts "Woken up early!!"
  end
end
```

실행 결과:

```
About to sleep for 1
Timeout period is 1.5
That was refreshing
About to sleep for 2
Timeout period is 1.5
Woken up early!!
```

타임아웃을 사용할 때 주의할 점이 있다. 시스템 콜이 끼어들어 재기동을 보장하지 못할 때가 있다. 이때 데이터를 잃어버릴 수 있다.

Tk

루비에서 GUI를 만들 때 택할 수 있는 선택 사항 중 가장 널리 지원되는 것이 Tk 라이브러리다. 윈도, 리눅스, 맥 OS X, 유닉스 플랫폼을 모두 지원한다[6]. 가장 예쁜 인터페이스를 만들어주지는 않지만, Tk는 기능도 충분하고 프로그램을 만들기도 간편하다.

제한: TK 라이브러리가 설치된 시스템이어야 한다.

sl_tk/curves.rb

```ruby
# encoding: utf-8
require 'tk'
include Math

def plot(val)
  Integer(val * 180 + 200)
end

TkRoot.new do |root|
  title "Curves"
  geometry "400x400"

  TkCanvas.new(root) do |canvas|
    width 400
    height 400
    pack('side'=>'top', 'fill'=>'both', 'expand'=>'yes')

    points = [ ]
    a = 2
    b = 3
    0.0.step(8, 0.1) do |t|
      x = Math.sin(a*t)
      y = Math.cos(b*t)
      points << plot(x) << plot(y)
    end
    TkcLine.new(canvas, *(points), smooth: 'on', width: 10, fill: 'blue')
  end
end
Tk.mainloop
```

실행 결과:

---

6   어떤 환경에서건 루비 Tk 확장을 사용하려면 먼저 Tcl/Tk 라이브러리가 설치되어 있어야 한다.

라이브러리 **tmpdir**　　　　　　　　시스템 종속적이지 않은 임시 디렉터리 위치

tmpdir 라이브러리는 Dir 클래스에 tmpdir 메서드를 추가한다. 이 메서드는 현재 프로세스에서 쓰기 가능한 임시 디렉터리 주소를 반환한다(하지만 잘 알려진모든 임시 디렉터리에 쓰기가 되지 않고, 현재 디렉터리마저 쓰기 금지 상태라면 그렇지 않다). 후보가 될 만한 디렉터리는 환경 변수 TMPDIR, TMP, TEMP, USERPROFILE이 참조하는 곳과 /tmp 디렉터리, 윈도 또는 시스템 디렉터리의하위 디렉터리인 temp(윈도 박스에서만) 등이다.

```ruby
require 'tmpdir'

Dir.tmpdir # => "/var/folders/jj/pkqxqs090ts2qpqndf7dq7qh0000gn/T"

ENV['TMPDIR'] = "/wibble"         # 존재하지 않는다.
ENV['TMP']    = "/sbin"           # 쓰기 권한이 없다.
ENV['TEMP']   = "/Users/dave/tmp" # 바로 여기다.

Dir.tmpdir # => "/Users/dave/tmp"
```

mktmpdir 메서드를 사용해서 새로운 임시 디렉터리를 만든다.

```ruby
require 'tmpdir'

name = Dir.mktmpdir

# 처리, 처리, 처리

Dir.rmdir(name)
```

라이브러리 Tracer　　　　　　　　　　　　　　　　　프로그램 실행을 추적

tracer 라이브러리는 Kernel.set_trace_func를 사용해서 루비 프로그램 전체 또
는 일부의 실행을 추적한다. 추적된 줄은 스레드 숫자, 파일, 라인 수, 클래스, 이
벤트 소스 라인을 보여준다. 이벤트에서 '-'는 줄 바꿈, ')'는 호출, '〈'는 반환, 'C'
는 클래스 선언, 'E'는 선언 마침을 의미한다.

- 명령행에서 tracer 라이브러리를 포함하면 프로그램 전체를 추적할 수 있다.

```
class Account
  def initialize(balance)
    @balance = balance
  end
  def debit(amt)
    if @balance < amt
      fail "Insufficient funds"
    else
      @balance -= amt
    end
  end
end
acct = Account.new(100)
acct.debit(40)

$ ruby -r tracer account.rb
#0:prog.rb:15::-:    acct = Account.new(100)
#0:prog.rb:3:Account:>:   def initialize(balance)
#0:prog.rb:4:Account:-:     @balance = balance
#0:prog.rb:5:Account:<:   end
#0:prog.rb:16::-:    acct.debit(40)
#0:prog.rb:6:Account:>:   def debit(amt)
#0:prog.rb:7:Account:-:     if @balance < amt
#0:prog.rb:10:Account:-:       @balance -= amt
#0:prog.rb:12:Account:<:     end
```

- 코드의 일부만을 추적하거나 추적하고자 하는 것을 선택하기 위해서나 필터
  를 이용하기 위해서는 tracer 객체를 사용한다.

```
require 'tracer'
tracer = Tracer.new
tracer.add_filter lambda {|event, *rest| event == "line" }
acct = Account.new(100)
tracer.on { acct.debit(40) }
```

실행 결과:

```
#0:prog.rb:18::-: tracer.on { acct.debit(40) }
#0:prog.rb:6:Account:-:    if @balance < amt
#0:prog.rb:9:Account:-:      @balance -= amt
```

라이브러리 **TSort** 위상 정렬

노드 간의 종속성이 주어지면(각 노드는 종속성이 없거나, 하나 이상의 다른 노
드에 종속된다. 그리고 종속 그래프에 사이클은 없다), 위상 정렬(topological
sort)은 어떤 노드 다음에 오는 노드는 그 노드에 종속되지 않도록 순서에 맞춰
노드 리스트를 반환한다. 위상 정렬의 한 가지 용례는 작업 스케줄링이다. 여기
서 순서는 어떤 일을 시작하기 전에 그 일에 종속된 일을 모두 끝마쳐야 함을 의
미한다. make 프로그램도 실행 순서를 정하기 위해 위상 정렬을 사용한다.

이 라이브러리를 사용하기 위해서는 TSort 모듈을 믹스인하고, 두 개의 메서
드를 정의해야 한다. 첫 번째는 tsort_each_node 메서드로 각 노드를 차례대로
yield하는 메서드다. 두 번째는 tsort_each_child 메서드로 노드가 주어지면 노
드가 의존하는 노드들을 차례로 yield한다.

- tsort_each_node 메서드는 각 노드를 차례로 실행하며, tsort_each_child는
  주어진 노드에 대해 여기에 종속되는 노드들 각각을 실행한다.

```ruby
require 'tsort'
class Tasks
  include TSort
  def initialize
    @dependencies = {}
  end
  def add_dependency(task, *relies_on)
    @dependencies[task] = relies_on
  end
  def tsort_each_node(&block)
    @dependencies.each_key(&block)
  end
  def tsort_each_child(node, &block)
    deps = @dependencies[node]
    deps.each(&block) if deps
  end
end

tasks = Tasks.new
tasks.add_dependency(:add_rum,       :open_blender)
tasks.add_dependency(:add_pc_mix,    :open_blender)
tasks.add_dependency(:add_ice,       :open_blender)
tasks.add_dependency(:close_blender, :add_rum, :add_pc_mix, :add_ice)
tasks.add_dependency(:blend_mix,     :close_blender)
tasks.add_dependency(:pour_drink,    :blend_mix)
tasks.add_dependency(:pour_drink,    :open_blender)
puts tasks.tsort
```

실행 결과:

```
open_blender
add_rum
add_pc_mix
add_ice
close_blender
blend_mix
pour_drink
```

라이브러리 **un**	FileUtils에 대한 명령행 인터페이스

왜 이름이 un일까? 명령행에서 루비를 실행할 때 -r 옵션과 함께 사용되어 결국 -run이 되기 때문이다. 이 말장난에서 라이브러리의 목적을 읽을 수 있다. 이 라이브러리는 명령행에서 특정 명령어(이 경우에는 FileUtils의 메서드 중 일부)를 실행하기 위한 용도다. 이론적으로는 이를 이용하면 플랫폼에 종속적이지 않은 파일을 처리하는 명령들을 사용할 수 있다. 이는 아마도 이식성 높은 Makefile 을 만드는 데 유용할 것이다.

FileUtils(865쪽)도 참고하라.

• 사용 가능한 명령어는 다음과 같다.

```
$ ruby -run -e cp - < options >* source dest
$ ruby -run -e ln - < <options >* target linkname
$ ruby -run -e mv - < options >* source dest
$ ruby -run -e rm - < options >* file
$ ruby -run -e mkdir - < options >* dirs
$ ruby -run -e rmdir - < options >* dirs
$ ruby -run -e install - < options >* source dest
$ ruby -run -e chmod - < options >* octal_mode file
$ ruby -run -e touch - < options >* file
```

--를 사용하면 루비 인터프리터에게 프로그램을 위한 옵션이 뒤따라옴을 알릴 수 있다.

사용할 수 있는 명령어 리스트는 다음 명령으로 얻을 수 있다.

```
$ ruby -run -e help
```

특정 명령어에 대한 도움말을 보고 싶다면 명령어 이름을 추가하면 된다.

```
$ ruby -run -e help mkdir
```

라이브러리 URI

어떤 종류의 리소스(주로 네트워크에 있는)를 지정하는 방법인 URI(Uniform Resource Identifier) 개념을 구현한다. URI는 URL의 상위 개념이다. URL(웹 페이지 주소 같은)은 위치(location)에 의해 지정되는 주소를 나타내고 URI는 이름에 의해 지정된 것을 나타낸다.

URI는 스킴(http, mailto, ftp 등)과 그 스킴으로 리소스를 구분하는 구조화된 데이터로 구성된다.

URI는 URI 문자열을 받아서 스킴에 따라 URI 하위 클래스를 반환하는 팩터리 메서드를 가지고 있다. 이 라이브러리는 명시적으로 ftp, http, https, ldap, mailto 스킴을 지원한다. 그 외의 것은 일반적인 URI로 처리할 수 있다. 이 모듈은 URI를 이스케이프하고 언이스케이프하는 헬퍼 메서드도 지원한다. Net::HTTP는 URL 매개 변수 대신에 URI 객체를 받기도 한다.

open-uri(890쪽), Net::HTTP(882쪽)도 참고하라.

```ruby
require 'uri'

uri = URI.parse("http://pragprog.com:1234/mypage.cgi?q=ruby")
uri.class     # => URI::HTTP
uri.scheme    # => "http"
uri.host      # => "pragprog.com"
uri.port      # => 1234
uri.path      # => "/mypage.cgi"
uri.query     # => "q=ruby"

uri = URI.parse("mailto:ruby@pragprog.com?Subject=help&body=info")
uri.class     # => URI::MailTo
uri.scheme    # => "mailto"
uri.to        # => "ruby@pragprog.com"
uri.headers   # => [["Subject", "help"], ["body", "info"]]

uri = URI.parse("ftp://dave@anon.com:/pub/ruby;type=i")
uri.class     # => URI::FTP
uri.scheme    # => "ftp"
uri.host      # => "anon.com"
uri.port      # => 21
uri.path      # => "pub/ruby"
uri.typecode  # => "i"
```

WeakRef

라이브러리 WeakRef   약한 참조 지원

루비에서는 어떤 객체라도 그 객체에 대한 참조가 있다면 가비지 컬렉션 대상이 되어서는 안 된다. 일반적으로 이는 좋은 일이다. 사용 중인 객체가 사라져버릴 우려가 전혀 없기 때문이다. 하지만 때로는 이보다 유연함이 더 중요한 경우도 있다. 예를 들어 자주 사용되는 파일 내용을 메모리에 캐시하는 기능을 구현하려고 한다고 해 보자. 파일을 많이 읽을수록 캐시는 늘어날 것이다. 그리고 어느 시점에는 메모리가 부족해진다. 가비지 컬렉터가 수행되겠지만, 캐시 안의 객체 모두는 캐시 데이터 구조에 의해 참조되고 있기 때문에 전혀 지워지지 않을 것이다.

약한 참조는 한 가지 중요한 차이점을 제외하고는 일반적인 객체 참조와 완전히 동일하다. 그 차이는 약하게 참조된 객체의 경우 참조가 살아 있더라도, 가비지 컬렉션되어 없어질 수도 있다는 것이다. 캐시 예에서 캐시된 파일이 약한 참조를 이용해 참조되었다면, 메모리가 부족해져서 가비지 컬렉터가 동작했을 때, 이 데이터도 해제되어 애플리케이션의 다른 부분을 위한 메모리로 사용될 수 있다.

- 약한 참조를 사용하면 문제가 다소 복잡해진다. 참조된 객체가 언제든 가비지 컬렉터에 의해 지워질 수 있기 때문에, 이런 객체를 사용하는 코드는 반드시 참조가 유효한지 신경 써야 한다. 두 가지 기법을 사용할 수 있다. 첫 번째는 코드에서 객체를 평소처럼 참조하는 것이다. 이미 가비지 컬렉션된 객체를 참조했을 때는 WeakRef::RefError 예외가 발생될 것이다.

```
require 'weakref'
# 많은 짧은 문자열을 생성한다. 가비지 컬렉션에 의해 회수되어야 한다.
refs = (1..10000).map {|i| WeakRef.new("#{i}") }
puts "Last element is #{refs.last}"
puts "First element is #{refs.first}"
```

실행 결과:

```
Last element is 10000
prog.rb:6:in `<main>': Invalid Reference - probably recycled
(WeakRef::RefError)
```

- 다른 방법으로 참조를 사용하기 전에 WeakRef#weakref_alive? 메서드를 사용해 참조가 유효한지 검사할 수도 있다. 이 검사가 이뤄지는 동안 가비지 컬렉션과 그 객체에 대한 참조는 중단될 것이다. 단일 스레드 프로그램에서는 다음과 같은 코드를 사용할 수 있다.

```
ref = WeakRef.new(some_object)

# 일정 시간이 지난 후

gc_was_disabled = GC.disable
if ref.weakref_alive?
  # 'ref'를 이용해 필요한 작업을 수행한다.
end
GC.enable unless gc_was_disabled
```

라이브러리 WEBrick   웹 서버 툴킷

WEBrick은 HTTP 기반 서버 구현을 위한 순수 루비 프레임워크다. 표준 라이브러리에는 표준 웹 서버(파일과 디렉터리 목록을 서빙하는)와 CGI, erb, 파일 다운로드, 루비 람다 마운팅을 지원하는 서블릿을 구현한 WEBrick 서비스가 포함되어 있다.

'20.5 웹 서버 선택하기'에서 WEBrick에 대한 더 많은 예제를 볼 수 있다.

• 다음 예제는 루비 proc 객체 두 개를 웹 서버에 마운트한다.

각각 http://localhost:2000/hello와 http://localhost:2000/bye로 요청이 들어오면 실행된다.

```ruby
#!/usr/bin/ruby

require 'webrick'
include WEBrick

hello_proc = lambda do |req, resp|
  resp['Content-Type'] = "text/html"
  resp.body = %{
      <html><body>
        Hello. You're calling from a #{req['User-Agent']}
      <p>
        I see parameters: #{req.query.keys.join(', ')}
      </body></html>
  }
end

bye_proc = lambda do |req, resp|
  resp['Content-Type'] = "text/html"
  resp.body = %{
      <html><body>
        <h3>Goodbye!</h3>
      </body></html>
  }
end

hello = HTTPServlet::ProcHandler.new(hello_proc)
bye   = HTTPServlet::ProcHandler.new(bye_proc)

s = HTTPServer.new(:Port => 2000)
s.mount("/hello", hello)
s.mount("/bye",   bye)

trap("INT"){ s.shutdown }
s.start
```

라이브러리 WIN32OLE   윈도 자동화

윈도 자동화에 대한 인터페이스로 윈도 애플리케이션과 상호 작용하는 루비 코
드를 작성할 수 있다. 윈도에 대한 루비 인터페이스는 '21장 루비와 마이크로소
프트 윈도'에서 더 자세히 설명한다.

제한: 윈도 시스템에서만
사용할 수 있다.

- 인터넷 익스플로러를 열어서, 우리 홈페이지를 출력하도록 요청한다.

```
require 'win32ole'

ie = WIN32OLE.new('InternetExplorer.Application')
ie.visible = true
ie.navigate("http://www.pragprog.com")
```

- 마이크로소프트 엑셀에서 새로운 차트를 만들고 이를 회전한다. 다음 예제는
  라이브러리에 포함된 예제다.

```
require 'win32ole'

# -4100은 엑셀 상수 xl3DColumn을 나타내는 값이다.
ChartTypeVal = -4100;

# 엑셀에 OLE 객체를 생성한다.
#excel = WIN32OLE.new("excel.application.5")
excel = WIN32OLE.new("excel.application")

# 차트를 만들고 회전시킨다.

excel.visible = TRUE;
excel.Workbooks.Add();
excel.Range("a1").value = 3;
excel.Range("a2").value = 2;
excel.Range("a3").value = 1;
excel.Range("a1:a3").Select();
excelchart = excel.Charts.Add();
excelchart.type = ChartTypeVal;

i = 30
i.step(180, 10) do |rot|
# excelchart['Rotation'] = rot;
  excelchart.rotation=rot;
end
# 끝

excel.ActiveWorkbook.Close(0);
excel.Quit();
```

라이브러리 **XMLRPC**　　　　　　　　　　XML-RPC를 이용한 원격 프로시저 호출

XMLRPC는 XML-RPC 프로토콜을 이용해 네트워크상의 서버에 있는 메서드를 호출하는 클라이언트를 제공한다. 통신은 HTTP 프로토콜 위에서 이뤄진다. 서버는 대부분 웹 서버에서 구동될 것이고, 이 경우 80 포트나 443(SSL) 포트가 주로 사용된다. 서버는 독립 프로그램으로 구동될 것이다. 루비의 XML-RPC 서버 구현은 CGI 스크립트, mod_ruby, WEBrick 핸들러, 독립 프로그램 서버를 모두 지원한다. HTTP 인증(basic_authentication)도 지원하고, 클라이언트는 프락시를 통해 서버와 통신할 수도 있다. 서버는 FaultException 에러를 일으키기도 한다. 이 경우 클라이언트에서도 같은 예외가 발생한다(또는 호출에서 반환된 상태로 플래그되기도 한다.)

dRuby(856쪽), WEBrick(937쪽)도 참고하라.

- 다음 간단한 서버 프로그램은 섭씨 온도를 입력받아 이를 화씨로 변환한다. 이 프로그램은 WEBrick 웹 서버에서 돌아간다.

sl_xmlrpc/xmlserver.rb
```ruby
require 'webrick'
require 'xmlrpc/server'
xml_servlet = XMLRPC::WEBrickServlet.new
xml_servlet.add_handler("convert_celcius") do |celcius|
  celcius*1.8 + 32
end
xml_servlet.add_multicall # Add support for multicall
server = WEBrick::HTTPServer.new(:Port => 2000)
server.mount("/RPC2", xml_servlet)
trap("INT"){ server.shutdown }
server.start
```

- 다음 클라이언트는 온도 변환 서버를 호출한다. 결과 화면은 서버에 쌓인 로그와 클라이언트 프로그램 로그를 함께 출력한다는 점에 주의하자.

```ruby
require 'xmlrpc/client'
server = XMLRPC::Client.new("localhost", "/RPC2", 2000)
puts server.call("convert_celcius", 0)
puts server.call("convert_celcius", 100)
puts server.multicall(['convert_celcius', -10], ['convert_celcius', 200])
```

실행 결과:
```
[2013-11-14 16:33:30] INFO WEBrick 1.3.1
[2013-11-14 16:33:30] INFO ruby 2.0.0 (2013-05-14) [x86_64-darwin12.4.1]
[2013-11-14 16:33:30] INFO WEBrick::HTTPServer#start: pid=53983 port=2000
localhost - - [14/Nov/2013:16:33:30 CST] "POST /RPC2 HTTP/1.1" 200 124
- -> /RPC2
localhost - - [14/Nov/2013:16:33:30 CST] "POST /RPC2 HTTP/1.1" 200 125
- -> /RPC2
localhost - - [14/Nov/2013:16:33:30 CST] "POST /RPC2 HTTP/1.1" 200 290
- -> /RPC2
32.0
212.0
14.0
392.0
```

라이브러리 YAML — 객체 직렬화/역직렬화

YAML 라이브러리('마샬링을 위한 YAML'(498쪽)에서 다룬 바 있다)는 루비 객체 트리를 외부에서 읽을 수 있는 일반 텍스트 형식으로 직렬화(serialization)하거나 이를 역직렬화한다. YAML은 이식성 있는 객체 마샬링 방법으로 사용될 수도 있어서, 별개의 루비 프로세스 사이에 일반 텍스트 형식으로 객체를 주고받는 데 사용될 수 있다. 어떤 경우에는 루비 프로그램과 YAML을 지원하는 다른 언어로 쓰인 프로그램 간에 객체를 교환하는 데 사용되기도 한다. 루비 1.9.2에서는 libyaml을 사용할 수 있다면 이를 이용하지만 루비 2.0은 libyaml이 있어야만 설치되며 따라서 인터프리터에 함께 포함된다.

json(875쪽)도 참고하라.

• 객체를 일반 파일에 저장할 때 YAML을 이용한다.

```
require 'yaml'
tree = { name: 'ruby',
         uses: [ 'scripting', 'web', 'testing', 'etc' ]
       }
File.open("tree.yml", "w") {|f| YAML.dump(tree, f)}
```

• YAML로 저장된 값은 다른 프로그램에서도 사용할 수 있다.

```
require 'yaml'
tree = YAML.load_file("tree.yml")
tree[:uses][1]              # => "web"
```

• YAML 형식은 프로그램의 설정 정보를 저장하는 데도 편리한 방법이다. YAML은 가독성이 높기 때문에 일반적인 편집기로도 직접 편집하고 관리할 수 있다. 또한 프로그램에서 객체로 읽을 수도 있다. 예를 들어 다음 설정 파일을 살펴보자.

sl_yaml/config.yml

```
---
username: dave
prefs:
  background: dark
  foreground: cyan
  timeout: 30
```

프로그램에서는 다음과 같이 사용할 수 있다.

```
require 'yaml'

config = YAML.load_file("code/sl_yaml/config.yml")
config["username"]              # => "dave"
config["prefs"]["timeout"] * 10 # => 300
```

라이브러리 **Zlib**

압축 파일 읽고 쓰기

제한: zlib 라이브러리가
사용 가능한 시스템이어야
한다.

Zlib 모듈은 zip, gzip 형식으로 압축된 파일을 읽고 쓸 수 있는 다양한 클래스들을 구현하고 있다. zip 체크섬을 계산하는 기능도 포함되어 있다.

- /etc/passwd 파일을 gzip 파일로 압축하고 결과를 다시 읽는다.

```ruby
require 'zlib'

# 이 메서드들은 파일 이름을 매개 변수로 받는다.
Zlib::GzipWriter.open("passwd.gz") do |gz|
  gz.write(File.read("/etc/passwd"))
end

system("ls -l /etc/passwd passwd.gz")
puts

# 스트림도 받는다.
File.open("passwd.gz") do |f|
  gzip = Zlib::GzipReader.new(f)
  data = gzip.read.split(/\n/)
  puts data[15,3]
end
```

실행 결과:

```
-rw-r--r-- 1 root wheel 5253 Oct 31 09:09 /etc/passwd
-rw-rw-r-- 1 dave staff 1650 Nov 14 16:33 passwd.gz

_networkd:*:24:24:Network Services:/var/networkd:/usr/bin/false
_installassistant:*:25:25:Install Assistant:/var/empty:/usr/bin/false
_lp:*:26:26:Printing Services:/var/spool/cups:/usr/bin/false
```

- 두 개의 프로세스가 주고받는 데이터를 압축한다.

```ruby
require 'zlib'

rd, wr = IO.pipe

if fork
  rd.close
  zipper = Zlib::Deflate.new
  zipper << "This is a string "
  data = zipper.deflate("to compress", Zlib::FINISH)
  wr.write(data)
  wr.close
  Process.wait
else
  wr.close
  text = Zlib.inflate(rd.read)
  puts "We got: #{text}"
end
```

실행 결과:

```
We got: This is a string to compress
```